lonely planet

Filippine

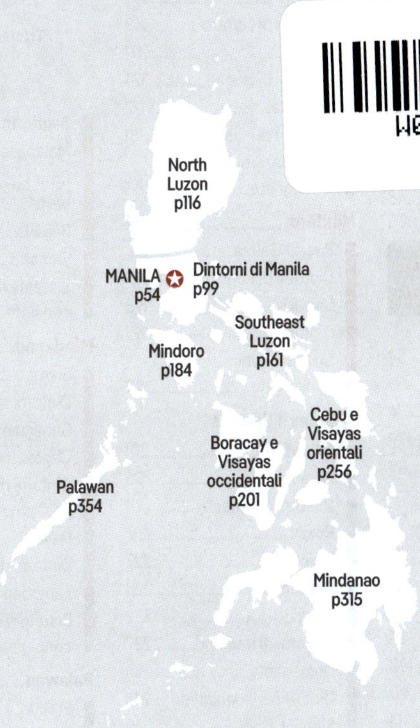

EDT

Greg Bloom, Ray Bartlett,
Michael Grosberg, Iain Stewart, Regis St Louis

SOMMARIO

Pianificare

La guida

Triciclo, Romblon (p252)

GREG BLOOM/LONELY PLANET ©

Seven Commandos Beach (p361), Palawan

Da sapere

Storia e società

ALEKSANDAR TODOROVIC/SHUTTERSTOCK ©

Jeepney, Batad (p142)

FILIPPINE

IL VIAGGIO INIZIA DA QUI

Vivo nelle Filippine da quasi 20 anni, dividendomi tra Manila e Palawan. I miei tre figli sono nati qui e alla fine costruirò una casa e mi ritirerò sulle montagne a sud di Manila. Perché amo le Filippine? Certo, c'è la bellezza incontaminata – vivo a El Nido, dopotutto. Ma per quanto mi piacciano le spiagge perfette e le isole idilliache, è per le piccole cose che amo le Filippine. I lunghi viaggi sul tetto dei jeepney tra le montagne di North Luzon, seguiti da un giro di bicchierini di gin con anziani nativi nella *dapay* (area d'incontro). Un pranzo a base di pesce fresco durante un'escursione di un giorno in bangka. La sensazione di calore di una San Miguel fredda al tramonto. Amici con nomi come Bing e Bong e parole come 'comfort room'. Oserei dire, perfino il karaoke. Questo sì che è amore.

Greg Bloom

@bearcattravel

Greg è un autore storico Lonely Planet e fondatore di Bearcat Travel a El Nido. Ha scritto la sezione Pianificare e i capitoli Manila e Dintorni di Manila.

La mia esperienza preferita a Manila e dintorni è la **Masungi Georeserve** (p94), un'avventura molto divertente che contribuisce a salvaguardare il fondamentale habitat della Sierra Madre.

CHI VA DOVE

I nostri autori scelgono i luoghi che definiscono le Filippine

Per quanto remoto, l'idilliaco gruppo delle **Batanes** (p150; in foto) mi ha davvero affascinato, sia per gli splendidi paesaggi – oceano mozzafiato, scogliere spettacolari, dolci colline e un vulcano – sia per la gente, amabile e cordiale. È un luogo che è facile trascurare durante un viaggio nelle Filippine, ma che seduce chiunque lo visiti. Gli ideali comunitari, la tranquillità e la cordialità conquistano ogni viaggiatore.

Ray Bartlett
@kaisoradotcom

Agung House (p341; in foto), il parco di sculture creato dall'artista Kublai Millan nel sud di Mindanao con vista sul Mt Apo avvolto dalle nubi, è la migliore sintesi delle ambizioni e del desiderio di pace dei filippini. Enormi figure dei principali gruppi etnici e religiosi si tengono per mano in segno di armonia. Millan ha installato scene simili in tutta Mindanao nell'auspicio che, ovunque si trovino (dalle rotatorie stradali alle cime delle montagne), queste forme d'arte siano d'ispirazione per la riconciliazione.

Michael Grosberg
www.linkedin.com/in/michael-grosberg-9912858

Le piccole aree sabbiose di **Panagsama Beach** (p276) non sono un granché e non sono certo il classico sogno tropicale. Nel 2021 Moalboal è stata investita in pieno dal tifone Odette e la sua costa mostra ancora i segni della devastazione. Eppure, a distanza di pochi anni, la località è di nuovo fiorente poiché i tenaci abitanti delle Visayas hanno riaperto le loro attività. A poca distanza dalla costa, il famoso banco di sardine (in foto) è sempre uno spettacolo affascinante.

Iain Stewart
@iaintravel

I locali non amano l'appellativo di 'gente mite', ma gli abitanti di **Dumaguete** (p243) incarnano davvero il meglio della società filippina. Ho incontrato molte persone felici di condividere la loro città con un visitatore straniero. Dumaguete vanta anche una scena gastronomica (in foto) straordinaria per una città delle sue dimensioni, oltre a molte attrazioni nei dintorni, tra cui siti di immersioni, foreste con una ricca biodiversità e una delle isole più affascinanti di Negros.

Regis St Louis
@regisstlouis

0 200 km
0 100 miles
Pagudpud
Spiagge di sabbia bianca nella 'Boracay del nord' (p147)
Sagada
Trekking fra villaggi rurali verso scroscianti cascate (p138)
Vigan
L'elegante architettura coloniale del **Mestizo District** (p131)
Banaue e Batad
Le spettacolari risaie terrazzate di Ifugao (p142)
Clark
Escursione di primo mattino allo straordinario cratere del **Mt Pinatubo** (p110)
Manila
L'effervescente vita notturna della capitale (p60)
Puerto Galera
Una miriade di spettacolari siti di immersione (p188)
Legazpi
Per ammirare il cono perfetto del Mt Mayon (p164)
Mar Cinese Meridionale
Batanes Islands
Luzon Strait
Calayan
Babuyan Islands
Oceano Pacifico
Babuyan Channel
Pagudpud
Claveria
Santa Ana
Aparri
Laoag
Vigan
Tabuk
Cagayan
Tuguegarao
Sagada
Roxas
Ilagan
Banaue
Cauayan
San Fernando (La Union)
Santiago City
Baguio
Mt Pulag
Alaminos
Luzon
Casiguran
Dagupan
San Jose
Baler
Tarlac
Cabanatuan
Mar delle Filippine
Clark
Mt Pinatubo
San Fernando (Pampanga)
Angeles
Huangyan Island
Polillo Islands
Olongapo
MANILA
Balanga
Lamon Bay
Calagua Islands
Mariveles
Tagaytay
Calamba
Mt Banahaw
Daet
Catanduanes
Calatagan
Lucena
Lubang
Batangas
Ragay Gulf
Naga
Calapan
Boac
Iriga
Virac
Puerto Galera
Marinduque
Mamburao
Mt Halcon
Mt Mayon
Legazpi

Coron Island
Un'isola incontaminata con incantevoli lagune e laghi (p371)
El Nido
Una crociera tra gli imponenti pinnacoli calcarei della Bacuit Bay (p358)
Boracay
Momenti di relax sulla leggendaria **White Beach** (p206)
Bohol
Snorkelling tra le tartarughe nelle isole **Balicasag** e **Pamilacan** (p295)
Malapascua
I rari squali volpe a Monad Shoal (p285)
Siargao
Manovre hang ten sulle onde perfette di Cloud Nine (p322)
Camiguin
Trekking alla cima del Mt Hibok-Hibok (p330)
Sablayan
Pinamalayan
Mindoro
Sibuyan Sea
Burias
Donsol
Sorsogon
Bulan
Catarman
Laoang
Roxas
Romblon
Mindoro Strait
San Jose
Odiongan
Sibuyan
Masbate City
Samar
Visayas
Busuanga
Calamian Group
Coron Town
Tablas
Caticlan
Masbate
Samar Sea
Calbayog
Culion
Semirara Islands
Kalibo
Roxas
Visayan Sea
Catbalogan
Biliran
Borongan
Mt Madja-as
Estancia
Leyte
Tacloban
Panay
Bantayan
El Nido
Cuyo
San José (Antique)
Passi
Bogo
Ormoc
Taytay
Iloilo
Cadiz
Leyte
Leyte Gulf
Bacolod
San Carlos
Homonhon
Guimaras
Baybay
Port Barton
Roxas
Dumaran
Bago
Cebu
Danao
Mt Kanlaon
Cebu City
Dinagat
Palawan Passage
Negros
Maasin
Kabankalan
Carcar
Nansha Islands
Moalboal
Bohol
Siargao
Puerto Princesa
Sipalay
Bais City
Surigao
Tagbilaran
Palawan
Bayawan
Quezon
Narra
Dumaguete
Camiguin
Siquijor
Bohol Sea
Butuan
Tandag
Mt Mantalingajan
Gingoog
Brooke's Point
Dipolog
Oroquieta
Bayugan
Cagayan de Oro
Mt Dulang-Dulang
Bugsuk
Liloy
Ozamis
Iligan
Bislig
Pagadian
Malaybalay
Balabac
Ipil
Marawi
Valencia
Sulu Sea
Zamboanga Peninsula
Mindanao
Cotabato
Tagum
Mt Apo
Davao
Mapun
Moro Gulf
Zamboanga
Kidapawan
Mati
Isabela
Tacurong
Digos
Pangutaran
Basilan
Koronadal
Davao Gulf
Jolo
Jolo
Sulu Archipelago
General Santos
Celebes Sea
Tawi-Tawi
MALESIA
Bongao
Sibutu

TOUR TRA LE ISOLE

È l'esperienza di viaggio per eccellenza nelle Filippine: trascorrere giornate intere – o settimane – a solcare le acque tra le 7000 isole del paese a bordo di una bangka (imbarcazione tipica). I tour tra le isole sono proposti ovunque a Palawan e alle Visayas, che vantano isole da sogno e paesaggi magnifici. In altre zone potrete negoziare con i barcaioli locali per farvi portare in remoti villaggi di pescatori e gustare pesce appena pescato cucinato alla griglia.

Navigare con stile

Benché le bangka (in foto) restino le imbarcazioni più utilizzate per visitare le isole, lussuosi yacht a motore e barche a vela si stanno affermando come alternative più comode e sicure.

Notti sulle isole

Popolari a Palawan settentrionale, le escursioni di più giorni sulle isole offrono l'opportunità di dormire sotto le stelle su spiagge remote lasciandosi alle spalle il mondo moderno.

Occhio al tempo

Il tempo è instabile e ci possono essere cancellazioni, soprattutto tra giugno e ottobre (stagione delle piogge sulla costa orientale) e tra dicembre e febbraio (mesi ventosi).

El Nido e Cadlao Island (p358)

ESPERIENZE TOP
TOUR TRA LE ISOLE

Bacuit Archipelago 1 Una crociera in questo labirintico mondo acquatico al largo di El Nido (in foto) a Palawan settentrionale dovrebbe essere in cima alla lista di tutti i fanatici delle isole. (p358)

Coron Island 2 Esplorare le incantevoli Calamian Islands con una bangka o un kayak da mare, tra cui questo gioiello vicino a Coron Town. (p371)

Bucas Grande 3 Partire da Siargao per scivolare sulle sensazionali lagune di quest'isola. (p326)

Caramoan Peninsula 4 Alla scoperta del paesaggio carsico di questa lingua di terra a Bicol orientale, che compete con quello del Bacuit Archipelago. (p174)

Olango Island 5 Un'escursione a questa riserva faunistica e agli isolotti della circostante Olango Reef Flat al largo di Cebu. (p273)

SU E GIÙ PER I PENDII

Le Filippine rientrano nella cintura di fuoco del Pacifico e contano decine di montagne oltre i 2000 m, molte delle quali vulcani attivi o spenti che possono essere scalati fino alla vetta. I trekking vanno da camminate di mezz'ora a spedizioni di più giorni. Un'altra esperienza imperdibile sono le escursioni tra le splendide risaie terrazzate di North Luzon lungo antichi sentieri che collegano villaggi bucolici dove sopravvivono le usanze indigene.

Stagione del trekking

Il periodo migliore per le escursioni va da febbraio a maggio, quando il tempo è più secco e ci sono meno *limatik* (sanguisughe).

Chiusure dei sentieri

I vulcani volubili come il Mt Mayon (in foto) e il Taal Volcano vengono spesso chiusi ai trekking. Per informazioni aggiornate consultate Philvolcs (phivolcs.dost.gov.ph).

Idratazione

Condizioni di caldo umido sono la regola durante ogni trekking in montagna nelle Filippine, specialmente alle quote inferiori. Ricordate di bere molto e spesso.

Risaie terrazzate di Batad (p142)

ESPERIENZE TOP
TREKKING

Banaue e Batad ❶ Scavate secoli fa dagli ifugao nei pendii delle montagne, le risaie terrazzate verde smeraldo intorno a questi villaggi sono un vero spettacolo. (p142)

Mt Kanlaon ❷ Salire attraverso foreste brulicanti di uccelli e altri animali fino alla cima di questo vulcano attivo che domina Negros settentrionale. (p239)

Mt Hibok-Hibok ❸ Addentrarsi nell'interno di Camiguin Island per scalare questo vulcano scosceso e poi rinfrescarsi nelle piscine alimentate da fragorose cascate. (p330)

Mt Apo ❹ La vetta più alta del paese, che domina Mindanao meridionale, invoglia gli scalatori a uscire dalla vicina Davao. (p346)

Mt Halcon ❺ La sfida estrema di scalata nelle Filippine (foto a sinistra) è la spedizione di tre giorni sulla montagna più alta di Mindoro. (p193)

VITA DA SPIAGGIA

Chi è alla ricerca della spiaggia perfetta può finalmente trovarla nelle Filippine: ce n'è una su misura in ognuna delle oltre 7000 isole del paese. Che desideriate essere fuori dal mondo, ballare ritmi techno sulla sabbia, fare kitesurf tutto il giorno o guardare il sole che si tuffa in mare sorseggiando un cocktail alla frutta, siete nel posto giusto.

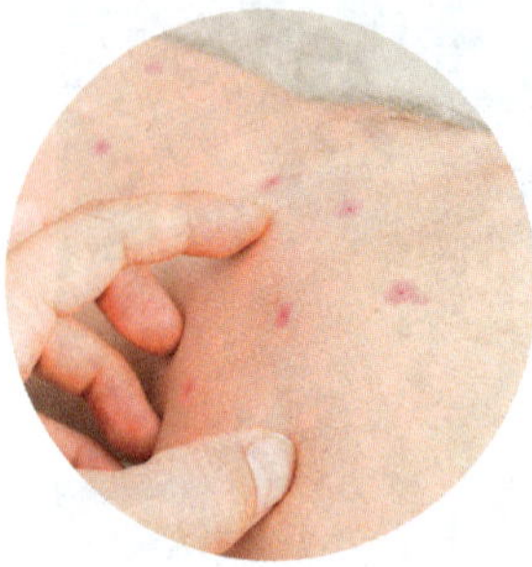

Stagioni balneari

Per sfruttare al meglio le spiagge è bene conoscere l'andamento del tempo. La costa orientale è più piovosa da giugno a settembre, quella occidentale da dicembre a marzo.

Piccoli fastidi

I quasi invisibili pappataci – o *niknik* – sono un problema nelle spiagge più remote di Palawan e in altre zone. I repellenti disponibili sul posto offrono una protezione modesta.

Al sole protetti

Il sole tropicale è molto forte. Acquistate una buona rashguard per prevenire le scottature e proteggervi da meduse e microrganismi urticanti.

DA SINISTRA: MDV EDWARDS/SHUTTERSTOCK ©, MYBOYS.ME/SHUTTERSTOCK ©, AERIALPHILIPPINES/ALAMY STOCK PHOTO ©

Nacpan Beach (p364)

ESPERIENZE TOP SPIAGGE

White Beach ❶ Affondare i piedi nella sabbia impalpabile di questa icona di Boracay e restare a bocca aperta davanti all'ennesimo tramonto a cinque stelle. (p206)

Nacpan Beach ❷ Godersi lunghe passeggiate lungo questa favolosa distesa di sabbia, una delle tante spiagge da cartolina di El Nido e dintorni. (p364)

Long Beach, San Vicente ❸ Percorrere in moto i 14 km di sabbia quasi ininterrotta a nord di Port Barton. (p377)

Spiagge di Pagudpud ❹ Il lungo viaggio fino alla punta estrema di Luzon regala distese di sabbia bianca sulle spiagge più settentrionali del paese. (p147)

Paliton Beach ❺ Percorrere i 72 km della strada costiera ad anello di Siquijor, quasi priva di traffico, con tappe su spiagge isolate come questo splendore. (p249)

IL MONDO SOMMERSO

Tuffatevi nel Mar delle Filippine per scoprire la sua ricca vita marina. Il paese è situato nel cuore del cosiddetto Triangolo dei Coralli e le sue barriere sono un'esplosione di colori e di creature dall'aspetto bizzarro: una vera gioia per i sub esperti e per chi si diletta a fare snorkelling. Se vi trovate nel posto giusto al momento giusto, potreste avvistare squali balena, dugonghi e tartarughe marine.

Squali balena

Le escursioni per avvistare gli squali balena (foto in alto) effettuate nel rispetto dell'ambiente (cioè senza distribuzione di cibo) partono da Donsol (p168) a Southeast Luzon e Puerto Princesa (p378) a Palawan.

Senza pericoli

Gli squali (inclusi gli squali balena e gli squali volpe, foto in alto) e gli altri animali marini che si incontrano di solito nei mari delle Filippine sono in linea di massima innocui.

Immersioni o snorkelling

Non siete subacquei? Non è un problema. I migliori siti di immersione, inclusi quelli citati qui, sono in genere i migliori anche per lo snorkelling.

Immersioni tra le sardine, Moalboal (p276)

ESPERIENZE TOP
MERAVIGLIE SUBACQUEE

Balicasag e Pamilacan ❶ Fare snorkelling con le tartarughe e avvistare delfini e balene nel Bohol Sea intorno a queste isole circondate dalla barriera corallina. (p294)

Malapascua Island ❷ All'estremità settentrionale di Cebu si incontrano gli squali volpe e a volte le mante. (p285)

Apo Reef ❸ Uno splendido atollo in gran parte sommerso due ore al largo di Mindoro popolato da squali, razze, labridi e altri pesci pelagici. (p197)

Leyte meridionale ❹ Nuotare tra le tartarughe sulle ricche barriere coralline al largo di Padre Burgos o andare in cerca di balene e squali a Pintuyan. (p302)

Moalboal ❺ Immersioni con le bombole o in apnea per osservare un enorme banco di sardine a pochi metri dalla riva. (p276)

VIAGGIO GREEN

Essendo uno dei luoghi più ricchi di biodiversità del pianeta, le Filippine hanno un grande patrimonio da proteggere. Esistono molte iniziative ecoturistiche e posti che praticano il turismo green, ma per trovarli bisogna documentarsi. Iniziate viaggiando per conto vostro, poiché molti tour operator filippini non si curano della conservazione, pur essendoci eccezioni degne di nota.

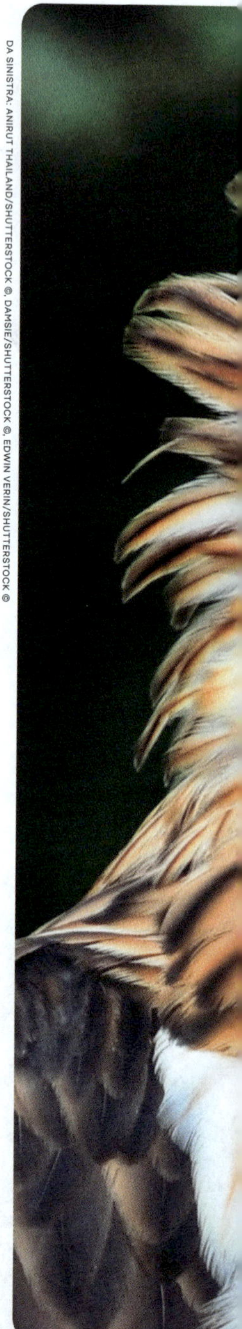

DA SINISTRA: ANIRUT THAILAND/SHUTTERSTOCK ©, DAMSIE/SHUTTERSTOCK ©, EDWIN VERIN/SHUTTERSTOCK ©

Le basi del viaggio sostenibile

Evitate la plastica monouso, portatevi posate e borracce riutilizzabili, preferite kayak e biciclette ai mezzi di trasporto a motore, usate creme solari adatte alla barriera corallina.

Ristorazione ecologica

Mangiare piatti salutari e ingredienti locali aiuta a ridurre l'impronta ecologica. Preferite ristoranti a gestione familiare o locali specializzati in hamburger (meglio se vegani) alle catene multinazionali.

Operatori responsabili

Utilizzate siti di viaggi responsabili come Eco Explorations (ecoexplorationsph.com), che esamina i tour in base alla sostenibilità e collabora con i migliori.

Aquila delle Filippine (p344)

ESPERIENZE TOP
METE ECOTURISTICHE

Batanes ❶ Nella catena di isole più settentrionale delle Filippine sopravvivono le usanze tradizionali, e l'etica ambientalista si traduce in soggiorni in famiglia e spostamenti in bicicletta. (p150)

Tao Philippines ❷ Imbarcarsi per una favolosa crociera di più giorni o visitare il quartier generale a El Nido di questo operatore impegnato nel sociale. (p363)

Masungi Georeserve ❸ Affrontare i percorsi di corde nel paesaggio carsico di questa straordinaria iniziativa ecoturistica che contribuisce a tutelare la Sierra Madre. (p94)

Philippine Tarsier Sanctuary ❹ I proventi di questa riserva sono destinati alla salvaguardia dei tarsi, i teneri e minuscoli primati di Bohol. (p299)

Philippine Eagle Center ❺ La riserva dedicata alla tutela dell'uccello nazionale delle Filippine, l'aquila più grande del mondo. (p344)

DIMORE STORICHE

Le Filippine presentano un affascinante connubio di stili architettonici, con chiese in pietra vecchie di secoli, case in legno che coniugano elementi nativi ed europei e palazzi storici che sono stati convertiti in musei o incantevoli hotel. Molte famiglie delle tribù di montagna a North Luzon e Mindanao vivono ancora in solide capanne di legno costruite senza chiodi. Chi è interessato all'architettura contemporanea può ammirare i moderni e scintillanti grattacieli di BGC a Manila.

Un museo vivente

La meta ideale per gli appassionati di architettura è Las Casas Filipinas de Acuzar (p114, foto in alto), dove sono state ricostruite fedelmente ville coloniali di tutto il paese.

Bellezza e semplicità

Per secoli l'architettura filippina è stata definita dalla semplice e funzionale capanna nipa (foto in alto), costruita in legno e bambù e con tetto di paglia.

Tesori nascosti

Gran parte dell'architettura coloniale spagnola sta gradualmente venendo demolita, ma nei barangay più remoti si incontrano a volte alcuni edifici pregevoli.

DA SINISTRA: HIJODEPONGGOL/SHUTTERSTOCK ©, KOSA MAYOR/SHUTTERSTOCK ©, AKARAT PHASURA/SHUTTERSTOCK ©

Kalesa, Vigan (p131)

ESPERIENZE TOP
ARCHITETTURA

Vigan ❶ Percorrere a piedi o in *kalesa* (carrozza trainata da un cavallo) Calle Crisologo, fiancheggiata da edifici d'epoca che mostrano influssi messicani, cinesi, filippini e spagnoli. (p131)

Silay ❷ Fare il tour delle splendide ville delle piantagioni di zucchero di questa città nel nord di Negros, alcune delle quali sono oggi dei musei. (p237)

Taal ❸ Una città sottovalutata che possiede case ancestrali del XIX secolo ben conservate e una delle basiliche più grandi del Sud-est asiatico. (p105)

Escolta St ❹ Splendidi edifici art déco e beaux arts di epoca americana sorgono lungo questo viale di Manila un tempo maestoso che sta vivendo una rinascita. (p68)

Jaro Cathedral ❺ Questa chiesa iconica è il punto di partenza di un itinerario nel quartiere di Jaro a Iloilo, ricco di dimore in declino del tempo che fu. (p222)

A CACCIA DI CASCATE

Non c'è nulla che possa eguagliare la vista (e il suono) di un torrente d'acqua bianca che si getta in una pozza idilliaca, soprattutto dopo una faticosa escursione nella torrida giungla. Grazie alle abbondanti piogge e alla conformazione montuosa delle isole principali, le Filippine vantano numerose cascate. Molte regalano foto spettacolari che fanno furore su internet. Certo, possono essere difficili da raggiungere, ma arrivarci è metà del divertimento.

DA SINISTRA: TOINKZDOINKZ/SHUTTERSTOCK ©, LUKMAN HARYANTO/SHUTTERSTOCK ©, AVISELLER/SHUTTERSTOCK ©

Cascate asciutte

Le cascate più piccole hanno una portata ridotta o si prosciugano durante i mesi più secchi (generalmente da aprile a inizio giugno). Conoscere le stagioni consente di evitare delusioni.

Tuffi

Ci sono molti posti dove si può saltare dalla scogliera, ma usate il buon senso. Non tuffatevi in acque sconosciute; verificate di persona la profondità prima di lanciarvi; in caso di dubbio, non saltate.

Scarpe adeguate

Molte delle cascate più belle richiedono lunghe camminate, spesso su sentieri accidentati nella foresta. Servono scarpe da trekking (anche se le guide indossano gli infradito).

Bomod-Ok Falls (p141), Sagada

ESPERIENZE TOP CASCATE

Sagada ❶ Tra incantevoli villaggi e risaie terrazzate fino alle spettacolari Bomod-Ok ('Grandi') Falls e altre cascate nei dintorni di questa tranquilla città di montagna. (p141)

Pagsanjan Falls ❷ Risalire il fiume a bordo di una longboat spinta a forza di braccia: una delle avventure più originali e tipiche delle Filippine. (p106)

Kawasan Falls ❸ La piscina principale, per quanto magnifica, è affollata: meglio puntare sulle cascate e le pozze più appartate. (p279)

Bugtong Bato Falls ❹ Un'escursione in giornata da Boracay per una tranquilla avventura a queste cascate con più salti e pittoresche piscine naturali. (p212)

Anuplig Falls ❺ Una strada di montagna si biforca nei pressi di Pagudpud: il sentiero più lungo porta a questa cascata poco visitata che alimenta una piscina gelida. (p149)

SULLE ONDE

Con oltre 7000 isole in mezzo al Pacifico, onde di buone dimensioni toccheranno terra da qualche parte. La stagione dei tifoni – all'incirca da luglio a novembre – porta talvolta onde giganti lungo tutto il litorale orientale. Sulla costa occidentale, l'*amihan* (monsone di nord-est), che soffia verso il mare, forma onde consistenti e divertenti da dicembre a marzo. Vi sentite davvero avventurosi? Noleggiate uno yacht privato per andare alla ricerca di break inesplorati in un safari di surf di più giorni.

Tavole a noleggio

Nelle aree principali sono disponibili tavole per tutti i livelli. Naturalmente è più cool viaggiare con la propria tavola: basta essere disposti a trasportarla.

Spirito competitivo

Le gare di surf sono un bel momento per visitare le località surfistiche – unitevi se ve la sentite. Le principali si svolgono a Siargao (foto in alto), San Juan e Calicoan Island.

Folla

I locali chiamano l'onda simbolo di Siargao 'Crowd Nine', ma il surf rimane uno sport alquanto di nicchia e di rado gli spot sono affollati – perfino a Cloud Nine.

San Juan, La Union (p136)

ESPERIENZE TOP
SURF

Cloud Nine ❶ Il nome ('settimo cielo') di questo leggendario right-hander dice tutto, ma è solo una delle tante onde quasi perfette al largo della capitale del surf, Siargao. (p320)

San Juan (La Union) ❷ Lo spot migliore sulla costa occidentale di North Luzon, con onde costanti da 1 m a 1,5 m durante l'*amihan*. (p136)

Catanduanes ❸ Majestics è l'onda migliore a Bicol, una zona famosa per gli sport avventura e i tifoni. Essendo remota, non è mai affollata. (p175)

Baler ❹ Il point break reso famoso da *Apocalypse Now* ("Charlie non fa surf") è noto per essere volubile. Ma quando si alza l'onda, è un vero paradiso. (p153)

Calicoan Island ❺ Un posto remoto a Samar con quattro reef break chiamati ABCD, eccellenti onde destre e sinistre. (p306)

SULLE ORME DELLA STORIA

Pochi paesi hanno subito più sofferenze e danni delle Filippine durante la seconda guerra mondiale, e in tutto l'arcipelago si trovano monumenti che commemorano battaglie, sbarchi e marce della morte. Benché pochi di questi memoriali rendano omaggio agli oltre 100.000 civili che morirono nella battaglia di Manila all'inizio del 1945, esiste una letteratura sempre più ampia sull'ora più buia della capitale.

ESPERIENZE TOP SITI DI GUERRA

Bataan Peninsula ❶ Teatro della Marcia della morte di Bataan affrontata da 70.000 prigionieri filippini e americani. (p114)

Leyte Landing Memorial ❷ Un'iconica statua di bronzo del generale MacArthur a Red Beach ricrea il suo 'ritorno' durante la più grande battaglia navale della storia. (p302)

Corregidor Island ❸ L'isola dove MacArthur pronunciò il suo famoso discorso 'Tornerò' si raggiunge in barca da Manila o Mariveles, Bataan. (p78)

Manila American Cemetery ❹ La visita a questo commovente cimitero pieno di pace (foto tondo a sinistra) è il punto di partenza per conoscere il periodo più buio di Manila. (p85)

Puerto Princesa ❺ Musei e testimonianze consentono di scoprire il ruolo strategico svolto dal capoluogo di Palawan nel teatro di guerra del Pacifico. (p378)

A SINISTRA: HIT1912/SHUTTERSTOCK ©, A DESTRA: BASELINE PHOTOS/SHUTTERSTOCK ©

Un tragico record

Secondo gli storici, durante la seconda guerra mondiale Manila subì più devastazioni di qualsiasi altra capitale alleata a parte Varsavia.

Museo sommerso

Un'immersione sui relitti nella Coron Bay (p370; foto in alto) regala una prospettiva unica alla storia della guerra: 10 navi giapponesi affondate nel 1944.

Da leggere

In *Storia del popolo americano. Dal 1492 a oggi* di Howard Zinn (1980) la storia si sposta nei luoghi delle persone non illustri per dar voce ai vinti e agli sfruttati. Nel capitolo 'L'impero e il popolo' l'autore analizza la guerra alle Filippine e il trattamento di soldati e reduci.

Cebu City (p267)

ESPERIENZE TOP
VITA NOTTURNA

Manila ❶ La capitale offre un'intensa vita notturna, dai ritrovi hipster di Quezon City dove si suona il bongo agli effervescenti bar e ai pretenziosi locali notturni di Makati e BGC. (p54)

Siargao ❷ La destinazione del paese per le feste in spiaggia, dove ogni sera un bar diverso assume il ruolo di fulcro della festa. (p323)

Cebu ❸ La seconda città delle Filippine offre serate elettrizzanti tra birrifici artigianali, bar con musica e vivaci locali notturni. (p267)

El Nido ❹ Il posto per godersi un cocktail sulla spiaggia al tramonto con la vista incredibile della Bacuit Bay e poi spostarsi in città per far baldoria fino a tardi. (p360)

Boracay ❺ La leggendaria White Beach era in cima a questa lista, ma regole più restrittive sulle feste l'hanno fatta retrocedere. (p210)

DIVERTIMENTI

Volete ballare tutta la notte in una megalopoli che non dorme mai, affondare i piedi nella sabbia in un cocktail bar al tramonto o ballare a ritmi martellanti su un'isola remota sotto la luna piena? Allora siete nel posto giusto. I filippini hanno pochi rivali quando si tratta di far festa.

Dress code

Nei club di Manila e Cebu si va vestiti bene. Gli infradito sono banditi anche in alcuni dei bar più eleganti. In spiaggia va bene tutto.

Ingresso a pagamento

Nei club e nei locali di musica live delle grandi città è normale pagare l'ingresso (da P300 a P1000), che però in alcuni locali è gratuito.

REGIONI E CITTÀ

Scegliete i posti che vi ispirano di più

Manila

LA PERLA GREZZA D'ORIENTE

Chi visita la capitale per la prima volta la trova un po' sfrontata, ma se si riesce ad andare oltre l'apparenza, si scopre un connubio di musei affascinanti, vita notturna frenetica, cucina variegata e innegabile energia. A est di Manila, le montagne della Sierra Madre offrono aria fresca, musei d'arte ed escursioni incantevoli.

p54

Dintorni di Manila

TERRA, ACQUA E FUOCO

A sud di Manila, la vista sul Taal Volcano da Tagaytay non ha rivali, mentre la costa di Batangas intorno ad Anilao regala immersioni tra le più belle del paese. A nord, luoghi come Corregidor e Bataan evocano la seconda guerra mondiale. Gli amanti delle scalate possono scegliere tra un'infinità di cime accessibili.

p99

North Luzon

MONTAGNE MAESTOSE, SPLENDIDI LITORALI, EVASIONI SULLE ISOLE

Con 1200 km di costa che racchiudono le due maggiori catene montuose del paese, questa regione è travolgente nella sua varietà. Le pianure offrono romantiche enclave coloniali spagnole e baie appartate dove si può fare surf quasi sempre. Tra le montagne, splendide risaie terrazzate si affacciano su villaggi da cartolina abitati da tribù native.

p116

Southeast Luzon

VULCANI IMPONENTI E COSTE FRASTAGLIATE

Dopo esservi bruciati la lingua con la cucina piccante di Bicol, rinfrescatevi nuotando con gli squali balena a Donsol o dedicandovi a una delle tante attività acquatiche della regione. Oppure scaldatevi ancora di più con un trekking su un vulcano o ballando in una delle scatenate fiestas locali.

p161

Mindoro

NATURA SELVAGGIA E SPLENDIDI FONDALI

Immersioni e snorkelling ad Apo Reef sono imbattibili, mentre Puerto Galera aggiunge alle esperienze subacquee un tocco festaiolo. In giro per l'isola potrete fare escursioni a un numero incredibile di cascate, avvistare i tamarù (bufali autoctoni) in via di estinzione tra montagne remote e addentrarvi negli impervi paesaggi interni alla ricerca di tribù perdute.

p184

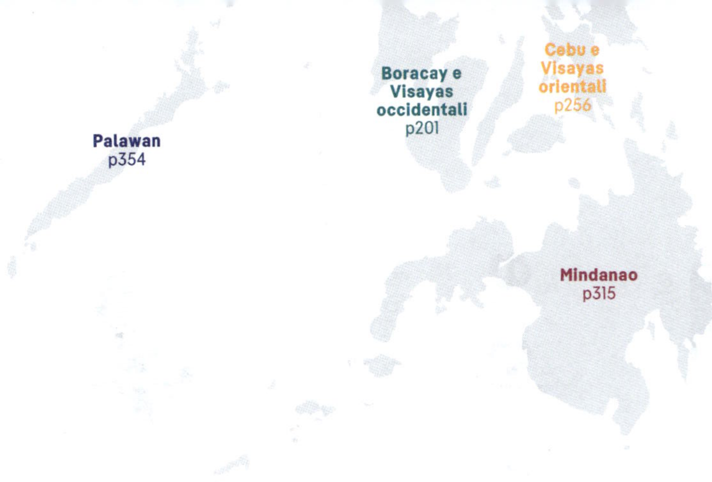

Cebu e Visayas orientali

IMMERSIONI DA SOGNO E SPIAGGE DIVINE

Cebu City è la porta di accesso a spettacolari fondali e spiagge, oltre ad avventure nella giungla. Bohol offre favolose immersioni con le bombole e in apnea nelle acque di Panglao Island, mentre la terraferma di Cebu ha un po' di tutto, dalle cascate alle grotte, dalla fauna selvatica alle spiagge e ai fiumi. Samar e Leyte sono rotte meno battute, pronte per essere esplorate.

p256

Palawan

ISOLE PARADISIACHE

Ecco come ci si immagina il paradiso: spiagge remote di una bellezza mozzafiato, alte isole scoscese che emergono da acque azzurre, giungle incontaminate piene di cascate e animali rari. Qui vi attendono innumerevoli avventure: potrete immergervi su barriere coralline e relitti della seconda guerra mondiale, andare in cerca di surf break poco conosciuti o esplorare isole remote in kayak.

p354

Boracay e Visayas occidentali

AVVENTURE DI TERRA E PER MARE

Boracay è un'attrazione inebriante e divertente, con una spiaggia iconica, ristoranti vivaci e una favolosa scena del kitesurf, ma non tralasciate il resto della regione. Panay e Negros vantano spiagge e immersioni di classe internazionale, mentre la piccola Siquijor è pronta a diventare la nuova grande attrazione del paese con i suoi bar per backpacker e il nuovo aeroporto.

p201

Mindanao

MAGNIFICHE ISOLE E ATTIVITÀ OUTDOOR

L'isola più meridionale, baciata da aspre montagne, spiagge orlate di palme e un mosaico di culture e cucine caratteristiche, spazia dalla cosmopolita Davao e dalla capitale del surf, la festaiola Siargao, a Camiguin, isola di grande richiamo con i suoi tanti vulcani e i viaggi avventura. Oppure puntate a sud per godervi la peculiare cultura e cucina di Zamboanga.

p315

Mt Hibok-Hibok, Camiguin Island (p330)

ITINERARI

Una visita veloce

Durata: 4-5 giorni **Distanza**: 1250 km

Con tutte queste isole tra cui scegliere e tempi di viaggio così lunghi, organizzare un itinerario di quattro o cinque giorni è impegnativo, ma fattibile se ci si sposta in aereo. Questo percorso vi offre un giorno per godervi i piaceri urbani di Manila e poi vi porta su isole e montagne.

1

MANILA ⏱ 1 GIORNO

Partite dall'energica capitale delle Filippine (p54), che rimane lo snodo migliore per raggiungere le isole e merita decisamente una sosta. Fate un tour a Intramuros – o Chinatown se siete appassionati di cucina – poi visitate uno dei musei nazionali (in foto) a Rizal Park per farvi un'idea del contesto culturale. Spostatevi a Makati e BGC per godervi una cena elegante e scoprire la vita notturna della città.

Tagaytay: 🚗 un'ora

2

TAGAYTAY ⏱ 1 GIORNO

Questa è l'escursione in giornata più facile e più fotogenica dalla capitale. **Tagaytay** (p102) corre lungo un crinale con vedute spettacolari sul Lake Taal e sul Taal Volcano fumante, centinaia di metri più in basso (in foto). Ci sono alcuni magnifici ristoranti che sfruttano al massimo questo panorama. Partite presto e noleggiate un'auto per tornare a Manila in tempo per un volo pomeridiano.

🚗 ✈ Siargao: tre ore e mezza

3

SIARGAO ⏱ 2 GIORNI

Raggiungete in aereo l'astro nascente delle Filippine tra la generazione di Instagram (p320). Già destinazione di nicchia per surfisti esperti, oggi è una località cosmopolita con boutique hotel in stile balinese e una vita notturna altrettanto vivace.

Camiguin: 10 ore

Deviazione: *Si possono fare due escursioni alle isole – entrambe conquisteranno i vostri amici sui social.* ***Bucas Grande Island*** *(p326) ha uno splendido litorale, oltre a grotte e lagune nascoste da esplorare. due ore. Oppure optate per una gita in barca attraverso le mangrovie fino alla* ***Sugba Lagoon*** *(p327), dove potrete fare snorkelling e uscite in kayak nelle acque verde smeraldo tra imponenti scogliere calcaree. un'ora un'ora e mezza*

4

CAMIGUIN ⏱ 1 GIORNO

Da Siargao c'è un lungo viaggio in autobus e traghetto fino a **Camiguin Island** (p329). Per ottimizzare i tempi, fate la tratta in autobus di notte. Con sette vulcani, varie cascate, sorgenti termali, sorgenti fredde (in foto), isole deserte e molte attrazioni sottomarine, Camiguin è una splendida destinazione per il turismo d'avventura. Con il suo paesaggio spettacolare è un posto ideale da esplorare da soli, preferibilmente in moto, con molte opportunità di scattare magnifiche foto.

Deviazione: *Se avete un giorno in più andate alla vicina* ***Bukidnon*** *(p337), che offre tutto l'anno rafting sulle rapide del Cagayan de Oro River. Dalla città di Cagayan de Oro (CDO) partono escursioni di tre ore o (più impegnative) di sei ore.*

un'ora per Balingoan + due ore e mezza per CDO

DA SINISTRA: JOHN SEATON CALLAHAN/GETTY IMAGES ©, JOEMILL VELOSO FLORDELIS/GETTY IMAGES ©

Baguio (p122)

ITINERARI

Tour della Cordillera

Durata: 10 giorni **Distanza**: 740 km

Non siete tipi da spiaggia? Le montagne dell'isola principale delle Filippine, Luzon, incantano i viaggiatori con risaie terrazzate, trekking e tribù di montagna. Prevedete anche un po' di tempo al sole in due delle spiagge più famose di Luzon, entrambe eccellenti spot per il surf.

1

CLARK ⏱ 1 GIORNO

Prendete un aereo per questo polo finanziario in ascesa (p110) nella provincia di Pampanga e godetevi un'autentica cena locale. Il giorno dopo alzatevi prima dell'alba per salire sul Mt Pinatubo, protagonista nel 1991 di una devastante eruzione. È una gita di mezza giornata con un emozionante giro in fuoristrada (in foto) e una salita di 45 minuti allo spettacolare lago blu nel cratere del vulcano, circondato da cime scoscese.

San Juan: quattro ore e mezza

2

SAN JUAN (LA UNION) ⏱ 2 GIORNI

Questa località balneare senza pretese (p136, in foto) offre una scena surfistica informale, con economici ostelli e aree ristorazione. Il barangay Urbiztondo è il fulcro dell'azione. C'è un'ampia scelta di corsi per principianti. *Baguio: due ore*

Deviazione: *A un paio d'ore lungo la costa si trova* ***Vigan*** *(p131), una delle città più antiche delle Filippine. Un must per chi ama l'architettura o è interessato alla storia coloniale spagnola.*

due ore e mezza

3

BAGUIO ⏱ 1 GIORNO

A soli 60 km di distanza da San Juan, **Baguio** (p122) è la porta di accesso alle montagne della Cordillera. Alcuni musei della città (in foto) offrono una valida introduzione all'affascinante composizione etnografica della regione. *Sagada: due ore*

Deviazione: *Da Baguio partono autobus di linea per la pittoresca* ***Kabayan*** *(p145), 50 km a nord, che ospita diverse grotte contenenti inquietanti mummie sepolte secoli fa dalla popolazione indigena ibaloi.*
⏱ tutto il giorno

Baguio: tre ore

4

SAGADA 2 GIORNI

Con il suo fresco clima di montagna, **Sagada** (p138) è il posto ideale per fuggire dalla civiltà per un paio di giorni. Grotte, vette, cascate e bare sospese attraggono i viaggiatori attivi, mentre i più tranquilli possono rilassarsi con una bevanda calda e un libro e godersi l'atmosfera. Cercate di programmare la visita in concomitanza con una *begnas* (tradizionale celebrazione della comunità kankanay, in foto).

Banaue: due ore

5

BANAUE E BATAD 2 GIORNI

Banaue (p142) è la porta di accesso alle risaie terrazzate (in foto) della provincia di Ifugao. Quelle di Batad, un barangay di Banaue, simili a un anfiteatro e con muretti di pietra, sono considerate le più spettacolari. Da Banaue o Batad si possono fare trekking verso cascate scroscianti e villaggi bucolici i cui abitanti praticano ancora sacrifici di animali e altre usanze tradizionali ifugao.

Baler: sette ore e mezza

6

BALER 2 GIORNI

Charlie *fa* surf. Tornate in pianura e puntate verso **Baler** (p153, in foto), remota cittadina balneare nota soprattutto per essere stata teatro della scena del surf in *Apocalypse Now*. Le tavole da surf lasciate qui dopo le riprese hanno dato il via a una vivace scena surfistica, nonostante le onde possano essere incostanti. Baler è anche il punto di partenza per le escursioni nella giungla del circostante Northern Sierra Madre National Park.

ARTYOORAN/SHUTTERSTOCK ©

Boracay (p206)

ITINERARI

Avventure alle Visayas

Durata: 10 giorni **Distanza**: 570 km

Se cercate sabbia bianca, rum e noci di cocco, non dovete fare altro che puntare sul mosaico di isole centrali noto come Visayas. Facendo un tour da un'isola all'altra, potreste decidere di mollare tutto e farlo per sempre. Non serve pianificare in anticipo: basta salire sul primo traghetto e seguire l'istinto.

1

BOHOL ⏱ 2 GIORNI

Perfetta introduzione alle Visayas, Bohol (p289) offre un'ampia gamma di attrazioni lungo sentieri battuti e non, tra cui piccoli primati, le singolari Chocolate Hills, eccellenti siti di immersioni e snorkelling, escursioni sul fiume (in foto) e nella giungla. Panglao Island, dove si trova l'aeroporto abbastanza nuovo, è una base comoda e piacevole con una vasta gamma di alloggi e una discreta vita notturna.

Siquijor: un'ora e mezza

2

SIQUIJOR ⏱ 2 GIORNI

Nota per le streghe e i guaritori, Siquijor (p249) è diventata un paradiso per i backpacker grazie al connubio di paesaggi incantevoli e sistemazioni sulla spiaggia a ottimi prezzi. In moto potete percorrere in un giorno i 72 km di strada costiera ad anello e scoprire spiagge, vestigia dell'epoca coloniale, cascate (in foto), grotte e villaggi incantevoli. Non dimenticate l'attrezzatura da snorkelling per esplorare le barriere coralline.

Dumaguete: un'ora

3

DUMAGUETE ⏱ 2 GIORNI

Dumaguete (p243) è la base per esplorare le meraviglie di Negros meridionale. A poca distanza si trovano meravigliose escursioni, spiagge e immersioni. Apo Island, con alcuni resort solitari su un tratto di sabbia completamente isolato, è un magnifico sito di immersioni e snorkelling (in foto) che pullula di tartarughe marine. A nord della città, Bais invita a osservare i delfini e le balene nel Tañon Strait.

Moalboal: due ore e mezza

DA SINISTRA: MATYAS REHAK/SHUTTERSTOCK ©, WIRESTOCK/GETTY IMAGES ©,SLAVADUBROVIN/GETTY IMAGES ©

4 MOALBOAL ⏱1 GIORNO

Puntando verso l'isola di Cebu e guidando verso nord, la prima tappa è questa piccola ma vivace località costiera (p276), dove vi attende un'avventura di canyoning tra i numerosi fiumi e cascate fuori città. Per gli amanti dello snorkelling e delle immersioni, una stupenda parete di corallo a poca distanza dalla costa attira le tartarughe e il famoso banco di sardine di Panagsama Beach (in foto).

Cebu City: due ore e mezza

5 CEBU CITY ⏱1 GIORNO

Il capoluogo delle Visayas, Cebu City (p262) è una trafficata metropoli, una conurbazione di tre milioni di abitanti con una storia affascinante – sulla vicina Mactan Island Magellano fu ucciso dal potente capo Lapu-Lapu. Scoprite il retaggio storico attraverso i musei (in foto) e le fortezze, oppure fate il giro delle isole nel Bohol Sea al largo di Mactan. La sera assaggiate le prelibatezze regionali e andate nei numerosi bar e club.

Boracay: due ore e mezza

6 BORACAY ⏱2 GIORNI

L'attrazione principale di Boracay, la meravigliosa e infinita White Beach, non ha rivali: sì, c'è molta gente, ma si può trovare un po' di tregua dalla folla alle estremità nord e sud. La piccola isola (p206) possiede anche spiagge più tranquille che attirano chi è disposto a esplorare un po'. Il gioiello più bello tra le località balneari filippine è anche un paradiso per gli sportivi, a cui offre kitesurf, golf, immersioni e numerosi sport da spiaggia.

Coron Island (p371)

ITINERARI

L'imperdibile Palawan

Durata: 7 giorni **Distanza**: 530 km

Palawan (p354) è un concentrato del meglio che le Filippine hanno da offrire. La principale attrazione del paese si presta a una facile esplorazione da nord a sud: dai relitti, le isole e i laghi di Coron e le imponenti scogliere calcaree di El Nido e Bacuit Bay fino alla tranquilla Port Barton e al fiume sotterraneo.

1

CORON 2 GIORNI

Volate a **Coron Town** (p366) a Busuanga Island, principale punto di partenza per le Calamian Islands – vero e proprio paradiso per gli amanti dell'avventura, con immersioni su relitti (in foto), uscite in kayak, crociere in barca e gite in moto. L'arcipelago è ricco di spiagge di sabbia bianca, barriere coralline, fitte foreste pluviali, paludi di mangrovie e i laghi cristallini del suo fiore all'occhiello, Coron Island.

El Nido: tre ore e mezza

2

EL NIDO 2 GIORNI

El Nido (p358) è la base principale per esplorare il gioiello più prezioso di Palawan, lo splendido Bacuit Archipelago. Limitarsi a fare il tour delle isole sarebbe però un errore. L'area di El Nido è un paradiso per gli sport avventura, con una fiorente scena di surf, kitesurf e kayak da mare, oltre alle immersioni con le mante. El Nido vanta spiagge tra le più belle delle Filippine e offre una divertente e frivola vita notturna.

Port Barton: tre ore e mezza

3

PORT BARTON 1 GIORNO

Fate attenzione quando visitate **Port Barton** (p375): potreste finire per fermarvi più a lungo del previsto. Situato su un'incantevole caletta, questo semplice rifugio per backpacker ha alcune belle isole nella baia e offre buone opportunità di snorkelling. Diversi posti lungo la spiaggia noleggiano kayak da mare e SUP. Una nuova strada costiera consente di esplorare facilmente la vicina Long Beach di San Vicente (in foto).

Sabang: tre ore e mezza

4

SABANG ⏱1 GIORNO

La piccola **Sabang** (p384), un barangay della distante Puerto Princesa, ha una magnifica spiaggia, ampie aree di giungla incontaminata e un fiume sotterraneo navigabile che scorre in una spettacolare grotta prima di sfociare in mare. Per rendere più interessante questa esperienza tanto decantata, raggiungete a piedi l'ingresso del parco nazionale attraverso la foresta pluviale primaria, dove si avvistano scimmie (in foto) e grossi varani.

Puerto Princesa: un'ora e mezza

5

PUERTO PRINCESA ⏱1 GIORNO

Dopo una settimana trascorsa al nord, il giro delle isole dal trafficato capoluogo di Palawan potrebbe non interessarvi, ma **Puerto Princesa** (p378) rappresenta comunque un piacevole punto di arrivo, con una discreta scena gastronomica, qualche locale notturno lungo la via principale Rizal Ave e tranquilli boutique hotel. In città e nei dintorni ci sono diverse attrazioni degne di nota, tra cui alcuni siti storici e, se scegliete il periodo giusto, la possibilità di avvistare delfini e squali balena nella Honda Bay.

QUANDO ANDARE

La stagione secca è la migliore: da novembre a maggio a ovest, da aprile a ottobre a est (salvo i tifoni).

Da novembre ad aprile è alta stagione ed è anche la stagione secca sulla costa occidentale, incluse Manila, Boracay e Palawan. Le Visayas centrali hanno stagioni meno definite, ma come il resto del paese sono più fresche e piacevoli durante l'inverno. Siargao e la costa orientale sono soggette a rovesci da dicembre a metà marzo.

L'aumento delle temperature in aprile e maggio annuncia l'inizio delle piogge sulla costa occidentale, mentre sulla costa orientale inizia la stagione secca. Da giugno a dicembre, però, fate attenzione ai tifoni: da est ne arrivano a decine, spesso causando giorni di piogge torrenziali in tutto il paese, anche se non toccano terra. In questo periodo bisogna essere flessibili e pronti a cambiare i programmi.

A prescindere dalla costa in cui vi trovate, i prezzi degli alloggi scendono del 30% nelle zone turistiche da giugno a ottobre, mentre molte località triplicano le tariffe a Capodanno e prima di Pasqua.

Monsone, Moalboal (p276)

A SINISTRA: NEIL BUSSEY/SHUTTERSTOCK ©, ESTREMA DESTRA: WALTER ERIC SY/SHUTTERSTOCK ©

IO VIVO QUI

IL REGNO DEGLI ARCOBALENI

Ramon Manotok dirige il Kingfisher Resort, punto di riferimento per gli appassionati di kitesurf e windsurf a Pagudpud, Ilocos Norte. @kingfisher.ph

Situata sulla punta di Luzon, Pagudpud ha un microclima ben definito. Durante l'*amihan* (monsone di nord-est), il tempo può essere sereno e soleggiato a Saud Beach, ma basta spostarsi 10 km a est verso la Blue Lagoon per trovare pioggia a dirotto e vento a 30 nodi. Durante l'*habagat* (monsone di sud-ovest), Saud Beach riceve molta più pioggia rispetto alle località orientali. Grazie a questo mix di sole e pioggia Pagudpud è forse il luogo dove si vedono più arcobaleni nel paese.

MONSONI

Il clima delle Filippine è influenzato dai monsoni, in particolare dall'*amihan* (monsone di nord-est), che prevale da novembre ad aprile, e dall'*habagat* (monsone di sud-ovest), da maggio a ottobre. I venti di nord-est dell'*amihan* portano aria più fresca e secca, mentre l'*habagat* porta temperature più elevate e una fortissima umidità.

Il meteo mese per mese (Boracay)

GENNAIO	MARZO	MAGGIO	LUGLIO	SETTEMBRE	NOVEMBRE
Media diurna max: **25-28°C**	Media diurna max: **27-30°C**	Media diurna max: **31-33°C**	Media diurna max: **29-31°C**	Media diurna max: **29-31°C**	Media diurna max: **28-30°C**
Giorni di pioggia: **11-12**	Giorni di pioggia: **6-7**	Giorni di pioggia: **12-13**	Giorni di pioggia: **23-24**	Giorni di pioggia: **23-24**	Giorni di pioggia: **18-19**

MICROCLIMI

Le isole più grandi e/o montuose come Mindoro presentano microclimi distinti, determinati dall'interazione tra l'*amihan* e l'*habagat*. La costa occidentale di Mindoro è soggetta a forti piogge durante l'*habagat* da sud-ovest, mentre la costa orientale, protetta dalle montagne, è molto più secca. Lo schema si inverte durante l'*amihan*.

Eventi principali

Ati-Atihan Festival (p214) La madre di tutte le feste filippine è la chiassosa festa di strada di una settimana a Kalibo definita il Martedì Grasso delle Filippine (con cui coincide). **Gennaio**

Settimana Santa Nella settimana che precede la Pasqua tutto si ferma e i prezzi dei resort vanno alle stelle. In tutto il paese si svolgono *sinakulos* (rievocazioni della Passione), mentre a San Fernando (Luzon) va in scena la **cerimonia della Crocifissione** (p112) del Venerdì Santo. **Marzo o aprile**

Ognissanti Il 1° novembre le famiglie si recano nei cimiteri cariche di cibo per trascorrere la sera di Ognissanti ricordando i propri defunti. È un evento insolitamente festoso, soprattutto a Manila. **Novembre**

Natale I filippini prendono il 25 dicembre *molto* sul serio – i centri commerciali iniziano a trasmettere musica natalizia già ad agosto. Tra Natale e Capodanno i resort applicano di nuovo prezzi di altissima stagione. **Dicembre**.

Le fiestas più pittoresche

Sinulog Festival (p267) La festa più grande di Cebu City vede i partecipanti danzare il *sinulog*, un ballo in cui l'alternarsi di due passi avanti e uno indietro intende riprodurre il ritmo del fiume. **Gennaio**

Panagbenga Flower Festival (p120) Per una settimana le vie di Baguio, città sulle montagne del nord, si animano con canti, danze e la spettacolare sfilata di carri floreali. **Febbraio**

Peñafrancia Festival (p171) Ogni anno i pellegrini si riversano a Naga, a Southeast Luzon, per onorare la patrona della regione di Bicol, la Vergine di Peñafrancia, nella più grande festa religiosa annuale dell'Asia. **Settembre**

MassKara Festival (p205) Uomini in maschera trascinano le folle in un vortice di danze per le vie di Bacolod, capoluogo di Negros Occidental, durante l'allegro festival delle 'molte facce'. **Ottobre**

IO VIVO QUI

BASSA STAGIONE

Camille Pilar, scrittrice e surfista, ha fondato l'eccellente caffè Clean Beach a San Juan (La Union). @camillepilar

A La Union le onde più costanti sono quelle dell'*amihan*, ma io ho un debole per la mareggiata da sud dell'*habagat*. Su tutta la costa si formano left hander, e surfando al tramonto sotto una pioggia leggera si vede l'arcobaleno. Quando i surfisti parlano di essere in sintonia con la natura, si riferiscono a momenti come questo.

San Juan (La Union; p136)

VIAGGI IN BARCA

Se intendete viaggiare in barca, sappiate che la navigazione non è sempre tranquilla. Il periodo più ventoso è quello dell'*amihan* (da novembre ad aprile), mentre i frequenti tifoni rendono imprevedibili le traversate da giugno a dicembre. Aprile e maggio sono i mesi più tranquilli.

Il meteo mese per mese (Siargao)

GENNAIO	MARZO	MAGGIO	LUGLIO	SETTEMBRE	NOVEMBRE
Media diurna max: **28-29°C**	Media diurna max: **29-30°C**	Media diurna max: **31-32°C**	Media diurna max: **31-32°C**	Media diurna max: **31-32°C**	Media diurna max: **30-31°C**
Giorni di pioggia: **24**	Giorni di pioggia: **20**	Giorni di pioggia: **15**	Giorni di pioggia: **15**	Giorni di pioggia: **15**	Giorni di pioggia: **20**

A SINISTRA: MDV EDWARDS/SHUTTERSTOCK ©; ESTREMA DESTRA: PHOTO 12/ALAMY STOCK PHOTO ©

Abbigliamento da spiaggia, Boracay (p201)

PRIMA DELLA PARTENZA

Cosa portarsi, leggere e ascoltare

Abbigliamento

Materiali Il paese è caldo e umido tutto l'anno. C'è chi preferisce capi di linea morbida in cotone e tessuti leggeri e chi predilige il poliestere traspirante (dri fit), leggero, sottile e ad asciugatura rapida.

Dress code da città I filippini sono soliti indossare i pantaloni lunghi nelle aree urbane (ovviamente negli uffici) e per andare nei centri commerciali, che sono ben climatizzati.

Dress code in campagna Gli abitanti delle zone rurali e dei villaggi evitano abiti succinti, anche se, come nelle città di mare, pantaloni corti e infradito sono la norma.

In spiaggia Nelle località balneari vi basterà avere infradito o sandali, pantaloni corti, T-shirt o canotte e un costume da bagno (il bikini va bene). Sulle spiagge pubbliche non si fa il bagno nudi.

Aree musulmane Gli abitanti delle zone musulmane di Mindanao vestono in modo più conservatore e le donne, in particolare, indossano capi molto discreti.

Etichetta

Gestione della rabbia Non perdete la calma: i filippini penseranno che siete *loco* (pazzo).

Cibo Evitate di agguantare l'ultimo boccone dal piatto comune.

Trasporti Quando siete frustrati dai trasporti, sorridete e adottate la massima filippina: *bahala na* (sarà quel che sarà).

Ristoranti I filippini fischiano per attirare l'attenzione di qualcuno, spesso nei ristoranti per chiamare il cameriere. Non è considerato maleducazione.

MUSICA E PODCAST

Escape: Stories from the Road Podcast del Dipartimento del Turismo che presenta varie destinazioni in tutto il paese, con particolare attenzione all'avventura e alla gastronomia.

Filipina Unleashed Un podcast condotto da una life coach e guru spirituale che vive a Palawan, con consigli per vivere bene rivolti alle donne filippine.

Rivermaya (Rivermaya; 1994) L'album di debutto della leggendaria rock band di Original Pinoy Music (OPM), con la superstar Bamboo Mañalac nella formazione dell'epoca.

Here Lies Love (David Byrne e Fatboy Slim; 2010) Prodotto da un gigante della musica, questo musical rock su Imelda Marcos è stato rimasterizzato nel 2023.

LIBRI

Ilustrado
(Miguel Syjuco; 2011)
La storia delle Filippine viene vista attraverso quella del narratore, che è alla ricerca della propria identità.

Black dog
(Alex Garland; 1999)
Questo emozionante viaggio nel lato oscuro di Manila è il seguito di *L'ultima spiaggia*, romanzo cult dei backpacker del 1996.

Famiglie ombra
(Mia Alvar; 2017)
Una raccolta di racconti che esplorano la vita dei filippini ai tempi di Marcos.

Filippine
(Vicky Reyes; 1998)
Storia, economia e risorse, società e tradizioni, arte e cultura, religione.

Parole

Hindí e **oo**. 'No' e 'sì'. Le prime parole essenziali.

Magkano? 'Quanto?' La successiva parola essenziale.

Salamat 'Grazie'.

Waláng anumán 'Prego'.

Magandáng araw 'Buona giornata'. Generica formula educata di saluto.

Magandáng umaga 'Buongiorno'. Formula molto usata.

Paalam 'Arrivederci'.

Kumustá? 'Come stai?' Usato in pratica come saluto.

Mabuti 'Bene'. Risposta generica alla domanda precedente.

Kain na tayo 'Andiamo a mangiare'. Di fatto si usa molto anche come saluto (non serve rispondere sì).

Anó ang pangalan mo? 'Come ti chiami?'

Ang pangalan ko ay ... 'Mi chiamo...'

pô Aggiunto per rendere formali tutte le espressioni citate – per esempio *oo pô* o *hindí pô*.

Walá Risposta negativa universale che significa più o meno 'Non disponibile', per esempio 'Avete *balut*?' '*Walá pô*'.

Lang 'Solo', ma anche usato come sinonimo di 'proprio così'.

Meron 'Ce l'abbiamo'. Contrario e gradita alternativa a *walá*.

Konti lang 'Solo un po''. Risposta educata a 'ne vuoi un po'?'

na Usatissimo intercalare nella conversazione informale – per esempio *konti na lang* o *mabuti na*.

Kuripot 'Taccagno'. Parola slang fondamentale.

Makulit 'Insistente'. Come sopra.

Maganda 'Bellissimo'. Usato per descrivere montagne o persone.

Parole e frasi 'taglish' (inglese filippino) molto comuni:

'For awhile' ('Un momento') Continuate ad attendere qualsiasi cosa stiate aspettando. Più fastidioso delle unghie su una lavagna.

'CR' Abbreviazione dell'eufemismo 'comfort room' (toilette).

'Out of stock' Versione taglish di *walá*.

'Slippers' Infradito o sandali.

'Ballpen' Penna biro o solo penna.

FILM

Imelda (Ramona Diaz; 2003) Un affascinante documentario sulla personalità di Imelda Marcos.

Serbis (Brillante Mendoza; 2008) Un film con la rinomata attrice Gina Pareño (foto in alto) su una casa di produzione di film porno a gestione familiare nella capitale della prostituzione delle Filippine, Angeles.

Heneral Luna (Jerrold Tarog; 2015) Un film epico che critica i filippini per aver assassinato il loro più grande generale durante la guerra filippino-americana.

Siargao (Paul Soriano; 2017) Una storia d'amore ambientata nella città del surf che ha contribuito alla rapida ascesa di Siargao a meta turistica di grande richiamo.

Third World Romance (Dwein Baltazar; 2023) Piccolo film indipendente su vita e amore nei barrios di Manila.

JOEL LARSSON/SHUTTERSTOCK ©

Tubbataha Reef, El Nido (p358)

COSA METTERE IN PROGRAMMA

IMMERSIONI NELLE FILIPPINE

Che preferiate giardini di coralli in acque basse o immersioni tecniche in profondità, le Filippine sono una delle migliori destinazioni al mondo per le attività subacquee, grazie a un variegato paesaggio sottomarino formato da barriere remote, vulcani spenti, magnifiche pareti, grotte e relitti e con un'impareggiabile biodiversità.

Pianificare le immersioni

CHE COSA VEDRETE

La straordinaria varietà di vita marina delle Filippine è composta per lo più da creature di piccole e medie dimensioni, pertanto l'arcipelago è considerato una delle migliori destinazioni per la macrofotografia. A parte poche zone, i grandi pesci pelagici (tipici del mare aperto) che caratterizzano località vicine come Palau qui sono rari, ma la biodiversità marina e la varietà dei coralli sono fra le migliori del mondo. Purtroppo il corallo è costantemente minacciato da metodi di pesca distruttivi (con cianuro e dinamite) ampiamente praticati e dall'inquinamento, ma oggi i migliori siti di immersione sono zone protette e questo li risparmia da tali danni.

CHE COSA PORTARE

I dive centre in genere forniscono tutto il necessario. Per le immersioni tecniche è meglio rivolgersi a centri specializzati che hanno equipaggiamento specifico (rocchetti e accessori, miscele di gas e, in molti casi, rebreather). Spesso l'attrezzatura è anche in vendita e in tutte le isole si possono acquistare e revisionare apparecchiature delle principali marche internazionali.

COME SCEGLIERE UN OPERATORE

L'ambiente sottomarino delle Filippine può essere insidioso. La trasparenza e l'alta visibilità possono disorientare e indurre a scendere oltre la profondità programmata. Anche le correnti sono un fattore importante, e in determinati periodi dell'anno le condizioni del tempo e del mare possono mutare in pochi minuti.

È fondamentale quindi affidarsi a un centro di elevata professionalità. L'affiliazione PADI, per esempio, è un buon indice dell'impegno dell'operatore a garantire sicurezza e attenzione ai clienti. Informatevi sulle procedure di sicurezza e di emergenza del centro, chiedete se dispone di unità di ossigeno di emergenza e se il personale è addestrato a somministrarlo a bordo. Verificate che l'attrezzatura a noleggio sia in buono stato. Infine, scegliete un centro dove si parli la lingua con cui avete maggiore dimestichezza.

CERTIFICAZIONE

Tutti i centri richiedono ai sub il possesso di una certificazione rilasciata da un organismo internazionale e sarebbero tenuti a farsi mostrare il tesserino. Raramente vi verrà chiesto di esibire un log book per valutare il vostro livello di esperienza. Per partecipare alle spedizioni live-aboard spesso è richiesto un brevetto avanzato, ma la buona notizia è che in tutto il paese si offrono corsi per ogni brevetto, dall'Open Water a quello per diventare istruttori.

Squalo del reef, Malapascua (p285)

IMMERSIONI TECNICHE

Le immersioni tecniche sono molto diffuse nelle Filippine, dove non mancano fondali sufficientemente profondi per l'apposito addestramento. I relitti a Coron Bay e Subic Bay, le Coron Caves e le grotte vicino a El Nido regalano esperienze memorabili.

Fra i centri di addestramento più qualificati in questo settore figurano Tech Asia (techasia.ph), ramo tecnico di Asia Divers a Puerto Galera, e PhilTech (philtech.net), a Manila.

LIVE-ABOARD

La formula live-aboard (spedizioni di più giorni su barche attrezzate per il pernottamento dei sub) è molto diffusa nelle Filippine per raggiungere i siti di immersione più remoti o per visitare più siti in una settimana. Le barche spaziano da quelle appositamente costruite per l'attività subacquea a pescherecci e bangka riconvertiti.

I live-aboard partono da e/o sono organizzati da dive centre di Anilao, Puerto Galera, Palawan settentrionale e tutte le Visayas, incluse Cebu, Bohol e Negros meridionale. Sono l'unico modo per raggiungere il sito più spettacolare delle Filippine, Tubbataha Reef nel Sulu Sea, dove ci si può immergere da metà marzo a metà giugno.

Nella scelta di un live-aboard, i requisiti di sicurezza, idoneità alla navigazione e livello di professionalità vanno valutati con altrettanta (se non maggiore) attenzione del prezzo. Ecco alcuni operatori affidabili.

Atlantis Azores

Yacht di lusso; ha basi a Dauin e Puerto Galera. (atlantishotel.com/py-atlantis-azores)

Discovery Palawan

Grande imbarcazione che segue la rotta El Nido–Coron–Apo Reef–Batangas. (discoveryfleet.com)

Manta Liveaboards

Safari live-aboard su un confortevole catamarano in partenza da Coron alla volta di Apo Reef e siti di Palawan, tra cui El Nido e Tubbataha Reef. (manta.ph)

Philippines Aggressor

Questa nave e la sua gemella, la *Philippines Aggressor II* (26 passeggeri) varata nel 2024, seguono le rotte delle Visayas centrali e di Tubbataha. (aggressor.com)

Quando andare

Le immersioni si possono praticare tutto l'anno, ma le Filippine sono interessate dai cicli annuali del monsone di nord-est (*amihan*) da novembre a maggio e di quello di sud-ovest (*habagat*) da giugno a ottobre.

Al culmine dell'*amihan*, da dicembre a marzo, il mare può essere agitato e torbido. L'*amihan* si placa in aprile e il mare diventa piatto e calmo, con una visibilità incredibile.

L'*habagat* coincide con la stagione delle piogge sulla costa orientale. Sono frequenti acquazzoni tropicali e lunghi periodi di maltempo causati dai tifoni. In questi mesi puntate sulle Visayas centrali, più riparate.

Principali siti di immersioni

LUZON

Anilao (p108)

È stata la prima località per le immersioni delle Filippine e offre la ricca biodiversità del Verde Island Passage. Sombrero Island e Mainit Point (dove ci sono molti squali) sono i siti migliori.

Subic Bay (p113)

Nell'ex base navale americana ci sono diversi relitti da esplorare, tra cui il *New York*.

MINDORO

Puerto Galera (p188)

Situata su un istmo proteso nel Verde Island Passage, offre una ricca varietà di siti. Sulle due spiagge principali, Sabang e Small La Laguna, ci sono oltre 20 operatori subacquei.

Apo Reef (p197)

A due ore al largo della costa occidentale di Mindoro si trova il miglior sito di immersioni dopo Tubbataha, con ottime probabilità di vedere gli squali.

Balicasag Island (p294)

Altri spunti

Batanes (p150)
Per immersioni uniche in luoghi poco esplorati, puntate verso la catena di isole più settentrionale del paese e contattate Dive Batanes.

Ticao Island (p180)
Usate Donsol come base per avvistare le mante al Manta Bowl, al largo di Ticao Island (Romblon). Più vicino alla costa si trovano siti per macrofotografia.

Boracay (p209)
Pur non rinomata per le immersioni, Boracay ha comunque diversi siti discreti. Rinomata come luogo di addestramento, vanta decine di operatori che offrono corsi.

VISAYAS

Cebu (p276)

Moalboal offre una spettacolare parete che inizia vicino alla costa e Pescador Island, famosa per le tartarughe. A Malapascua ci sono gli squali volpe. Mactan Island è meta dei sub del weekend che arrivano in aereo da Manila e dall'Asia settentrionale.

Bohol (p289)

Le acque di Cabilao Island e Panglao Island brulicano di vita marina; Balicasag Island è considerata fra i migliori siti di immersioni ricreative.

Negros meridionale (p248)

Dauin e Apo Island sono siti di immersione di fama internazionale.

Leyte meridionale (p302)

Padre Burgos, a Sogod Bay, offre immersioni in barriera al livello degli altri siti delle Visayas e la possibilità di vedere squali balena da febbraio a giugno.

MINDANAO

Camiguin (p331)

Tutta l'isola offre favolose immersioni, ma il fiore all'occhiello è Mantigue Island, che vanta una visibilità straordinaria e un reef brulicante di vita in cui nuotano le tartarughe.

Samal Island (p343)

Questa popolare isola-resort al largo di Davao offre splendide immersioni davanti alla costa sud-occidentale, tra cui Talikud Island. Ligid Caves è un sito famoso al largo della costa nord-orientale.

PALAWAN

Coron (p370)

Le navi giapponesi affondate durante la guerra sono imperdibili per chi ama esplorare i relitti. La zona vanta anche splendide barriere coralline.

IMMERSIONI RESPONSABILI

Per vivere un'esperienza piacevole e in sicurezza seguite queste indicazioni.

- Informatevi sulle norme locali e sui comportamenti da adottare per il rispetto dell'ambiente marino, e non date da mangiare ai pesci.
- Evitate di toccare o calpestare gli organismi marini e di trascinare attrezzature sulla superficie della barriera.
- Attenti a come muovete le pinne: lo spostamento d'acqua provocato dai colpi di pinna vicino alla barriera può danneggiare gli organismi più delicati.
- Resistete alla tentazione di raccogliere o acquistare coralli o conchiglie e di portare via qualche 'souvenir' dai siti archeologici sottomarini (come i relitti).
- Rimuovete dai siti di immersione tutti i rifiuti prodotti da voi (e anche quelli lasciati da altri). La plastica, in particolare, è una seria minaccia per la vita marina.
- Non disturbate le creature marine. Non toccate gli squali balena e non cavalcate le tartarughe. Evitate le escursioni che prevedono distribuzione di cibo agli squali balena.

El Nido (p358)

Alcuni magnifici siti a Bacuit Bay. Sulla costa orientale, il barangay Sibaltan è la base per avvistare le mante e immergersi sul reef alle Linapacan Islands.

Puerto Princesa (p378)

Ha alcuni siti di immersione a Honda Bay, ma è soprattutto il punto da cui partono le escursioni live-aboard verso il remoto Tubbataha Reef, il migliore sito di immersione del paese.

Siquijor (p249)
Meta emergente con numerosi operatori, ha un'eccezionale varietà di specie ed è nota per le immersioni di macrofotografia e le immersioni notturne.

Port Barton (p375)
Una miriade di isole poco lontane da questa località balneare di Palawan attirano subacquei di ogni livello con siti come Royalist Shoal e Shark Point.

Siargao (p324)
È più rinomata per il surf, ma Blue Cathedral e Shark Point sono bei siti di immersione; a Daku Island si possono abbinare escursioni di surf e immersioni.

General Santos (p347)
Offre una sensazionale parete che si estende per oltre 10 km lungo la costa. Un po' più al largo, Sarangani Bay richiama grandi pesci pelagici.

NATALIA HANIN/SHUTTERSTOCK ©

Pollo adobo

IN TAVOLA

Nelle tradizioni culinarie filippine si fondono cucine asiatiche, latine, americane e indigene, un riflesso della storia coloniale del paese e del suo variegato panorama geografico.

Kain na tayo – 'andiamo a mangiare'. È l'esortazione filippina a mettersi a tavola che sentirete spesso durante il viaggio. L'espressione rivela due aspetti fondamentali del popolo filippino: il primo è l'ospitalità, il secondo è che amano mangiare.

I filippini mangiano in continuazione. Poiché tre pasti al giorno non sembrano sufficienti, spezzano la mattina e il pomeriggio con una *meryenda*. Ben più che un semplice spuntino, la *meryenda* pomeridiana può includere *bihon* (bastoncini di riso fritto) o un *goto* (porridge di riso alla filippina) seguiti da qualche *bibingka* (soffici tortini di riso ricoperti di formaggio).

A Manila, Cebu e in alcuni dei maggiori capoluoghi di provincia, una nuova generazione di chef, ristoratori e agricoltori biologici – sostenuti da uno stuolo di critici gastronomici, blogger e influencer – sta guidando una sorta di rivoluzione culinaria, con una cucina filippina moderna fortemente influenzata dai sapori internazionali. Manila vanta una scena gastronomica particolarmente cosmopolita, con una serie di ristoranti acclamati dalla critica, tra cui alcuni specializzati in altre cucine asiatiche ed europee.

Reputazione

La cucina filippina non ha una grande fama in Occidente, dove i ristoranti filippini sono rari, né nel resto dell'Asia, dove è considerata priva di fantasia e poco raffinata. Tali pregiudizi lasciano perplessi i filippini, convinti che i loro piatti, specie se cucinati in casa, siano i migliori del mondo. Di fatto, il cibo filippino (*pinoy*) non è così male come lo dipingono all'estero né così sublime come

Migliori piatti filippini

ADOBO
Maiale, pollo o un'altra carne stufata in aceto e aglio

SINIGÁNG
La *tom yum* filippina: una zuppa acidula aromatizzata al tamarindo con carne o pesce

EXPRÉS DI BICOL
Carne di maiale piccante cucinata nel latte di cocco

lo considerano in patria. Ovviamente tutto dipende dai gusti personali.

In genere la cucina locale è giudicata troppo pesante, troppo salata e soprattutto troppo dolce. In effetti lo zucchero è aggiunto ovunque, dagli hamburger di Jollibee alle versioni locali dei piatti thailandesi. Ma se sapete che cosa (e dove) ordinare, scoprirete delizie sopraffine.

Abitudini a tavola

I pasti di tutti i giorni nelle Filippine sono molto rilassati, ma nelle case benestanti la cena può svolgersi in un contesto più formale in stile occidentale.

Il riso bollito è presente a ogni pasto.

In genere tutti i piatti sono serviti su grandi vassoi messi al centro della tavola, come si usa nelle famiglie filippine.

Il succo di *calamansi* mescolato con salsa di soia è un condimento classico.

Di norma i filippini mangiano con forchetta e cucchiaio (quest'ultimo funge anche da coltello) e spesso i tovaglioli sono piccoli e sottilissimi – usanze cui molti viaggiatori faticano un po' ad abituarsi.

'For awhile' ('un momento'): un'espressione molto usata, ma nei ristoranti può significare che l'ordinazione vi sarà servita da lì a qualche minuto… o qualche ora.

Leggere il menu

Spesso i nomi dei piatti descrivono il tipo di preparazione: *adobo* è uno stufato in aceto e aglio, *sinigáng* una zuppa acidula, *ginataán* indica la cottura in latte di cocco, *kilawin* o *kinilaw* il pesce crudo o marinato nell'aceto, *pangat* prevede brodo e pomodoro e *inahaw* è carne o pesce alla griglia (*ihaw-ihaw* indica locali specializzati in piatti grigliati). La parola *maanghang* significa 'piccante', 'speziato'. L'onnipresente 'boodle fight' (termine di origine militare) è un pasto che include di tutto un po' servito su una foglia di banano e mangiato con le mani.

IMAGEGALLERY2/ALAMY STOCK PHOTO ©

FESTIVAL GASTRONOMICI

Lanzones Festival (p333; ottobre) Una settimana di festeggiamenti incentrati sul piccolo frutto per cui è famosa Camiguin, con grandi scorpacciate di *lanzones* appena raccolti e altre prelibatezze filippine.

Manggahan Sa Guimaras Fiesta (Mango Festival; aprile-maggio) Si dice che l'isola di Guimaras produca i manghi più dolci del paese, e organizza una fiesta per dimostrarlo. Il programma prevede una sfilata di carri e una gara tra chi mangia più frutti.

Tuna Festival (p347; settembre) General Santos celebra il re del pesce in scatola con un festival che include un concorso di costumi ispirati al tonno, una sfilata di carri da pesca e una serata a base di sashimi.

Manila Beer Festival (ottobre) I birrifici artigianali della regione invadono Ortigas per presentare le loro ultime creazioni. Un'ottima occasione per scoprire la scena emergente della birra artigianale di Manila.

Tuna Festival (p347)

KALDERETA
Stufato di manzo con patate, carote e pomodoro

KARE-KARE
Coda di bue e verdure cucinate in salsa di arachidi

KINILAW
Aspro ceviche alla filippina, ottimo se di *tanguigue* (sgombro macchiato)

LECHÓN
Maialino da latte arrostito allo spiedo finché la pelle diventa dorata e croccante

TAPSILOG
'Prima colazione filippina': riso all'aglio, uovo fritto e manzo essiccato

Specialità

Per chi osa

Balút Un uovo d'anatra bollito con l'embrione quasi formato, a volte con piccole piume; noto anche come 'uovo con le zampe'.

Nidi di formiche al vapore Una prelibatezza in alcuni posti, anche se è sempre più difficile trovarli.

Camaro Grilli soffritti in aceto, sale e salsa di soia; una specialità di Pampanga (Luzon).

Dinuguan Denso stufato di carne in sangue di maiale.

Aso o asusena Carne di cane. Non la consigliamo, ma è molto diffusa nella Cordillera di North Luzon (così come la 'Soup No 5', una zuppa di testicoli di toro).

Lambanog Per darvi il coraggio di mettere in bocca una di queste pietanze, tracannate un paio di bicchierini di questo distillato di palma.

Cibi più diffusi

Pansit Noodles saltati in padella con verdure e carne (di solito fegato). Servito praticamente a ogni compleanno e in altre occasioni di festa.

Halo-halo

Halo-halo Il variegato dessert filippino è fatto con ghiaccio tritato e una miriade di ingredienti dolci (il nome significa 'mescola-mescola').

Sisig Bocconcini grigliati di guancia di maiale. Uno degli spuntini da bar più comuni. I *bopis* – cubetti di polmone di maiale fritti – sono simili.

Bulalo Ricca zuppa di manzo e midollo; tipico piatto casalingo filippino.

Frutta esotica Nei chioschi di frutta e nelle bancarelle dei mercati troverete frutti come durian, mangostani, rambutan, jackfruit e longan.

PASTI MEMORABILI

Antonio's (p104) Il miglior ristorante del paese merita il viaggio da Manila a Tagaytay.

Van Gogh is Bipolar (p91) Le fantasiose creazioni culinarie del ristorante più originale di Manila mettono subito allegria.

Cafe by the Ruins (p124) Specialità esotiche della Cordillera di North Luzon.

Baybay Beach (p220) Una fantastica serie di chioschi di molluschi e crostacei a Roxas, la capitale del pesce delle Filippine.

Adamo (p245) Raffinata cucina filippina a Dumaguete, tra cui un delizioso *pansit* con pancia di maiale affumicata.

Angelina (p288) Ottima cucina italiana su una lontana spiaggia delle Visayas.

Kalui (p380) Deliziosi menu di pesce a prezzo fisso in un ambiente pittoresco a Puerto Princesa, capoluogo di Palawan.

CUCINE REGIONALI

NORTH LUZON

Da Ilocos provengono il *pinakbét* (mix di verdure; in foto) e il *bagnet* (stinco di maiale fritto). Le Batanes hanno specialità esotiche come *uved* (polpette di maiale macinato con banane e sangue di maiale), *vunes* (gambi di taro soffritti) e granchio al cocco.

BICOL

Il latte di cocco e i peperoncini rossi piccanti usati nell'*exprés* di Bicol richiamano le cucine di Malaysia, Indonesia e Thailandia. Le foglie verdi di *gabi* (taro) sono avvolte intorno a pezzi di carne per fare il *pinangat* o tritate per fare il *laing* (in foto).

NEGROS OCCIDENTAL

L'*inasal* – pollo arrosto o alla griglia marinato in citronella, *anchiote* (annatto), *calamansi* (un agrume locale) e aglio – è una specialità di Bacolod diventata una sorta di piatto nazionale.

MINDANAO

Il nord di Mindanao è noto per il *kinilaw* profumato con *tabon-tabon*, un frutto endemico. Zamboanga è rinomata per la *curacha* (granchio chiave al vapore; in foto) con salsa alavar (latte di cocco e pasta di granchio) e il knickerbocker, simile all'*halo-halo*.

JACOB MAENTZ/GETTY IMAGES ©

Donne ati (p209)

COME... Conoscere le minoranze etniche

Incontrare le minoranze etniche è una delle esperienze più interessanti in un viaggio nelle Filippine. Le aree principali sono le montagne della Cordillera a North Luzon e Mindanao, dove vivono 13 gruppi etnici moro (per lo più musulmani) e decine di gruppi non musulmani, tra cui le tribù di zingari del mare nei dintorni di Zamboanga e nel Sulu Archipelago. Questi gruppi sono spesso insediati nelle province omonime – per esempio gli ifugao nella provincia di Ifugao – e hanno una propria lingua e proprie credenze spirituali, modelli di tessitura e altre tradizioni (p415). Molti gruppi si sono assimilati in qualche misura alla vita moderna, ma le tribù delle aree più remote continuano a condurre uno stile di vita tradizionale che ruota attorno all'agricoltura e ad antichi rituali. Le tribù meno influenzate dalla società filippina moderna (e anche le più emarginate) sono i gruppi negritos (i primi nativi filippini) come gli aeta (p114), i mangyan (p196) e gli ati (p209).

Norme di comportamento

Visitare le popolazioni montane della Cordillera è estremamente gratificante, ma bisogna ricordare che un comportamento inappropriato può avere un'influenza destabilizzante sulla loro cultura. Evitate le ostentazioni di ricchezza. I regali sono accolti con piacere, ma devono essere modesti – per esempio fiammiferi e bottigliette di *ginebra* (gin locale). Quando fotografate le persone, tenete presente che alcuni abitanti delle tribù potrebbero essere superstiziosi o sospettosi delle vostre motivazioni. Chiedete il permesso e non insistete né scattate comunque anche se vi dicono di non farlo. In generale, trattate le persone che incontrate con gentilezza e rispetto.

Celebrazioni

Per un'esperienza pittoresca, fate coincidere la vostra visita con la fiesta locale, in cui gli abitanti del villaggio in abiti tradizionali partecipano a sfilate e a varie gare sportive e musicali. Nelle zone più remote sarete probabilmente gli unici stranieri. Per un'esperienza più autentica, informatevi sulle celebrazioni annuali della comunità (*cañao* a North Luzon), spesso in concomitanza con la stagione del raccolto o l'inizio/la fine delle piogge. Sono eventi sobri, presieduti da uno sciamano e scanditi da musica con gong e sacrifici di animali. Trascorrendo abbastanza tempo in queste zone, potreste essere invitati a un battesimo, a un funerale o a un matrimonio – non dimenticate di portare un regalo!

ETICHETTA

Alcuni aspetti culturali da tenere a mente quando si visitano le comunità delle minoranze:

- Indossate abiti sobri.
- Affidatevi sempre a guide native: conoscono i tabù e le tradizioni e possono aiutarvi a evitare guerre tribali e altri luoghi critici.
- Non chiedete subito il permesso di fare foto: prima dedicate un po' di tempo a conoscere gli abitanti.
- Distribuire regali modesti è un gesto gradito, ma evitate di incentivare la tradizione dell'elemosina.
- Assaggiate il tradizionale vino di riso se vi viene offerto, specialmente durante un *cañao*.
- Sappiate che sacrificare gli animali è una tradizione secolare, fondamentale per il *cañao*.

JOSEPH OROPEL/SHUTTERSTOCK ©

Mt Pulag (p146)

ATTIVITÀ OUTDOOR

L'arcipelago offre una vasta gamma di avventure all'aperto che regalano scariche di adrenalina.

Le Filippine non sono solo spiagge isolate e dolce far niente. Si può fare trekking sulle montagne di North Luzon, librarsi in aria su un kiteboard a Boracay ed esplorare le grotte di Samar. Mentre il surf sta decollando su entrambe le coste (p22), i subacquei sono innamorati delle meraviglie sommerse del paese da molto più tempo (p40).

Kayak in mare

Le Filippine offrono migliaia di chilometri di coste incontaminate da esplorare in kayak. Potete iscrivervi a spedizioni organizzate che durano giorni o settimane, solcando baie mozzafiato e pernottando su isole remote. Oppure potete partire per conto vostro e trovare un angolo di spiaggia tutto per voi.

Le uscite più belle sono quelle nel nord di Palawan. Coron Bay (p370) è costellata di isole idilliache con belle aree da campeggio. I kayakisti possono trascorrere una settimana o più spostandosi da un'isola all'altra, mangiando il pesce pescato da sé e godendosi l'isolamento. A El Nido (p358) i kayak si possono noleggiare ovunque ed è facile raggiungere per conto proprio spiagge deserte.

Un'altra bella zona è il Cebu Strait. Si possono fare escursioni organizzate da Mactan Island (p272), con la possibilità di vedere i cetacei nei canali Hilutungan e Olango. A Bohol gli operatori offrono escursioni che abbinano kayak sul fiume e in mare, oppure potete uscire per conto vostro da qualsiasi spiaggia di Panglao (p291).

Altre attività

RAFTING SULLE RAPIDE
Il **Cagayan de Oro River** (p337) e il **Davao River** (p345) offrono discese sulle rapide in ogni periodo dell'anno.

WAKEBOARD
Tra i cable park che regalano esperienze emozionanti figura il **CamSur Watersports Complex** (p173) a Naga.

STAND-UP PADDLING
Un'uscita sulle acque tranquille della **Sugba Lagoon** (p327) vicino a Siargao o una discesa lungo il magnifico **Loboc River** (p296) a Bohol.

AVVENTURE IN FAMIGLIA

Un'escursione da Boracay tra sorgenti naturali e tubing sui fiumi **Bugang** (p212) e **Tibiao** (p212).

Un giro in dune buggy o ATV (quad) sulle **Chocolate Hills** (p299) a Bohol, con tappe per fantastiche foto di famiglia.

Addentrarsi in barca a remi nel **fiume sotterraneo** (p384) di Palawan: un parco giochi creato da Madre Natura.

Tutti in canoa con i bambini per godersi la splendida avventura verso le scroscianti **Pagsanjan Falls** (p106) e la discesa sul fiume al ritorno.

Lo spettacolo delle tridacne giganti durante un'uscita di snorkelling per famiglie da **Puerto Galera** (p190). E se si viene da Manila non serve prendere l'aereo.

Un volo sopra il Loboc River sulla zip-line – o in funivia, se preferite – al **Loboc Eco Adventure Park** (p296) a Bohol.

Escursionismo e speleologia

L'entroterra montuoso delle principali isole filippine, tappezzato di foreste e traforato di grotte, offre escursioni fantastiche, dalle facili passeggiate a vere e proprie scalate.

La Cordillera a North Luzon possiede i sentieri più accessibili. Sagada (p138) è un tranquillo ritiro di montagna che regala escursioni spettacolari alla scoperta di bare sospese ed esplorazioni speleologiche adatte a tutti i livelli. Altre mete allettanti sono le risaie terrazzate di Ifugao, della provincia di Mountain e di Kalinga, nonché la zona di Baguio e Kabayan, poco lontano dal Mt Pulag (p146).

TOUR IN BARCA A VELA
Da un'isola all'altra senza emissioni partendo da **Jordan** (p228).

HANS ENGBERS/SHUTTERSTOCK ©

Paraw, Boracay Island (p208)

Catbalogan a Samar (p309) è la principale base del paese per le escursioni speleologiche, tra cui le emozionanti Jiabong Caves, che prevedono l'attraversamento a nuoto di fiumi sotterranei e passaggi tra stretti crepacci o sopra i crinali. Poco lontano c'è Langun-Gobingob, la rete di grotte più vasta delle Filippine.

Sport che sfruttano il vento

Le Filippine offrono buone opportunità di praticare il kitesurf, oltre a wing foil e windsurf. La stagione è il culmine dell'*amihan* (monsone di nord-est), all'incirca da dicembre a marzo.

Con venti costanti *amihan* ed eccellente attrezzatura a noleggio, **Bulabog Beach** (p208) a Boracay è il posto migliore per kitesurf e windsurf. Grazie alla sua laguna protetta e poco profonda, è anche l'ideale per imparare. Sull'altro versante dell'isola, uscire su un *paraw* (tradizionale barca a vela) da **White Beach** (p208) è la quintessenza di un soggiorno a Boracay. Tra le zone emergenti del kitesurf si segnalano Santa Fe a Bantayan, a nord di Cebu Island, che offre corsi e attrezzatura a noleggio, oltre a qualche uscita in *paraw*; e Teneguiban (p362) a El Nido. Nei dintorni di Manila si possono noleggiare barche a vela per crociere sul Lake Taal (p102).

BIRDWATCHING
Il birdwatching è favoloso ovunque, ma abbiamo una predilezione per il tour organizzato che parte dalla **Sablayan Prison Farm** (p198) a Mindoro.

MOUNTAIN BIKE
Tra gli operatori si segnalano **Bugoy Bikers** (p310) a Cebu, **Fox & the Firefly Cottages** (p296) a Bohol e **Bisikleta** (p338) a CDO.

ARRAMPICATA
Gli appassionati si ritrovano in negozi di outdoor come il **Viajero Outdoor Centre** (p338) a CDO e il **R.O.X.** (p78) a Manila, che offre una parete di arrampicata.

PESCA D'ALTURA
Battute di pesca organizzate nelle acque al largo di **Siargao** (p320), che pullulano di pesci vela, tonni, carangidi, wahoo, mahi-mahi e altre specie.

ATTIVITÀ PER AREE

Dove trovare le migliori attività outdoor delle Filippine

Escursionismo

1. Banaue e Batad (p142)
2. Sagada (p140)
3. Dumaguete (p243)
4. Camiguin (p329)
5. Davao (p246)
6. Clark (p110)

Fauna

1. Philippine Tarsier Sanctuary (p299)
2. Donsol (p168)
3. Puerto Princesa (p380)
4. Leyte meridionale (p302)
5. Monfort Bat Cave (p344)
6. Sablayan (p197)
7. Taklong Island National Marine Reserve (p230)

Surf

1. Siargao (p320)
2. San Juan, La Union (p136)
3. Pagudpud (p147)
4. Baler (p153)
5. Calicoan Island (p306)
6. Catanduanes (p175)
7. El Nido (p358)

Snorkelling/Immersioni

1. Apo Reef (p197)
2. Coron (p371)
3. Panglao Island (p291)
4. Puerto Galera (p188)
5. Malapascua (p285)
6. Anilao (p108)
7. Siquijor (p249)

Kayak/Canoa

1. Coron (p362)
2. Mactan Island (p272)
3. El Nido (p358)
4. Caramoan Peninsula (p174)
5. Pagsanjan (p106)
6. Sugar Beach (p241)
7. Loboc (p298)

PALAWAN PAWNSHOP
PALAWAN EXPRESS
PERA PADALA
MONEY CHANGER
FC31592
819

LA GUIDA

I capitoli di questa sezione sono articolati in centri di riferimento e aree circostanti. Per noi i centri di riferimento sono le località da scegliere come basi d'appoggio, dove vivere esperienze uniche, scoprire curiosità locali e approfittare dei consigli e delle segnalazioni di esperti e gente del posto. Sono anche le porte di accesso all'area circostante, dove potrete rendervi conto delle opzioni disponibili.

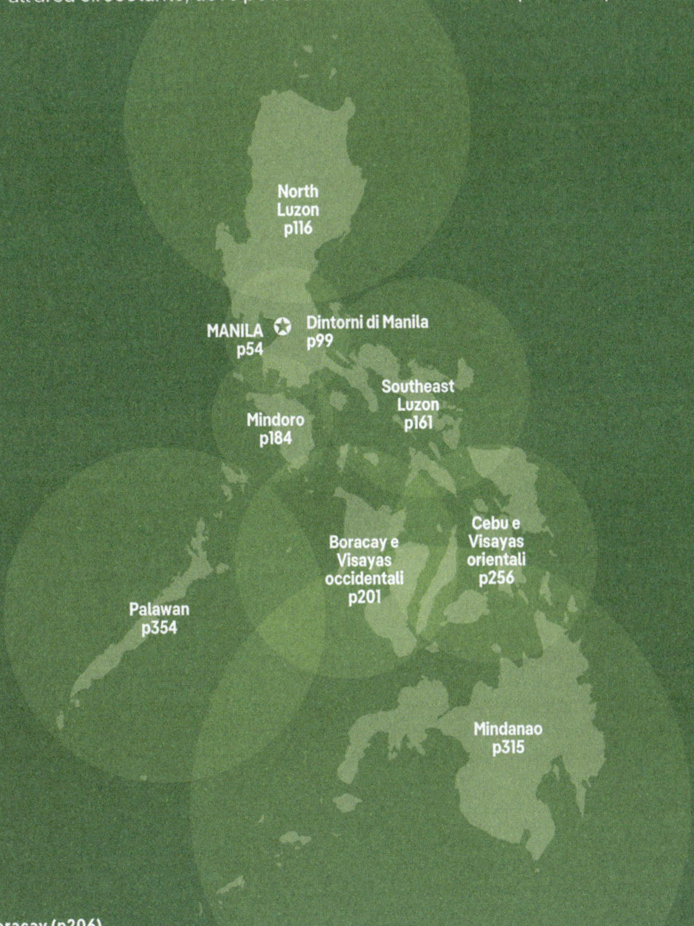

Boracay (p206)

MATYAS REHAK/SHUTTERSTOCK ©

Manila

LA PERLA GREZZA D'ORIENTE

Scavando sotto la superficie si scopre una megalopoli contemporanea con una storia mitica, una vivace scena gastronomica e una frenetica vita notturna.

Il cuore pulsante delle Filippine batte a Manila, afosa megacapitale del Sud-est asiatico che prima intimorisce, poi conquista con le sue dimensioni e la sua energia contagiosa. Innanzitutto l'energia: poche capitali al mondo possono tenere il passo con la vita notturna di Manila, dai bar con musica dal vivo di Quezon City agli speakeasy e ai bar after-hours di Makati, dagli animati club di BGC ai casinò di Parañaque. Manila è diventata anche un paradiso per gourmet, con cucina internazionale di ogni tipo e carte di vini e cocktail all'altezza.

AGARIANNA76/SHUTTERSTOCK ©

Poi le dimensioni: 14 milioni di persone distribuite nelle 17 'città' di Metro Manila, che si fondono con i sobborghi delle province limitrofe. Le strade sono intasate dal traffico, che non diminuisce nonostante la continua realizzazione di cavalcavia e treni sopraelevati che annunciano un futuro di nuovi moderni trasporti di massa.

In mezzo alla frenesia non mancano spiragli di calma. Fate due passi in un barrio lontano dal centro e sarete accolti da sorrisi, saluti cordiali e inviti a mangiare un boccone. Ammirate il tramonto su Bataan dalla ruota panoramica MOA Eye. Percepite il senso della storia nelle massicce mura di pietra della città vecchia di Intramuros. Osservate gli anziani che giocano a scacchi nel Rizal Park.

Nel XXI secolo Manila è diventata una delle grandi città dell'Asia, un ruolo ben meritato alla luce della sua storia. Durante la seconda guerra mondiale subì terribili atrocità e fu ridotta in macerie. Benché ricostruita, ha perso gran parte del fascino che le aveva fatto guadagnare il soprannome di 'Perla d'Oriente'. Durante gli anni di Marcos (e oltre) si è sviluppata sempre più verso l'esterno a ritmo inarrestabile, con le infrastrutture pubbliche incapaci di tenere il passo con il boom della popolazione.

Questi problemi di spazio permangono: un progetto in corso per 'bonificare' immense aree della Manila Bay mette in luce l'avidità dei costruttori locali, incuranti delle preoccupazioni ambientali. Contro ogni previsione, Manila ha accettato il caos ed è diventata cool. Non è più solo un luogo per uno scalo obbligatorio di una notte, ma si è trasformata in una tappa di più giorni, se non in una destinazione in sé, per i viaggiatori in cerca di divertimento.

AREE PRINCIPALI

CITY OF MANILA
Il cuore storico della capitale.
p60

PASAY E PARAÑAQUE
Immensi centri commerciali e casinò.
p74

MAKATI E BGC
Il fulcro dell'attività.
p79

QUEZON CITY E DINTORNI
La periferia fisica e spirituale.
p89

MDV EDWARDS/SHUTTERSTOCK ©

A sinistra: Chinese Cemetery (p70); Sopra: Makati (p79)

Per orientarsi

Tutto ha origine dalla City of Manila, lungo la baia, collegata da strade trafficate con Pasay a sud, Makati e BGC a sud-est e Quezon City a nord-est. La metropolitana leggera non copre l'intera area urbana, per cui dovrete probabilmente ricorrere a tutte le opzioni di trasporto per spostarvi.

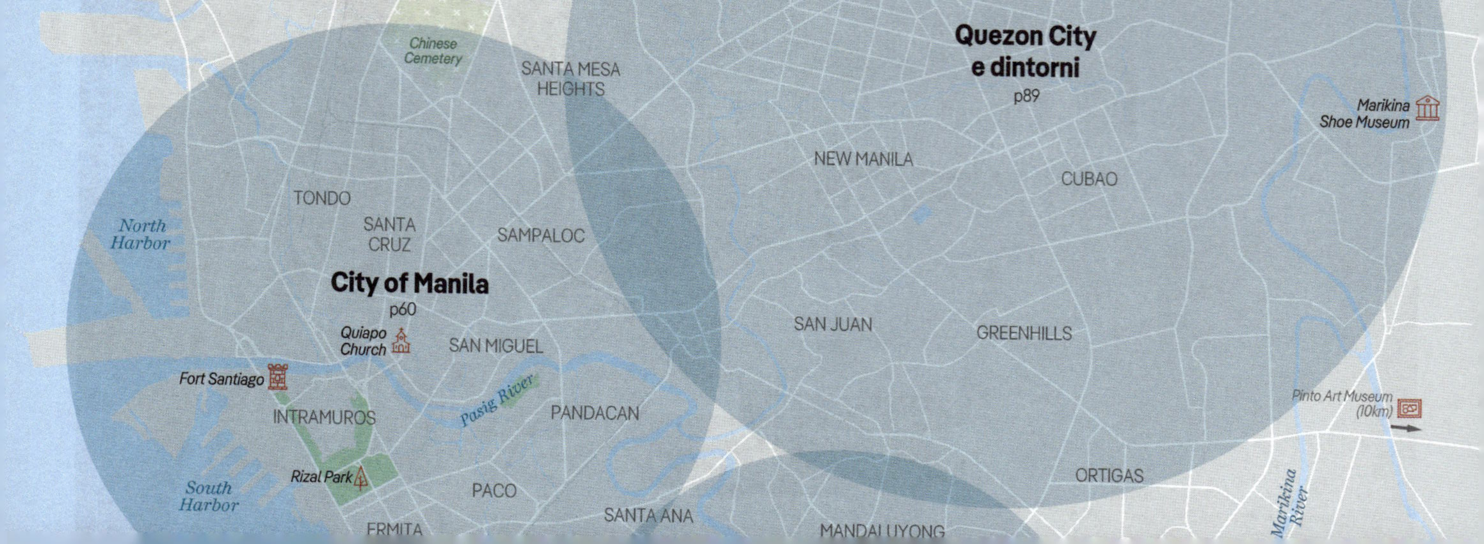

DALL'AEROPORTO

L'aeroporto si trova in pieno centro, a soli 20 minuti di taxi dalla maggior parte degli hotel, salvo il traffico. Prendete un taxi aeroportuale giallo o chiamate un Grab. Non esistono valide opzioni di trasporto pubblico.

JEEPNEY

Queste icone nazionali coperte di graffiti servono un numero incredibile di destinazioni, segnate su cartelli appesi al finestrino. Eppure pochi riescono ad arrivano esattamente dove vogliono durante il loro primo viaggio in jeepney. Con la pratica, può essere un modo pratico per percorrere itinerari meno battuti.

METROPOLITANA LEGGERA

Il sistema di metropolitana leggera di Manila è generalmente efficiente, ma soffre di una scarsa copertura, della mancanza di una connessione fluida tra le due linee (MRT e LRT) e di grandi code nelle ore di punta. La buona notizia è che il sistema è in fase di grande espansione e includerà una metropolitana.

AUTOMOBILE O TAXI

Il frammentario sistema di metropolitana leggera aggrava il problema del traffico a Manila. Tuttavia spesso taxi o ridesharing sono il modo più comodo per spostarsi. Preparatevi a dover avere molta pazienza. Unica consolazione: le tariffe dei taxi sono bassissime.

Tre giorni in città

Dedicate un giorno ai siti di interesse, uno alla gastronomia e allo shopping e uno alla cultura e all'arte. Inserite dei giorni di riposo (per cibo, bevande e massaggi).

Mura di Intramuros (p60)

Giorno 1

Mattina

- Scoprite il passato di Manila per capire il presente. Trascorrete la mattinata a **Intramuros** (p60), costruita dagli spagnoli: passeggiate sui bastioni e visitate **Fort Santiago** (p65), le chiese, i musei e i palazzi coloniali restaurati.

Pomeriggio

- Prendete una *kalesa* (carrozza trainata da cavalli) per il **Rizal Park** (p65) per scoprire il periodo americano e altre epoche della storia filippina al **National Museum of Anthropology** (p66) e/o i suoi musei affiliati di **storia naturale** (p67) e **belle arti** (p67).

Sera

- Lasciate il Rizal Park alla volta dell'iconico **Roxas Blvd** (p66) con i suoi famosi tramonti. Proseguite verso sud per salire sul **MOA Eye** (p76) e cenare sul lungomare nei dintorni del **Mall of Asia** (p76).

Altre cose da fare

Lasciare la zona turistica per scoprire i lati segreti della megalopoli, seguire un tour personalizzato, esplorare le montagne della Sierra Madre o fare una gita in barca nella Manila Bay.

FARE VISITA AI DEFUNTI

Per il loro riposo eterno i filippini cinesi facoltosi scelgono sontuosi mausolei. Visitate il **Chinese Cemetery** (p70).

SCALARE ROCCE CARSICHE

Vivete un'avventura unica contribuendo a proteggere la Sierra Madre all'ecoturistica **Masungi Georeserve** (p94).

RISCOPRIRE GLI ANNI '70

Fatevi un'idea della personalità di Ferdinand e Imelda Marcos al **Cultural Center of the Philippines** (p74).

Giorno 2

Mattina

- Iniziate con un tour gastronomico di **Chinatown** (p70) – la prima colazione è il momento in cui il dim sum è più fresco e i wet market più animati. Poi visitate la storica **Escolta St** (p68) con il suo curioso mercato delle pulci e **Quiapo** (p69) con i venditori di olio di serpente e la famosa chiesa.

Pomeriggio

- Raggiungete Makati per andare a pranzo al **Blackbird** (p86) e poi a caccia di souvenir da **Balikbayan Handicrafts** (p88) o all'Ayala Center. Per i patiti dello shopping è d'obbligo una deviazione a **Greenhills** (p88) a San Juan per acquistare perle e altro.

Sera

- Restate a Makati per la cena e una serata fuori a **Poblacion** (p84), quartiere trendy dove il divertimento non conosce sosta.

Giorno 3

Mattina

- Assumete un autista per esplorare i sobborghi meno frequentati di Metro Manila. Iniziate dal magnifico **Pinto Art Museum** (p89). Scoprite le gallerie parzialmente all'aperto e fermatevi per pranzare presto al Cafe Rizal.

Pomeriggio

- Percorrete la strada panoramica alle pendici della Sierra Madre fino al **Marikina Shoe Museum** (p91) per ammirare la collezione di calzature di Imelda, poi proseguite per Quezon City passando per l'**UP Diliman** (p92) e visitate il Vargas Museum se avete ancora voglia di vedere opere d'arte.

Sera

- Andate a cena nell'animata T Morato Ave a Quezon City, poi esplorate il vivace panorama di musica live di 'QC' iniziando dal leggendario **70s Bistro** (p94).

ANDARE IN BARCA A 'THE ROCK'

Attraversate la Manila Bay in barca per visitare **Corregidor** (p78), con la sua affascinante storia della seconda guerra mondiale.

BERE UN DRINK IN UNO SPEAKEASY

Sprofondate in poltrone vintage e sorseggiate ottimi drink in un **cocktail bar** clandestino (p87).

DIVERTIRSI

Assistete a un evento live – potete scegliere fra **teatro** (p73), **concerti di musica classica** (p92) e **partite di basket** (p95).

TRATTARSI BENE

Un **massaggio** (p69) rilassante o una seduta di **trattamenti per uomo** (p70) eseguiti in modo professionale costano molto meno di quanto potreste pensare.

City of Manila

IL CUORE STORICO DELLA CAPITALE

L'anima di Metro Manila si trova ancora nella City of Manila ('downtown' Manila: 1,85 milioni di abitanti). È qui che la città fu fondata sulle rive del Pasig River; è qui che gli spagnoli consolidarono le loro rivendicazioni sulle Filippine dopo aver rovesciato il dominio musulmano di Maynilad; ed è qui che la città visse le sue ore più buie negli ultimi giorni della seconda guerra mondiale.

La tradizionale zona turistica include l'area immediatamente a sud del Pasig, in particolare Intramuros e il Rizal Park, dove si concentrano i principali luoghi di richiamo, e l'area di Malate, un tempo vivace e ora fatiscente. Immediatamente a nord del Pasig si trovano i quartieri di Binondo e Quiapo, porta di accesso a Chinatown, mentre a ovest, vicino ai moli dei traghetti, c'è il quartiere degradato di Tondo.

Fino al 2010 circa i turisti avevano pochi motivi per lasciare downtown, ma da allora i migliori ristoranti e bar di Metro Manila si sono spostati per lo più a est, verso le esclusive Makati e BGC, e i viaggiatori li hanno seguiti.

TRASPORTI LOCALI

Se pernottate nella zona del Rizal Park, potrete raggiungere a piedi quasi tutti i principali luoghi di interesse. Altrimenti dovrete ricorrere alla LRT/MRT o al taxi. Evitate l'ora di punta. Intramuros e il Rizal Park distano circa 15 minuti a piedi dalla stazione LRT più vicina.

Spostarsi a piedi tra le aree principali – per esempio da Malate al Rizal Park, Intramuros, Chinatown – è possibile, ma tra ogni zona c'è una faticosa camminata di 15-25 minuti. Potete noleggiare una *kalesa* (carrozza trainata da cavalli; P1000 l'ora, trattabile a P800) o un pedicab (P200 per 30 minuti). In alternativa prendete un triciclo, un jeepney o un taxi.

IL CONSIGLIO

Intramuros è stupenda al mattino presto. Senza auto, le strade della città murata evocano il lontano passato coloniale spagnolo. Girate per le vie acciottolate, godetevi la temperatura fresca e l'avifauna molto attiva, poi gustate una 'colazione filippina' (uova, riso e carne). Anche il tramonto è splendido: ammiratelo passeggiando lungo i bastioni occidentali.

Mura ricche di storia

Una passeggiata nella città vecchia di Intramuros

Quando Miguel López de Legazpi assunse il controllo di Manila, scelse di erigere la sua fortezza sui resti dell'insediamento islamico alla foce del Pasig. La città fortificata di Intramuros, come venne chiamata, fu invasa dai pirati cinesi, minacciata dalle forze olandesi e controllata in varie fasi da inglesi, americani e giapponesi, ma sopravvisse fino agli ultimi giorni della seconda guerra mondiale, quando fu definitivamente distrutta durante la battaglia di Manila.

Fin dalla sua fondazione nel 1571, Intramuros fu appannaggio esclusivo della classe dirigente spagnola. All'interno delle mura si trovavano imponenti edifici governativi, dimore signorili, chiese, conventi, monasteri, scuole, ospedali e piazze acciottolate. La popolazione autoctona fu trasferita nelle aree circostanti come Paco e Binondo, mentre i cinesi furono tenuti sotto controllo permanente in ghetti chiamati *parian*.

Visitare Intramuros significa avvertire ancora un forte senso della storia. La ricostruzione iniziò nel 1951 per ripristinare fedelmente l'architettura coloniale. Le aree residenziali

San Agustin Church

all'interno delle mura hanno un'atmosfera tranquilla e accogliente e offrono un piacevole cambio di passo rispetto alle altre zone di Manila. La maggior parte delle mura, delle porte e dei bastioni di Intramuros sono accessibili e si può camminare lungo la cima dei bastioni per quasi tutta la loro lunghezza (circa 4,5 km), con diversi punti di accesso e discesa.

Al centro di Intramuros si trova la **San Agustin Church**, l'unico edificio rimasto intatto dopo la distruzione di Intramuros nella seconda guerra mondiale. Costruita tra il 1587 e il 1606, è la chiesa più antica delle Filippine e, oltre che alla battaglia di Manila, ha resistito a sette forti terremoti. La possente facciata cela un interno ricco di oggetti di grande valore storico e culturale. Da notare gli elaborati affreschi trompe l'œil sul soffitto a volta. Non mancate di visitare il chiostro con piante tropicali e il giardino un po' trascurato situato sul retro.

Adiacente alla chiesa, il **San Agustin Museum** è uno scrigno di preziosi oggetti d'epoca che consente al visitatore di farsi un'idea delle leggendarie ricchezze dell'antica Manila. Osservate la statua dell'Immacolata Concezione, scolpita in candido avorio, dai tratti vagamente cinesi.

JOSÉ RIZAL: L'UOMO, IL MITO, LA LEGGENDA

Nella sua breve vita (1861-96) il dottor José Rizal riuscì a imparare 22 lingue, fondò un movimento politico (la Liga Filipina), scrisse due romanzi, si affermò come poeta e saggista, si laureò in oftalmologia, guadagnò notorietà ed elogi come pittore, scultore e fumettista e scoprì due specie di rane e di lucertole (entrambe battezzate con il suo nome).

Benché i detrattori di Rizal amino sottolineare che il suo status di eroe nazionale gli fu attribuito dai colonizzatori americani (i quali traevano vantaggio dal fatto che il popolo filippino ammirasse qualcuno che predicava la non violenza), resta obiettivamente difficile trovare appigli per sminuirne la grandezza.

PASTI A INTRAMUROS: MIGLIORI PROPOSTE

Cartina p62

Patio de Conchita
Un *turu-turò* ricco di atmosfera all'interno di una casa ancestrale. Cucina discreta e birra a buon mercato ne fanno una meta popolare all'uscita dal lavoro. $$

Barbara's
Tovaglie bianche e cucina raffinata nello storico complesso Casa Manila. La cena a buffet completa include uno spettacolo culturale (alle 19.15). $$

Batala Bar
Questo bar-caffè artistico nel centro di Intramuros serve birra artigianale alla spina e in bottiglia, caffè, ottimi gelati e frullati di frutta. $$

Ilustrado
Menu a rotazione con specialità spagnole e filippine (anche paella), oltre a salmone, anatra e costolette d'agnello in una casa ricostruita di epoca spagnola. $$

DA NON PERDERE
1 Casa Manila
2 Fort Santiago
3 National Museum of Anthropology
4 Monumento a Rizal
5 Rizal Shrine
6 San Agustin Church

DA VEDERE
7 Ayuntamiento
8 Bahay Nakpil-Bautista
9 Bahay Tsinoy
10 Baluarte de Santa Barbara
11 Baywalk
12 Burke Building
13 Calvo Museum
14 Central Lagoon e fontana danzante
15 Chess Plaza
16 Commercial Bank & Trust Company Building
17 Don Ramon Santos Building
18 First United Building
19 Golden Mosque
20 Manila Cathedral
21 Manila City Hall
22 Memorare Manila
23 Metropolitan Theater
24 Museo Pambata
25 National Museum of Fine Arts
26 National Museum of Natural History
27 Open-Air Auditorium
28 Plaza Miranda
29 Quiapo Church
30 Quirino Grandstand
31 Regina Building
32 Rizal Park
v. 6 San Agustin Museum
33 Sito dell'esecuzione di Rizal

ATTIVITÀ, CORSI E TOUR
v. 1 Bambike
34 Bay View Barber Shop
35 Blind Massage
36 Club Intramuros Golf Course
37 Hue House

PERNOTTAMENTO
38 1775 Adriatico Suites
39 Admiral Hotel

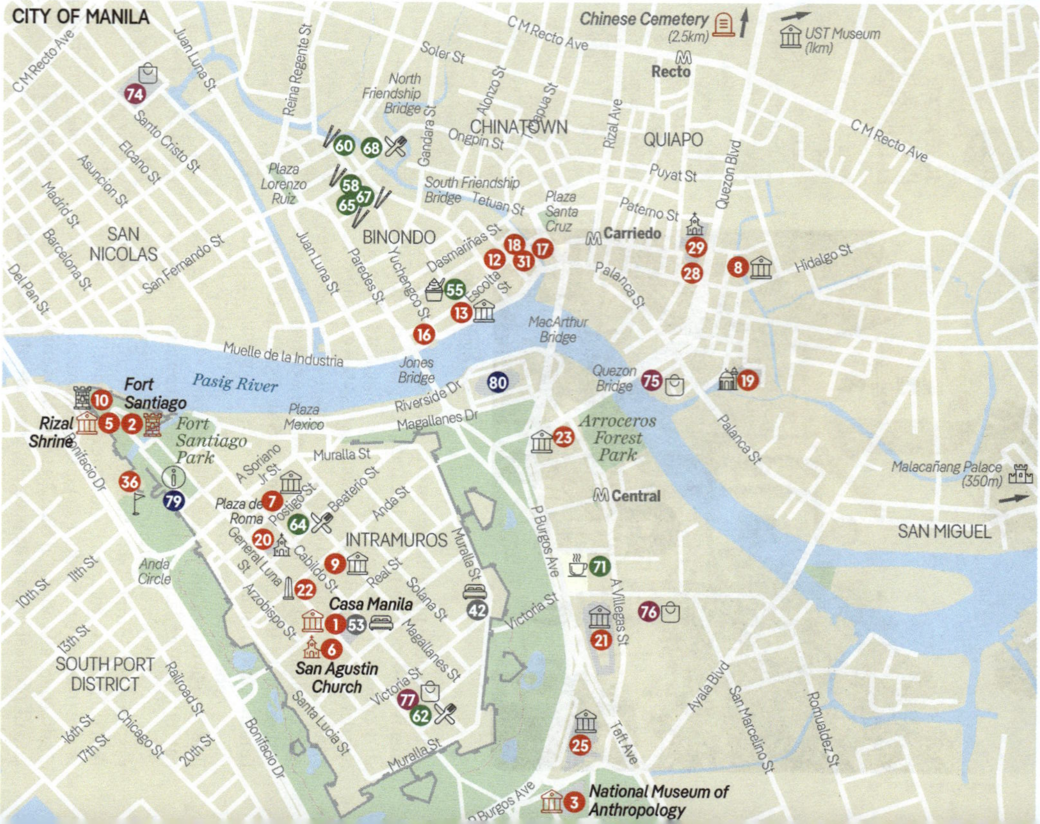

40 Amélie Hotel
41 Arzo Hotel
42 Bayleaf
43 Casa Bocobo
44 Diamond Hotel
45 Hop Inn Hotel Ermita
46 Makabata Guesthouse & Cafe
47 Malate Pensionne
48 Manila Hotel
49 Miramar Hotel
50 Pension Natividad
51 Sheraton Manila Bay
52 Stay
53 White Knight Hotel Intramuros

PASTI

54 Aristocrat
v. 1 Barbara's
55 Big Scoop
56 Bistro Remedios
57 Cafe Adriatico
58 Café Mezzanine
59 Casa Armas
60 Dong Bei Dumplings
61 Harbor View
62 Ilustrado
63 Matoi
64 Patio de Conchita
65 Quik Snack
66 Shawarma Snack Center
67 Sincerity
68 Vege Select

LOCALI E VITA NOTTURNA

v. 1 Batala Bar
69 Club ZZYZX
70 Dakota Cabin
v. 18 Fred's Revolucion
71 Kapetolyo
72 Oarhouse
v. 42 Sky Deck
73 Tap Station

SHOPPING

74 Divisoria Market
v. 18 HUB Make Lab
75 Ilalim ng Tulay
76 Kultura
77 Silahis Arts & Artifacts
78 Solidaridad Bookshop

INFORMAZIONI

79 Intramuros Visitors Centre
80 Manila Central Post Office

LA BONIFICA DELLA MANILA BAY

Nonostante gravi timori ambientali, proseguono i lavori per 'bonificare' circa 10.000 ettari della Manila Bay entro il 2029, inclusi due grandi interventi di fronte a Malate e al Cultural Center of the Philippines.

La procedura della sabbia ammassata sulle chiatte che viene riversata nella baia per mezzo di gigantesche pompe idrauliche si può osservare dalla Baywalk di Malate o dalla Mall of Asia Promenade, che rischiano entrambe di perdere la loro iconica vista sul tramonto.

Le nuove 'città' che sorgeranno dalla Manila Bay sono descritte come comunità a uso misto che ospiteranno edifici residenziali, commerciali e governativi, un nuovo porto e un nuovo aeroporto.

AMNAT PHUTHAMRONG/SHUTTERSTOCK ©

Fort Santiago

Di fronte alla chiesa, nel Plaza San Luis Complex si trova **Casa Manila** (chiusa il lunedì), splendida riproduzione di una casa coloniale spagnola che offre uno spaccato dell'opulento stile di vita dell'alta società del XIX secolo. Imelda Marcos la fece costruire per mettere in risalto l'architettura e il design di interni del tardo periodo spagnolo, con magnifici mobili antichi e opere d'arte e alcuni oggetti interessanti come un servizio igienico a due posti.

Nella stessa via, il vasto museo **Bahay Tsinoy** merita una visita per conoscere l'importante ruolo svolto dai *sangley*, nome con cui gli spagnoli chiamavano i cinesi, nello sviluppo di Manila (nel dialetto locale più diffuso, l'hokkien, *sangley* significa 'mercante itinerante'). L'esposizione include realistici diorami che illustrano la vita della comunità cinese e meticcia ispano-filippina all'interno dei *parian*, vecchie monete e porcellane e un'eccellente collezione di foto.

LOCALI A CITY OF MANILA: MIGLIORI BAR

Cartina p62

Fred's Revolucion
Locale ispirato a temi di sinistra in Escolta St a Binondo, con numerose birre artigianali alla spina e in bottiglia. Un altro Fred's si trova a Quezon City.

Oarhouse
Fantastico locale di vecchia data a Malate con una clientela di studenti, giornalisti e stranieri. Serve birre artigianali e una buona cucina.

Tap Station
Birra artigianale servita in un invitante ambiente all'aperto con foto della vecchia Manila. La sua filiale di BGC ha una selezione di birre ancora migliore.

Dakota Cabin
Bar a tema aeronautico che occupa il piano terra della storica Casa Tesoro. Attira una clientela più matura rispetto a molti bar di Ermita e Malate.

Giardini e fantasmi

Fort Santiago attraverso i secoli

Vicino al Pasig River si staglia la principale attrazione turistica di Intramuros, **Fort Santiago**. Il parco che lo circonda è un'oasi di incantevoli giardini curatissimi, piazzette e fontane che conducono all'arco d'ingresso e al grazioso laghetto con le ninfee. Nel forte si trova il museo magnificamente allestito all'interno del **Rizal Shrine**, ovvero l'edificio in cui l'eroe nazionale delle Filippine, il dottor José Rizal, fu tenuto prigioniero nel 1896 in attesa dell'esecuzione. Vi sono esposti diversi affascinanti oggetti legati alla vita di Rizal, insieme alla ricostruzione della sua cella e dell'aula in cui fu processato.

All'estremità della fortezza ci sono dei punti panoramici su una zona industriale lungo il Pasig fino al **Baluarte de Santa Barbara**, una caserma spagnola restaurata del XVIII secolo in cui durante la seconda guerra mondiale furono uccisi centinaia di prigionieri di guerra filippini e americani, commemorati da foto macabre nelle celle sotterranee in cui morirono. Una croce bianca all'esterno della prigione segna il punto in cui furono sepolte 600 vittime. Qui si trova anche la cella in cui Rizal trascorse la sua ultima notte. Le impronte in ottone inserite nel pavimento commemorano i suoi ultimi passi verso il luogo dell'esecuzione nel Rizal Park. Un'altra sezione dei bastioni ospita il **Lego Education Center**, con riproduzioni in Lego di Fort Santiago e altri luoghi simbolo delle Filippine.

Iniziate la visita dall'**Intramuros Visitors Center** appena oltre l'ingresso di Fort Santiago, che fornisce una cartina di Intramuros e del forte, dispone di guide e può dare informazioni sui concerti e gli spettacoli culturali che si svolgono in Plaza Moriones all'interno del parco (di solito la domenica).

Il cuore pulsante di Manila

Rizal Park e Baywalk

Ancora noto come 'Luneta' (il nome che aveva fino agli anni '50), il centrale **Rizal Park** si estende su circa 60 ettari di prati, giardini ornamentali, laghetti, sentieri lastricati accessibili alle sedie a rotelle e aree boscose ed è costellato di monumenti dedicati agli eroi filippini. Essendo il luogo in cui José Rizal fu fucilato per ordine delle autorità coloniali spagnole, riveste una notevole importanza dal punto di vista storico.

Il fulcro del parco è il **Monumento a Rizal**, davanti al quale si erge un pennone di 46 m. Presidiato da sentinelle in alta

IL PHOTOBOMBER DEL RIZAL PARK

Subito est del Rizal Park si erge un condominio di 49 piani chiamato Torre de Manila. I suoi numerosi detrattori lo hanno ribattezzato 'Terror de Manila' o 'Photobomber del Monumento a Rizal' per la sua tendenza a entrare di prepotenza nelle foto della statua più venerata di Manila.

I conservazionisti, guidati dall'organizzazione civica Knights of Rizal, sono riusciti a persuadere i tribunali a fermare la costruzione per più di due anni, sostenendo che si tratta di un 'pugno nell'occhio' che danneggia il patrimonio storico e culturale del paese.

In assenza di una legge che protegga lo skyline, la Corte Suprema si è però pronunciata a favore dei costruttori. La costruzione è ripresa nel 2017 ed è stata completata prima della pandemia.

PASTI A METRO MANILA: PER UN BOCCONE VELOCE

Cartina p62

Shawarma Snack Center
Un ristorante di lunga data a Ermita che serve i falafel, il *mutabal* (salsa di melanzane), l'hummus e i kebab più sostanziosi e saporiti di downtown Manila. $

Charlie's Grind & Grill
A Kapitolyo, vicino a Ortigas, Charlie's prepara hamburger tra i migliori di Manila. Quello doppio di Angus nero ha anche una polpetta di champignon ripiena di formaggio. $

Fowl Bread
Basta distrarsi un attimo per non notare questo locale nella modaiola High St a BGC. Il suo famoso panino include una croccante pelle di pollo (meglio se piccante). $$

Hossein
Non troverete un *biryani* o piatti persiani migliori in città. Ottimo per un pasto veloce a BGC, con un'altra sede a Makati. $$

CITY OF MANILA: MIGLIORI NEGOZI

Silahis Arts & Artifacts
Una tappa imperdibile a Intramuros. Cesti, mobili, tessuti e altri oggetti artigianali da tutto il paese, oltre a magnifici pezzi d'antiquariato.

Solidaridad Bookshop
La selezione, ben curata, comprende titoli di storia filippina e documentari difficili da trovare.

Divisoria Market e dintorni
Qui e nelle vie adiacenti si trovano imitazioni economiche degli articoli più svariati, ma la grande attrazione è la gente che fa shopping.

Kultura
Un versatile negozio di souvenir nel centro commerciale SM City Manila; la scelta include perle e *barong* tagalog (camicie tradizionali).

Ilalim ng Tulay
Il nome significa 'sotto il ponte': souvenir a prezzi scontatissimi sotto il Quezon Bridge a Quiapo.

uniforme, il monumento custodisce le spoglie dell'eroe ed è un simbolo dell'orgoglio nazionale filippino.

Di fianco al monumento si trova il **sito dell'esecuzione di Rizal**; all'entrata una parete in granito reca incisi i versi della sua poesia, *Mi Último Adiós*. Un gruppo scultoreo con varie figure in bronzo a grandezza naturale illustra gli ultimi drammatici momenti della sua vita.

La **Central Lagoon**, al centro del parco, è una vasca lungo il cui perimetro sono collocate sculture a mezzobusto di eroi e martiri filippini; la sera è animata da una **fontana danzante** con sottofondo musicale che dà luogo a un pittoresco spettacolo. L'**auditorium all'aperto** vicino alla Central Lagoon ospita concerti gratuiti quasi ogni sabato (in genere rock o jazz) e la domenica (musica classica) intorno alle 18. Il venerdì sera a volte vanno in scena produzioni teatrali.

A est dell'auditorium si trovano diversi giardini ornamentali e la **Chess Plaza**, un luogo ombreggiato frequentato da giocatori di scacchi abituali che si sfidano tra loro e cercano nuove leve gridando ai visitatori 'Ehi Joe, giochi a scacchi?'. All'alba si vedono diversi gruppi riuniti per praticare l'arte marziale locale dell'*arnis*, detta anche *arnis de mano*, una tecnica preispanica di combattimento con bastone.

Al momento delle ricerche effettuate per questa guida, la sezione a ridosso dei musei all'estremità orientale del parco era inaccessibile poiché in fase di ristrutturazione. A nord-ovest del parco, l'imponente **Manila Hotel** domina il **Quirino Grandstand** e la piazza d'armi. L'hotel è un vero gioiello architettonico che merita una visita per il tè o un pasto.

A sud-ovest del parco, la pedonale **Baywalk** corre lungo Roxas Blvd per circa 1,5 km fino a Pasay e regala splendide vedute al tramonto sulla Manila Bay. Uno spettacolo che ora però è in pericolo a causa dei lavori di bonifica della Manila Bay.

Tre musei d'eccellenza

Le grandi attrazioni di cultura e storia del Rizal Park

Tre splendidi musei a ingresso libero occupano magnifici palazzi neoclassici vicino all'estremità orientale del Rizal Park. Il primo è il **National Museum of Anthropology**, con una collezione vasta ed eterogenea che include la calotta cranica del più antico abitante delle Filippine a noi noto, l'uomo di Tabon (che secondo alcuni studiosi sarebbe in realtà una donna), vissuto intorno al 24.000 a.C. Un'ampia sezione del museo è dedicata al relitto del *San Diego*, un galeone spagnolo affon-

LOCALI A METRO MANILA: MIGLIORI ROOFTOP BAR

Cartina p62

Sky Deck
Situato in cima al Bayleaf Hotel a Intramuros, offre una splendida vista sulla metropoli. Veniteci al tramonto, dopo le visite turistiche.

Dr Wine
Il Dr Wine originale a Makati è molto diverso dal suo sfrenato locale gemello a BGC: è più sofisticato e vanta interni magnifici e una splendida terrazza.

Z Roofdeck
Anche i backpacker hanno bisogno di un rooftop bar. L'ostello elegante di Poblacion va incontro a questa esigenza con drink a prezzi bassi e bravi DJ.

Straight Up
Il raffinato rooftop bar in stile Manhattan dell'hotel Seda BGC offre splendidi panorami sulla città e due cocktail al prezzo di uno dalle 17 alle 19.

dato nel 1600 al largo della costa di Luzon, e comprende oggetti recuperati, tra cui spade con else in madreperla, monete, gioielli e piatti di porcellana. Altri tesori includono manufatti e strumenti musicali preispanici e tessuti dei popoli nativi.

Sull'altro lato di Padre Burgos Ave, nel vecchio palazzo del Parlamento progettato dall'architetto Daniel Burnham, il **National Museum of Fine Arts** espone molte opere rappresentative delle Filippine, tra cui *Spoliarium* di Juan Luna, una tela enorme che esprime una dura condanna della dominazione spagnola. Oltre a offrire un'eccellente panoramica completa sulla flora, la fauna, la geografia e la geologia delle Filippine, il **National Museum of Natural History** si distingue per l'architettura: quattro piani di esposizioni disposti intorno a un gigantesco 'albero della vita' nel cortile interno. Il museo intrattiene bambini e adulti con mostre e giochi multimediali e descrizioni dell'incredibile biodiversità delle Filippine. È stato inaugurato nel 2019 dopo quattro anni di ristrutturazione del palazzo, in precedenza sede del Dipartimento del Turismo.

I tre musei sono chiusi il lunedì.

THOMAS COCKREM/ALAMY STOCK PHOTO ©

Chess Plaza

A CACCIA DI SOUVENIR

A Manila si trovano souvenir provenienti da tutto il paese. I più popolari sono i cesti e gli articoli delle Visayas fatti con noci di cocco laccate – palle decorative, ciotole, sottopiatti, vasi. Altri souvenir interessanti sono le sculture in legno di Ifugao e le scatole di noci di betel della zona del Lake Sebu a Mindanao.

Le stoffe indigene delle tribù di montagna di North Luzon e Mindanao non sono ambite quanto quelle indonesiane, ma offrono un buon rapporto qualità-prezzo. Le stoffe di abaca (pianta di canapa nativa) dei t'boli e di altre tribù di Mindanao sono molto apprezzate.

A Manila ci sono diversi stilisti rinomati che inseriscono nelle loro creazioni motivi nazionali o indigeni (p71). Molto diffusi sono i *barong* tagalog da uomo; i migliori sono in *pinya* (tessuto di fibre di ananas).

PASTI A METRO MANILA: RISTORANTI GIAPPONESI

Cartina p62

Seryna
In un gruppo di ristoranti a nord di Makati Cinema Sq noto come 'Little Tokyo', il Seryna è il nostro sushi bar preferito della zona. **$$**

Soru Izakaya
Un elegante bistrò nel quartiere Maginhawa di QC noto per il delizioso sushi *aburi* (scottato) innaffiato da sakè. Ora ha una filiale a BGC. **$$**

Matoi
Un locale a Malate diviso in due: un sushi bar con sette posti a partire dalle 17.30 e il ristorante principale con convenienti pranzi a prezzo fisso. **$$**

12/10
Un *izakaya* moderno nel distretto Rockwell a Makati con originali piattini fusioni, abbinamenti con sakè e panini giapponesi nel menu del pranzo. **$$$**

CURIOSITÀ A MANILA

Noni Cabrera, già collaboratore di Manila for a Day (manilaforaday.com) e ora funzionario degli Affari esteri, fornisce informazioni da addetto ai lavori:

Molti commercianti del quartiere musulmano intorno alla Golden Mosque di Quiapo sono membri della tribù maranao sfollati da Mindanao. Hanno una cultura ricca e pittoresca e una cucina vivace.

Se visitate una chiesa di Intramuros nel weekend, è probabile che vi troviate un matrimonio. Notate le singolari usanze filippine, come lo scambio di monete consacrate davanti al celebrante e gli sposi legati insieme con il velo nuziale e la corda cerimoniale. Date anche un'occhiata alle sontuose auto d'epoca che di solito attendono gli sposi dopo la cerimonia.

Dalle stelle alle stalle e ritorno

Escolta è di nuovo cool

Negli anni effervescenti che precedettero la prima guerra mondiale **Escolta St**, al margine sud dell'odierna Chinatown, era la zona glamour della capitale, costellata di splendidi edifici che ospitavano prestigiosi grandi magazzini, caffè e teatri. Molti sopravvissero alla guerra, ma nonostante ciò la stella di Escolta si spense e la zona cadde in declino.

Negli anni precedenti alla pandemia, però, lungo Escolta St sono state aperte gallerie d'arte, musei, caffè e spazi creativi, spesso per iniziativa di una cooperativa di artisti, scrittori e registi chiamata 98B (98-b.org). Ben presto sono sorti grandi complessi residenziali e la zona è improvvisamente ridiventata 'cool'.

Per un veloce giro a piedi, attraversate il Jones Bridge sul Pasig e cercate il **Commercial Bank & Trust Company Building** (1969), simile a un'astronave, all'angolo di Nueva St (oggi è una filiale della BPI). Camminando verso nord-est lungo Escolta St, passerete davanti al **Calvo Building** (1938)

RICHIE CHAN/SHUTTERSTOCK ©

Quiapo Church

PASTI A CHINATOWN: LA NOSTRA SCELTA

Cartina p62

Quik Snack
Un'istituzione che da oltre 50 anni serve i suoi caratteristici *ku-tsai-ah* (empanadas cinesi), *lumpia* (involtini primavera) e zuppa di noodles. $

Dong Bei Dumplings
La gente fa la fila intorno all'isolato per assaggiare questi ravioli fatti a mano della Cina settentrionale. Solo takeaway. $

Café Mezzanine
Questo ristorante associato ai vigili del fuoco volontari è rinomato per la sua 'speciale' zuppa n. 5 e altri piatti cinesi e filippini. $$

Sincerity
Famoso in tutta Manila per il suo pollo fritto e altri piatti della cucina casalinga hokkien, è gestito da una famiglia di terza generazione. $$

in stile beaux-arts, che ospita il piccolo **Calvo Museum** (aperto solo nei weekend), in cui sono esposti fotografie e cimeli antecedenti alla seconda guerra mondiale. Attraversate la strada e prendete un gelato da **Big Scoop**.

Proseguite oltre il **Burke Building** degli anni '20 (sulla sinistra) fino al **First United Building** in stile art déco: fulcro della rinascita di Escolta, ospita alcuni caffè, un piccolo museo, il 98B, **Fred's Revolucion** (p64) e un gruppo di negozi vintage al piano terra chiamato **HUB Make Lab**. Di fronte al First United Building c'è un altro gioiello beaux-arts, il **Regina Building**. Subito a est, più o meno di fronte alla Santa Cruz Church, si trova il **Don Ramon Santos Building**, palazzo neoclassico costruito nel 1894 e ampliato nel 1957.

Tra sacro e profano

Alla scoperta della zona della Quiapo Church

Uno dei monumenti più noti di Manila, la **Quiapo Church**, custodisce il Nazareno Nero, una statua del Cristo che si ritiene abbia poteri miracolosi. Realizzata in ebano a grandezza naturale, la statua fu portata a Quiapo nel 1767. Ogni anno il 9 gennaio la venerata effigie viene condotta in processione per le vie della città, portata a spalle da migliaia di fedeli durante una delle ricorrenze religiose più importanti di Manila, la **Processione del Nazareno Nero**.

L'antistante **Plaza Miranda** pullula di attività. In questa storica piazza la gente veniva ad assistere a concorsi di bellezza, comizi politici e vari eventi e festeggiamenti, finché non fu distrutta da un sanguinoso attentato nel 1971 in seguito al quale Marcos impose la legge marziale. Fu poi ricostruita nello stile di una piazza romana con colonne, archi e urne decorative. Oggi la piazza e le strade che si diramano verso ovest ospitano mercati affollati in cui si vendono prodotti di ogni genere, soprattutto medicine a base di erbe e amuleti popolari che si ritiene abbiano poteri magici.

Poco distante dalla Quiapo Church c'è la **Bahay Nakpil-Bautista**, una splendida casa ancestrale convertita in museo dove ci si può fare un'idea dello splendore di Manila prima della guerra e conoscere la storia degli *ilustrados* e del movimento rivoluzionario Katipunan che si oppose al dominio spagnolo.

I musulmani provenienti da Mindanao iniziarono a stabilirsi subito a sud della Quiapo Church negli anni '50. Si tratta di una zona pittoresca, piena di venditori di street food e

MIGLIORI MASSAGGI A METRO MANILA

Se siete disposti a pagare un po' di più, tutti gli hotel a cinque stelle dispongono di sontuose spa.

I'm Onsen Spa
La spa dell'I'm Hotel occupa sei piani, con diversi trattamenti e tipi di cabine e invitanti pacchetti di massaggi e pasti.

The Spa
Strutture impeccabili e un'atmosfera piacevole, con altre cinque-sei sedi, tra cui Bonifacio.

High St a BGC
I terapisti non vedenti sanno come sciogliere i dolori muscolari; un massaggio di un'ora costa solo P400.

Hue House
In Remedios Circle a Malate, è specializzata in massaggi con pietre laviche.

Foot Zone
Specializzata in riflessologia plantare, ma offre anche altri trattamenti, inclusi quelli svedesi.

PASTI A METRO MANILA: MIGLIORI RISTORANTI VEGETARIANI — Cartina p62

Hummus Elijah
La sua specialità è l'hummus abbinato a pinoli, falafel o uova, ma il menu offre anche deliziosi pita wrap, *shakshuka* e cuscus. $

Vege Select
Un *turu-turò* senza pretese nel cuore di Chinatown che serve finta carne in umido o alla griglia e dim sum. Provate i 'gamberi' di anacardi fritti. $

Corner Tree Cafe
L'affabile proprietaria di questa incantevole oasi su una strada trafficata prepara piatti deliziosi che piaceranno anche ai carnivori irriducibili. $$

Royal Indian Curry House
I ristoranti indiani sono affidabili per la cucina vegetariana, e questo è considerato il migliore dalla comunità indiana di Manila. $$

TRATTAMENTI PER UOMO

Manila è il posto giusto per una seduta di bellezza maschile seria e conveniente. Due ore sulla poltrona del barbiere possono includere uno o tutti i seguenti servizi: taglio di capelli, rasatura, manicure, pedicure, pulizia delle orecchie, trattamento viso o scrub ai piedi, oltre a un massaggio completo del corpo che viene effettuato contemporaneamente a tutto il resto. Non è raro che quattro persone alla volta lavorino su di voi mentre ve ne state distesi in relax. Prezzo totale? Di solito intorno ai P1200.

I saloni di barbiere di Manila offrono servizi completi. La catena **Bruno's** ha negozi in quasi ogni centro commerciale. Noi abbiamo una predilezione per il **Bay View Barber Shop** a Ermita. È in attività da decenni, quindi sa sicuramente il fatto suo.

gente del posto in abiti tradizionali, con al centro la moschea più grande di Manila, la **Golden Mosque**.

Un'altra attrazione della zona è l'**UST Museum**, allestito nello splendido palazzo principale della University of Santo Tomas, risalente al periodo americano. Il fiore all'occhiello è la magnifica collezione di arti visive di grandi artisti filippini.

I colori e i sapori di Chinatown

Una passeggiata lungo Ongpin St

Dopo secoli di oppressione spagnola, sotto i successivi governi più moderati la popolazione cinese di Manila ebbe una rapida affermazione in campo economico e sociale. Oggi il fulcro della vivace **Chinatown** è Ongpin St, che corre tra Binondo e Santa Cruz sulla riva destra del Pasig a nord di Intramuros. Lungo la via si susseguono case da tè, oreficerie, erboristerie e negozi che vendono torte della luna, incenso, finte banconote da bruciare per gli antenati e altri articoli curiosi. Ricca di attività commerciali e di wet market, Chinatown è una meta pittoresca per fare due passi e un paradiso per buongustai.

Visita ai defunti

Un'esperienza unica al Chinese Cemetery

I cinesi facoltosi di Manila si fanno seppellire con tutti i comfort moderni nel **Chinese Cemetery** a Santa Cruz. Più che un cimitero tradizionale, il posto ricorda invece un quartiere residenziale con strade affiancate da tombe monumentali, tra cui alcune dotate di lampadari di cristallo, aria condizionata, acqua corrente calda e fredda, cucine e servizi igienici con sciacquone.

Per visitare l'ampio cimitero noleggiate una bicicletta (P100 l'ora) e per vedere le tombe più belle ingaggiate una guida.

La residenza del presidente

La sobria eleganza del Malacañang Palace

Affacciato sul Pasig nel tranquillo e rigoglioso sobborgo di San Miguel, il vasto complesso del **Malacañang Palace** risale a metà del XVIII secolo, quando fu costruito come dimora di un aristocratico spagnolo, poi convertita nell'ufficio del governatore generale spagnolo e, successivamente, di quello americano. A partire dal 1935 vi risiede il presidente filippino.

PASTI A METRO MANILA: CUCINA DI INFLUSSO SPAGNOLO Cartina p62

Alba
Fondato in Polaris St anni prima che Poblacion diventasse di moda, propone 15 varietà di paella e un lungo menu di tapas. **$$**

Casa Armas
È noto soprattutto per le tapas, come calamari alla griglia con salsa all'aglio e gamberi sfrigolanti in aglio e olio, e naturalmente per la sangria. **$$**

Tomatito
Un grande e animato bistrò con un menu di piattini definiti 'sexy' come bocconcini di salmone, *albondigas* (polpette) e nachos con uova barzotte. **$$**

Las Flores
Con eleganti interni industriali e un menu autentico di tapas e portate principali d'ispirazione catalana, è giustamente uno dei ristoranti più popolari di Manila. **$$$**

GREG BLOOM/LONELY PLANET ©

Chinatown

Due edifici sono aperti al pubblico. La **Teus Mansion** (o Presidential Museum) è dedicata alle vite e ai mandati dei 17 presidenti delle Filippine. Espone un ricco patrimonio di cimeli presidenziali ed è vivamente consigliata a chi è interessato alla storia politica e all'architettura coloniale. Una villa d'epoca, **Bahay Ugnayan**, è in sostanza un monumento alla famiglia Marcos inaugurato nel 2023 dal presidente Ferdinand Marcos Jr.

Le visite gratuite di un'ora dei due edifici iniziano ogni ora dalle 10 alle 15, oppure prenotate un tour guidato (alle 9 o alle 13) tramite tours_mht@op.gov.ph. **Old Manila Walks** (p73) abbina la visita al palazzo a un itinerario a piedi di Malacañang.

METTETEVI IN TIRO

Reg Rodriguez, vice caporedattrice a Preview, svela tre stilisti filippini da tenere d'occhio. *@Preview.ph*

Vania Romoff
Uno stile moderno raffinato e femminile che spazia con facilità dal casual all'elegante.

RJ Santos of Randolf
Santos è un maestro artigiano di *barong* moderni, articoli divertenti e stravaganti che esprimono personalità e tradizione.

Joey Samson
Dal design all'esecuzione, ogni look filippino della sua ultima collezione Ternocon è ben concepito ed emana un'eleganza moderna e senza tempo. In alcuni capi sono stati persino inseriti dei versi dell'eroe nazionale José Rizal.

LOCALI A METRO MANILA: BAR SPORT

Cartina p62

Handlebar
Ispirato alla Harley e molto frequentato dai residenti stranieri, offre grandi schermi, un popolare barbecue serale e di tanto in tanto discreta musica live.

H&J
Questo pub di lunga tradizione è il preferito dai residenti stranieri per seguire sport live a ogni ora. H&J è l'abbreviazione del suo vecchio nome, Heckle & Jeckle.

Mansion Sports Bar & Lounge
Più lounge che bar sport, questo locale frequentato dalla gente 'in' di Makati trasmette eventi sportivi su diversi schermi, ma è più che altro per fare scena.

GolfX Sports Hub
Fate qualche tiro al simulatore di golf, poi mangiate, bevete e godetevi la musica dal vivo. Popolare e divertente anche per chi non gioca a golf.

LA CITTÀ VECCHIA A PIEDI

Iniziate dalla centrale 1 **Plaza San Luis**, di fronte all'antica San Agustin Church (p61). Imboccate General Luna St a nord-ovest e cercate 2 **Memorare Manila**, commovente memoriale in onore dei circa 150.000 civili manileños caduti nella battaglia di Manila. Girate a sinistra in Anda St, proseguite per due isolati, salite sulle mura e camminate per 200 m verso nord lungo i 3 **bastioni occidentali di Intramuros**, guardando i golfisti sotto di voi. Scendete gli scalini in Postigo St, poi girate subito a sinistra in un vicolo ombreggiato per la deviazione facoltativa al 4 **Fort Santiago** (p65).

Tornate indietro, girate a destra e proseguite verso l'imponente 5 **Manila Cathedral** in Plaza de Roma, antica arena per corride. Ritornati su Postigo St, girate a sinistra e superate l'6 **Ayuntamiento**, ricostruzione del 2010 del più maestoso edificio di Intramuros prima della seconda guerra mondiale, oggi sede dell'Ufficio del Tesoro. Proseguite lungo Postigo fino al 7 **Collegio de Santa Rosa** (XVIII secolo), dall'inconfondibile facciata rosa. Procedete verso est attraverso zone residenziali con venditori di street food fino a tornare su Anda St e lasciate (per ora) Intramuros.

Imboccate il sottopasso verso il 8 **Central Post Office**, magnifico palazzo del periodo americano distrutto da un incendio nel 2023. Dirigetevi a sud dalla statua di Bonifacio, attraversate un giardino e un altro sottopasso. All'uscita sarete vicino al 9 **Metropolitan Theater** (p73), che sorge a ridosso dell'10 **Arroceros Forest Park**, oasi urbana sul Pasig riqualificata di recente. Camminate per 200 m a sud verso il 11 **Katipunan Monument** in una piazza trafficata. Proseguite per 100 m a sud in Villegas St e attraversate il cortile del 12 **Manila City Hall**, con la sua bella torre dell'orologio. Un sottopasso coperto di murales sotto P Burgos Ave riporta alle mura di Intramuros in Victoria St, dove lo 13 **Sky Deck** (p66) vi attende per un meritato drink.

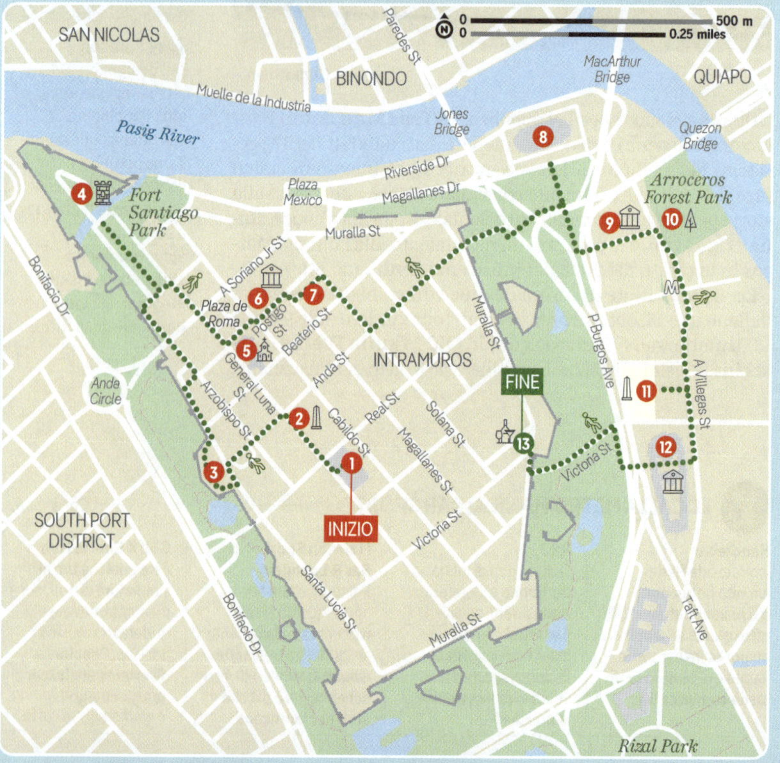

Rinascita teatrale

Il rilancio del Metropolitan Theater

Il **Metropolitan Theater** è uno straordinario palazzo art déco inaugurato durante il periodo americano nel 1931 come principale teatro dell'opera della città. Danneggiato nella battaglia di Manila nel 1945, nei decenni successivi fu utilizzato per vari scopi indecorosi: palestra di boxe, squallido motel, campo da basket, garage e magazzino. Fu restaurato e riaperto nel 1978, ma alla fine i fondi per il teatro si esaurirono e fu chiuso nel 1996. Trascorse altri due decenni in declino tra fondati timori che sarebbe stato demolito, ma prima della pandemia è stato rilevato dalla Commissione Nazionale per la Cultura e le Arti, che lo ha restaurato.

Ora questo gioiello architettonico è di nuovo un teatro in attività, con diversi spettacoli al mese che spaziano dai concerti sinfonici alla danza e ai musical.

Visite guidate nella vecchia Manila

Per esplorare i classici e scoprire gioielli nascosti

Il tour operator sostenibile **Bambike** organizza fantastici itinerari guidati di Intramuros su biciclette artigianali costruite con telai di bambù. È un modo fantastico per percorrere le tranquille vie secondarie della città murata, visitando i siti principali e altri meno noti. Si può scegliere tra tour diurni, al tramonto o serali. I prezzi includono biglietti d'ingresso, caschi e acqua. Organizza anche tour di gruppo a piedi e offre biciclette a noleggio a P100 l'ora. Inoltre il giovane proprietario, Bryan, vende biciclette di bambù.

Ivan Man Dy di **Old Manila Walks** conosce molto bene Manila, la sua storia e la sua cultura. Abilissimo nell'indagare i segreti e gli aspetti meno noti della città, è conosciuto in particolare per gli itinerari gastronomici all-you-can-eat a Chinatown. Ivan effettua inoltre regolarmente tour di Intramuros, del Chinese Cemetery e di altri quartieri e siti.

Diretto dal dinamico Benjamin Canapi, **Wander Manila** organizza tour a piedi di Intramuros e una passeggiata incentrata sulla storia di Manila che oltre a Intramuros tocca il Rizal Park ed Escolta St. Altri tour si svolgono a Quiapo e nel quartiere Poblacion di Makati. Benjamin offre inoltre tour personalizzati e un giro in *kalesa* di Intramuros adatto ai bambini.

MIGLIORI LOCALI NOTTURNI A METRO MANILA

Revel at the Palace
Il locale più famoso del Palace Group, pilastro della vita notturna di Manila che gestisce altri tre club nello stesso complesso.

Nectar
Il miglior locale LGBTIQ+ di Manila, dove ballerini aitanti e DJ di grido si esibiscono davanti a una folla entusiasta che attira anche molti etero.

Dr Wine BGC
In teoria è un bar per iniziare la serata, ma il divertimento con DJ prosegue fino alle ore piccole.

Royal Club
Il club più in voga nella zona di Poblacion è aperto praticamente ogni sera.

Club ZZYZX
Andate in questo club di tendenza a Remedios Circle per scoprire la scena in continua evoluzione della vita notturna di Malate.

LOCALI A METRO MANILA: MIGLIORI CAFFETTERIE

Cartina p62

Commune
I chicchi del mese, provenienti da tutte le Filippine, sono scritti su una grande lavagna sul muro. La sala al piano superiore ospita eventi della comunità.

Fat Seed Cafe + Roastery
Noto soprattutto per il suo favoloso latte macchiato alla spagnola, ma anche il cibo è eccellente. Inoltre serve bevande alcoliche.

Kapetolyo
Caffè monorigine filippino e spuntini leggeri a due passi dal Manila City Hall. Atmosfera in stile Soho grazie ai soffitti alti e alla presenza di mattoni a vista e vetro.

Yardstick
Questa caffetteria fa sul serio: sul retro ha l'area di torrefazione e una struttura a vetri che ospita spesso degustazioni professionali (*cupping*) e workshop sul caffè.

TRASPORTI LOCALI

Le distanze sono notevoli e non facilmente percorribili a piedi, per cui è consigliabile spostarsi in taxi o ridesharing. Il lungomare del MOA offre però una piacevole passeggiata una volta arrivati.

La trafficata Pasay Rotunda tra Taft Ave ed EDSA è servita dalla MRT (per Makati) e dalla LRT (per il Rizal Park e Intramuros), ma non ci sono treni LRT per proseguire verso l'aeroporto, il Mall of Asia, Las Piñas o il CCP; prendete un mezzo privato o cercate di venire a capo dei confusi percorsi e orari dei jeepney.

IL CONSIGLIO

Pasay è il posto ideale per ammirare i famosi tramonti di Manila o piuttosto, di questi tempi, i lavori di bonifica della Manila Bay. I punti migliori sono il lungomare a nord del Coconut Palace, quello del Mall of Asia, incluso il MOA Eye, e la C Lounge al 3° piano del Conrad Hotel.

Pasay e Parañaque

IMMENSI CENTRI COMMERCIALI E CASINÒ

Questi quartieri adiacenti sono situati a sud di Malate sui due lati della trafficata arteria principale di Manila, Epifanio de los Santos (EDSA). Sono noti soprattutto come snodi dei trasporti poiché ospitano l'aeroporto e molte autostazioni importanti. L'attrazione principale, per quanto datata, è il grande complesso del Cultural Center of the Philippines (CCP), sulle rive della Manila Bay. Con i lavori di bonifica della baia che minacciano la sua posizione privilegiata sul lungomare, quest'area cambierà drasticamente a partire dal 2025 circa, ma vale comunque la pena di visitarla per la sua architettura maestosa.

A sud del CCP si staglia il Mall of Asia (MOA), il centro commerciale più grande del paese. A Parañaque tre colossali casinò rivelano l'intenzione di Manila di diventare un grande polo del gioco d'azzardo. Parañaque si estende senza soluzione di continuità verso sud nella municipalità di Las Piñas e poi nella provincia di Cavite, dove è in costruzione un imponente ponte di 32 km attraverso la baia fino alla Bataan Peninsula.

La grandiosa visione di Imelda

Il centro culturale delle Filippine

Il nome Cultural Center of the Philippines (CCP) indica sia il vasto complesso di edifici costruiti su un'area bonificata della baia sia il centro delle arti dello spettacolo del complesso stesso. Concepita all'epoca dei grandiosi progetti di Imelda Marcos per Manila, questa cattedrale nel deserto è un affascinante retaggio in declino degli eccessi dell'era dei Marcos.

Il **CCP Performing Arts Center**, che domina Roxas Blvd all'ingresso del CCP, è stato progettato, come molti edifici del complesso, dal noto architetto filippino Leandro Locsin. È la

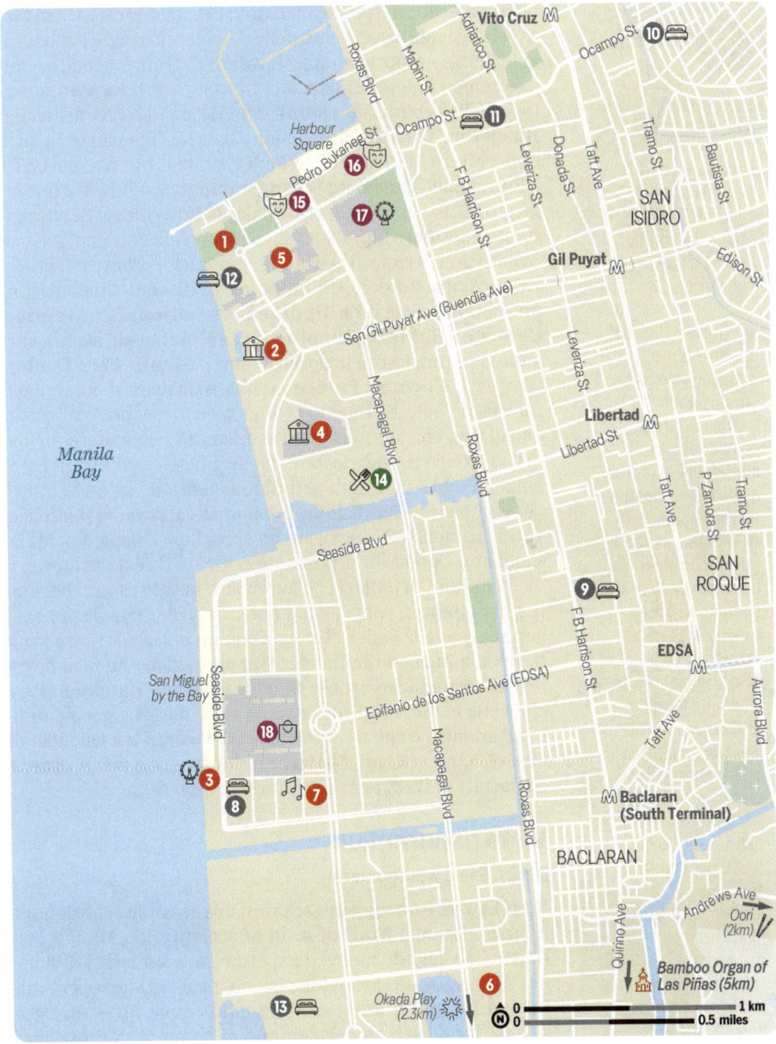

DA VEDERE
1 Coconut Palace
2 Manila Film Center
3 MOA Eye
4 Museo ng Sining
5 Philippine International Convention Center

ATTIVITÀ, CORSI E TOUR
6 DreamPlay
7 Mall of Asia Arena

PERNOTTAMENTO
8 Conrad Manila
9 Henry Hotel
10 Ola! Hostel Manila
11 Orchid Garden Suites
12 Sofitel Philippine Plaza
13 Solaire Resort

PASTI
14 Dampa Seaside
v. 13 Finestra
v. 12 Spiral

DIVERTIMENTI
15 Black Box Theater
16 CCP Performing Arts Center
17 Star City
v. 13 Theatre at Solaire

SHOPPING
18 Mall of Asia

CONSIGLI ALL'AEROPORTO

Ecco alcune dritte per affrontare il complicato Ninoy Aquino International Airport (NAIA) a Parañaque:

- I quattro terminal del NAIA sono collegati solo da strade pubbliche trafficate servite da bus navetta inaffidabili, quindi se avete fretta spostatevi tra i terminal in taxi.
- Prestate molta attenzione al terminal utilizzato dalla vostra compagnia aerea e calcolate tempi ampi tra i voli in coincidenza se dovete cambiare terminal.
- Oltre al servizio Grab, ci sono tre tipi di taxi: i normali taxi bianchi (circa P200 per Makati), i taxi dell'aeroporto gialli (P250 per Makati) e i taxi 'coupon', carissimi ma comodi (P800 per Makati).
- I contatori truccati sono rari, ma esistono. Usate i prezzi riportati come riferimento.

principale sede di spettacoli teatrali e di musica classica di Metro Manila, ma al momento delle ricerche effettuate per questa guida era sottoposto a estesi lavori di ristrutturazione e chiuso a tempo indeterminato. Nel frattempo l'eterogeneo repertorio delle produzioni teatrali del CCP va in scena nel vicino **Black Box Theater** (Tanghalang Ignacio Gimenez) e in altre sedi a Metro Manila (per dettagli visitate il sito web del CCP).

Entrate nel **Museo ng Sining**, raffinata galleria d'arte a ingresso libero nell'edificio principale del Government Service Insurance System (GSIS). Noto anche come GSIS Museum, espone una vasta collezione d'arte filippina contemporanea e classica.

Del complesso del CCP fanno parte diversi edifici. Alcuni prosperano, come il **Philippine International Convention Center** e il **Sofitel Philippine Plaza Hotel** (p96), mentre altri lottano contro destini ingloriosi, come il **Manila Film Center**.

Poi c'è il **Coconut Palace**. Alla notizia della visita di papa Giovanni Paolo II, Imelda ordinò la costruzione di un grande palazzo che valorizzasse l'artigianato e le materie prime della nazione (in particolare quelle a base di cocco, da cui il nome). Folte squadre di artigiani lavorarono giorno e notte per completare l'edificio in tempo per l'arrivo del pontefice. Tuttavia, mentre si preparava ad accogliere il papa, Imelda fu snobbata. Dopo aver duramente criticato il costo del progetto (37 milioni di dollari che avrebbero potuto essere destinati a usi migliori, come acqua potabile per la popolazione), il papa cancellò la visita. Rimasta con un palazzo e senza ospiti, Imelda ingaggiò infine per l'inaugurazione un paio di celebrità secondarie: Brooke Shields e George Hamilton. Pare che nella camera di Brooke siano state messe lenzuola di fibre d'ananas, e che George abbia in dormito tra lenzuola di fibre di banano. Oggi il palazzo è chiuso, ma si può provare a contattare il GSIS per programmare una visita.

Vista panoramica

Il MOA Eye e il lungomare

Il **MOA Eye** è una gigantesca ruota panoramica che domina il lungomare del **Mall of Asia** affacciato sulla Manila Bay. Dalla cima si gode una vista spettacolare sui lavori di bonifica della baia, su Corregidor Island e sul Mt Mariveles sulla Bataan Peninsula. Intorno alla ruota ci sono varie altre giostre da luna park che piaceranno ai bambini. Nei weekend e nei giorni festivi si svolgono spesso spettacoli pirotecnici.

PASTI A METRO MANILA: MIGLIORI RISTORANTI IN HOTEL Cartina p75

Oori
Grazie a questo fantastico ristorante all'hotel Sheraton dell'aeroporto, non serve prendere un aereo per Seoul per gustare alta cucina coreana. $$

Spiral
Il buffet del brunch della domenica al Sofitel Philippine Plaza non ha rivali, in particolare la sala formaggi refrigerata, il buffet dei crostacei freddi e lo champagne. $$$

Old Manila
Dopo una lunga pausa, ha riaperto nel 2023 nello splendido Peninsula con un menu favoloso, tra cui tartare di manzo Wagyu e salmone della Tasmania. $$$

Mirèio
Sapori provenzali al Raffles Makati. Questo ristorante in stile brasserie vi ricorderà perché la cucina francese è così rinomata. $$$

Deviazioni in periferia

Breve viaggio a sud per due mete culturali

Dichiarato patrimonio culturale nazionale, l'**organo di bambù di Las Piñas** fu realizzato tra il 1816 e il 1824 nella St Joseph Parish Church di Las Piñas. Essendo un periodo di ristrettezze economiche, il sacerdote spagnolo Diego Cera ordinò di utilizzare il bambù anziché il più costoso metallo (usato solo per le trombe orizzontali). La visita guidata della chiesa include anche un breve concerto d'organo e l'ingresso in un piccolo museo. Già che ci siete, fate una passeggiata a Las Piñas: la zona intorno alla chiesa ha una certa atmosfera da villaggio, con molti edifici restaurati con metodi tradizionali.

Se siete appassionati di storia, spingetevi 10 km a sud di Las Piñas fino a Kawit, Cavite, per visitare l'**Aguinaldo Mansion**. Fu qui che l'esercito rivoluzionario del generale Emilio Aguinaldo dichiarò l'indipendenza delle Filippine il 12 giugno del 1898 – un trionfo destinato a durare poco per via dell'intervento statunitense. La bella villa in mogano e legno di *nara*, costruita

MOA Eye

NELLA MANILA BAY CON I BAMBINI

Il lungomare da Malate a Pasay e Parañaque offre molte distrazioni ai bambini.

Museo Pambata
Divertente e interessante, tratta argomenti quali l'ambiente, il corpo umano e la storia della vecchia Manila.

Okada Play
Splendida area giochi al casinò di Okada, con mini-calcio, un palco, scivoli e molto altro. Perfetto per una giornata di pioggia.

Mall of Asia
Giostre da luna park sul lungomare e cinema IMAX, pista di ghiaccio, bowling e sale giochi all'interno.

DreamPlay
Attività, giochi e divertimenti stile DreamWorks al resort-casinò City of Dreams.

Star City
A sorpresa, un discreto parco divertimenti nel complesso CCP.

PASTI A METRO MANILA: MIGLIORI RISTORANTI DI MARE

Cartina p75

Wantuzawa
Vale la pena di cercare questo ambiente buio nascosto tra i bar di Poblacion per le sue squisite ostriche al forno, alla griglia o fritte (P50 l'una). **$$**

Harbor View
Un popolare *inahaw* (locale specializzato in grigliate) sulla Manila Bay che serve pesce fresco, da gustare preferibilmente con un tramonto dorato e un drink ambrato. **$$**

Dampa Seaside
Scegliete il pesce al wet market, poi fatevelo cucinare in uno dei tanti ristoranti: un'esperienza divertente e tipicamente locale. **$$**

Samba
Ristorante peruviano di alta cucina allo Shangri-La at the Fort, merita la spesa per il suo strepitoso ceviche, oltre ai *piqueos* (antipasti) a base di pesce. **$$$**

MIGLIORI ATTIVITÀ FISICHE A METRO MANILA

In bici sul lungomare
Noleggiate una bicicletta da **Bambike** (p73) e percorrete la **Baywalk** (p66) fino al **CCP** (p74), complesso a misura di ciclisti.

In posa nel parco
Partecipate a sessioni di t'ai chi, line dance o badminton al **Rizal Park** (p65) all'alba o al tramonto.

Sul campo da golf
Il **Club Intramuros** offre un'esperienza di golf unica: si può giocare anche di sera.

Parete da arrampicata
La parete da arrampicata del favoloso negozio di outdoor **R.O.X.** a BGC è aperta ad appassionati di ogni livello e offre lezioni.

Scalare una montagna
UP Mountaineers, con sede all'**UP Diliman** (p92), organizza scalate nella vicina provincia di Rizal e non solo. Lo trovate su Facebook.

PIXHOUND/SHUTTERSTOCK ©

Corregidor

nel 1849, è oggi un museo-monumento commemorativo. Il generale morì nel 1964, dopo una vita lunghissima che incluse un periodo di frequentazione con gli occupanti giapponesi.

Visita a 'the Rock'

Sulle orme di MacArthur a Corregidor

Guardando verso ovest dalla riva della Manila Bay si può vedere **Corregidor (Corrector)**, un'isola ricca di storia subito a sud della Bataan Peninsula. Spesso chiamata 'the Rock', fu teatro della battaglia della seconda guerra mondiale che vide il generale Douglas MacArthur fuggire in Australia nel marzo 1942 pronunciando il famoso discorso 'Tornerò'. Quando il suo successore, il generale Jonathan Wainwright, si arrese ai giapponesi nel maggio 1942, un numero enorme di prigionieri morì nella Marcia della morte di Bataan (p114).

All'epoca della stesura di questa guida tutti i traghetti pubblici per Corregidor erano sospesi e non si avevano notizie sul loro ripristino. Per raggiungere l'isola si può noleggiare una barca privata da Pasay o da Mariveles, all'estremità meridionale della Bataan Peninsula. La **Corregidor Foundation** (corregidorisland.com.ph) può aiutarvi a prenotarne una.

PASTI A MAKATI: MIGLIORI PIZZERIE E RISTORANTI ITALIANI

Cartina p75

Nolita Joe's
Con l'ottima pizza al taglio di questo localino a Poblacion si può far fronte a un attacco di fame a tarda notte. E in più c'è la birra artigianale Joe's alla spina. $

Caruso
Qualcosa di simile a un moderno piano bar, ma con dolci, espresso e pasti italiani di cinque portate al posto del Gin Tonic. $$

Finestra
Il miglior ristorante del resort-casinò Solaire, con vista sulla Manila Bay, offre cucina italiana, bistecche e frutti di mare magnificamente presentati. $$$

L'Opera
Da tempo considerato uno dei migliori ristoranti di Manila, è specializzato in piatti sofisticati d'ispirazione toscana, ma anche la semplice pasta fatta a mano è deliziosa. $$$

Makati e BGC

IL FULCRO DELL'ATTIVITÀ

I quartieri confinanti di Makati e BGC ('the Fort') sono i volti gemelli della Manila moderna. Makati si sviluppò nel secondo dopoguerra, quando la famiglia Ayala sfruttò la distruzione del resto della città per iniziare a costruire. Negli anni '30 e '40, nel cuore di Makati sorgeva l'aeroporto di Manila: le odierne Ayala Ave e Makati Ave erano le piste di atterraggio. La Makati moderna presenta un bel mix di bar e ristoranti di lusso intorno al centrale Ayala Center e di atmosfere più tranquille nel quartiere hipster di Poblacion.

BGC sembra una Singapore in miniatura, con ampi marciapiedi e strade ordinate in cui vigilano agenti di polizia. Un tempo faceva parte del vicino Fort Bonifacio, ma a partire dagli anni '90 i terreni furono svenduti ed edificati. Con un'abile strategia di marketing il quartiere fu ribattezzato BGC ('Bonifacio Global City') e il resto è storia. BGC offre uno spaccato di come vivono i ceti privilegiati e brulica di bar, ristoranti e attività per famiglie.

Mostre avvincenti

Visita all'Ayala Museum

Lo smagliante **Ayala Museum**, con quattro piani di mostre curatissime sulla cultura, l'arte e la storia filippina, merita una visita di un paio d'ore. Il fiore all'occhiello è una magnifica serie di 60 diorami che ripercorre in modo sintetico ma efficace la storia della nazione e piacerà anche ai bambini. Da segnalare anche la stupenda collezione di tessuti indigeni e alcuni pregevoli gioielli e oggetti in oro di epoca preispanica.

Le mostre temporanee sono dedicate in genere a maestri filippini come Luna e Amorsolo. Le visite guidate (P500; da prenotare in anticipo) sono vivamente consigliate. Le audioguide gratuite si scaricano nel telefono inquadrando il QR Code alla cassa; se volete usarle, ricordate di portarvi gli auricolari. Se preferite assumere una guida privata (P1000), dovrete farne richiesta in anticipo. Il gift shop vende un bell'assortimento di libri e articoli da regalo.

Al 6° piano del museo si trova l'eccellente **Filipino Heritage Library**, in cui sono custoditi libri e altre fonti sulla sto-

TRASPORTI LOCALI

Makati e soprattutto BGC sono le aree di Metro Manila più adatte alle passeggiate, ed entrambe hanno anche programmi pubblici di bikesharing e monopattini. Per spostarsi a piedi tra i due quartieri è utile la passerella pedonale Estrella, che collega il distretto di Rockwell a Makati con Taguig ovest (la municipalità che include BGC). Le due aree dispongono inoltre della rete di piste ciclabili più completa e funzionale di Metro Manila. Il BGC Bus collega Makati e BGC, con partenze ogni 10 minuti circa dal terminal principale su EDSA a Makati verso vari punti di BGC.

IL CONSIGLIO

Anche se non pernottate in uno dei lussuosi hotel a cinque stelle di Makati e BGC, visitatene uno (sono aperti al pubblico) e troverete servizi con un fantastico rapporto qualità-prezzo. I nostri preferiti sono il pass giornaliero per la piscina e/o palestra, i drink all'happy hour, il buffet del brunch all-you-can-eat e i trattamenti della spa.

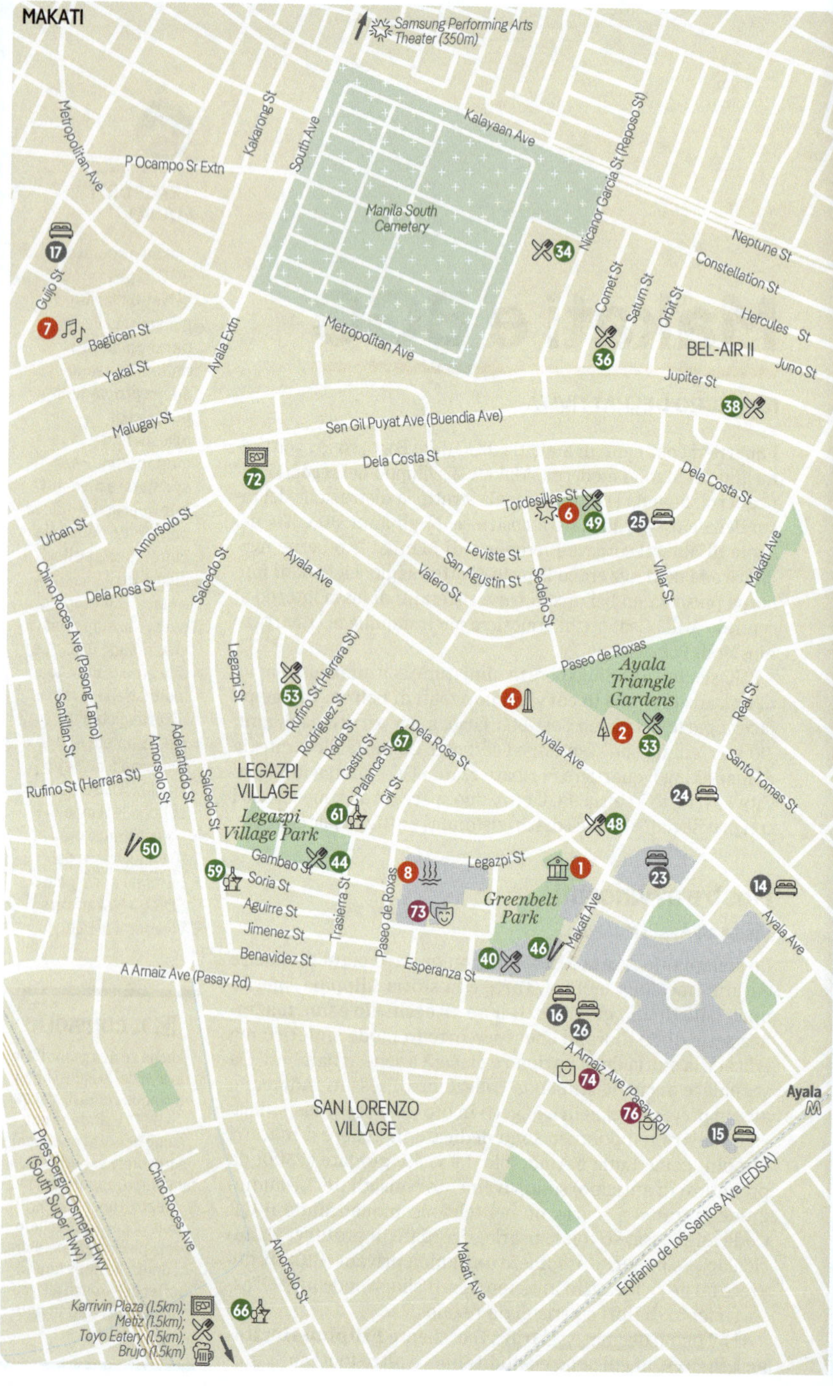
MAKATI
Samsung Performing Arts Theater (350m)
Metropolitan Ave
Kakarong St
South Ave
Kalayaan Ave
Nicanor Garcia St (Reposo St)
P Ocampo Sr Extn
Manila South Cemetery
Neptune St
Constellation St
Hercules St
Comet St
Saturn St
Orbit St
BEL-AIR II
Juno St
Jupiter St
Guijo St
Bagtican St
Yakal St
Ayala Extn
Metropolitan Ave
Malugay St
Sen Gil Puyat Ave (Buendia Ave)
Dela Costa St
Dela Costa St
Tordesillas St
Urban St
Amorsolo St
Leviste St
San Agustin St
Valero St
Sedeño St
Villar St
Makati Ave
Chino Roces Ave (Pasong Tamo)
Dela Rosa St
Salcedo St
Ayala Ave
Legazpi St
Rufino St (Herrara St)
Paseo de Roxas
Ayala Triangle Gardens
Santillan St
Rodriguez St
Rada St
Castro St
C Palanca St
Dela Rosa St
Ayala Ave
Real St
Santo Tomas St
Rufino St (Herrara St)
Amorsolo St
Adelantado St
Salcedo St
LEGAZPI VILLAGE
Legazpi Village Park
Gil St
Gambao St
Soria St
Aguirre St
Jimenez St
Benavidez St
Trasierra St
Paseo de Roxas
Legazpi St
Greenbelt Park
Makati Ave
Esperanza St
Ayala Ave
A Arnaiz Ave (Pasay Rd)
A Arnaiz Ave (Pasay Rd)
Ayala
SAN LORENZO VILLAGE
Pres Sergio Osmeña Hwy (South Super Hwy)
Chino Roces Ave
Amorsolo St
Makati Ave
Epifanio de los Santos Ave (EDSA)
Karrivin Plaza (1.5km);
Metiz (1.5km);
Toyo Eatery (1.5km);
Brujo (1.5km)
17
7
34
36
38
72
6
49
25
53
4
2
33
67
24
61
48
50
59
44
8
1
23
14
73
40
46
16
26
74
76
15
66

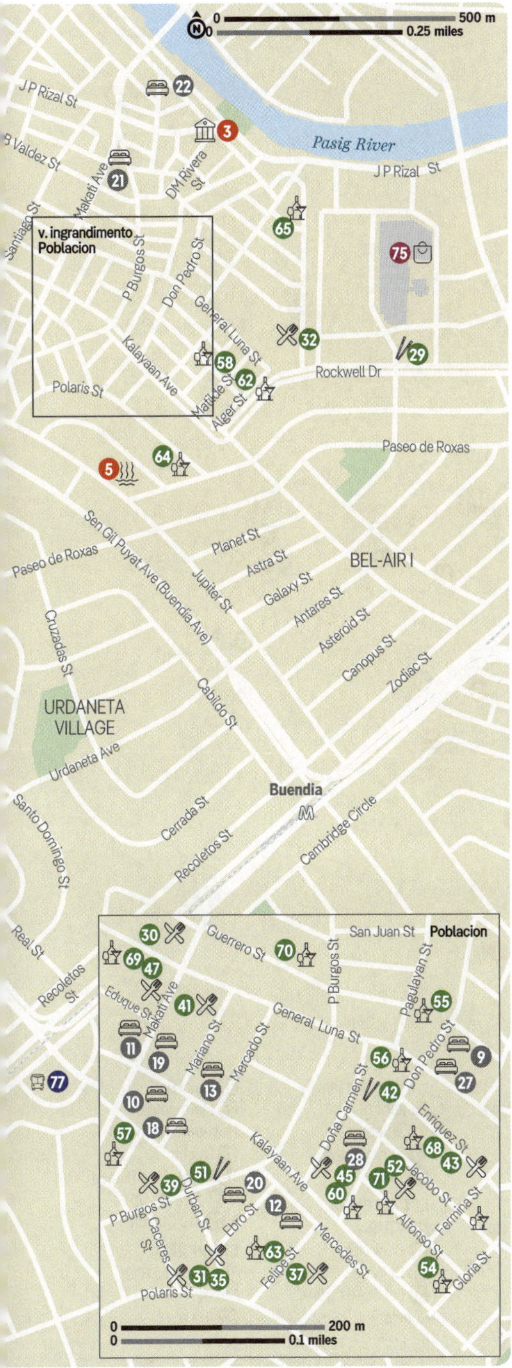

DA VEDERE
1 Ayala Museum
2 Ayala Triangle Gardens
3 Museo ng Makati
4 Statua di Ninoy Aquino

ATTIVITÀ, CORSI E TOUR
v. 1 Filipino Heritage Library
5 Foot Zone
v. 19 I'm Onsen Spa
6 Jaime Velasquez Park
7 SaGuijo
8 The Spa

PERNOTTAMENTO
9 Cayco House
10 City Garden
11 City Garden Grand
12 Clipper Hotel
13 Coro Hotel
14 Discovery Primea
15 Dusit Thani
16 Fairmont Makati
17 Guijo Suites
18 Hotel Durban
19 I'm Hotel
20 Lokal Hostel
21 Lub d
22 Makati Riverside Inn
23 Makati Shangri-La
24 Peninsula Manila
25 Picasso
26 Raffles Makati
27 UNWND
28 Z Hostel

PASTI
29 12/10
30 A Venue Food Market
31 Alba
32 Balai Palma
33 Blackbird
v. 9 Café Fleur
34 Caruso
35 Commune
36 Corner Tree Cafe
37 El Chupacabra
38 Elbert's Steak Room
39 Filling Station
40 Hossein's Halal Restaurant
41 Hummus Elijah
42 Krapow
43 Lampara
44 Legazpi Sunday Market
v. 26 Mirèio
45 Nolita Joe's
v. 24 Old Manila
46 People's Palace
47 Royal Indian Curry House
48 Sala
49 Salcedo Community Market
50 Seryna
51 Thai Noy Cuisine
52 Wantuzawa
53 Yardstick

LOCALI E VITA NOTTURNA
54 Agimat Foraging Bar & Kitchen
55 Annex House
56 Apotheka
57 A'Toda Madre
58 Bar 55
59 Blind Pig
60 Buccaneers
61 Curator
62 Dr Wine
63 H&J
64 Handlebar
65 Kondwi
66 La Fuerza
v. 26 Long Bar
67 Mansion Sports Bar and Lounge
68 Oto
69 Royal Club
70 Spirits Library
71 The Apartment
72 Yuchengco Museum
v. 28 Z Roofdeck

DIVERTIMENTI
73 Repertory Philippines

SHOPPING
74 Balikbayan Handicrafts
75 Frankie & Friends
76 Tesoro's

TRASPORTI
77 BGC Bus

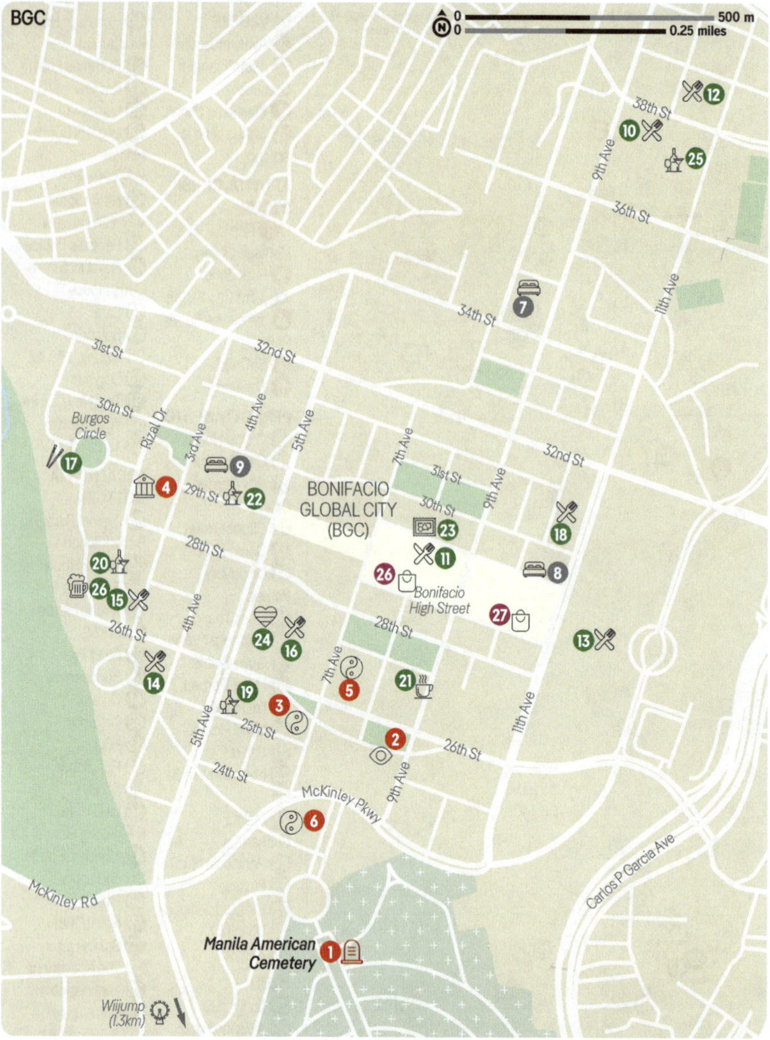

DA NON PERDERE
1 Manila American Cemetery

DA VEDERE
2 BGC Arts Center
3 Breathing Room
4 Mind Museum
5 Soulspace
6 Vida Yoga

PERNOTTAMENTO
7 Grand Hyatt Manila
8 Seda
9 Shangri-La at the Fort

PASTI
10 Alegria
11 Fowl Bread
12 Gallery by Chele
13 Hossein
14 Las Flores
15 Locavore
16 L'Opera
v. 9 Raging Bull Burgers
v. 9 Samba
17 Soru Izakaya
18 Tomatito

LOCALI E VITA NOTTURNA
19 Bank Bar
20 Dr Wine BGC
21 Fat Seed Cafe + Roastery
22 Hotel Bar
23 Metropolitan Museum of Manila
24 Nectar
25 Revel at the Palace
v. 8 Straight Up
v. 15 Tap Station

SHOPPING
26 Bonifacio High Street
27 R.O.X.

ria, l'arte e la cultura filippina, oltre a migliaia di immagini sulle Filippine che si possono sfogliare in loco o da remoto. Occasionalmente si svolgono workshop di fotografia e scrittura. Il biglietto d'ingresso della biblioteca, pari a P350 (distinto da quello dell'Ayala Museum, che costa P650), include l'uso del wi-fi per tutto il giorno, il che la rende un ambiente adatto al co-working. La biblioteca e il museo sono chiusi il lunedì, la biblioteca anche la domenica.

Un panorama in fermento

La scena dell'arte contemporanea a BGC

Nata in tempi abbastanza recenti – fino al 2000 qui c'erano quasi solo campi – BGC è stata concepita come antidoto al caos e allo squallore di downtown Manila con un'identità imperniata sugli spazi aperti verdi e sull'arte pubblica in mezzo ai moderni grattacieli. Facendo una passeggiata scoprirete grandi murales audaci e variopinti, parchi con installazioni d'arte pubblica e innovativi parchi gioco.

Le descrizioni di molti di questi progetti d'arte pubblica si trovano nel sito web del **BGC Arts Center** (bgcartscenter.org). Il centro propone anche mostre, performance, espe-

La scultura *Specific Gravity* di Reg Yuson, Bonifacio High St (p85)

PAZZI PER LA MUSICA

Martin Ledesma, DJ e proprietario del cocktail bar Oto a Poblacion, offre qualche consiglio sulla scena dell'EDM a Makati. *@oto.ph*

Apotheka
Bar a Poblacion con una buona varietà di musica mainstream – hip hop, jungle music, hardstyle, techno e anche un po' di sperimentazione. In genere è frequentato da ventenni.

Rave estemporanei
Produttori indipendenti di eventi riuniscono artisti internazionali e locali creando un terreno comune tra scena sperimentale e mainstream.

Kino e 1F Projects
Queste gallerie situate nel complesso **La Fuerza** collaborano spesso tra loro. È qui che vado se cerco qualcosa di sperimentale. L'ultimo spettacolo a cui ho assistito al Kino presentava band shoegaze degli anni '90 con accenti di elettronica postpunk.

PASTI A MAKATI E BGC: MIGLIORI PIATTI DEL NORD AMERICA

Cartina p80

El Chupacabra
Una taqueria sgangherata e autentica specializzata in morbidi tacos di tortilla di mais. Scegliete i tacos con gamberi piccanti al chipotle o al *sisig* (maiale alla griglia). **$**

Filling Station
Vale la pena di sfidare le occasionali lunghe file per ammirare l'incredibile collezione di cimeli della cultura pop degli anni '50. Il menu propone i classici da diner americano. **$$**

A'Toda Madre
Rinomato soprattutto per i Margarita e l'incredibile collezione di distillati d'agave, questo piccolo bar serve anche la cucina messicana più autentica di Manila. **$$**

Raging Bull
Deliziosi hamburger in questo chiosco fuori dallo Shangri-La at the Fort. Un'alternativa abbordabile all'omonima steakhouse all'interno (cartina p82). **$$**

PASSEGGIATA A POBLACION

Il punto di partenza di questo itinerario alla scoperta di Poblacion, distretto trendy ma per lo più residenziale a Makati, è 1 **Filling Station** (p83). Dopo esservi rifocillati, camminate verso nord-est lungo Burgos St (il quartiere a luci rosse di Makati), attraversate Kalayaan Ave e puntate verso la zona dei backpacker di Don Pedro St, chiamata 'Z Street' dal nome di un ostello. Girate a destra in Jacobo, poi a sinistra in Fermina e cercate la 2 **La Casita Mercedes**, risalente agli anni '30 e magnificamente restaurata.

Proseguite verso General Luna St, girate a sinistra e poi a destra in Pagulayan St. Dopo 100 m, tenetevi sulla destra in Ilaya St e cercate la 3 **Brillantes Heritage House** (XIX secolo) all'angolo con Agno St. Proseguite su Agno St, girate a sinistra in DM Rivera St e raggiungete 4 **Plaza Cristo Rey**, cimitero di epoca spagnola. Di fronte si trova una delle chiese più antiche delle Filippine, la seicentesca 5 **St Peter and Paul Parish Church**. Percorrete Burgos St verso nord e attraversate JP Rizal St. Tenendo il ponte sulla destra e ammirando i vivaci 6 **murales** dipinti sui muri laterali, puntate verso Bonifacio St e la 7 **Cu-Unjieng House** (1904), all'ombra di splendidi alberi.

Salite le scale, attraversate il ponte per Mandaluyong, risalite il fiume per 200 m e pagate il 8 **traghetto** (P5) per tornare a Makati. Scendete nel piccolo 9 **Poblacion Park** e osservate i 10 **bassorilievi** che raffigurano lo sbarco di Legazpi a Makati nel 1571. Sulla destra uscendo dal parco vedrete la splendida 11 **Tolentino Ancestral House** e di fronte il 12 **Museo ng Makati** (p87). Da qui percorrete JP Rizal St verso est fino all'elegante 13 **distretto di Rockwell**, dove potrete concedervi un drink in un bar climatizzato.

rienze interattive e molto altro nella sua sede alla periferia sud di BGC. L'imponente struttura comprende un teatro per le arti dello spettacolo, un auditorium separato per i concerti, una sala per i recital e un anfiteatro all'aperto sul retro. La maggior parte degli eventi e delle mostre che si svolgono presso il centro sono considerati appuntamenti imperdibili in città. Controllate il calendario sul sito web, prenotate i biglietti per tempo e preparatevi a fare la fila se arrivate senza prenotazione.

A pochi isolati di distanza, la rassegna a rotazione d'arte contemporanea e sperimentale del **Metropolitan Museum of Manila** ('the M') non ha rivali nelle Filippine. Questa magnifica e curatissima galleria d'arte a ingresso libero ha tre ampi piani dedicati ad artisti e fotografi locali emergenti e/o affermati. Chiuso domenica e lunedì.

Un memoriale pieno di pace

I prati verdi dell'American Cemetery

Commovente e tranquillo, il vasto **Manila American Cemetery** occupa una curatissima area erbosa. Qui riposano 17.206 soldati caduti in battaglia durante la seconda guerra mondiale. Oltre a centinaia di file di croci bianche perfettamente allineate, vi sono alcune interessanti gallerie porticate con dipinti murali e descrizioni delle battaglie principali, tra cui la fondamentale battaglia del Golfo di Leyte del 1945 - secondo molti parametri la più grande battaglia navale mai combattuta.

L'epicentro di Makati

Momenti di svago nel verde all'Ayala Triangle

Gli **Ayala Triangle Gardens** sono un'oasi di pace nel centro geografico del trafficato distretto finanziario di Makati. È un luogo magnifico per passeggiare, fare yoga, giocare a badminton o andare in bicicletta (vicino all'angolo nordoccidentale c'è una postazione del sistema pubblico di bike-sharing). La Nielsen Tower, che ospita il **ristorante Blackbird** (p86) nell'angolo sud-orientale del parco, fu la torre di controllo del Nielson International Airport di Manila fino al trasferimento dell'aeroporto a Parañaque nel 1948. Nelle settimane che precedono il Natale il parco ospita popolari spettacoli serali di luci.

MAKATI E BGC PER I BAMBINI

Mind Museum
Coniuga didattica e divertimento grazie a belle esposizioni interattive, un planetario, giochi d'intelligenza e mostre sull'ambiente.

Bonifacio High Street
Elegante centro commerciale con installazioni d'arte interattive all'aperto adatte ai bambini, una sala giochi e bici a noleggio nei weekend sulla 5th Ave chiusa al traffico all'estremità occidentale.

Repertory Philippines
Apprezzata compagnia teatrale che mette in scena opere classiche amate dai bambini come *Pinocchio* e *Seussical*.

WiiJump
Un'immensa stanza con trampolini nel Venice Grand Canal Mall, dove si può anche fare un giro in gondola.

Jaime Velasquez Park
Offre il miglior parco giochi pubblico gratuito di Makati.

LOCALI A POBLACION: LA NOSTRA SCELTA

Cartina p80

Agimat
Il capo barman va alla ricerca di erbe e altri ingredienti naturali in tutto il paese e crea cocktail originali. Gode di grandissima popolarità e offre buona musica.

Annex House
Nei weekend questo piccolo ambiente con più sale si anima con ritmi che fanno ballare tutto il locale. Di giorno offre un eccellente caffè.

The Apartment
In realtà sono quattro appartamenti, ognuno su un piano e con una propria personalità, più una terrazza sul tetto. Sembra di imbucarsi a una festa in casa di un abitante del posto.

Buccaneers
Col passare della serata i baristi distribuiscono gratis shot di rum della casa alla folla che si diverte. Attira una clientela più matura rispetto agli standard di Poblacion.

UN WEEKEND DA GOURMET

Se amate i cibi genuini e i tranquilli mercati dei contadini, andate al **Salcedo Community Market** il sabato e al **Legazpi Sunday Market** la domenica. Decine di venditori allestiscono bancarelle di specialità locali di regioni quali Ilocos, Pampanga e Bicol, ma anche proposte francesi, thailandesi e indonesiane.

Poco lontano dal mercato di Salcedo, la corsia verso est di Paseo de Roxas, dalla statua di Ninoy Aquino a Makati Ave, viene chiusa al traffico veicolare ogni sabato e domenica per ospitare fiere gastronomiche a tema. Qui potete noleggiare una bicicletta per spostarvi tra le fiere e nei vicini Ayala Triangle Gardens.

La statua di Ninoy Aquino di Peter De Guzman

PASTI A MAKATI E BGC: MIGLIORI RISTORANTI DI ALTA CUCINA — Cartina p80

Lampara
Il nostro posto preferito, il più sofisticato a Poblacion. Il menu à la carte di moderne specialità regionali filippine varia di frequente. **$$**

Blackbird
La cornice in una torre di controllo aeroportuale del 1937 è di gran classe, e il menu di cucina fusion internazionale è all'altezza dell'ambiente. **$$$**

Alegria
Elegante locale a BGC che riscuote recensioni entusiaste per la sua cucina filippina arricchita da note latinoamericane come l'empanada *birria* (cartina p82). **$$$**

Toyo Eatery
Uno dei migliori ristoranti dell'Asia. Non vi pentirete della spesa per il menu degustazione da otto portate (provate a pranzo per trovare posto). **$$$**

Elbert's Steak Room
Una steakhouse come si deve, con cocktail classici serviti a un bancone in mogano, una cigar lounge e le bistecche più buone della città. **$$$**

Balai Palma
È come mangiare un favoloso pasto da 10 portate nella splendida casa di un amico. Si può scegliere tra sale parzialmente o completamente private. **$$$**

Sala
Il primo ristorante dello chef e proprietario scozzese Colin Mackay offre un servizio eccellente e una selezione sempre diversa di piatti fusion e dessert creativi. **$$$**

Gallery by Chele
Collaborazione spagnola-filippina, serve menu degustazione da 6 a 10 portate molto creativi, ma anche piattini à la carte (cartina p82). **$$$**

Subito fuori dal parco, all'angolo tra Ayala Ave e Paseo de Roxas, la **statua di Ninoy Aquino** ritrae il famoso oppositore politico di Marcos poco prima di essere assassinato sulla pista del Manila International Airport, che poi gli fu intitolato. La statua è collocata nel luogo in cui negli anni '80 e '90 si svolsero molte manifestazioni a sostegno della democrazia.

Arte nel cuore di Makati

La splendida collezione dello Yuchengco Museum

Questa fantastica **galleria d'arte e design**, che si distingue in mezzo ai grattacieli di uffici di Makati, è stata fondata da Alfonso Yuchengco, importante uomo d'affari ed ex diplomatico dell'ONU. Distribuita su tre piani, ospita opere pittoriche di maestri filippini e mostre d'arte contemporanea. Espone anche una collezione di cimeli di José Rizal (incluse lettere d'amore) e foto degli incontri di Yuchengco con alcuni leader mondiali.

La culla del quartiere

Un giro nel distretto di Poblacion a Makati

Il primo insediamento di Makati, il vivace distretto di Poblacion, pullula di caffè, bar e boutique hotel. Pur avendo poche attrazioni di rilievo, è una zona piacevole per fare due passi nelle tranquille vie residenziali, che contrastano con i grattacieli di uffici del quartiere finanziario (vedi il nostro tour a piedi di Poblacion a p84). Il distretto possiede un tradizionale luogo di interesse, il **Museo ng Makati** (Makati Museum; chiuso il lunedì). Situato in una classica casa di Manila del XIX secolo (notate le finestre in conchiglie di Capiz), questo museo a ingresso libero ha una collezione che include fra l'altro splendide foto della vecchia Makati e dipinti murali dei sindaci del passato. L'aria condizionata è una manna dal cielo se state facendo un tour a piedi da queste parti.

LEZIONI DI YOGA

Christina Maningo, health coach che guida ritiri benessere e coproprietaria dello Spartans Boxing Club, dà qualche consiglio per fare yoga a BGC. *@mywellnessph @boxingspartans_bgc*

Soulspace è adatto ai turisti, con tariffe basse e un buon mix di lezioni in uno spazio luminoso e invitante. Uno dei soci è sempre presente e crea un'atmosfera da comunità.
Vida Yoga è uno studio di hot yoga dove eliminare le tossine con il sudore. Dispone di molte docce, per cui è possibile fare un salto per una lezione veloce tra un'attività e l'altra.
Breathing Room è un gioiello nascosto in un palazzo di uffici. Jeanne, la proprietaria, assume insegnanti esperti. C'è anche una stanza del sale.

LOCALI A MAKATI E BGC: MIGLIORI COCKTAIL BAR

Cartina p80

Curator
Nascosto dietro l'omonima eccellente caffetteria monorigine, il prestigioso Curator propone un menu sempre diverso di cocktail originali di alto livello.

Bank Bar
Un bar segreto nascosto dietro a un 7/11. I cocktail sono veri e propri capolavori di mixologia e il menu dei cibi da bar è il più creativo di Manila (cartina p82).

Spirits Library
Il cocktail bar più trendy di Poblacion è animato quasi ogni sera, ma noi preferiamo il mercoledì, quando una talentuosa band blues si esibisce proprio dietro il bancone.

Hotel Bar
L'interno di questo speakeasy nascosto dietro a una rivendita Pink's hot dog è il trionfo del vintage, e i cocktail sono davvero notevoli (cartina p82).

Blind Pig
Questo speakeasy seminascosto – cercate l'insegna in Braille – è il posto giusto per chi ama veramente i cocktail e non cerca un posto per guardare e farsi vedere.

Bar 55
È così che dovrebbe essere un cocktail bar: luci soffuse, soffitti alti e mobili trendy (con un'adeguata colonna sonora EDM).

Oto
Un posto adatto a cultori del sound grazie a un impianto di alto livello che diffonde alla perfezione la musica dei DJ mentre sorseggiate cocktail al lunghissimo bancone.

Kondwi
Cocktail originali a prezzi onesti e drink in offerta in un locale dal design creativo in una via secondaria di Poblacion. Ha una galleria d'arte al piano superiore.

MIGLIORI NEGOZI A MAKATI E DINTORNI

Greenhills Shopping Center
Mercato delle pulci a San Juan con begli oggetti d'antiquariato e la migliore selezione di perle autentiche.

Balikbayan Handicrafts
Negozio di souvenir a tre piani specializzato in piatti in noce di cocco smaltata e palle decorative.

Frankie & Friends
Abbigliamento d'ispirazione filippina, tra cui abiti, camicie e kimono.

Tesoro's
Tessuti e moda, in particolare *barong* ricamati.

Cubao X
Negozi e gallerie kitsch e molto trendy a Quezon City. Vende di tutto, da vecchi LP a giocattoli e casalinghi vintage.

Il quartiere artistico di Makati

Visita alle gallerie d'arte di Karrivin Plaza

La trafficata Don Chino Roces Ave (Pasong Tamo) è diventata una sorta di quartiere delle arti, e **Karrivin Plaza**, con il suo elegante complesso di gallerie, negozi di mobili e laboratori di design, è il suo fiore all'occhiello. Tra le gallerie si segnalano la **Drawing Room**, che propone emozionanti mostre mensili, e **Artinformal Makati**. Quasi tutti i posti sono chiusi la domenica. Nell'adiacente 'Alley' si trovano mercanti d'arte, caffè, il bar di birre artigianali **Brujo** e perfino una filiale del marchio danese di mobili di design Hay.

SALVADOR MANIQUIZ/SHUTTERSTOCK ©

Pinto Art Museum

PASTI A METRO MANILA: MIGLIORI LOCALI DI CUCINA FILIPPINA – Cartina p80

A Venue Food Market (Baga Manila)
Quest'area ristorazione all'aperto circondata dai grattacieli è un'eccellente introduzione alla cucina filippina, con molte specialità regionali. $

Gerry's
La sede originale dell'ormai diffusa catena di ristobar filippini è perfetta per un'introduzione al cibo da bar filippino. $

Locavore
Usa ingredienti locali in modo straordinario in rivisitazioni francesi di classici filippini come l'*exprés* di Bicol (maiale tritato piccante) e *sisig* di ostriche (cartina p82). $$

Cafe Adriatico
Una leggenda nella scena della ristorazione di Manila, serve la classica *meryenda* filippina dall'Età della Pietra. $$

Café Fleur
Lo stimato chef locale Sau sforna specialità di Pampanga preparate con maestria in un ambiente elegante all'ultimo piano di un boutique hotel. $$

Bistro Remedios
Un posto eccellente per assaggiare la cucina filippina, incluse alcune sfide per palati avventurosi come i grilli fritti o il *dinuguan* (carne stufata nel sangue di maiale). $$

Aristocrat
Un'icona a downtown Manila con filiali ovunque, ma è qui che bisogna andare. La specialità dell'ampio menu è il pollo alla griglia. $$

Metiz
Menu degustazione tra i più creativi di Manila, imperniati su ingredienti locali e accompagnati da vini naturali. Disponibile l'opzione vegana. $$$

Quezon City e dintorni

LA PERIFERIA FISICA E SPIRITUALE

Con oltre tre milioni di abitanti, Quezon City è la municipalità più grande del paese, ma viene trascurata da gran parte dei visitatori in quanto lontana dall'aeroporto e dai luoghi di interesse di downtown. Se ciò non vi disturba, 'QC' ha molto da offrire: ottimi ristoranti, una fiorente scena musicale e una folla di universitari cool. Se avete tempo, veniteci e fermatevi qualche giorno per scoprirla meglio.

Quezon City e le città di Marikina e Pasig a sud confluiscono nella provincia di Rizal a est. Forse non vi accorgerete nemmeno di essere entrati nella provincia di Rizal da Metro Manila, ma continuate a viaggiare verso est e presto vi troverete nelle montagne della Sierra Madre, paradiso del trekking e sede di progetti di ecoturismo. Questa sezione tratta Marikina, Pasig, la provincia di Rizal e la vicina provincia di Bulacan.

Arte a cielo aperto

Visita al Pinto Art Museum

Questo fantastico **museo** ad Antipolo, Rizal, a sud-est di Marikina, espone alcuni dei migliori artisti contemporanei delle Filippine. Le sei ampie gallerie parzialmente aperte ospitano tele di grandi dimensioni, per lo più dipinte negli ultimi due decenni. Ci sono anche installazioni d'arte all'aperto e un'ala dedicata alle arti indigene dove è possibile farsi fare un autentico tatuaggio kalinga (North Luzon). Il curatissimo parco del museo, che offre un ampio panorama sulla città soffocata dallo smog, regala una gradita evasione dal caos di Manila.

Nel parco si trova l'accogliente Cafe Rizal, dove potete andare a pranzo. Lungo la strada per Antipolo ci sono molti negozi e ristobar rivolti verso il tramonto che offrono secchielli di birre e splendide vedute su Manila. Calcolate di spendere P500-600 per ogni tratta per la corsa con un Grab o un taxi da Quezon City o Makati (50 minuti).

TRASPORTI LOCALI

Pur non vantando moltissime attrazioni, Quezon City è un comodo punto di partenza per escursioni nella Sierra Madre e altre avventure nella provincia di Rizal e dintorni. Il mezzo più comodo è un'auto privata. Per la Sierra Madre si può anche optare per una trail bike.

Entro i confini di Metro Manila, Quezon City ha una copertura di metropolitana leggera migliore rispetto a gran parte delle municipalità, e con la LRT si può arrivare quasi fino a Marikina e al suo famoso museo delle scarpe. Da Quezon City a Makati si arriva facilmente e direttamente con la MRT. Ci sono numerosi taxi e Grab a prezzi economici.

IL CONSIGLIO

Un giro a Maginhawa St a QC, vicino all'UP Diliman, è un modo fantastico per sondare la scena gastronomica di Manila, magari scoprendo un tesoro nascosto. Ci sono molti ristorantini invitanti e in genere abbordabili in quello che è considerato una sorta di vivaio di talenti della cucina filippina.

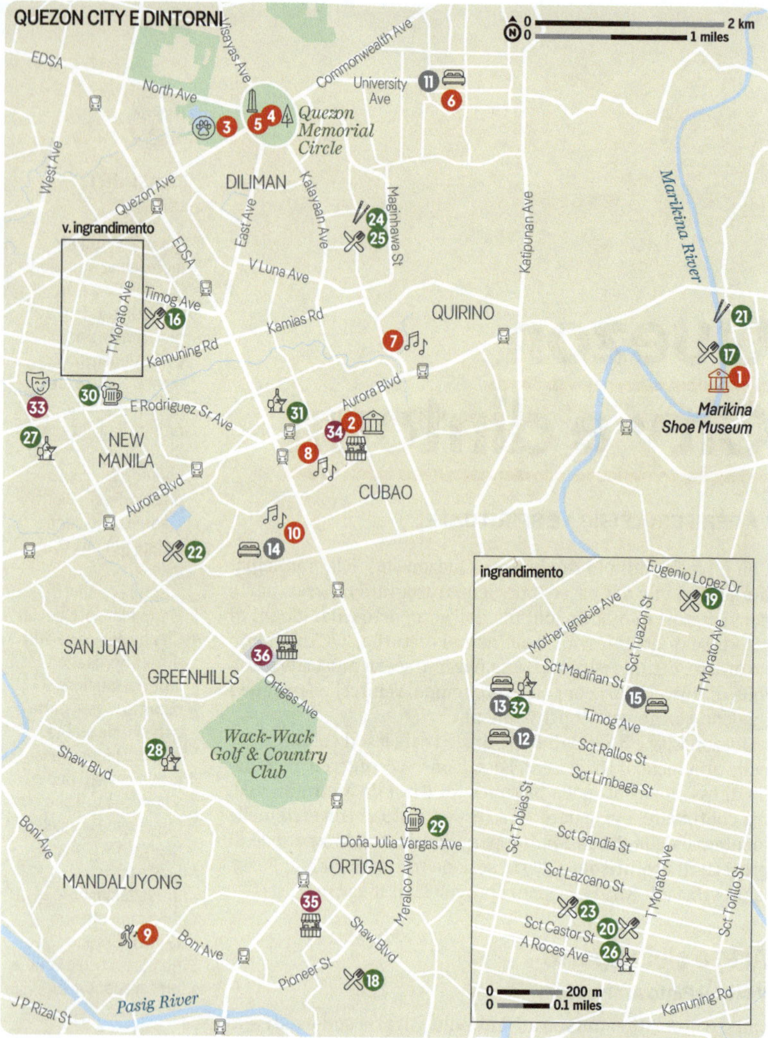

DA NON PERDERE
1 Marikina Shoe Museum

DA VEDERE
2 Art In Island
3 Ninoy Aquino Parks & Wildlife Center
4 Quezon Memorial Circle
5 Quezon Memorial Shrine

ATTIVITÀ E CORSI
6 70s Bistro
7 Araneta Coliseum
8 Club Mwah!
9 Tago Jazz
10 University of the Philippines Diliman

PERNOTTAMENTO
11 Cocoon Boutique Hotel
12 Harolds Evotel
13 Henry Suites MiraNila
14 Hive Hotel
15 Red Planet Quezon City

PASTI
16 Cafe Kapitan
17 Charlie's Grind & Grill
18 Gerry's Grill
19 Greens
20 Krung Thai
21 Lemuria
22 Lola
23 Soru Izakaya
24 Van Gogh is Bipolar

LOCALI E VITA NOTTURNA
25 After Hours
26 Big Sky Mind
v. 34 Fred's Revolucion
27 GolfX Sports Hub
28 O Bar
29 Pierre's Craft Beer Cellar
30 SunStar KTV Bar
31 Tipsy Pig
32 Vargas Museum

DIVERTIMENTI
33 Philippine Educational Theater Association

SHOPPING
34 Cubao X
35 Greenfield Weekend Market
36 Greenhills Shopping Center

Marikina Shoe Museum

Il museo delle calzature

La collezione di scarpe di Imelda

Per chi è interessato alla figura di Imelda Marcos il **Marikina Shoe Museum** è un luogo imperdibile. Benché custodisca le calzature di varie personalità del paese, quasi tutti i visitatori ci vengono per vedere le scarpe di Imelda: oltre 800 paia allineate in teche di vetro, appena il 25% delle scarpe che l'eccentrica ex first lady lasciò al Malacañang Palace.

Già che siete qui, fate una passeggiata per la piacevole città fluviale di Marikina e gustatevi un pranzo d'ispirazione spagnola al **Cafe Kapitan**, un locale ricco di atmosfera ubicato nella casa di fine Seicento che fu la dimora del cinese Kapitan Moy, fondatore del calzaturificio Marikina. E se volete comprare scarpe, andate in uno dei tanti negozi di Shoe Ave.

LGBTIQ+: CONSIGLI DA CHI SE NE INTENDE

Ian Carandang, proprietario di Sebastian's Ice Cream, segnala alcuni accoglienti locali LGBTIQ+. *sebastiansicecream.com*

O Bar
I drag show filippini sono di alto livello e questo è uno dei posti migliori.

Greenfield Weekend Market
Il mercato alimentare all'aperto di Mandaluyong è diventato un luogo di ritrovo soprattutto per la comunità bear, che ogni sabato sera si ritrova per gustare uno spuntino o una cena.

SunStar KTV Bar
Chiamato 'Satellite' o 'Sate' dai clienti abituali e situato nella parte più degradata di Cubao, questo locale di karaoke è il classico locale di quartiere frequentato da operai gay e orsi locali che cantano canzoni di Mariah Carey di metà anni 2000.

PASTI A QUEZON CITY: LA NOSTRA SCELTA

Cartina p90

Greens
Semplice e informale, serve un'ottima cucina vegana, tra cui parmigiana di melanzane e un delizioso *sisig* senza carne. $

Van Gogh is Bipolar
Un piccolo ristorante che è interessante quanto il nome. La cucina utilizza ingredienti naturali noti per migliorare l'umore. $$

Lola
Con una cucina filippina che si autodefinisce moderna, è un bel posto per scoprire classici come *laing* (verdure e maiale in latte di cocco) e *bangus* (pesce latte). $$

Lemuria
In una zona residenziale piena di verde, è uno dei ristoranti più romantici di Manila, con menu degustazione e à la carte francese e mediterraneo. $$$

ARTI DELLO SPETTACOLO A METRO MANILA

Philippine Educational Theater Association
Questa compagnia teatrale 'aperta', forse la migliore di tutta Manila, mette in scena commedie e drammi, anche in inglese.

Repertory Philippines
(p85) Compagnia professionale che mette in scena spettacoli in inglese all'OnStage Theatre nell'Ayala Center.

Theatre at Solaire
Teatro in un grande casinò con musicisti internazionali, spettacoli di varietà e produzioni di Broadway.

Club Mwah!
Un favoloso drag show in grado di competere con quelli di Bangkok.

Samsung Performing Arts Theater
Sede della filarmonica nazionale e di altre grandi orchestre di musica classica durante i lavori al teatro principale del Cultural Center of the Philippines.

Visita al campus

Vita universitaria filippina

Se avete mezza giornata a disposizione, fate una gita all'incantevole **University of the Philippines Diliman**. Il verde campus dell''UP' ricorda molto l'atmosfera delle università americane, e gli oltre 22.000 studenti animano la vivace vita notturna di QC. È un posto perfetto per fare jogging, una passeggiata o un giro in bicicletta. Di pomeriggio nel campo da gioco centrale, chiamato Sunken Garden, si svolgono quasi sempre partite improvvisate di calcio e incontri di ultimate frisbee.

Presso l'UP c'è anche un discreto museo d'arte, il **Vargas Museum**, che ospita sia mostre d'arte moderna e contemporanea sia una collezione permanente dal XIX secolo ai giorni nostri.

Il cuore pulsante di QC

Tutte le strade portano all''ovale'

La vita a QC è incentrata sul **Quezon Memorial Circle**, chiamato 'l'ovale' per la sua forma. Si tratta di una grande rotatoria dove convergono molte arterie importanti, con al centro un parco ricco di colore locale: aree da gioco, attrazioni da luna park, ristoranti, bazar e coppiette che si scambiano effusioni in angoli appartati.

In mezzo al parco si erge il **Quezon Memorial Shrine**, un monumento art déco alto 36 m coronato da tre angeli che dominano il mausoleo dell'ex presidente Manuel Quezon. Circondato da fontane danzanti, di notte è illuminato con i colori della bandiera filippina. Sotto il monumento si trova un museo storico a ingresso libero dedicato al secondo presidente delle Filippine e al periodo cruciale del suo mandato (1935-44).

Parchi e svago

Alla scoperta delle oasi verdi del centro di QC

Adjacente al Quezon Memorial Circle, il **Ninoy Aquino Parks & Wildlife Center** (chiuso lunedì) è un centro per il recupero della fauna selvatica che offre assistenza e cure ad animali feriti o confiscati. I visitatori hanno la possibilità di vedere i 'pazienti' che non possono essere rimessi in libertà, tra cui tigri, scimmie, pitoni, varie specie di aquile e altri uccelli. Ci sono anche sentieri pedonali alberati e una tranquilla laguna, tutto nel bel mezzo di Quezon City.

LOCALI A QUEZON CITY: LA NOSTRA SCELTA Cartina p90

Big Sky Mind
Dal 1999 il bar di quartiere più famoso di Manila. Arredato con mobili di seconda mano, offre classico rock pinoy a una clientela eterogenea.

Pierre's Craft Beer Cellar
Fantastico bar sotterraneo con una clientela tranquilla che apprezza la buona birra. E la birra di produzione propria è davvero ottima.

After Hours
I migliori mixologi di QC servono cocktail classici e creativi e ottimi piatti da bar a una clientela fedele. A volte richiama barman ospiti da Makati.

Tipsy Pig
Grande locale a più piani che diventa particolarmente chiassoso nei weekend, quando tutti i festaioli di QC prima o poi passano di qui.

Quezon Memorial Shrine

MIGLIORI FESTIVAL A METRO MANILA

Processione del Nazareno Nero
(p69) La festa più famosa di Manila si svolge il 9 gennaio, con una versione ridotta nella Settimana Santa.

Fête de la Musique
In un sabato a metà giugno l'Alliance Française organizza a Makati questa festa della musica in cui i bar migliori ospitano concerti a tema.

Ognissanti e Giorno dei morti
Il 1° e il 2 novembre centinaia di persone si ritrovano nei cimiteri di Manila per offrire cibo e fiori ai loro antenati.

Independence Day
Una grande parata nel Rizal Park celebra l'indipendenza dalla Spagna il 12 giugno.

Bamboo Organ Festival
Celebra per una settimana a fine febbraio l'iconico organo di bambù di Las Piñas.

Scherzi fotografici

Divertirsi a fare foto ad Art In Island

Art In Island a Cubao è un museo dove il visitatore diventa l'opera d'arte. Espone decine di murales tridimensionali e dipinti realizzati in modo tale da creare illusioni ottiche una volta fotografati: potrete scattare immagini di voi stessi a testa in giù, all'interno di una palla di vetro con la neve o immortalati sulla copertina della rivista *Time*. Il museo perfetto per la generazione di Instagram. Molti dipinti sono basati su classici, quindi è una buona lezione di storia dell'arte per i bambini.

Ecoturismo a regola d'arte

Scalate su rocce carsiche a Masungi

La **Masungi Georeserve** a Tanay, Rizal, sta riscrivendo il turismo sostenibile nelle Filippine con il suo approccio innovativo alla conservazione di un'area carsica e forestale protetta che intreccia turismo e ripristino della foresta. Masungi ha vinto decine di premi locali, regionali e globali per la soste-

Masungi Georeserve

LOCALI A METRO MANILA: MIGLIORI BAR CON MUSICA LIVE

Cartina p90

Tago Jazz
Situato a Cubao (Quezon City), è esattamente ciò che dovrebbe essere un jazz bar: poco illuminato, intimo e pervaso dai suoni di bravi musicisti.

70s Bistro
Bar di vecchia data a Quezon City noto per ospitare gruppi reggae tra i migliori del paese, oltre a band di rock pinoy vecchia scuola.

SaGuijo
Da decenni una leggenda dell'indie rock, è un locale piccolo e focoso con musicisti scatenati. Per il programma consultate la pagina Facebook.

Long Bar
Chi viene nel bar nella lobby del Raffles Makati per l'happy hour – birra, vino e cocktail all-you-can-drink – finisce per fermarsi ad ascoltare la band che intrattiene la clientela.

nibilità, proprio mentre si opponeva pubblicamente agli imprenditori che volevano sfruttare il suo legname e altre risorse.

Il **Discovery Trail**, il primo sentiero di Masungi, è un'emozionante escursione di due ore e mezza su e giù per pareti calcaree, scale e ponti di corda e altri ostacoli. Una bella esperienza perché le guide non danno un'eccessiva assistenza – in genere sarete lasciati da soli ad affrontare i percorsi di corde che attraversano questo meraviglioso paesaggio carsico.

Il più recente **Legacy Trail**, oltre ad avere alcune passerelle di corda sospese tra le chiome degli alberi e scale di arrampicata, consente ai partecipanti di piantare o curare alberi, quindi è perfetto per i visitatori meno intrepidi e/o più interessati alla natura.

A Masungi è obbligatorio prenotare un tour guidato, cercate di farlo con largo anticipo. Se viaggiate soli o in un gruppo piccolo, cercheranno di abbinarvi ad altri gruppi.

Masungi non è l'unica opportunità di ecoturismo degna di nota in questa zona. La **Mount Purro Nature Reserve** ad Antipolo offre sentieri escursionistici, birdwatching, ampi giardini e mostre e laboratori di artigianato con i *dumagat* (gli indigeni filippini della zona). Potete pernottare in una delle numerose *casitas* sparse nei 36 ettari della riserva, che costituisce un baluardo contro lo sviluppo del circostante bacino del Marikina superiore. Ci sono anche una piscina e un eccellente ristorante che usa ingredienti di produzione propria.

Agriturismo con una missione

Una deviazione alla GK Enchanted Farm a Bulacan

Situata ad Angat, nella provincia di Bulacan, a un'ora e mezzo di auto a nord di Quezon City, questa piccola **fattoria** gestita da volontari tenta di alleviare la povertà nelle comunità disagiate incoraggiando giovani imprenditori locali.

Potete visitarla in giornata o pernottare. Con un tour in giornata assisterete a una serie di dimostrazioni sulle attività riguardanti la permacultura, l'ecodesign e altro. Le sistemazioni sono confortevoli e c'è anche una infinity pool per un po' di relax. Visitate la sua pagina Facebook per indicazioni su come arrivarci con mezzi pubblici o privati.

I volontari hanno background diversi e offrono varie competenze e idee. I nuovi volontari sono i benvenuti, ma è preferibile avere idee concrete su come contribuire.

L'ICONICO COLISEUM

L'**Araneta Coliseum** nel distretto di Cubao a QC ha ospitato nel 1975 'Thrilla in Manila', l'incontro tra Muhammad Ali e Joe Frazier, probabilmente il match più famoso nella storia della boxe. Il palazzetto svolge ancora un ruolo importante nel panorama dei divertimenti di Manila: ospita le grandi partite della PBA (Philippine Basketball Association), altri eventi sportivi e i concerti di band internazionali in tour.

La pallacanestro è molto sentita nelle Filippine, e anche chi non è un estimatore apprezzerà l'esperienza di assistere a una partita della PBA o tra squadre universitarie, soprattutto sul sacro parquet dell'Araneta. La **MOA Arena** a Pasay è l'altra grande sede di partite di basket e altri eventi.

PASTI A METRO MANILA: MIGLIORI RISTORANTI THAILANDESI

Cartina p90

Thai Noy Cuisine
Makati non è proprio 'Little Bangkok', ma vanta un numero sempre maggiore di ristoranti thailandesi, tra cui questo nuovo locale invitante che offre piatti gustosi. **$$**

Krapow
Uno dei ristoranti più piccoli di Makati è anche uno dei migliori. Se riuscite a entrare, ordinate l'omonimo *krapow moo sub* (maiale al basilico sacro). **$$**

Krung Thai
Questo locale senza pretese nel Marikina Market sorprende con specialità thailandesi piccanti come pesce gatto croccante e *tom yam*. **$$**

People's Palace
Elegante e moderno ristorante thailandese a Makati che serve piatti sia classici che innovativi, tutti dai sapori autentici e magnificamente presentati. **$$$**

Sistemazioni consigliate

$** Prezzi economici **$$** Prezzi medi **$$$ Prezzi elevati

Intramuros e Rizal Park p60 (cartina p62)

White Knight $ In un palazzo restaurato del XIX secolo, è una buona soluzione per chi vuole godere dell'atmosfera tranquilla della città murata.

Bayleaf $$ Un boutique hotel con camere dal design postmoderno in colori vivaci dotate di docce a pioggia.

Manila Hotel $$$ Uno degli hotel più lussuosi dell'Asia, dove hanno alloggiato personaggi come il generale MacArthur, i Beatles e John Fitzgerald Kennedy.

Malate ed Ermita p60 (cartina p62)

Pension Natividad $ Questa tranquilla pensione è frequentata dai volontari dei Peace Corps. Se cercate un posto dove fare baldoria, vi conviene scegliere un'altra sistemazione.

Arzo Hotel $ In posizione appartata vicino al Paco Park, è un posto tranquillo con piscina, perfetto dopo un giorno di visite turistiche nella vicina Intramuros.

Stay $ Uno dei pochi ostelli di Malate sopravvissuti alla pandemia. Costa meno di quelli di Makati e ha una gradevole area comune all'aperto.

Malate Pensionne $ Una vecchia casa dalla disposizione irregolare con una varietà di camere, tra cui economiche doppie con bagno in comune.

Amélie Hotel $$ La lobby e le immense camere sono arredate con mobili art déco. Perfetto per evadere dalle strade afose di Malate.

Makabata Guesthouse $$ Ha un design che coniuga tradizione e modernità e offre formazione a giovani disagiati. Sconti per i volontari e i dipendenti delle ONG.

Miramar Hotel $$ Le camere sono un po' datate, ma questo capolavoro art déco degli anni '30 ha una personalità innegabile. Le camere 'superior' sono più moderne.

1775 Adriatico Suites $$ La soluzione migliore per chi cerca un hotel di fascia media centrale ma tranquillo. Ha eleganti doppie più recenti e una bella piscina.

Hop Inn $$ Grande e vivace albergo senza fronzoli con un servizio cordiale in linea con l'arredamento.

Casa Bocobo $$ Hotel a prezzi onesti vicino al Rizal Park. Le camere più eleganti hanno foto in bianco e nero e sono dotate di TV a schermo piatto.

Sheraton Manila Bay $$$ La vista sulla baia non durerà a lungo, ma si distingue comunque per caratteristiche uniche come i bagni dotati di TV e gli ascensori in vetro.

Diamond Hotel $$$ Nella scena in costante evoluzione degli hotel a cinque stelle di Malate, il Diamond rimane un baluardo di eleganza ed eccellenza nel servizio.

Admiral Hotel $$$ Hotel d'epoca ricostruito fedele alle sue origini art déco. Camere favolose disposte intorno a un magnifico atrio centrale.

Pasay e Parañaque p74 (cartina p75)

Ola! Hostel Manila $ Ola! è comodo per Pasay, Malate e Makati. Il suo pezzo forte è il rooftop bar.

Orchid Garden Suites $$ Le ampie camere si trovano nella torre principale, mentre la lobby e il bar sono situati in una villa art déco degli anni '30.

Henry Hotel $$$ Un complesso cinese del 1948 immerso nel verde convertito in un'incantevole oasi in posizione appartata a Pasay.

Sofitel Philippine Plaza $$$ Non ha più la vista sulla baia, ma conserva un'atmosfera da resort con la sua piscina di forma irregolare.

Conrad Manila $$$ La vista sulla baia pare destinata a non durare, ma il design raffinato e il servizio eccellente non cambieranno.

Solaire Resort $$$ Il casinò sulla baia è un complesso di intrattenimento indipendente con una miriade di ristoranti e una grande piscina.

Makati p79 (cartina p80)

Hotel Durban $ Le camere sono gradevoli, ma quasi tutte prive di luce naturale. Scegliete le 'deluxe' con finestre all'ultimo piano.

Clipper Hotel $ Situato in una bella posizione, ha 12 doppie spaziose e vivaci e due singole simili a cabine da barca con schermi piatti inseriti nei letti.

Guijo Suites $ Ben distante dal trafficato centro di Makati, è in una posizione tranquilla e ha un buon rapporto qualità-prezzo.

Lokal Hostel $ Le camerate e le doppie private sono in pratica le più convenienti che si possano trovare a Makati.

Lub d $$ Versatile spazio di co-living che offre belle camerate con tutti i requisiti, oltre a un'ampia lobby di co-working e a una bella sala per socializzare.

UNWND $$ Salendo con l'ascensore di vetro si scoprono favolosi dipinti su ogni piano. Le camere e il caffè mostrano colori e atmosfere simili.

Cayco House $$ Siamo entusiasti del design pulito e minimalista della Cayco House, uno dei numerosi boutique hotel creati a Poblacion dall'Hotel Durban.

Z Hostel $$ Il miglior indirizzo a Manila per backpacker festaioli grazie alla posizione centrale e al favoloso rooftop bar.

City Garden Grand $$ L'hotel di fascia media con il miglior rapporto qualità-prezzo a Poblacion ha un'ampia terrazza sul tetto con piscina e bar.

Makati Riverside Inn $$ Hotel semplice e accogliente con un'atmosfera di quartiere e otto camere pulitissime.

Coro Hotel $$ Camere eleganti e una buona gamma di servizi in questo grattacielo di Poblacion in posizione centrale.

City Garden $$ Non proprio all'altezza del Grand Hotel situato di fronte a cui è affiliato, ma centralissimo e con un eccellente rapporto qualità-prezzo.

Picasso $$ Questo elegante art hotel offre appartamenti e monolocali con tutti i servizi dotati di scale fluttuanti e rifiniti con vivaci schemi cromatici ispirati a Picasso.

Makati Shangri-La $$$ Il migliore hotel cinque stelle di Makati è ancora più splendido dopo la massiccia ristrutturazione post-pandemia.

Peninsula Manila $$$ Con la sua ampia lobby e le camere che esaltano il meglio del design filippino, il veterano 'Pen' migliora con il passare del tempo.

Raffles Makati $$$ Due hotel a cinque stelle in un grattacielo: il Raffles ha suite di lusso con maggiordomo a disposizione; il Fairmont è solo un gradino più in basso.

Dusit Thani $$$ Scegliete il Dusit se volete alloggiare vicino all'Ayala Center senza dover sostenere prezzi da cinque stelle.

I'm Hotel $$$ Questo edificio di 34 piani importato da Singapore a Poblacion ha un ristorante sul tetto e una fantastica piscina al 3° piano.

Discovery Primea $$$ Occupa il secondo edificio più alto di Manila, anche se le lussuose camere si fermano al 17° piano.

BGC
p79 (cartina p82)

Seda $$$ Il raffinato Seda BGC ha camere ampie ed eleganti con enormi TV al plasma e divanetti.

Shangri-La at the Fort $$$ Scintillante hotel di lusso proprio nel cuore dell'azione a BGC.

Grand Hyatt Manila $$$ Il cinque stelle più nuovo a BGC è un colosso di 460 camere a 'uptown', il distretto settentrionale di BGC.

Quezon City
p89 (cartina p90)

Red Planet Quezon City $ Questa catena di hotel pulitissimi eccelle nella categoria economica.

Hive Hotel $$ La versione più economica dell'affiliato Cocoon non è certo un declassamento. E in più ha una parete di libri Lonely Planet nella lobby.

Harolds Evotel $$ Un hotel di Cebu ha aperto una filiale in un grattacielo a Quezon City con eccellenti risultati.

Cocoon Boutique Hotel $$$ Hotel con autentiche credenziali ecologiche, offre camere magnifiche con scrivanie e pavimenti in legno di recupero.

Henry Suites MiraNila $$$ È incredibile ciò che l'Henry riesce a fare con gli edifici d'epoca, come questo del 1929.

Manila Hotel

DONSIMON/SHUTTERSTOCK ©

Sopra: Pagsanjan (Magdapio) Falls (p106); A destra: Scorfano di Eschmeyer, Anilao (p108)

AREE PRINCIPALI

TAGAYTAY E LAKE TAAL
Vista mozzafiato da un alto crinale.
p102

ANILAO
Litorale spettacolare e magnifiche immersioni.
p108

CLARK
La Freeport Zone adatta alle famiglie.
p110

SUBIC BAY E BATAAN PENINSULA
Ex base americana ricca di storia.
p113

Dintorni di Manila

TERRA, ACQUA E FUOCO

Vulcani imponenti, laghi iconici, sport marini, parchi a tema, sontuose spa e cucina raffinata: le province intorno a Manila offrono un ricco ventaglio di proposte.

Stremati dai piaceri urbani di Manila, probabilmente sentirete il bisogno di evadere per una boccata d'aria fresca. Puntate quindi sulle montagne e le zone costiere nei dintorni della capitale.

L'area a sud di Manila presenta alcuni dei paesaggi più spettacolari di sempre, in particolare vulcani, ma anche magnifici scenari marini. Il panorama delle attività include fantastiche immersioni con le bombole e in apnea ad Anilao, ottimi campi da golf, spa e centri benessere. La zona è ricca di architettura coloniale spagnola, aziende agricole biologiche, ristoranti insoliti, sorgenti termali e cascate.

TIMSIMAGES.UK/SHUTTERSTOCK ©

Andando a nord troverete il vulcano più famoso, il Mt Pinatubo, nelle sottovalutate Zambales Mountains. Il vulcano domina le ex basi militari gemelle di Subic e Clark, che dopo anni di abbandono stanno finalmente affermandosi come poli commerciali e turistici. Subic ha alcune spiagge ed è una buona base per le gite in barca, mentre Clark è più orientata verso i parchi a tema e acquatici, oltre a essere un paradiso per i buongustai.

Tutta la zona è una meta imperdibile per chi è interessato alla storia della seconda guerra mondiale - qui si svolse la Marcia della morte di Bataan, e nella Bataan Peninsula (ma non solo) si trovano molti memoriali e siti di battaglie.

È possibile fare escursioni in giornata, ma entrare e uscire da Manila può richiedere ore, soprattutto se si commette l'errore di partire nell'ora di punta, per cui è preferibile prevedere un pernottamento.

TAAL
Città storica magnificamente preservata.
p105

PAGSANJAN
Insolita avventura sulle rapide.
p106

MT BANAHAW
Mistica montagna lussureggiante.
p107

Per orientarsi

Raggiungere spiagge, siti di immersioni e montagne con i mezzi pubblici può essere arduo: meglio prendere un'auto. Una rete di strade a pedaggio sempre più ampia serve le zone nord e sud.

Clark, p110

Non più solo 'porta per il nord', questo polo economico in ascesa si distingue per i divertimenti adatti alle famiglie, la cucina locale, le attività all'aperto moderate o estreme e il facile accesso alle coste di Subic.

Tagaytay e Lake Taal, p102

La vicinanza alla capitale e le splendide vedute panoramiche del Taal Volcano che emerge dal Lake Taal fanno di Tagaytay una meta popolare per una gita in giornata da Manila. La buona cucina, le terme e gli eccellenti hotel potrebbero invogliarvi a fermarvi più a lungo.

Anilao, p108

Ammirate la vista spettacolare da un resort sulla scogliera nel primo paradiso nazionale delle immersioni subacquee, la 'Riviera delle Filippine'

AUTOBUS

Gli autobus sono più adatti per singole destinazioni come Tagaytay, Batangas o Subic Bay, poiché le varie località nei dintorni di Manila sono poco collegate tra loro.

AUTOMOBILE

Noleggiare un'auto è la soluzione ideale, e a Manila se ne trovano facilmente con o senza autista. Uscire da Manila può mettere a dura prova i nervi, ma fuori dalla capitale la guida è panoramica e piacevole.

Ritmi di viaggio

Per chi è in viaggio d'affari e ha un weekend a disposizione o chi si trova nel paese solo per un breve periodo, le province intorno a Manila offrono un interessante e comodo itinerario di qualche giorno.

Un weekend breve

- Volete andare a nord? Trascorrete una giornata in barca a **Subic** (p113) e il giorno dopo andate a **Clark** (p110), che offre svaghi per tutti i gusti ed è il punto di partenza per il **Mt Pinatubo** (p110).

- Volete andare a sud? Un bell'itinerario di due giorni inizia con la divertente gita in longboat alle **Pagsanjan Falls** (p106), seguita dal pranzo.

- Poi tornate a **Tagaytay** (p102) per ammirare il Lake Taal e pernottare in un boutique hotel o un hotel con spa.

Un weekend lungo

- Puntate esclusivamente a nord o a sud per evitare di dover tornare a Manila. Se andate a nord, potete fermarvi uno o due giorni in più a Subic per godervi i sentieri naturalistici o esplorare la circostante **Bataan Peninsula** (p114), inclusi il **Mt Samat** (p114) e **Las Casas Filipinas de Azucar** (p114).

- Se vi dirigete a sud, un'eccellente integrazione è **Anilao** (p108) per una giornata di immersioni o snorkelling e una di trekking.

Le stagioni

GENNAIO-FEBBRAIO
Grazie al clima secco e fresco, è il periodo ideale per scalare uno dei vulcani della regione, giocare a golf o portare la famiglia in un parco a tema.

APRILE-MAGGIO
Un periodo perfetto per andare in barca, con tempo in genere soleggiato e condizioni del mare più calme. Oppure sfidate la calura per la Crocifissione a San Fernando o il Pahiyas a Lucban.

GIUGNO-LUGLIO
L'inizio della stagione delle piogge offre intervalli di tempo discreto e tariffe scontate da bassa stagione ad Anilao, Subic, Tagaytay e dintorni.

NOVEMBRE
Un buon periodo per le attività acquatiche: le piogge sono in gran parte terminate e, salvo un tifone anomalo, la stagione dei venti non è ancora iniziata.

Tagaytay e Lake Taal

PANORAMI | FRESCHE BREZZE | SONTUOSE SPA

Costruita lungo un alto crinale affacciato sui crateri ancora attivi del Taal Volcano, Tagaytay è una città tranquilla dove potete trascorrere un paio di giorni ad ammirare il panorama, rilassarvi in una spa, fare gite in barca sul lago e cenare in ristoranti eleganti.

Circa 600 m sotto Tagaytay, il Taal Volcano, che negli ultimi anni è stato molto attivo, forma un'isola ('Volcano Island') nel centro del Lake Taal. Il lago occupa a sua volta il cratere di un vulcano preistorico che misura all'incirca 75 km di diametro. Questo antico cratere oggi costituisce il Tagaytay Ridge, il crinale sul cui margine settentrionale è costruita la città di Tagaytay. Come una matrioska, il Taal Volcano ha a sua volta un piccolo lago vulcanico al suo interno, dentro il quale c'è un'isoletta.

Situata appena 60 km a sud di Manila, Tagaytay rappresenta tutto ciò che la capitale non è: fresca, pulita, molto bella e rigenerante, benché il traffico lungo la strada del crinale ne sminuisca un po' il fascino.

Fuoco sulla montagna nana

Alla scoperta del lago e del vulcano

Alto appena 331 m, il **Taal Volcano** è uno dei vulcani più piccoli al mondo e forse tra i più facili da scalare (l'ascesa dura circa 40 minuti). Con oltre 47 crateri e 35 coni vulcanici, è il vulcano più attivo delle Filippine.

L'impressionante eruzione del Taal nel gennaio 2020 ha scagliato in aria cenere fino a Manila, causando l'evacuazione permanente delle piccole comunità di Volcano Island e la chiusura della montagna al trekking. Si parla di riaprire l'isola e la scalata al vulcano entro il 2025, sempre che non si verifi-

TRASPORTI LOCALI

Tagaytay si estende per circa 20 km lungo il Tagaytay Ridge, con ristoranti e attrazioni distribuite per tutta la sua lunghezza e due strade ripidissime che scendono a Talisay sul Lake Taal. Un'auto privata torna molto utile, oppure potete ricorrere ai tricicli per spostarvi lungo il crinale o scendere a Talisay.

I jeepney percorrono il crinale ed effettuano corse ogni ora fino a Talisay dal punto di inizio della principale strada Tagaytay-Talisay (la più orientale). Gli autobus per/da Manila attraversano la città e fermano in Olivarez Plaza, in pieno centro, o al Mendez Crossing alla periferia occidentale.

IL CONSIGLIO

Evitate i weekend: i ristoranti sono pieni, le tariffe degli hotel salgono alle stelle e il traffico intasa la strada principale del crinale. Se non potete fare altrimenti, partite in auto il venerdì sera (dopo l'ora di punta) o il sabato mattina presto, prima che aumenti il traffico. Evitate di spostarvi tra le 14 e le 18 il sabato e soprattutto la domenica, quando sono frequenti ingorghi che durano ore.

DA VEDERE
1 People's Park in the Sky

ATTIVITÀ, CORSI E TOUR
2 La VeryOl's Kawa Spa
3 Niyama Wellness Center
4 Nurture Wellness Village
5 Qi Wellness Living
6 Taal Lake Yacht Club
7 Taal Volcano

PERNOTTAMENTO
8 Escala Tagaytay
9 Keni Po
10 Nuuk Taal Lake
11 Sonya's Secret Garden
12 Taal Vista Hotel
13 The Lake

PASTI
14 Antonio's
15 Bag of Beans Main Branch
16 Charito by Bag of Beans
17 Rosario
v. 11 Sonya's Secret Garden

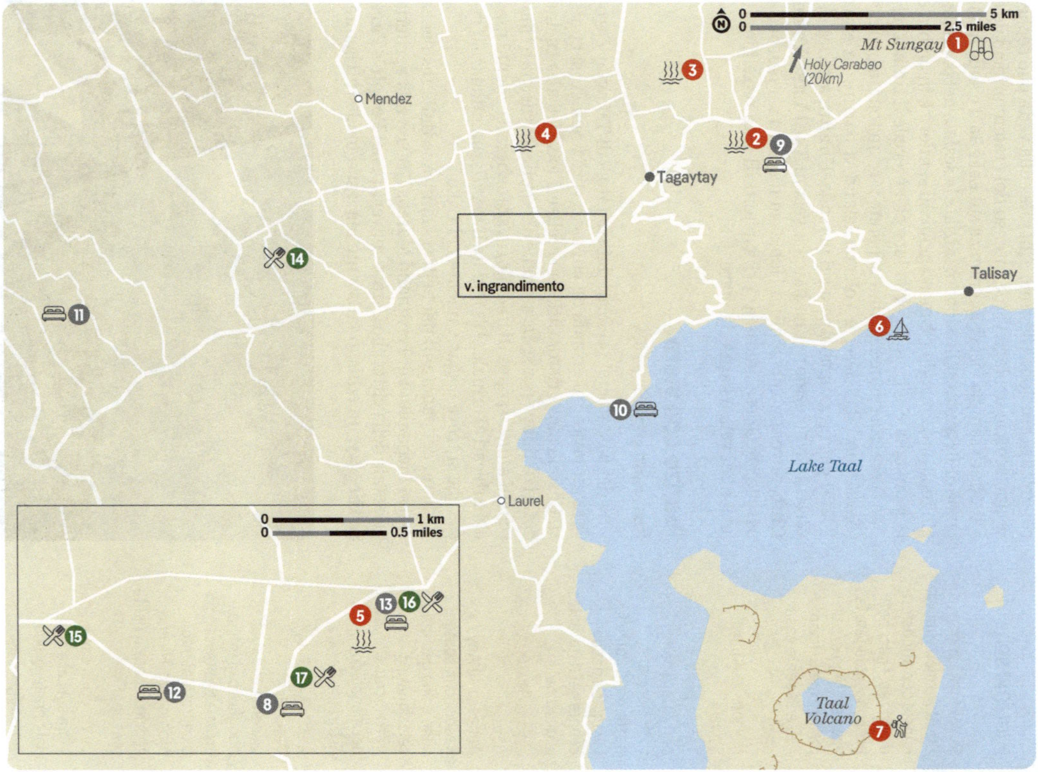

MIGLIORI SPA

Qi Wellness Living
Struttura moderna sul crinale con atmosfera molto zen. I pacchetti possono includere la vista sul lago e/o un pasto a menu fisso nell'adiacente casa da tè.

Nurture Wellness Village
Vale la pena di pernottare per sottoporsi a trattamenti come il lavaggio epatico e cenare nel ristorante in giardino.

Niyama Wellness Center
Annesso all'Anya Resort, con sontuose suite e una gamma selezionata di trattamenti. Cenate nel magnifico ristorante Samira.

Sonya's Secret Garden
La cornice - un rigoglioso giardino - invita a un massaggio o un trattamento prolungato. Ha uno spazio separato per la foot spa.

La VeryOl's Kawa Spa
Vista sul Lake Taal dal crinale, ottimi massaggi e bagni kawa di coppia.

chi un'altra eruzione rilevante. Chi sale sulla vetta può cogliere uno scorcio del lago verde intenso del cratere principale e ammirare l'ampia vista panoramica sul Lake Taal e sulle montagne di Batangas sullo sfondo. Iniziate la scalata nel pomeriggio inoltrato, quando c'è meno gente: il sentiero è in ombra e la montagna è splendida nella luce che precede il tramonto.

Se la scalata rimane off limits, potete fare un tour in bangka (barca con bilanciere) a Volcano Island, a partire da circa P3500 per un gruppo fino a sei persone. Un'altra attività divertente è noleggiare una barca a vela al **Taal Lake Yacht Club**, dove sono disponibili Hobie cat da due a sei persone e barche Oz Goose adatte ai principianti. Il club offre inoltre lezioni di vela e kayak da mare.

Pranzo con vista

Ristoranti affacciati sul vulcano

Uno dei passatempi preferiti dai visitatori di Tagaytay è trovare un posto sul crinale da cui osservare i numerosi crateri. Ci sono molti ristoranti, da eccellenti locali di alta cucina dotati di rampe per sedie a rotelle a semplici barbecue o chioschi di *bulalo* (zuppa di midollo) in sgangherati capanni nipa abbarbicati al crinale. Assaggiate il *tawilis*, un minuscolo pesce che si trova esclusivamente nel Lake Taal.

Alcuni dei panorami più belli si ammirano dalla residenza estiva incompiuta di Ferdinand Marcos (730 m) alla periferia orientale della città, che è stata convertita nel **People's Park in the Sky**, un edificio fatiscente ma a suo modo intrigante.

Terrazza panoramica, People's Park in the Sky

PASTI A TAGAYTAY: MIGLIORI RISTORANTI

Cartina p103

Sonya's Secret Garden
Questo apprezzato B&B e giardino botanico a Tagaytay serve specialità fatte in casa in sale ariose molto gradevoli. **$$**

Charito by Bag of Beans
Questa filiale di Bag of Beans offre una splendida terrazza, gustosi tortini di carne e una splendida vista sul lago. **$$**

Rosario
Le vetrate panoramiche regalano spettacolari vedute sul lago e il menu offre un'ottima selezione di classici filippini - provate l'*embutido* (polpettone). **$$**

Antonio's
Un lussuoso ristorante di cucina francese, europea e filippina con tavoli affacciati su laghetti con fiori di loto e un magnifico cocktail bar in giardino. Prenotate. **$$$**

Dintorni di Tagaytay e Lake Taal

Cascate iconiche, montagne brumose ed edifici storici ben conservati costellano gli spettacolari paesaggi delle province di Laguna e Batangas intorno a Tagaytay.

Scrutando l'orizzonte dall'alto del crinale di Tagaytay vedrete almeno una mezza dozzina di vulcani stagliarsi a ovest e a sud nelle province di Laguna e Batangas. Spesso i visitatori restano sorpresi dalla natura selvaggia di queste due province così vicine a Manila. La zona offre molte giungle da esplorare, fiumi da navigare e montagne da scalare, ma non serve scendere dall'auto per apprezzarne la bellezza incontaminata. Manila, Tagaytay e Anilao sono tutte valide basi da cui scoprire le attrazioni con escursioni in giornata. Tuttavia non vi pentirete se trascorrerete una notte in una casa ancestrale a Taal città o sulle pendici del Mt Banahaw.

Località

Taal

DA TAGAYTAY: **1 H**

Un tuffo nel passato in una città coloniale spagnola

Questa incantevole città a sud del Lake Taal è famosa per le sue strade tranquille fiancheggiate da edifici risalenti all'epoca coloniale spagnola (XIX e inizio XX secolo). Essendo stati dichiarati patrimonio storico, sono perfettamente conservati e molti sono stati convertiti in musei, B&B e ristoranti.

Domina il centrale Taal Park l'imponente **Basilica of St Martin of Tours** in stile barocco, eretta in origine nel 1759, distrutta e infine ricostruita tra il 1849 e il 1865. Diversi negozi vendono i ricami e *balisong* (coltelli a farfalla) per cui la città è famosa; sappiate però che questi coltelli sono illegali in molti paesi.

Musei e architettura d'epoca

Alcune case ancestrali nel centro città ospitano interessanti musei, tutti chiusi il lunedì. Villa Severina e la Casa Recuerdos de Taal, per mezzo dell'affilato sito web taal.ph, organizzano tour a tema architettonico.

TRASPORTI LOCALI

Se noleggiate un'auto, i circuiti intorno al Mt Banahaw e al Lake Taal sono piacevoli e offrono numerose deviazioni, spesso ben al di fuori della strada principale e inaccessibili con i mezzi pubblici. Se vi affidate ai mezzi pubblici, Pagsanjan e il Mt Banahaw si raggiungono più facilmente da Manila che da Tagaytay. I viaggi in autobus o jeepney per Pagsanjan o Taal da Tagaytay prevedono diversi cambi. Per il Mt Banahaw serve un trasporto privato.

MIGLIORI FATTORIE PER LE FAMIGLIE

Sta Elena Fun Farm
Fantastiche attività per bambini, tra cui distribuzione del cibo ai pesci e ad altri animali, una divertente zip-line, una scala di corda e originali parchi gioco.

Holy Carabao
Animali da cortile, una mini zip-line, un caffè salutista e laboratori di agricoltura e cucina non lontano da Tagaytay.

Yoki's Farm
Durante un tour a piedi di questa fattoria a nord di Tagaytay potrete dare da mangiare ad animali di ogni tipo e toccare uccelli esotici.

Villa Escudero
Piantagione di cocco e parco a tema vicino al Mt Banahaw con spettacoli culturali, uno scivolo d'acqua, un ristorante sommerso e giri su carri trainati da carabao.

Farm at San Benito
Un centro benessere di lusso che accoglie i bambini con pavoni e varie attività e trattamenti su misura.

Il **Marcela Mariño & Felipe Agoncillo House Museum** occupa la casa in cui visse Dona Marcela Mariño, che cucì la prima bandiera nazionale filippina. Una guida spiega la storia della famiglia e l'evoluzione della bandiera.

Il **Leon & Galicano Apacible Museum**, in una casa coloniale del XIX secolo, ripercorre la vita dei fratelli Leon e Galicano Apacible. Leon era un avvocato e giudice che prese le armi come comandante nella guerra contro gli spagnoli, mentre Galicano divenne un attivista politico, nonché alto diplomatico delle Filippine.

La **Galleria Taal** è un mirabile esempio di casa ancestrale ben conservata, ma ancora più notevole è il museo al suo interno, che espone una vasta collezione di macchine fotografiche d'antiquariato raccolte da Manny Barrion Inumerable.

Un altro splendido edificio del XIX secolo, la **Casa Recuerdos de Taal**, offre una splendida cornice per divertenti foto in costumi d'epoca del XIX secolo, dai vestiti dei combattenti del Katipunan (movimento di opposizione agli spagnoli) agli abiti femminili tradizionali. Un set di foto costa P800 e include due stampe e vari scatti digitali. È associato al **Paradores del Castillo**, magnifico hotel d'epoca situato di fronte, che merita una breve visita.

Pagsanjan

DA TAGAYTAY: **2 H**

Una discesa sulle rapide

La città di Pagsanjan, nella provincia di Laguna, è rinomata per le iconiche escursioni in longboat che risalgono il fiume Pagsanjan fino alle **Pagsanjan (Magdapio) Falls**, dove furono girate alcune scene finali dell'epico film sulla guerra del Vietnam di Francis Ford Coppola *Apocalypse Now*.

È un'escursione davvero unica: due energici *bangceros* (barcaioli) remano, spingono e trasportano una stretta longboat (simile a una canoa ma meno stabile) per un'ora contro corrente fino a raggiungere le scroscianti cascate. Lì un altro *bangcero* vi porta sotto la cascata su una zattera di bambù, un'esperienza emozionante ma anche un po' snervante nel momento in cui si attraversa il forte getto d'acqua.

L'apice della stagione umida (da agosto a ottobre) è il momento migliore per fare l'escursione, anche se le uscite possono essere cancellate quando piove troppo. Le partenze vengono effettuate da vari punti del fiume intorno al ponte principale a Pagsanjan dalle 7 alle 16. Le imbarcazioni possono portare da due a tre persone e costano P1250 a testa (P2500 se siete da

PASTI NELLE PROVINCE DI BATANGAS E LAGUNA: LA NOSTRA SCELTA

La Maison de Yelo Lane (Lucban)
Un incantevole atrio porta a un accogliente locale rinomato per pizze, bistecche, prime colazioni, dessert e caffè. $

Cuchara y Tenador (Taal)
Alta cucina in un *camalig* (granaio) restaurato e climatizzato del XIX secolo. Il menu propone paella e altri piatti spagnoli. $$

Don Juan Boodle House (Taal)
Adiacente al mercato, è specializzato in *boodle fights*: prelibatezze locali servite su una foglia di banano che si mangiano con le mani. $$

Aling Taleng's Halo-Halo (Pagsanjan)
Popolare ristorante sul fiume famoso per la sua specialità, l'*halo-halo*, ma perfetto anche per un pasto a base di classici filippini. $$

soli), con un supplemento di sbarco da P100 a P300 per persona. L'**ufficio turistico** vicino al ponte principale può aiutarvi a evitare le truffe e cercare di abbinare chi viaggia da solo con un altro passeggero. È prevista una mancia per il *bangcero* (almeno P500 per barcaiolo).

Mt Banahaw

DA TAGAYTAY: **2 H**

Suggestivi paesaggi montani

Il cono vulcanico dormiente del Mt Banahaw (2177 m) domina le province di Laguna e Quezon a South Luzon. Si racconta che il cratere sia abitato da uno stuolo di divinità e spiriti, il più famoso dei quali è quello dell'eroe rivoluzionario e poeta filippino José Rizal (p61). Un gruppo chiamato 'Rizalistas' crede che Rizal sia la reincarnazione di Cristo. Sulle pendici inferiori della montagna si contano almeno 75 sette diverse.

Scalare la vetta è vietato a causa dei danni ambientali provocati da anni di trekking incontrollato e pellegrinaggi di massa. Il modo migliore per godersi il Mt Banahaw è una gita in giornata o pernottando alla **Bangkong Kahoy Valley**. Situato tra il Mt Banahaw e il Mt San Cristobal (1470 m), questo resort è gestito da un appassionato ambientalista che può organizzare escursioni a piedi, birdwatching e altre attività nella foresta pluviale. Nel resort si coltivano le verdure biologiche che potrete gustare nel suo ristorante rustico.

Lucban

DA TAGAYTAY: **2 H 45 MIN**

Un'originale festa del raccolto

Nascosta tra le alture ai piedi del versante orientale del Mt Banahaw, la piacevole cittadina montana di Lucban vanta un'imponente chiesa in pietra circondata da tranquille stradine acciottolate. Il principale motivo di richiamo è l'annuale **Pahiyas** del 15 maggio, quando gli abitanti ricoprono le loro case con frutti, ortaggi ed elaborate decorazioni di amido di riso chiamate *kiping*. Gigantesche effigi di cartapesta vengono portate in processione per le vie della città fino alla chiesa.

TAKEN BY MELCHOR GOMEZ-LABAGALA/GETTY IMAGES ©

Pahiyas

TUTTI PAZZI PER LA BUKO PIE

Nelle province di Batangas e Laguna si vedono ovunque ambulanti e chioschi lungo le strade che vendono la *buko pie*, una deliziosa torta locale a base di latte condensato e cocco fresco. Le porzioni in genere sono grandi, quindi meglio condividerla con un amico.

Tra i tanti che la propongono, le decine di punti vendita di Colette sono i migliori. Li troverete lungo tutte le strade principali. In ogni negozio le torte vengono preparate fresche tutto il giorno. Se la vostra torta non è appena uscita dal forno, chiedetene una che lo sia. Se volete provare una versione più raffinata, chiedete la *buko crumble pie à la mode* nella principale filiale di **Bag of Beans** a Tagaytay.

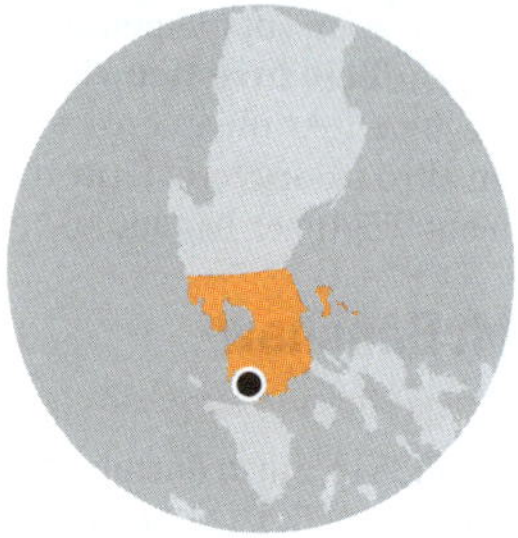

Anilao

RISERVA MARINA | GITE IN BARCA | TREKKING

Anilao, su una piccola penisola protesa nel Verde Island Passage, è il posto in cui negli anni '60 intrapresero la loro attività i primi operatori di immersioni subacquee nelle Filippine. Rimane una meta fantastica per i sub, ma offre anche altre attrattive, tra cui escursionismo, gite alle isole, raffinati resort e spettacolari tramonti.

Anilao non è la classica località per turisti. Se volete fare baldoria – o anche solo trovare un ristorante aperto – andate da un'altra parte. I resort tendono a lavorare su prenotazione: quasi tutti vi guarderanno come se veniste da un altro pianeta se vi presentate in un giorno feriale con in mano una copia di questa guida dall'aria vissuta.

Anilao è il nome turistico con cui è genericamente chiamata la penisola lunga 13 km che si estende verso sud dal villaggio di Anilao (un barangay di Mabini). I resort per immersioni si susseguono lungo l'estremità occidentale rocciosa della penisola e sono collegati fra loro da una tortuosa strada asfaltata.

TRASPORTI LOCALI

Anilao dista circa due ore da Manila in auto privata. È facilmente raggiungibile con i mezzi pubblici, ma in più tappe: autobus per Batangas (1 ora 30 minuti), jeepney per Anilao (45 minuti), triciclo fino al resort (15-20 minuti). Le ripide strade di accesso (o in alcuni casi le scale) che portano ai resort affacciati sul mare non sono adatte ai tipi impressionabili. Quasi tutti i visitatori non si allontanano dal loro resort o Airbnb; se dovete andare da qualche parte, chiedete al vostro resort di chiamare un triciclo. Il molo di Anilao ha diversi fastcraft giornalieri per la vicina Maricaban Island.

IL CONSIGLIO

Se non avete voglia di affrontare la salita del Mt Gulugod Baboy, potete percorrere in auto il versante orientale della penisola, dove una strada asfaltata conduce a un parcheggio vicino alla vetta. Il posto migliore per fare snorkelling vicino alla riva è nel barangay Bagalangit.

Immersioni e snorkelling

Il mondo sommerso più vivace di Luzon

Le spettacolari immersioni subacquee a sole due ore da Manila sono la grande attrattiva di Anilao. Se non siete sub, potete comunque godervi magnifici siti di snorkelling facilmente accessibili dalla riva. In linea di massima, più ci si sposta a sud lungo la penisola, più bello è lo snorkelling. Le immersioni in apnea sono un'altra specialità locale.

I coralli variopinti e la ricchezza di specie marine di Anilao consentono di scattare splendide macrofotografie – alcuni negozi per sub offrono laboratori e corsi di fotografia se volete fare sul serio. Gli istruttori locali sono molto abili nell'avvistare i minuscoli esemplari caratteristici della zona.

Ci sono bei siti di immersione sparsi nella zona di Balayan Bay e delle isole Sombrero e Maricaban. Quasi tutti si raggiungono solo in barca. Si tratta quasi sempre di giardini di coralli, perfetti per i principianti, ma allontanandosi dalla riva si trovano anche alcune pareti con forti correnti.

I prezzi delle immersioni sono elevati per gli standard filippini: calcolate di spendere almeno P2500/3500 per persona (di più per gruppi di tre persone o meno) per due/tre immersioni. Queste tariffe includono la barca, la guida, le bombole, i pesi e le tasse ambientali; per il noleggio dell'attrezzatura dovrete aggiungere da P1000 a P1500.

Dal mare alla montagna

Splendide scalate di mezza giornata

Se preferite andare in alto invece che immergervi, nella zona ci sono diverse vette da scalare. La più vicina si trova sulla Anilao Peninsula, a pochi minuti dalla maggior parte dei resort: il **Mt Gulugod Baboy**. Il nome, che significa 'dorso del maiale', riflette il fatto che in realtà si tratta di un crinale di 5 km che comprende varie alture (la più alta di 550 m).

Dal principale punto di partenza di fronte al Philpan Resort, nel barangay Ligaya, è un'impegnativa camminata di una o due ore. La ricompensa è una spettacolare vista sulle baie di Balayan e Batangas, ai due lati della penisola, più varie vette.

Ancora più impegnativo è il **Mt Maculot**, 45 minuti a nord-est di Anilao. Questo vulcano inattivo sulla riva sud-orientale del Lake Taal nel villaggio di Cuenca è ideale per un trekking di mezza giornata. Quasi tutti gli escursionisti si accontentano di salire fino alla zona detta 'Rockies', che domina il Lake Taal da 700 m di altezza. È una salita ripida con circa 400 m di dislivello, che richiede da un'ora e 15 minuti a tre ore di cammino. Gli scalatori più ambiziosi possono proseguire fino alla cima vera e propria a 947 m.

Tour delle isole

In spiaggia a Sombrero e Maricaban

Potete organizzare gite in barca alle isole vicine tramite i barcaioli locali o il vostro resort, che dovrebbe anche essere in grado di fornire il necessario per un discreto pranzo.

L'iconica **Sombrero Island**, che assomiglia alla punta del Cervino che sbuca dall'acqua, è una tappa obbligata in ogni tour delle isole. Situata circa 20 minuti al largo, offre superbe opportunità di snorkelling (soprattutto nella zona posteriore) e un'invitante spiaggetta.

Maricaban Island (raggiungibile anche con il traghetto pubblico dalla città di Anilao) è rinomata soprattutto per **Masasa Beach**, una spiaggia di sabbia bianca sulla costa meridionale. Masasa può però essere affollata, quindi conviene esplorare le spiagge poco frequentate situate a ovest, perfette per fare un picnic o una grigliata.

PERCHÉ AMO ANILAO

Greg Bloom, autore Lonely Planet

Certo, ci sono le immersioni, ma non serve essere subacquei per godersi la bellezza naturale, i tramonti sereni e la vita da resort senza stress di Anilao. Se a ciò si aggiungono un fantastico snorkelling, piacevoli escursioni in kayak e sì, anche le immersioni, la mia evasione preferita da Manila è completa.

I resort sono situati lungo la costa di ciottoli, a due passi dallo sciabordio delle onde, oppure sono incastonati nella ripida collina che sale dalla riva del mare, con ampie vedute sulla Balayan Bay. Rilassatevi su un'amaca, fate un pisolino, un massaggio, fate snorkelling, godetevi i sontuosi buffet.

I tramonti sulle isole in lontananza sono spettacolari, poi si accendono le stelle e la piccola e tranquilla Anilao esegue la sua ultima magia: un rilassante coro di suoni della giungla pervade l'aria della notte, un vero regalo per chi fa fatica a dormire.

Clark

SPORT | CUCINA LOCALE | SNODO DEI TRASPORTI

La Clark Freeport Zone fu una base della US Air Force fino al 1991, quando l'eruzione del Mt Pinatubo costrinse le forze aeree statunitensi a una fuga precipitosa. Oggi il governo filippino sta convertendo la zona in un polo tecnologico e finanziario, supportato da un nuovo progetto edilizio da 14 miliardi di dollari – 'New Clark City' vicino a Capas – che si spera possa assorbire parte dell'inarrestabile crescita demografica e dell'espansione urbana di Manila. Entro il 2028 dovrebbe essere completata una ferrovia ad alta velocità da Manila all'aeroporto di Clark. Diversi uffici governativi dovrebbero trasferirsi a New Clark City e si parla di sostituire Manila come capitale della nazione.

Nel frattempo Clark si è imposta come meta del weekend da Manila adatta alle famiglie, nonostante la cattiva reputazione della vicina Angeles City. Le famiglie filippine vengono qui per la ricca offerta culinaria, i casinò, i campi da golf e i parchi a tema. Per i turisti stranieri Clark è più che altro uno snodo dei trasporti e il punto di partenza per avventure all'aperto.

TRASPORTI LOCALI

All'aeroporto, i taxi blu con tassametro in attesa fuori dalla zona arrivi chiedono circa P250 entro la Freeport Zone e circa P300 per Angeles o la stazione degli autobus di Mabalacat (Dau). È disponibile anche il servizio Grab. Gli autobus Victory Liner e Genesis Lines partono almeno ogni ora per varie zone di Manila e inoltre servono Baguio e Olongapo direttamente dall'aeroporto. Potete prendere uno di questi mezzi anche per raggiungere l'SM Mall Clark o la stazione di Mabalacat. Da qui partono decine di autobus per Manila e praticamente ogni altra destinazione a North Luzon.

Il lago nel cratere del Mt Pinatubo

Panorami da cartolina

Uno dei paesaggi più pittoreschi delle Filippine è il lago verde smeraldo nel cratere del **Mt Pinatubo** (1450 m), nato in seguito alla disastrosa eruzione del 1991 che fece perdere alla montagna 300 m di altezza e scatenò micidiali lahar (colate di fango), deviando il corso dei fiumi e seppellendo interi villaggi. La corsa in LandCruiser fino al punto d'inizio del sentiero è una fantastica avventura. Si parte dal campo base a Santa Juliana,

DA NON PERDERE
1 Clark Museum

ATTIVITÀ, CORSI E TOUR
2 Aqua Planet
3 Deca Wakepark Clark

PERNOTTAMENTO
4 Best Western Plus Metro Clark
5 Park Inn by Radisson
6 Red Planet Clark Angeles City
7 Swissôtel Clark

PASTI
8 Bale Dutong
9 Grill Seoul
10 Iguanas

LOCALI E VITA NOTTURNA
11 Cycles & Brew

un barangay di Capas, un'ora di auto a nord di Clark. Segue un esaltante tragitto di un'ora attraverso fiumi, rocce lunari e campi di lahar. Quando la strada finisce, ci sono 30 minuti di cammino per la cima. Si può coprire tutto il percorso a piedi (obbligatoria la guida), ma è un trekking lungo e faticoso.

Poiché i campi di lahar sono molto fragili, il Mt Pinatubo è soggetto a piene improvvise e frane. Le autorità locali chiudono la montagna al primo segnale di maltempo. Le escursioni per la vetta devono partire tra le 6 e le 8. Molti optano per costosi tour di gruppo che partono ben prima dell'alba da Angeles o Manila, ma ci si può organizzare per conto proprio a Santa Juliana tramite l'**Alvin & Angie Mt Pinatubo Guesthouse** (0919 861 4102), che offre anche l'alloggio e può mettervi in contatto con altri gruppi per dividere i costi (circa P2700 a testa per 4 persone, pranzo incluso).

Una storia affascinante

Un museo superiore a ogni aspettativa

Sul margine dell'ex piazza d'armi americana, il **Clark Museum** illustra la storia di Clark, a sorpresa molto avvincente, dal 1901 allo sviluppo della Freeport Zone. Il fiore all'occhiello è il documentario in 4D sul Mt Pinatubo proiettato quattro volte al giorno (20 minuti). Chiuso il lunedì.

IL CONSIGLIO

Priva di sbocco sul mare, l'afosa Clark ha due magnifici parchi acquatici dove cercare sollievo dalla calura. Il Deca Wakepark Clark offre wakeboard su un ovale di 500 m e un anello più breve per i principianti. Aqua Planet dispone di circa 15 scivoli d'acqua, da quelli semplicemente emozionanti a quelli spaventosi, e una grande vasca per bambini piccoli.

RIEVOCAZIONI DELLA CROCIFISSIONE

Il Venerdì Santo a San Fernando, a sud di Clark, alcuni fedeli con un'inclinazione per l'autolesionismo sfilano per le vie della città flagellandosi la schiena. Poi alcuni vengono addirittura inchiodati a gigantesche croci da uomini vestiti da centurioni romani.

Nel 2023 il costruttore di insegne Ruben Enaje ha superato il suo stesso record venendo 'crocifisso' per la 34a volta. Per assistere allo spettacolo, raggiungete il barangay San Pedro Cutud. Preparatevi ad affrontare un'intensa calura e una grande folla.

Cerimonie simili – anche se per lo più limitate all'autoflagellazione – si svolgono nelle città e nei villaggi nei dintorni di Clark nel corso della Settimana Santa. Evitate di indossare abiti bianchi perché potrebbero macchiarsi di sangue.

Vista a volo d'uccello

Emozionanti voli in velivoli ultraleggeri

L'**Angeles Flying Club**, 30 minuti a nord-est di Angeles, offre voli panoramici sulla campagna di Pampanga con velivoli ultraleggeri guidati da piloti esperti. Potrete ammirare la vista su verdi risaie, animati cortili delle scuole, carabao, chiese e i pendii boscosi del Mt Arayat. I voli con un solo passeggero partono da circa P5000 per 15 minuti, più circa P1700 ogni 15 minuti in più.

EMAD ALJUMAH/GETTY IMAGES ©

Vista sulla campagna di Pampanga

Dintorni di Clark

Prendete la superstrada verso ovest da Clark per esplorare la Subic Bay Freeport Zone e la storica Bataan Peninsula.

Solo 65 km separano Clark dalla Subic Bay Freeport Zone, che come Clark fu una base militare statunitense fino al 1992 e da allora si sforza di trovare un'identità. Subic è una popolare meta del weekend da Manila, soprattutto per lo shopping duty-free, i ristoranti e gli sport acquatici. A sud della sua degradata striscia centrale del lungomare si può fare trekking nelle foreste pluviali popolate di scimmie e immergersi sui relitti della baia.

Subic è la porta di accesso alla Bataan Peninsula, tristemente famosa per la Marcia della morte di Bataan iniziata nell'aprile 1942, quando 70.000 soldati americani e filippini si arresero ai giapponesi. Oltre a scoprire la macabra storia della penisola, potrete fare il giro delle spiagge lungo il suo perimetro.

Località

TRASPORTI LOCALI

Come nelle altre province nei dintorni di Manila, la soluzione migliore è noleggiare un'auto, soprattutto nella Subic Bay Freeport Zone, dove le attrazioni sono abbastanza distanti tra loro e i trasporti pubblici sono complicati, mentre i taxi sono facilmente disponibili. Gran parte delle principali attrazioni fuori da Clark, tra cui il Mt Pinatubo, il Mt Arayat e la Bataan Peninsula, non sono facilmente raggiungibili con i mezzi pubblici. Ci sono autonoleggi sia a Clark/Angeles sia a Subic.

Subic Bay

DA CLARK: **1 H**

Attività acquatiche

A Subic le **gite in barca** sono molto popolari. Le uscite di mezza giornata includono in genere nuoto e snorkelling, mentre quelle di un giorno intero prevedono soste nelle spiagge. **Subic Fishing & Yacht Charter** offre le crociere più belle, mentre **La Banca** dispone del maggior numero di barche e **Subic Sailing** ha barche a vela. I prezzi partono da P4000 l'ora per un motoscafo privato e una cifra doppia o tripla per barche più grandi.

Le **immersioni sui relitti** sono una specialità di Subic. Dei sette relitti visitati in genere dai sub, il più impressionante è quello della *New York* (a una profondità di 28 m). Una preparazione adeguata e una guida esperta sono fondamentali poiché è facile perdersi negli interminabili corridoi e passaggi. *El Capitan* (20 m) e *San Quintin* (16 m) sono adatti ai principianti.

Alla scoperta della giungla

Negli anni della presenza americana non c'era disboscamento illegale a Subic, per cui la zona offre fantastici **trekking nella giungla** vergine. Il più accessibile è il **Pamulaklakin Forest Trail** (2-3 ore) nella zona residenziale di Binictican Heights; fatevi accompagnare da una guida aeta (per saperne di più sugli aeta v. p114).

PAULHARDING00/SHUTTERSTOCK ©

Dambana ng Kagitingan di Napoloen Abueva, Mt Samat

GLI AETA

Il termine 'aeta' si riferisce alla popolazione di nativi negritos stanziata nel centro di Luzon nei dintorni di Bataan e del Mt Pinatubo. Durante la guerra furono impiegati per insegnare agli ufficiali americani a sopravvivere nella giungla. Nel dopoguerra la discriminazione, la deforestazione e l'eruzione del Pinatubo del 1991 li costrinsero ad abbandonare i loro habitat sugli altopiani per trasferirsi in comunità poverissime ai margini delle pianure.

Li vedrete a Subic e a Clark che vendono *camotes*, collane e tradizionali flauti in bambù e scacciapensieri. Inoltre lavorano come guide lungo il Pamulaklakin Forest Trail di Subic (p113), dove offrono anche corsi di sopravvivenza nella foresta di uno o più giorni – chiedete informazioni all'inizio del sentiero.

Il distretto di Cubi, il più meridionale della Freeport Zone, ospita il più vasto sito di nidificazione conosciuto dei pipistrelli più grandi del mondo: il pipistrello frugivoro delle Filippine e la volpe volante dal capo dorato. Al tramonto migliaia di pipistrelli si alzano in volo vicino all'aeroporto.

Bataan Peninsula

DA CLARK: **1 H**

Un viaggio nella storia

Vari siti sulla penisola commemorano la Marcia della morte di Bataan. Il più toccante è il **Dambana ng Kagitingan** (Santuario del Valore, chiuso lun) sul Mt Samat vicino a Balanga, un crocifisso alto 90 m con scene di battaglie scolpite alla base e un **museo** (chiuso per restauro al momento delle nostre ricerche) al piano interrato. Alcuni scalini scendono lungo la collina per 50 m fino al santuario vero e proprio, dove su una parete commemorativa di marmo sono incisi episodi della battaglia di Bataan e della conseguente Marcia della morte. Il 9 aprile si svolge una cerimonia in omaggio alle 10.000 vittime della marcia.

Las Casas Filipinas de Azucar a Bagac è un complesso di decine di splendide ville coloniali spagnole, smantellate in tutta Luzon e ricostruite alle spalle di un'ampia spiaggia rivolta verso il tramonto. Il pass giornaliero costa (P2500), quindi valutate l'idea di pernottare in una delle case.

PASTI E LOCALI A SUBIC: LA NOSTRA SCELTA

Vasco's
Questo bar-ristorante sulla baia è il posto perfetto per un aperitivo. Un museo sul retro espone i reperti raccolti dal proprietario nelle sue immersioni sui relitti. **$$**

Indochine
A sud del lungomare centrale sta nascendo un lato più elegante di Subic. Questo superbo bistrò e gastronomia a Cubi evoca l'atmosfera dell'Indocina francese. **$$**

Rali's
Alta cucina ed eccellenti cocktail sulla baia. Il menu tende verso la gastronomia europea, soprattutto piatti di pesce. Ottima la prima colazione nel dehors. **$$$**

Texas Joe's
Le migliori costolette delle Filippine nella centrale Waterfront Rd di Subic, oltre ad altre specialità di carne americane. **$$$**

Sistemazioni consigliate

$ Prezzi economici $$ Prezzi medi $$$ Prezzi elevati

Tagaytay e Talisay

p102 (cartina p103)

Keni Po $ Un hotel di vecchia data con camere molto convenienti, soprattutto considerando la piscina nel giardino sul retro.

Taal Vista Hotel $$ Questo affidabile e centrale cimelio degli anni '70 rinnovato con eleganza offre vantaggiose promozioni nei giorni feriali e splendidi panorami.

Escala Tagaytay $$$ Di grande effetto architettonico: quattro piani terrazzati con raffinate camere che scendono verso una lunga infinity pool.

Nuuk Taal Lake $$$ Il massimo del lusso e dello stile: splendide ville sul lago a Talisay con una magnifica piscina e vedute ravvicinate di Volcano Island.

The Lake $$$ Resterete a bocca aperta già nell'ingresso, ancora prima di vedere l'infinity pool affacciata sul lago. Chiedete una camera con vista.

Taal

p105

Villa Severina $$ Incantevole casa ancestrale del 1870 con camere arredate con elementi d'epoca in stile francese e un proprietario molto competente.

Paradores del Castillo $$$ Una favolosa villa dei primi del Novecento con vista sul mare, piscina e un bel ristorante italiano nel giardino.

Mt Banahaw e dintorni

p107

Bangkong Kahoy Valley $$ Ecoresort sul rigoglioso Mt Banahaw con un assortimento di cottage aperti, tende, camerate spartane e quattro camere più eleganti dotate di comfort moderni.

Patio Rizal Hotel $$ Hotel in stile coloniale a Lucban con una discreta scelta di camere e una posizione centralissima su una piazzetta.

Farm at San Benito $$$ Splendido centro benessere immerso nella giungla vicino a Lipa City, con camere lussuose, un magnifico parco e trattamenti detox.

Anilao

p108

Lilom Resort $$ Un rifugio rilassante con un'atmosfera rustico-chic e tre pasti a buffet inclusi nelle tariffe.

Arthur's Place Dive Resort $$ Uno dei pochi resort per sub economici, è una struttura affidabile che accoglie ospiti senza prenotazione e include un ristorante con menu à la carte.

Planet Dive $$ Un resort storico con un'ampia varietà di camere semplici in un complesso con magnifici siti di immersione e snorkelling subito al largo.

Buceo Anilao $$$ Il resort più meridionale di Anilao conquista i turisti internazionali con pacchetti con immersioni illimitate e camere funzionali e pulite. Eccellente il dive centre.

Le Chevrerie Resort & Spa $$$ Si rivolge soprattutto a chi non fa immersioni: fantastici trattamenti benessere, cucina superba e 13 spaziose camere contemporanee.

Clark e Angeles

p110 (cartina p111)

Red Planet Clark Angeles City $ Lasciate la Freeport Zone e affrontate Angeles per trovare sistemazioni economiche. Qui le camere sono essenziali ma pulitissime.

Park Inn by Radisson $$ Con 154 camere all'SM City Mall nella Freeport Zone, è molto conveniente se riuscite a ottenere una tariffa promozionale.

Swissôtel Clark $$$ Il nostro preferito tra gli hotel di lusso della Freeport Zone in termini di comfort (i letti) e di elementi a effetto (la piscina).

Best Western Plus Metro Clark $$$ Le grandi catene sono la soluzione più sicura ad Angeles. Questo hotel ben distante dalla malfamata Fields Ave offre un buon rapporto qualità-prezzo e diversi validi ristoranti.

Subic Bay

p113

Subic Park Hotel $$ Un ottimo affare considerando l'atmosfera familiare, lo staff cordiale e la posizione sul lungomare. Offre promozioni molto convenienti nei giorni feriali.

Le Charmé Suites $$$ Compensa la posizione in un quartiere commerciale centrale con camere eleganti, accesso alla palestra, una spa completa e una piscina sul tetto.

Lighthouse Marina Resort $$$ Sicuramente il più bello nella zona centrale del lungomare in termini di comfort, design, servizio e rapporto qualità-prezzo.

Kamana Sanctuary Resort $$$ Un posto magnifico molto a sud del centro con sabbia bianca, acqua pulita, giochi da spiaggia e acquatici. Camere spaziose ideali per le famiglie.

North Luzon

MONTAGNE MAESTOSE, SPLENDIDI LITORALI, EVASIONI SULLE ISOLE

North Luzon è uno spettacolare connubio di vecchio e nuovo, con magnifici litorali, lugubri sepolture di montagna, spettacolari risaie terrazzate e isole tra le più belle dell'arcipelago.

North Luzon pare incredibilmente non toccata dalla modernità. Sì, tutti hanno il cellulare, ma se alzate un attimo lo sguardo dallo schermo vedrete risaie terrazzate immutate da secoli. Potrete fare escursioni tra montagne remote o scoprire tranquille spiagge incontaminate così isolate che avrete la sensazione di essere stati abbandonati qui – e forse vorreste esserlo. Uscite al largo per immergervi su splendidi fondali. Sbarcate su isole che a detta di alcuni sembrano più la Nuova Zelanda che le Filippine. Oppure visitate un villaggio e fate amicizia. Poiché qui molta gente non ha occasione di lasciare il proprio luogo natale, avvertirete un calore e una cordialità palpabili anche fermandovi solo per una o due ore.

L'isola svolse un ruolo fondamentale durante la seconda guerra mondiale, quando i guerriglieri dell'Ilocos che combattevano contro l'occupazione giapponese, aiutati dalle forze statunitensi, raggiungevano le zone più remote per consegnare armi e munizioni dietro le linee nemiche. Nel cuore della Cordillera, bare appese adornano ancora le pareti rocciose, e lungo alcune gole si trovano numerosi siti di sepoltura in superficie. In altri luoghi, come Kabayan, i defunti venivano mummificati. Tutto ciò rende il viaggio a North Luzon molto affascinante e ricco di spunti di riflessione.

AREE PRINCIPALI

BAGUIO
Animata città di montagna.
p122

VIGAN
Architettura e vie acciottolate.
p131

STANLEY CABIGAS/ALAMY STOCK PHOTO ©

A sinistra: St Paul's Cathedral (p132), Vigan; Sopra: Foresta di pini, Mt Tapulao (p128)

SAGADA
Spettrali riti funebri; spettacolari risaie terrazzate.
p138

PAGUDPUD
Magnifica località balneare.
p147

BALER
Rilassata località surfistica.
p153

Per orientarsi

North Luzon offre al viaggiatore molte attrattive, tra cui isole remote, città con vie acciottolate, splendide spiagge e surf break, località turistiche e villaggi di montagna con usanze tribali.

Pagudpud, p147

Rilassatevi in spiaggia a Pagudpud, dove potrete trascorrere la giornata a non fare nulla se non osservare il mare e i mulini a vento.

AUTOMOBILE

Benché non sia una necessità assoluta, disporre di un veicolo privato vi consentirà di arrivare in luoghi altrimenti irraggiungibili, o almeno vi darà maggiore flessibilità, soprattutto nelle regioni poco servite dagli autobus.

JEEPNEY

Tutte le maggiori città di North Luzon sono raggiungibili in autobus o, spesso, con gli iconici e vistosi jeepney, un'esperienza imperdibile. Con i mezzi pubblici si può arrivare quasi ovunque, ma gli orari sono spesso imprevedibili.

AEREO

Le Batanes Islands distano un'ora e mezza di aereo da Manila e, considerando la comodità, questo è il modo più semplice per raggiungere non solo queste isole, ma potenzialmente anche altre località come Laoag.

Vigan, p131

Una città incantevole con suggestivi edifici antichi e vie acciottolate, eccellente base d'appoggio per escursioni in giornata nelle aree limitrofe.

Baguio, p122

La città di montagna del nord offre magnifici hotel, eccellenti ristoranti e una piacevole vita notturna, ma il rovescio della medaglia sono il traffico congestionato e lo smog.

Sagada, p138

Arroccato sulle creste delle montagne, questo rifugio della Cordillera offre antichi riti di sepoltura, grotte interessanti e splendide escursioni nelle immediate vicinanze.

Baler, p153

Già location del film *Apocalypse Now*, Baler è una spiaggia per surfisti con alcuni ottimi point break a nord e a sud.

Ritmi di viaggio

Spiagge, isole o montagne: a voi la scelta. Anzi, pianificando con un certo anticipo e adattando in modo creativo il vostro itinerario, potrete fare tutte e tre le cose.

Blue Soil Hills (p140)

Se fate una cosa sola

● Raggiungete le splendide isole **Batanes** (p150). Nelle Filippine basta dire 'Batanes' per vedere uno sguardo sognante sui volti della gente. Queste isole davvero uniche sono un gioiello scintillante. Ognuna possiede il suo fascino caratteristico, ma Basco è una meta imperdibile. Seconda isola per grandezza dell'arcipelago, offre spiagge appartate, ideali per cercare conchiglie e fare snorkelling, sabbia vulcanica che galleggia quando la si lancia in acqua, splendide colline ondulate, inquietanti bunker giapponesi della seconda guerra mondiale e chiese, musei e fari.

Le stagioni

La regione tiene sempre d'occhio il cielo, ma il tempo rimane piacevole tutto l'anno. I mesi da novembre a maggio sono ideali, con temperature gradevoli, giornate soleggiate e basso rischio di tifoni.

GENNAIO

Salutate l'anno nuovo in stile filippino, congedando (finalmente) le decorazioni natalizie.

FEBBRAIO

A Baguio si svolge il Panagbenga Flower Festival, con addobbi floreali, una sfilata di carri, fuochi d'artificio e festeggiamenti vari.

LUGLIO

Inizia la stagione dei tifoni e il tempo è imprevedibile: un giorno può essere incantevole e un attimo dopo umido e ventoso.

Con tre giorni a disposizione

- Esplorate la misteriosa **Cordillera** (p142) facendo base a **Sagada** (p138). Non mancate di visitare le bare sospese, scendendo in un burrone dove potrete vederne una dozzina collocate tra il 1960 e il 2010. Nei crepacci adiacenti sono visibili quelle più vecchie, che in alcuni casi sono solo ossa e teschi – se ve la sentite, chiedete alla guida di indicarvele. La zona offre anche grotte da esplorare con escursioni speleologiche.

- Visitate le **Blue Soil Hills** (p140), ricche di rame.

- Poco lontano si trovano le incredibili **risaie terrazzate** (p142) della Cordillera.

Più di una settimana

- Disponendo di una settimana, sarete in grado di esplorare a fondo tutto ciò che la regione ha da offrire. Andate alle **Batanes** (p150) per una o due notti, poi visitate **Sagada** (p138) con le sue insolite bare e altri siti interessanti.

- Scegliete quindi tra **Pagudpud** (p147) a nord o, se volete fare surf, **Baler** (p153) a est, e dedicate qualche giorno a ricaricare le batterie rilassandovi su tranquille spiagge di sabbia bianca.

- Se avete tempo, fate un'escursione in giornata o di due giorni a **Vigan** (p131) o a **Baguio** (p122), dove avrete un'ampia scelta di ristoranti e potrete visitare alcuni musei.

AGOSTO

Nella prima settimana di agosto il Palu-Palo Festival a Basco celebra i frutti del marang e le tradizioni culturali.

SETTEMBRE

Nelle Filippine l'atmosfera natalizia inizia presto: i mesi che finiscono in '-bre' vedono già alberi di Natale e luminarie.

NOVEMBRE

Termina la stagione dei tifoni, il tempo diventa magnifico e arrivano turisti da tutto il mondo.

DICEMBRE

C'è chi sostiene che il surf a Baler sia migliore a dicembre, ma è difficile dirlo. Le palme, la sabbia e l'acqua calda, però, sono sicuramente splendide.

Baguio

CIBO FANTASTICO | VITA NOTTURNA | MUSEI

Baguio è montuosa quanto la Cordillera circostante, e guidare per le sue vie a senso unico con curve a 270°, intasate dal traffico e dai gas di scarico, è molto stressante. Ma è anche una città incantevole e accogliente e, per chi proviene dalle tranquille aree a nord, un elettrizzante tripudio di colori, luci, attività e divertimento. La presenza degli universitari stimola una vivace scena di bar e locali notturni, per lo meno nei weekend, e nonostante l'atmosfera caotica non mancano occasioni tranquille come gli interessanti musei e i caffè nascosti dietro giardini che filtrano i rumori della strada. Per esplorare a fondo la città, prevedete di fermarvi qualche giorno.

Una dose di cultura

Visita agli eccellenti musei di Baguio

Al primo posto c'è il **Baguio Mountain Provinces Museum**, situato nel complesso della University of the Philippines Baguio. La sua esposizione fa rivivere la storia e cultura di North Luzon (le 'province di montagna') con diorami che illustrano la cultura dei villaggi, la pesca, la caccia e perfino la danza. Vedrete esposti splendidi abiti e tessuti e armi quali lance e frecce, oltre a elaborati cesti usati come dispensa e per la pesca. Altre sezioni sono dedicate ad affascinanti riti funebri e di sepoltura, tra cui i corpi esposti in superficie o mummificati. Ci sono perfino case in miniatura con il tetto di paglia.

Poco lontano, sempre nel parco dell'università, si trova il **Museo Kordilyera**, che approfondisce le culture uniche dei popoli della Cordillera. Dovrete dedicargli qualche ora se volete vedere tutti i reperti esposti, tra cui manufatti, indumenti, oggetti rituali e gioielli dei popoli bontok, kalinga, ibaloy, kankana-ey e ifugao, ma anche di comunità più piccole. L'esposizione illustra inoltre la tessitura, la religione, la produzione dei cesti e perfino la tradizione dei tatuaggi nella regione.

TRASPORTI LOCALI

Le strade sono il regno dei jeepney, che offrono spostamenti economici se riuscite a capire quale dovete prendere. Le biciclette tradizionali non sono comode a causa delle forti pendenze, a volte di 12° o anche più. L'aeroporto Loakan, riaperto nel 2022, è servito da Philippine Airways con voli per/da Cebu, ma l'atterraggio rimane pericoloso. Forse conviene volare su Manila e poi viaggiare via terra.

IL CONSIGLIO

Guidare è allucinante in tutte le Filippine, ma pochi posti (persino Manila) possono competere con Baguio. Se avete un'auto privata, vi conviene parcheggiarla e spostarvi con i mezzi pubblici. Gli onnipresenti jeepney costano poco e ci sono numerosi taxi.

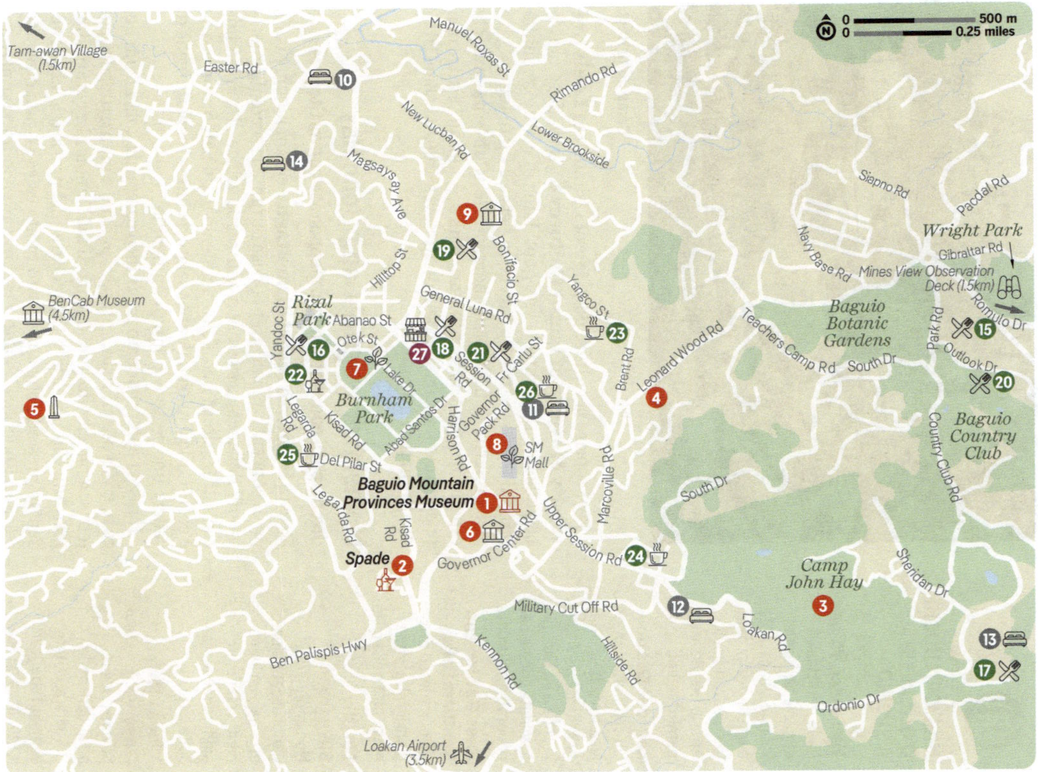

DA NON PERDERE
1 Baguio Mountain Provinces Museum
2 Spade

DA VEDERE
3 Camp John Hay
4 Laperal White House
5 Lourdes Grotto
6 Museo Kordilyera
7 Rose Garden and Burnham Lake
8 SM City's Skygarden
9 St Louis University Museum

PERNOTTAMENTO
10 Baguio Village Inn
11 Bloomfield Hotel
12 Forest House
13 Manor
14 Old Orangewood Bed & Breakfast

PASTI
15 Amare La Cucina
16 Cafe by the Ruins
v. 4 Joseph's
17 Le Chef at the Manor
18 New 456 Restaurant
19 New Good Taste Cafe & Restaurant
20 Other Office
21 Vizco's Restaurant & Cake Shop

LOCALI E VITA NOTTURNA
22 Alberto's
23 Hot Cat
24 Kapetirya
25 Quoted
26 Raincoat Coffee
v. 2 Vérvé Music Lounge

SHOPPING
27 Baguio Night Market

MIGLIORI LUOGHI D'INTERESSE A BAGUIO

Tam-awan Village
Case tradizionali ifugao e abitazioni kalinga smantellate e trasferite qui dalle loro sedi originali. Aperto per visite e pernottamenti.

Lourdes Grotto
Un santuario piuttosto kitsch realizzato dai gesuiti nel 1907. Sorge in cima a una lunga scalinata con un bel panorama sulla città.

Rose Garden and Burnham Lake
Un complesso di giardini all'europea nel centro della città.

SM City's Skygarden
Non capita tutti i giorni di camminare in cima a un immenso centro commerciale ammirando la vista sulla città.

Mines View Observation Deck
Se non riuscite ad andare nella Cordillera, potete almeno vederla in lontananza da qui.

Camp John Hay

Per scoprire la cultura degli igorot visitate il **St Louis University Museum of Igorot Cultures & Arts**, dove mostre ben allestite illustrano la vita quotidiana di queste comunità, oltre alle loro usanze, la caccia, la pesca e i tatuaggi.

Se preferite le belle arti, andate al **BenCab Museum**, che espone magnificamente dipinti, sculture, mosaici e altre opere del rinomato artista Benedicto Reyes Cabrera (BenCab) e di altri artisti filippini.

Momenti di svago al Camp John Hay

Un campo di concentramento giapponese convertito in resort

Questo **immenso resort di montagna** era un lugubre campo di concentramento giapponese durante la seconda guerra mondiale, anche se ora non si direbbe grazie alla splendida ristrutturazione. L'edificio è immerso in un parco alberato ed è così simile a uno chalet per sciatori che ci si aspetterebbe di vedere una seggiovia lungo un pendio innevato.

Il resort comprende un magnifico campo da golf, alcuni negozi, molti ottimi ristoranti per spuntini e pranzi; oppure potete semplicemente fare due passi nei tranquilli e curatissimi giardini. Chi preferisce l'avventura può provare la **zip-line**. Tenete presente che è un posto molto esteso e non è servito da mezzi pubblici. Potete raggiungerlo con un taxi privato, una soluzione decisamente migliore rispetto a un jeepney.

PRIMA COLAZIONE A BAGUIO

Cartina p123

New Good Taste Cafe & Restaurant
Non solo prima colazione: apre alle 6 e chiude quasi a mezzanotte. Con queste porzioni abbondanti, vi porterete a casa gli avanzi. $

Other Office
Ottimo riso all'aglio, *longganisa* (salsiccia cinese) e uova al tegamino, oppure scegliete la prima colazione all'americana. Ci sono anche i pancake. $$

Cafe by the Ruins
Per una prima colazione a base di deliziosi cinnamon roll e altri dolci appena sfornati. $$

Vizco's Restaurant & Cake Shop
Soddisfate la vostra voglia di dolce con una torta o una pasta accompagnate da un espresso. $$

Un ambiente inquietante

A cena in un ristorante infestato dai fantasmi

Non serve aspettare Halloween per avvertire brividi lungo la schiena, perché uno dei musei di Baguio è (a quanto pare) infestato da fantasmi. Andate a cena da **Joseph's**, un ristorante elegante situato all'interno della **Laperal White House**, ma non stupitevi se all'improvviso salta l'elettricità o se vedete un'apparizione scendere le scale fluttuando. Ok, forse stiamo esagerando un po'. Però circolano numerose voci, e dall'angolazione giusta (e con l'aiuto di Photoshop) l'esterno potrebbe essere adatto a un film dell'orrore. Nonostante ciò, resta un posto abbastanza bello per una cena raffinata. Andateci con una persona speciale e godetevi la cucina.

IL RETAGGIO DEI MARCOS

Per molti filippini i 20 anni di governo di Ferdinand Marcos sono sinonimo di leggi marziali, repressione delle libertà civili, incarcerazione e tortura degli oppositori, oltre che di appropriazione indebita di fondi pubblici su vasta scala. Nonostante ciò, la famiglia Marcos continua a essere molto popolare in certe zone di North Luzon, dove la gente lo considera un eroe locale e tende a sminuire la presunta corruzione e le violazioni dei diritti umani.

Nelle elezioni presidenziali del 2022 Ferdinand 'Bongbong' Romualdez Marcos Jr, unico figlio di Ferdinand Marcos, è diventato a larghissima maggioranza il 17° presidente del paese. Resta da vedere se il figlio riuscirà a ritagliarsi un'eredità presidenziale tutta sua.

CENARE A BAGUIO

Cartina p123

Baguio Night Market
Aperto fino alle 4, è un mercato immenso con chioschi gastronomici che servono gustose specialità di ogni genere, quasi tutte infilzate su spiedini. **$**

New 456 Restaurant
Non è certo un posto elegante, ma è aperto 24 ore su 24 e offre discreti piatti cinesi e asiatici fusion in stile tavola calda. Molto frequentato a tarda notte per l'hot pot. **$**

Amare La Cucina
Se avete voglia di cucina italiana, qui troverete piatti di pasta e discrete e sostanziose pizze. Lasciate un po' di spazio per il dessert. **$$**

Le Chef at the Manor
Alta cucina a Baguio in un ambiente elegante a lume di candela con tovaglie bianche e un menu eccellente. **$$$**

AEROPORTO LOAKAN: UN TERNO AL LOTTO

Se siete temerari, potreste prenotare un volo per Baguio e arrivare all'**aeroporto Loakan**, noto tra i piloti come uno dei più impegnativi del paese (e del mondo). La sua pista più corta della media e delimitata da burroni scoscesi lascia poco margine all'errore del pilota. Se a ciò si aggiunge il tempo imprevedibile delle Filippine, decolli e atterraggi sono da brivido. Nel corso degli anni, infatti, Loakan è stato funestato da numerosi incidenti e contrattempi, e per anni il governo ne aveva prospettato la chiusura. La sua riapertura nel 2022 è quindi stata una sorpresa. Attualmente l'aeroporto è servito da voli Philippine Airways per e da Cebu.

Per ballare tutta la notte

La vivace vita notturna di Baguio

Avere l'occasione di bere un cocktail, vestirsi bene e mettersi le scarpe da ballo assume un nuovo valore dopo una settimana o due di trekking tra le montagne della Cordillera. Baguio, con le sue numerose università, è molto animata dopo il tramonto, soprattutto il venerdì e il sabato sera. I locali spaziano dai tranquilli cocktail lounge ai luoghi di ritrovo con musica house ed elettronica.

Lo **Spade** è distribuito su due livelli, con l'intero primo piano dedicato al ballo. Veniteci se cercate un ambiente affollato con luci al neon, ma non aspettatevi di fare conversazione. Se volete un posto più tranquillo optate per il **Vérvé Music Lounge**, dove potrete chiacchierare con gli amici o farne di nuovi, o addirittura cantare al karaoke. Se preferite ascoltare musica live andate da **Alberto's**, spesso molto affollato, che ospita cover band e gruppi universitari locali in un ambiente informale molto socievole.

Giant Clam Sanctuary

BERE UN CAFFÈ A BAGUIO

Cartina p123

Hot Cat
Un locale al piano inferiore di una libreria con buone bevande a base di caffè e spuntini. Il dehors all'ombra degli alberi è incantevole. **$**

Raincoat Coffee
Veniteci con il portatile, ordinate un cremoso cappuccino e sistematevi vicino alle vetrate per ammirare la vista mentre lavorate da remoto. **$**

Quoted
Non solo caffè: questo locale serve anche smoothie e tè, oltre a eccellenti pasti. **$$**

Kapetirya
Un locale grazioso attraversato da un albero, con un'atmosfera ariosa e pulita e ottime bevande al caffè. **$$**

Dintorni di Baguio

Località

Bolinao p127

Mt Tapulao p128

Lake Mapanuepe p130

In qualsiasi direzione andiate, troverete cose da vedere e da fare: sentieri di montagna, splendide spiagge e un incantevole lago.

Quando escono da Baguio, quasi tutti i viaggiatori puntano verso la Cordillera, ma ci sono molti altri posti che meritano una visita. A ovest si trovano spiagge da surf e una riserva di tridacne giganti. Il Tapulao e il Pulag, due delle montagne più alte della zona, attirano scalatori, escursionisti e appassionati di fotografia. L'area è incantevole non solo per ciò che c'è in alto, ma anche per quello che si trova in basso: l'eruzione del Mt Pinatubo del 1991 ha sbarrato il Mapanuepe River, inondando una valle nella catena delle Zambales con i suoi villaggi. La chiesa sommersa di Bajaoen, con la sua croce che emerge dall'acqua, è uno spettacolo affascinante e inquietante.

TRASPORTI LOCALI

Un veicolo privato avrà bisogno di un po' di potenza (e di buoni freni) per affrontare le ripide salite di queste tortuose strade di montagna. I jeepney servono regolarmente tutte le città principali e molti villaggi e città più piccole. Per fare trekking o salire in cima alle montagne avrete bisogno di una guida con un mezzo, se non ne avete uno vostro. Quasi tutte le strade sono in buone condizioni, ma potreste incontrare tratti che richiedono un veicolo a passo alto o trazione integrale.

Bolinao

DA BAGUIO: **3 H**

Alla scoperta del litorale

La splendida Bolinao, all'estremità settentrionale della Zambales Peninsula, è un posto fantastico per dedicare un paio di giorni a facili escursioni sulla costa, ma se vi interessano le specie che si nascondono nell'oceano, visitate il **Giant Clam Sanctuary**, al largo della vicina **Santiago Island**, dove decine di tridacne giganti sono adagiate sui fondali in acque protette poco profonde. Purtroppo le popolazioni di questi affascinanti molluschi colossali sono diminuite a causa di decenni di cattiva gestione, pesca intensiva e bracconaggio. Il tour della riserva gira intorno all'isola di Santiago fino al lato nord. Qui, indossato un salvagente e una maschera, galleggerete sopra le tridacne osservando le loro incredibili colorazioni e dimensioni. Le più piccole sono grandi come un cocomero, le più grandi quasi come vasche da bagno.

Fare il tour delle isole è un'attività molto diffusa. Per pochi pesos potete prendere una bangka dal porto turistico per attraversare il canale fino a Santiago, dove vi attendono spiagge di sabbia bianca. A un'ora a sud-est si trova lo splendido **Hundred Islands National Park**, una distesa di oceano costella-

GOLFO DI LINGAYEN: UNO STORICO CAMPO DI BATTAGLIA

Guardando le tranquille e graziose isole e lo splendido litorale, non si direbbe mai che questa zona svolse un ruolo chiave durante la seconda guerra mondiale, contribuendo a liberare Luzon dall'occupazione giapponese. Nota come battaglia di Luzon (nome in codice 'S-day'), iniziò con lo sbarco delle truppe e dei rifornimenti alleati nel Golfo di Lingayen sotto i pesanti attacchi dei kamikaze giapponesi. Nonostante la strenua difesa, 170.000 soldati avanzarono verso Manila, sconfiggendo infine le roccaforti giapponesi e liberando l'isola. Nell'assalto furono coinvolte fino a 800 navi, con gravi perdite da entrambe le parti.

ta di isolotti che si possono visitare con una guida per un'ora, mezza giornata o un giorno intero. Anche questa zona è stata soggetta alla pesca intensiva (persino con la dinamite), quindi i coralli ne hanno risentito, ma una gita in barca resta un'esperienza incantevole. Nuotando o facendo snorkelling si possono vedere pesci interessanti e persino un paio di tartarughe.

Bolinao Falls

Se non siete particolarmente interessati al mondo sommerso, fate un'escursione alle **Bolinao Falls**, una cascata con una piscina naturale dove potrete nuotare in splendide acque color giada immerse nella giungla, con una scrosciante cascata sullo sfondo. È una meta popolare e a volte persino affollata, ma resta comunque incantevole e merita decisamente l'escursione, sia che decidiate di fare il bagno sia che vi limitiate a scattare qualche selfie dalla riva. Tenete presente che la gente parla in genere semplicemente della 'cascata', ma in realtà esistono tre punti diversi. Le escursioni in partenza dal centro di Bolinao impiegano 30-40 minuti per arrivare e vi lasciano molto tempo prima di riportarvi indietro.

Mt Tapulao

DA BAGUIO: **5 H 30 MIN**

Una montagna maestosa

Incastonato tra l'entroterra di Luzon e lo splendido litorale di Zambales, il **Mt Tapulao** (2037 m) è una meta eccellente per l'escursionismo e il trekking, un posto dove si ha davvero la sensazione di lasciarsi il mondo alle spalle.

Dovrete assumere una guida (circa P1000 per un piccolo gruppo) e registrarvi presso le autorità locali al barangay Dampay-Salaza, ma se siete in forma ed esperti, il trekking fino alla cima e ritorno è fattibile in un giorno. Il percorso è di circa 18 km dall'inizio del sentiero alla cima, quindi dovrete essere in grado di affrontare in tutto 36 km (dalle 8 alle 12 ore di cammino). Se ve la sentite, portatevi indumenti impermeabili, insetticida, calzini di riserva, acqua e provviste.

La montagna deve il suo nome alle sue magnifiche pinete. 'Tapulao' è infatti una variante della parola locale che significa 'pino'. E nel tratto iniziale attraverserete una foresta spettacolare, con pini che si innalzano da magnifici pendii erbosi. Gli appassionati di birdwatching avranno modo di osservare cettie delle Filippine, picchi muratori e picchi. Ad altitudini superiori i pini lasciano il posto a foreste più rade e più ricche di cespu-

PASTI A BOLINAO

Ciao Pizzeria
La vista sui moli, le barche da pesca e le bangka contribuisce al fascino di questo locale, che serve un mix di piatti filippini e americani. **$$**

Tummy Teasers
Un locale grazioso con pizze, piatti d'ispirazione messicana e specialità filippine. Ai bambini piaceranno le bevande colorate e il parco giochi. **$$**

Bolinao Seafood Grill
Un ambiente informale con tetto di palma e sedie di plastica. Eccellenti vassoi di pesce e frutti di mare ne fanno un'ottima scelta per gruppi numerosi. **$$**

Badak
Se avete voglia di *yakisoba* o ramen, qui trovate delle discrete versioni filippine. Il ramen di pesce è molto apprezzato. **$$**

ROLAND NAGY/ALAMY STOCK PHOTO ©

Bolinao Falls

gli. In prossimità del chilometro 12 il percorso si addentra nella 'Mossy Forest', una sezione di fitta vegetazione bassa molto diversa dal paesaggio attraversato fino a questo momento. In diversi punti il sentiero è largo ma molto roccioso, quindi fate attenzione, soprattutto nei tratti scivolosi in discesa, poiché è facile cadere o slogarsi una caviglia. Se non volete camminare, potete arrivare in auto da Lauis fino quasi alle **Coto Mines**, e proseguire a piedi fino alla vetta lungo il Tapulao Traverse, un cammino non facile, ma più breve rispetto a quello dall'inizio del sentiero. In entrambi i casi dovrete registrarvi presso le autorità competenti.

Dalla cima si gode di un panorama mozzafiato sulle montagne; se il cielo è limpido, la vista spazia fino al Mar Cinese Meridionale (o Mar delle Filippine Occidentali, come lo chiamano i filippini).

SANGUISUGHE

Nella foresta pluviale gli escursionisti devono fare attenzione alle sanguisughe (*limatik*), soprattutto sui sentieri stretti con una folta vegetazione. Tecnicamente le sanguisughe vivono nell'acqua, ma la quantità di pioggia è sufficiente per consentire loro di annidarsi sulla punta dei rami bagnati, da dove possono cadere sugli escursionisti, trovare un angolo di pelle da mordere e iniziare a succhiare il sangue della ferita.

Non risulta che le sanguisughe trasmettano malattie e possono persino essere utili come fonte di cibo per gli animali endemici, ma provocano un fastidioso prurito e intimoriscono molti escursionisti. Uno dei modi più semplici per sbarazzarsene è usare il sale: una sanguisuga coperta di sale si staccherà velocemente per cercare un altro ospite.

PASTI NEI DINTORNI DI BAGUIO

Mommy Phoebe's Place
Cibi economici a Santo Niño, provincia di Zambales, serviti su foglie di bambù, con una buona varietà di gustosi smoothie. **$**

BKWN Grill & Resto
Un locale all'aperto su palafitte con tettoia di palme. Si trova a Iba, provincia di Zambales. Più vicino all'acqua di così! **$**

Rama Beach Resort
Proprio sull'acqua a Botolan, offre un menu che spazia da semplici specialità filippine a portate abbondanti per gruppi numerosi. **$$**

Maxine by the Sea
Favolose vedute sul mare e fresche brezze lo rendono un piacere per la vista oltre che per il palato. A Lucap, vicino all'Hundred Islands National Park. **$$$**

MIGLIORI SPIAGGE DI ZAMBALES

Botolan
In questa spiaggia tranquilla nidificano le tartarughe e ci sono delle belle grotte dove potete organizzare un'escursione tramite il vostro alloggio.

Iba
I resort sono per lo più anonimi, ma offrono facile accesso a spiagge tranquille, insuperabili per prendere il sole.

Hermana Menor Island
Dovrete organizzare una barca privata dalla terraferma perché è un'isola privata, ma una volta arrivati avrete la spiaggia tutta per voi, con sabbia corallina bianca e fantastico snorkelling. Non ci sono strutture ricettive.

Golfo di Lingayen
Questa spiaggia si estende di fronte a isole incantevoli, ma purtroppo i coralli sono stati danneggiati dalla pesca col cianuro.

Pundaquit
Questa spiaggia è amata dai fotografi per le fotogeniche barche da pesca e reti per gamberi sulla riva. Dista quattro-cinque ore da Manila, quindi è una bella meta per un weekend.

MYRTLE SALVADOR/SHUTTERSTOCK ©

Lake Mapanuepe

Lake Mapanuepe

DA BAGUIO: **4 H 30 MIN**

Divertimenti per tutti

Durante l'eruzione del Mt Pinatubo (1486 m) del 1991, i fiumi di lava fuoriusciti dal cratere crearono uno sbarramento sul Mapanuepe River che sgorga dalla catena delle Zambales Mountains. Il lento innalzamento delle acque alluvionali costrinse gli abitanti di Aglao e Bajaoen a rifugiarsi a quote più elevate. Senza lasciarsi vincere dallo sconforto, ricostruirono i villaggi sulle sponde del **Lake Mapanuepe**, il nuovo lago che si formò nelle Zambales Mountains, circa 15 km a est di San Marcelino. Questi villaggi sono raggiungibili soltanto in barca e conservano un aspetto piuttosto tradizionale – a volte si vedono ancora gli aeta locali indossare il perizoma. Al centro del Lake Mapanuepe emerge dall'acqua la croce color rosso scuro della chiesa sommersa di Bajaoen, che costituisce un'immagine piuttosto inquietante. La riva del lago è una destinazione popolare per automobilisti e soprattutto motociclisti, che spesso si accampano lungo le sponde. Qui è facile fare conversazione o essere invitati a una festa.

Per chi non dispone di un mezzo privato (un'auto a noleggio o un taxi), ci sono uno-due jeepney al giorno per Aglao da San Marcelino (45 minuti), ma tenete presente che il viaggio di ritorno può essere molto presto. Una bangka per la chiesa sommersa dal 'porto' di Aglao dovrebbe costare circa P1200. Tutti gli autobus tra Olongapo e Iba fermano a San Marcelino.

Vigan

ARCHITETTURA SPAGNOLA | STORIA | GASTRONOMIA

Vigan è stata giustamente dichiarata dall'UNESCO Patrimonio dell'Umanità: è una delle città più antiche delle Filippine, con magnifiche vie acciottolate e molti edifici in legno dall'inconfondibile stile coloniale spagnolo. Oltre al frenetico traffico di motociclette, scooter e tricicli, vedrete passare carrozze trainate da cavalli (*kalesa*), e quasi a ogni angolo di strada del centro storico c'è qualcosa di bello da ammirare o fotografare.

Vigan è ricca di storia, ma è anche una città attiva e piena di vita, con panetterie e bar, studenti e colletti bianchi. Oltre i confini della città si trovano varie attrattive, quindi è anche un'ottima base di appoggio. Vigan scampò per un soffio ai bombardamenti americani durante la seconda guerra mondiale, poiché i giapponesi fuggirono all'ultimo momento e la missione fu annullata. Grazie al cielo, perché questo è un vero gioiello di North Luzon che vale la pena di visitare.

TRASPORTI LOCALI

Vigan dispone di un aeroporto regionale, ma attualmente gli unici voli di linea sono da/per Laoag, circa 90 minuti di auto a nord. Per arrivare da Manila ci sono autobus a lunga percorrenza e linee locali di jeepney. Con un veicolo privato si impiegano almeno sei o sette ore, di più se si calcola il traffico. Una volta arrivati, il modo più semplice per spostarsi è in triciclo, in carrozza trainata da cavalli o a piedi. Le strade sono strette e le corse sulle vie acciottolate sono accidentate.

La magnifica architettura di Vigan

Muri, facciate e non solo

È praticamente impossibile venire a Vigan e non scattare almeno qualche foto degli splendidi edifici storici. Iniziate l'esplorazione dal **Mestizo District**, chiamato 'dove vivono i cinesi' nel dialetto locale. Questo dedalo di vie e vicoli inizia nella bella **Plaza Burgos** e si estende verso sud fino a Liberation Blvd, con case magnificamente conservate che spesso presentano elementi asiatici. Anzi, con i loro balconi sporgenti al 2°

PASTI A VIGAN

Cartina p132

Chioschi di strada
Andate in Florentino St e Plaza Burgos per mangiare ottimo street food spendendo pochissimo. **$**

Grandpa's Inn & Restaurant
Questo locale cambia spesso nome, ma offre un discreto caffè e una buona cucina per lo più filippina, oltre a qualche classico americano. **$$**

Cafe Leona
Questo locale vicino a Plaza Burgos prepara ottimi piatti occidentali, pizze, piatti di pasta e specialità filippine e ha una discreta carta di birre e vini. **$$**

Seafood Island
Propone cucina di mare vicino a Plaza Burgos, con ottime offerte per famiglie e gruppi numerosi. **$$**

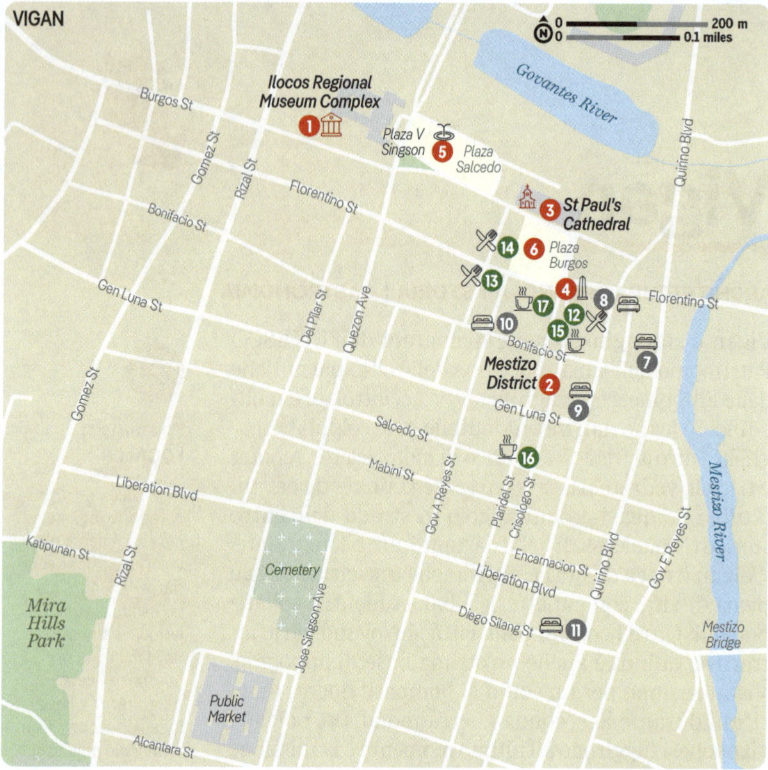

DA NON PERDERE
1 Ilocos Regional Museum Complex
2 Mestizo District
3 St Paul's Cathedral

DA VEDERE
4 Statua di Leona Florentino
5 Magic Fountain
6 Plaza Burgos

PERNOTTAMENTO
7 Grandpa's Inn & Restaurant
8 Hotel Felicidad
9 Hotel Luna
10 Hotel Veneto de Vigan
11 Villa Angela

PASTI
12 Cafe Leona
v. 7 Cafe Uno
13 Seafood Island
14 Street Stalls

LOCALI E VITA NOTTURNA
15 Cafe Amian
16 Coffee Break Vigan
17 Marsha's Delicacies

IL CONSIGLIO

Vigan è attraversata da un fiume, che però è invaso dai rifiuti. L'acqua stagnante comporta una vorace popolazione di zanzare, quindi quando scegliete l'hotel, optate per uno senza vista sul fiume.

piano e i pannelli di legno scuro, sarebbero perfette come set per un film ambientato in Cina. Purtroppo molti edifici sono in rovina, con tetti di tegole fatiscenti o finestre sprangate. Tuttavia anche questi hanno un'aria di nobile, maestosa, persino fotogenica decadenza. Passeggiare per le strade del Mestizo District è per molti viaggiatori il fiore all'occhiello della visita.

L'altra piazza principale è Plaza Salcedo, dove si trovano non solo edifici d'epoca ma anche statue, fontane e monumenti, oltre a cordiale ed estroversa gente del posto che spesso rivolge la parola ai turisti. La città sta restaurando la **Magic Fountain**, un gioco di luci e zampilli che non sfigurerebbe a Las Vegas. Fate una sosta alla **St Paul's Cathedral**, le cui mura possenti non sono state progettate solo per resistere ai terremoti, ma anche per isolare la chiesa dalla calura estiva.

UNA PASSEGGIATA A VIGAN

Iniziate l'itinerario nella splendida e animata **1 Plaza Burgos** (p131), dove potrete ammirare alcuni degli antichi edifici in legno più interessanti, e c'è abbastanza spazio per tenersi a una certa distanza e scattare belle fotografie. Percorrete Crisologo St verso sud per scoprire altri gioielli architettonici nel **2 Mestizo District** (p131). Se preferite potete prendere una carrozza trainata da cavalli e percorrere gran parte – se non tutto – questo itinerario in calesse. Se decidete di andare a piedi, seguite Crisologo fino quasi all'altezza di Mabini, girate a sinistra e cercate il **3 Syquia Mansion Museum**. Da lì dirigetevi a sud verso Liberation Blvd, girate a destra e cercate sulla sinistra il **4 Crisologo Museum**. La sua curiosa collezione include cimeli della dinastia più illustre della città e alcune macabre testimonianze del fatto che i Crisologo non erano amati da tutti. Proseguendo lungo Liberation oltre il cimitero arriverete ai **5 laboratori di ceramica**. Purtroppo Instagram ha dato un duro colpo alla loro autenticità. Potreste trovarne alcuni che sembrano allestiti più per consentire ai turisti di fingere di creare un vaso (con recipienti già pronti sul tornio) per i loro post sui social media, piuttosto che per far lavorare gli artigiani, ma è tutta questione di fortuna. Potete provare a chiedere se vi lasciano fare un vaso con vera argilla, e vedete cosa vi rispondono. L'atmosfera è comunque suggestiva in questi vasti ambienti pieni di frammenti di ceramica, vasi e mucchi di argilla. Andate a nord su Gomez, girate a destra in Burgos e concludete il tour all'**6 Ilocos Regional Museum Complex** (p134), con il Padre José Burgos National Museum e l'adiacente tribunale-prigione.

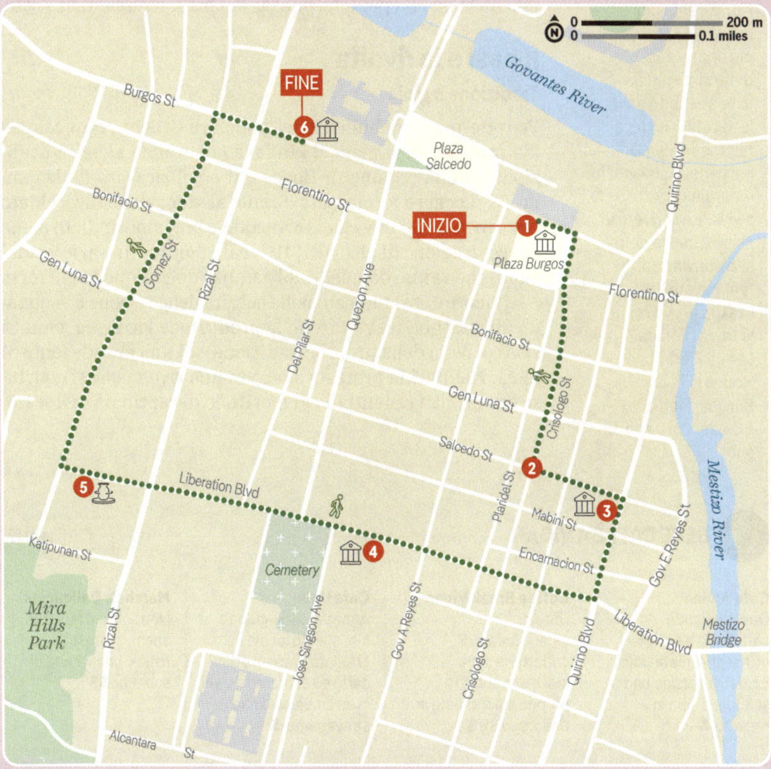

LEONA FLORENTINO

Nata nel 1849, Leona Florentino fu una scrittrice filippina molto influente, autrice di numerose poesie, opere teatrali e satire, spesso con tematiche femministe o lesbiche. A causa delle aspettative di genere dell'epoca, non poté frequentare l'università né ricevere un'istruzione adeguata, dovendo invece dipendere da lezioni private e dall'insegnamento della madre. Nonostante ciò, è una delle scrittrici più apprezzate della sua epoca e la capostipite della letteratura lesbica filippina. Per gran parte della sua vita fu emarginata, costretta a vivere e scrivere in esilio a causa delle sue convinzioni femministe. Una **statua** in suo onore si trova fuori dalla Leona Florentino House in Plaza Burgos. Morì di tubercolosi a soli 35 anni.

Un viaggio nel tempo

Un museo molto interessante

Il National Museum of the Philippines gestisce l'**Ilocos Regional Museum Complex**, che include il Padre José Burgos National Museum e gli edifici adiacenti, tra cui il vecchio tribunale convertito in museo. Potreste tranquillamente trascorrere quasi tutta la mattinata o buona parte della giornata per ammirare tutti gli oggetti esposti, tra cui magnifiche stanze nello stile dell'epoca, tavoli da pranzo, camere da letto e altri mobili, oltre a lampade e carte da parati che riportano in vita l'opulenza di Vigan tra la fine del XIX e l'inizio del XX secolo, analogamente a quanto accadeva in Occidente. L'esposizione include interessanti spiegazioni sul *basi* (bevanda alcolica tipica degli ilocono) e alcune presse di canna da zucchero in legno, elaborati mobili e oggetti intagliati nel legno, oltre a busti, dipinti e fotografie. C'è anche una carrozza a quattro ruote splendidamente restaurata, con tanto di campana e lampada in ottone. Nella prigione ci si può fare rinchiudere in una delle vecchie celle da un 'carceriere'. Spesso si fa la fila per questo onore, ma è un'ottima occasione da postare sui social media. Il complesso museale include numerose sale e diversi edifici su più livelli e merita vari passaggi, perché una visita unica potrebbe essere eccessiva, soprattutto se viaggiate con bambini, ma è una meta da non perdere, uno dei siti più interessanti di Vigan.

Il basi e la rivolta

Tradizione e gioia

Vedrete molte pubblicità del popolare Ginebra San Miguel (da provare, se vi piace il gin), ma la bevanda alcolica tradizionale della regione di Ilocos è il *basi*, ricavato dalla canna da zucchero fermentata. Simile al vino, viene invecchiato per diversi anni in vasi di terracotta e poi imbottigliato a una concentrazione di alcol dell'11%. È disponibile in varie gradazioni, che vanno da quelle abbastanza dolci a quelle più forti.

Il liquore è così radicato nella cultura della regione che quando gli spagnoli ne vietarono la produzione locale, la gente si sentì privata della propria tradizione e di una grande fonte di gioia. Nel 1807 la protesta sfociò in una rivolta che si concluse con scontri cruenti in cui morirono di centinaia di ilocani.

BERE CAFFÈ A VIGAN

Cartina p132

Cafe Amian
Questa grande caffetteria a due piani offre caffè, piatti dolci e salati e persino uno scaffale di libri in prestito. **$**

Coffee Break Vigan
Una confortevole catena locale di caffetterie dove ci si sente subito a proprio agio, situata in Crisologo St. **$**

Cafe Uno
Annesso al Grandpa's Inn, questo locale affollato prepara ottimi caffè ed espresso serviti in un ambiente kitsch e stravagante. **$**

Marsha's Delicacies
Non solo caffè: serve anche gustoso pollo fritto e una varietà di spuntini. **$$**

Dintorni di Vigan

Località

Santa Maria p136
San Juan La Union p136

Vigan è il capoluogo della regione, ma non pensiate che non ci sia altro da vedere. A poche ore di auto si trovano mete fantastiche.

Ilocos Sur, una provincia costiera sul versante occidentale di North Luzon che subì per secoli l'influenza spagnola, oltre a decenni di turismo, è una delle regioni più rinomate dell'isola. Cattedrali austere, fantastiche onde per il surf e un'eccellente cucina di mare sono ottimi motivi per visitarla. Nonostante il turismo, si respira ancora un'aria locale, anche perché richiama molti visitatori filippini e non solo stranieri. Se andate a mangiare da qualche parte, probabilmente vi ritroverete a chiacchierare con gente di Manila o di questa regione. Lungo le strade vedrete molte bancarelle che vendono pesce essiccato (una specialità regionale) e uva fresca da raccogliere voi stessi.

TRASPORTI LOCALI

I jeepney consentono di raggiungere destinazioni a nord e a sud di Vigan spendendo poco, e la Route 2 è percorsa in entrambe le direzioni da autobus frequenti. Per salire basta fermarli con un cenno. Se disponete di un'auto, la strada è in condizioni discrete, larga una corsia e mezza e senza troppe buche. L'aeroporto pubblico più vicino si trova a Laoag. I tricicli sono i mezzi migliori per spostarsi all'interno delle città.

Santa Maria Church (p136)

Santa Maria

DA VIGAN: **45 MIN**

Nuestra Señora de la Asunción Parish Church

Nota semplicemente anche come **Santa Maria Church**, questa imponente struttura costruita nel 1769 è unica per diversi aspetti, oltre a essere bella e fotogenica. A differenza di molte chiese spagnole costruite nel centro delle città, di solito proprio sulla piazza principale, questa si trova in alto sopra la città di Santa Maria, protetta da colline su tutti i lati. Sembra quindi più una fortezza che una chiesa, e oltre tutto le sue mura sono molto più spesse di quelle delle tipiche chiese o cattedrali. In effetti fu usata come fortezza durante la rivoluzione filippina del 1896.

Dichiarata dall'UNESCO Patrimonio dell'Umanità, merita una visita per la suggestiva costruzione in mattoni, l'austera facciata e l'elaborato campanile tipico delle chiese di epoca barocca. All'interno è molto meno decorata di altri luoghi di culto: il soffitto è sobrio e non ci sono arcate ornamentali o modanature sfarzose. Gli unici elementi di spicco sono il magnifico crocifisso e il pregevole pavimento di piastrelle. La prassi di costruire il campanile separato dalla chiesa era per prevenire i danni causati dai terremoti.

UNA VELATA ALLUSIONE

La **Santa Maria Church** si trovava in origine in un'altra posizione. Secondo la leggenda locale, il posto attuale sarebbe stato scelto dalla stessa Vergine. Una statua della Madonna era collocata anticamente in una chiesa sotto la collina, molto più vicina al centro della città, ma questa statua scompariva spesso per poi riapparire in cima alla collina su un albero di guava. I cittadini la riportavano puntualmente nella sua sede originaria per poi scoprire, dopo giorni o settimane, che era sparita di nuovo per tornare sul suo albero preferito. Benché le versioni siano leggermente diverse circa il luogo (alcune collocano il sito originale molto più lontano), è opinione comune che alla fine i sacerdoti abbiano capito l'antifona e abbiano accontentato la Vergine.

San Juan, La Union

DA VIGAN: **2 H 15 MIN**

Mete per surfisti

Conosciuta tra i surfisti semplicemente come 'La Union', San Juan La Union offre un bel mix di break, quindi troverete qualcosa di adatto a voi a prescindere dal vostro livello. Per i principianti sono adatti i beach break di **Urbiztondo**, dove si può cadere in acqua senza rischiare di finire su un banco di coralli o di ritrovarsi con un riccio di mare nell'occhio. Subito a nord c'è un bel point break (anche questo chiamato Urbiztondo) più adatto ai surfisti di livello intermedio. I capanni sulla spiaggia noleggiano tutto il necessario – tavole, leash e paraffina.

Monaliza Point è il posto in cui vanno i surfisti di livello avanzato. Si può anche pernottare poiché c'è un resort a due passi dal mare. Questo right-hander frange su una barriera poco profonda, offrendo buone condizioni sulla longboard quando è da piccola a media, e un fantastico shortboarding quando è overhead. A seconda delle condizioni, potreste anche riuscire a infilarvi nel tubo d'acqua. Naturalmente ci sono giornate in cui questo magnifico mare azzurro è piatto, quindi non potete sempre fare affidamento su una buona lineup. Tenete anche presente che i break principali sono piuttosto affollati quando la mareggiata è buona, soprattutto nei weekend.

In alternativa, i surfisti esperti troveranno onde deserte dirigendosi un po' più a nord a **Bacnotan**. Nelle condizioni giuste, questo right-hander è perfetto, e potrete cavalcare quante onde volete senza dover fare i conti con la folla. L'unico aspetto negativo è che dovrete fare attenzione quando uscite a nuoto o se venite gettati in acqua: il fondo è roccioso e sotto la superficie si trovano molti massi che fanno perdere le pinne o provocano lesioni. Venite qui quando Monaliza Point è al completo e aspettate le onde più grandi.

San Juan La Union

MIGLIORI NOLEGGI DI TAVOLE

Kahel Resort Questo resort di lusso è un posto fantastico per un soggiorno a La Union. Si trova a due passi dal mare, noleggia tavole e offre lezioni. Tuttavia è situato sul lato opposto (nord) della spiaggia rispetto alle onde migliori.

Elyu Classic (p136) Questo piccolo negozio temporaneo a Urbiztondo offre tavole a noleggio e lezioni.

La Union Surf School Sempre a Urbiztondo, La Union è un operatore affermato che offre lezioni e tavole a noleggio.

Capanni sulla spiaggia Sulla spiaggia di Urbiztondo ci sono molti negozietti che noleggiano tavole e leash e danno lezioni sul posto, quindi potete anche limitarvi a mettere i pantaloncini e andare direttamente in spiaggia.

PASTI NEI DINTORNI DI VIGAN

Angel & Marie's Place
Un ottimo ristorante a Urbiztondo con gustose specialità locali come il *pinakbét* (stufato di verdure), oltre a piatti a base di maiale, manzo e frutti di mare. **$**

El Union
Minuscolo locale a Urbiztondo che serve caffè ma anche chai e altri tipi di tè, oltre a semplici spuntini e panini. **$**

Marasa Bulaluhan
Una grande varietà di deliziosi piatti filippini casalinghi in una baracca informale lungo la strada a La Union. **$**

Kahel Resort
I pasti migliori della zona sono quelli di questo resort sulla spiaggia a La Union, a nord, con cocktail della casa e un menu di specialità filippine e occidentali. **$$$**

Sagada

RITI DI SEPOLTURA | TREKKING | SPELEOLOGIA

Posta ad alta quota tra le montagne della Cordillera, Sagada è un sogno lontano dalle rotte più battute. Raggiungibile solo attraverso tortuose strade di montagna e così isolata che gli antichi riti indigeni si sono conservati fino a pochi decenni fa, Sagada offre misteriose bare sospese, emozionanti grotte, strane colline azzurre (grazie all'alto contenuto di rame), escursionismo e trekking sulle vicine alture, cascate, piscine naturali e vette montuose. Forse avrete bisogno di un giorno per riprendervi dopo i tornanti della strada, ma potreste scoprire di volerci restare, anche grazie all'accoglienza che riceverete negli hotel e nei ristoranti, che sembrano essere sfuggiti all'atteggiamento distaccato delle destinazioni turistiche. Per via dell'altitudine, le temperature sono più fresche, quindi questa è un'ottima meta per un'evasione estiva da Manila.

TRASPORTI LOCALI

Un veicolo privato vi consentirà di viaggiare in base ai vostri ritmi, anziché sfrecciare a rotta di collo su curve incredibili o discese così ripide da sembrare quelle delle montagne russe. Non ci sono aeroporti, quindi le uniche opzioni sono autobus, jeepney e auto. Frequenti mezzi pubblici collegano Baguio a sud e Tuguegarao a nord, e spostandosi a ovest si raggiunge San Juan La Union. Una volta in città, se non disponete di un'auto dovrete ricorrere a taxi e tricicli.

Le Echo Valley Hanging Coffins

Spettacolari pareti rocciose con antiche sepolture

Non è proprio corretto dire 'le' **Hanging Coffins**, perché si potrebbe pensare che esista solo un posto con le bare sospese. Una scalinata e un sentiero di cemento portano a un sito particolarmente fotogenico, ma allontanandosi dal sentiero (solo con il permesso della guida) si possono scoprire decine di altri luoghi in cui venivano collocati i defunti. Per trovare una guida rivolgetevi al vostro hotel o al **Tourist Information Centre** di Sagada (p139). Dovrete pagare una piccola tassa di registrazione.

Le bare più visitate si trovano in fondo a una ripida gola: dovrete attraversare un piccolo fiume (lo stesso che, quando arrivano le piogge, continua a scavare il canyon) e vedrete le bare sulla riva oppo-

ALTRI RITI FUNEBRI

Se vi affascinano le sepolture indigene tradizionali, visitate le mummie di Kabayan. Non molto distante in linea d'aria, ma lontanissimo in termini di spostamenti, il popolo kabayan mummificava i defunti e li collocava nelle grotte o – come a Sagada – in fenditure nella roccia.

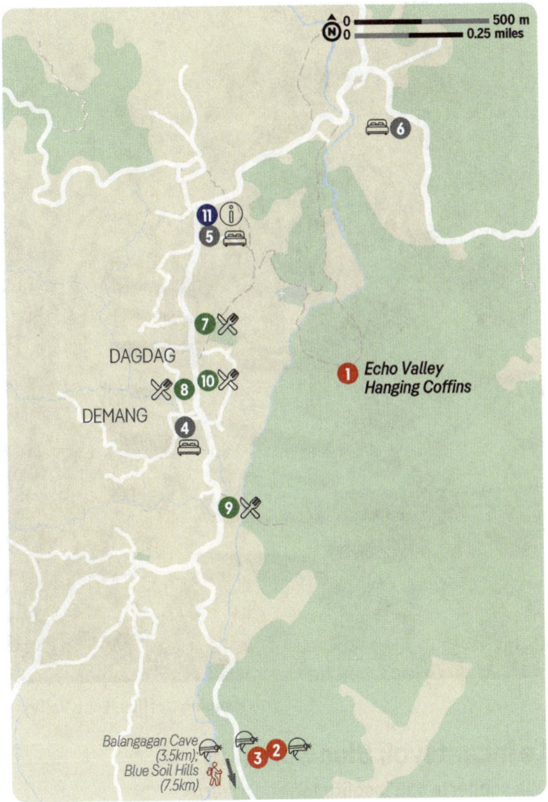

DA NON PERDERE
1 Echo Valley Hanging Coffins

ATTIVITÀ, CORSI E TOUR
2 Cave Connection
3 Sumaging Cave

PERNOTTAMENTO
4 AJjaa's Place
5 Masferré Inn & Restaurant
6 Misty Lodge & Cafe

PASTI
7 Sagada Bistro
8 Sagada Brew
9 Toast Ave & Co.
10 Vincent's

INFORMAZIONI
11 Tourist Information Centre

sta. Ce ne sono circa 19, collocate a un'altezza di 1,8-2,4 m, vagamente simili a canoe impilate una sull'altra in file separate. Alcune sono più corte, non perché contengano corpi di bambini, ma perché in alcuni rituali si preferiva seppellire i defunti in posizione fetale, in modo che nella morte il corpo tornasse nella stessa posizione in cui era nel ventre materno. Sono bare ben tenute e abbastanza nuove: questa pratica ebbe inizio negli anni '60 ed è stata abbandonata intorno al 2010. Alcune bare mostrano una vernice usurata dalle intemperie, altre sono in semplice legno grezzo. Oggi i defunti vengono seppelliti nel cimitero sopra il burrone, che si attraversa per raggiungere le bare.

IL CONSIGLIO

Risparmierete molto tempo visitando innanzitutto il **Tourist Information Centre**, dove potrete raccogliere materiale, trovare informazioni sulla zona, scoprire cosa c'è di nuovo e conoscere le condizioni del tempo, tutti aspetti importanti per pianificare il soggiorno.

PASTI A SAGADA

Vincent's
Un locale informale con piatti tipici filippini come il *sisig*. La torta al limone è deliziosa ed è un ottimo dessert anche se avete mangiato altrove. $

Toast Ave & Co.
Questo caffè pulito offre cupcake, portate principali filippine e bevande a base di espresso. $

Sagada Bistro
Cucina occidentale e filippina e un servizio eccellente e premuroso. $$

Sagada Brew
Il posto migliore per il caffè, con torte e paste fatte in casa, prime colazioni all'occidentale e così via. A pranzo e a cena il menu tende verso la cucina filippina e asiatica fusion. $$

AFFASCINANTI USANZE DI SEPOLTURA

Per centinaia, forse migliaia di anni, le tribù indigene di Sagada hanno seppellito i loro morti in superficie nelle pareti rocciose. Non è azzardato dire che quasi ogni angolo e fessura delle pareti di alcune gole, almeno a un certo punto, è stato usato per le sepolture. Bare rovinate sporgono da cavità e crepacci; negli strapiombi si celano teschi, femori e altre ossa umane. Dall'alto la guida indicherà tre, quattro o cinque punti in cui si possono vedere le bare appese al dirupo come i sacchi a pelo dei rocciatori che arrampicano sulle pareti di El Capitán, nello Yosemite National Park negli Stati Uniti.

Hanging Coffins, Echo Valley

Le incantevoli Blue Soil Hills

Alla scoperta dell'insolito terreno azzurro

Parecchi anni fa, quando su un **crinale vicino a Sagada** furono realizzate delle linee elettriche, le piogge erosero in breve tempo lo strato superiore del terreno, facendo emergere delle straordinarie **colline 'turchesi'**. Questo colore incredibile è dovuto ad alte concentrazioni di rame e varia a seconda delle condizioni, del calibro e dell'angolazione della luce, del grado di umidità del terreno e così via. Comunque sia, è un vero spettacolo: piccole colline dalle indubbie tonalità azzurre, grigio-azzurre o verde-azzurre. Chiedete al vostro hotel di indicarvi una guida o visitate il Tourist Information Centre di Sagada (p139).

Il parcheggio e il punto di partenza del sentiero si trovano a circa 30-45 minuti di cammino dalle colline, una salita abbastanza faticosa per tutto il percorso, ma l'escursione è gratificante quanto la destinazione, con splendide vedute dei pendii ricoperti di pini e molti fiori selvatici (in stagione) lungo il cammino. Se siete appassionati di botanica, chiedete alla vostra guida di indicarvi le nepente, piante carnivore autoctone che costeggiano parte del sentiero. È facile non notarle e sono affascinanti dal punto di vista biologico poiché la maggior parte cresce in terreni umidi e paludosi. Anche qui dovrete registrarvi e pagare una piccola tariffa di accesso. A metà percorso si trovano dei venditori di bevande, snack e souvenir. Non si può camminare sulle colline stesse, ma è possibile avvicinarsi abbastanza per scattare un bel selfie con il turchese sullo sfondo.

Meraviglie geologiche

Tra grotte e cascate

Gli stessi fenomeni geologici che rendono così pericolose le strade di accesso nella zona regalano esperienze emozionanti una volta arrivati. Queste montagne per lo più calcaree sono facilmente erose dall'acqua, che crea incredibili sistemi di grotte, una grande attrattiva per gli speleologi. Potete iniziare dalle popolari **Sumaging Cave** e **Balangagan Cave** o cercare una guida per la **Cave Connection**, una stretta galleria che collega due grotte distinte.

Se la speleologia non è esattamente il vostro genere, potete fare trekking fino alle vicine cascate e piscine naturali come le **Obwa Falls**, **Pongas Falls**, **Bokong Falls** e **Bomod-Ok Falls**. Che indossiate un casco con la torcia o bikini e crema solare, il divertimento è assicurato.

Bokong Falls

PERCHÉ AMO SAGADA

Ray Bartlett, autore Lonely Planet

Parte del motivo per cui amo Sagada è la difficoltà di arrivarci: ore di viaggio su strade tortuose con salite e discese ripide, ma con la ricompensa di una bellezza mozzafiato a ogni angolo.
Le bare sospese sono affascinanti, come pure tutte le altre attrattive. Amo anche il fatto che Sagada sia remota, selvaggia e, nonostante il turismo, ancora un luogo molto tranquillo e piacevole, che pare indomito. Una volta, partendo più tardi del previsto, ben dopo il tramonto, ho scrutato l'oscurità e ho visto delle luci così in basso che per un attimo mi è sembrato di essere su un aereo che stava per atterrare. Mi trovavo talmente in alto. E le luci erano così in basso.

COSA SCEGLIERE

Le risaie terrazzate della Cordillera

Le spettacolari risaie terrazzate della regione di Ifugao sono per molti l'unico motivo per venire a North Luzon. Scolpite su pendii rigogliosi e ripidissimi, si estendono come un anfiteatro regalando panorami mozzafiato. Cinque di esse godono della tutela dell'UNESCO: Batad, Bangaan, Hungduan, Nagacadan e Mayoyao. Nella zona di Ifugao si possono ancora incontrare persone che indossano abiti tradizionali indigeni come perizomi e copricapo con le piume.

Dove andare se vi piace...

Splendide foto

C'è un che di magico in queste terrazze, soprattutto se non ne avete già viste altre in altre zone dell'Asia. Il connubio tra il verde brillante e la superficie vitrea dell'acqua, specie dall'alto dei punti panoramici, è un'ottima ragione per portarsi la reflex digitale con un obiettivo abbastanza ampio da catturare tutto il panorama. **Batad**, **Bangaan**, **Hapao**, **Kiangan** e **Mayoyao** sono posti magnifici. Le foto migliori sono quelle scattate da un punto di osservazione relativamente alto, con lo sguardo rivolto verso la valle sottostante e le pareti delle terrazze che fanno delle montagne una vera e propria cartina topografica.

COCO_PHOTOGRAPHY/SHUTTERSTOCK ©

Risaie terrazzate, Batad

Trekking

Se amate le escursioni, puntate verso lo splendido anfiteatro di **Batad**. Il villaggio si trova alla base delle pareti terrazzate, e una volta arrivati si possono organizzare numerosi trekking sui pendii. Altre opzioni includono un'escursione di un giorno (serve una guida) che inizia a **Ngibat**, passa da **Butbut** e **Loccong** e termina a **Buscalan**. È una giornata impegnativa con alcuni tratti ripidi, ma la ricompensa è scoprire una regione che i visitatori della Cordillera vedono di rado, passando per villaggi tradizionali e splendide risaie terrazzate con muretti di pietra.

Panorami accessibili

Alcuni degli spettacoli più maestosi sono raggiungibili solo a piedi tramite sentieri stretti e accidentati, ma lungo la strada ci sono numerosi punti dove fermare l'auto (con cautela). Nella vivace **Banaue** troverete anche alcuni punti indicati da cui ammirare la vastità e la grandiosità della valle. Il piccolo caffè annesso al **Banaue Museum** (p144) ha tavoli disposti in modo da bere qualcosa è ammirando il panorama.

Cascate

Se siete stanchi di risaie o avete bisogno di una pausa, potete fare il bagno nelle fresche e piacevoli acque delle **Tappiya Falls** (un'escursione impegnativa da Batad), **Tenogtog Falls**, **Tobac Falls** e **Mungkilat Falls** (una ripida camminata in salita di due ore; è richiesta la guida). Le ultime due si trovano a Hapao, dove ci sono anche magnifiche risaie terrazzate. Non nuotate mai direttamente sotto una cascata: le correnti ingannevoli hanno causato annegamenti.

HIJODEPONGGOL/SHUTTERSTOCK ©

Tappiya Falls

Risaie terrazzate, Banaue

QUALCHE INFORMAZIONE

Prima di andare
I fotografi che intendono immortalare determinati panorami, per esempio la superficie vitrea dell'acqua, verifichino qual è il momento giusto prima di prenotare il volo.

Quando andare
Le terrazze sono splendide in ogni periodo dell'anno, ma variano molto in base alla semina e al raccolto, passando da specchi verdi a campi secchi marroni. Di rado la nebbia ostacola la vista.

Prenotazioni
Le guesthouse più note possono esaurire i posti con mesi di anticipo, e può essere impossibile trovare una guida.

Costi
Organizzatevi per pagare in contanti quasi tutto, e ricordatevi di inserire nel budget il costo della guida e le mance.

Trovare le guide e altre informazioni

Alcune risaie terrazzate si possono ammirare per conto proprio dal ciglio della strada o a distanza, ma spesso è utile avere una guida, che in alcuni casi può essere obbligatoria. Molti dei siti più belli sono tutelati dall'UNESCO e l'aumento dei visitatori comporta la necessità di trattare con rispetto i sentieri, le terrazze e le case private. Chiedete sempre il permesso di fotografare le persone, soprattutto se indossano abiti tribali. Farsi pagare da chi scatta fotografie può rappresentare una parte importante del loro reddito.

Cercate una guida con largo anticipo se ne avete in mente una in particolare o se visitate la zona per fare fotografie. Scegliere le condizioni e il momento giusto fa una grande differenza in termini di bellezza dei panorami. Il Banaue Municipal Tourist Information Centre (banaue.gov.ph) è un'ottima risorsa per trovare guide disponibili. Le tariffe per le visite brevi variano da P200 a P700, per una giornata intera calcolate di pagare P1200-1500 a seconda della località. Tenete presente che nei luoghi più frequentati potrete essere avvicinati da persone che offrono servizi di guida aggirando le leggi e creandovi problemi. Le guide ufficiali vi registreranno e dovrete pagare una tassa di P20-50 per i villaggi, destinata (almeno in teoria) alla conservazione futura di questa incredibile risorsa.

Dintorni di Sagada

TRASPORTI LOCALI

I trasporti pubblici sono numerosi. Gli autobus effettuano corse regolari sfrecciando a velocità da far accapponare la pelle lungo la rete di strade impervie che collegano i piccoli villaggi e le città della Cordillera. Anche i jeepney coprono questi collegamenti. Un veicolo privato vi consentirà di godervi un ritmo più lento e di fermarvi lungo il percorso per qualche foto, ma tenete presente che le continue frane e il traffico intenso rendono la guida un'impresa.

Fuori da Sagada si estende la vasta e selvaggia Cordillera, misteriosa e spesso inesplorata.

Se non le vedi non ci credi: così si potrebbero riassumere le ripide montagne verdi della Cordillera, che regalano un viaggio davvero meraviglioso. Con le sue curve continue e le impervie salite e discese, la strada richiede costante attenzione anche ai guidatori più esperti. Ma se riuscirete ad affrontarla, vedrete villaggi in cui le mummie sono ancora sepolte nelle pareti rocciose, con la pelle tatuata ben visibile, e risaie terrazzate così spettacolari da essere state dichiarate patrimonio dell'UNESCO, nonostante molti agricoltori si stiano gradualmente convertendo a colture con più di due raccolti. Se chiedete della Cordillera alla gente del posto, vi dirà che è una risorsa preziosa. Non potrete che essere d'accordo.

Ifugao

DA SAGADA: **1-3 H**

Cacciatori di teste, rituali e credenze

Per molti occidentali non c'è nulla di più spaventoso e selvaggio dei cacciatori di teste, una pratica seguita a North Luzon per secoli e interrotta solo circa cento anni fa. Eccellenti musei offrono interessanti spaccati del passato della regione di Ifugao.

Banaue è un villaggio facile da visitare, con un piccolo **museo** situato in cima a una strada ripidissima che domina le splendide risaie terrazzate. Ospita un'interessante collezione di oggetti in legno, cesti e fotografie e illustra alcuni rituali funebri degli ifugao. Il defunto veniva posto su una sedia: se la morte era stata naturale, gli si faceva visita, ma se era stato assassinato veniva ignorato. Per certi versi questa regione era simile alla vicina Sagada (p138), in quanto la morte non veniva nascosta, ma occupava un posto centrale della vita della gente. Per quanto modesta, la collezione include flauti da naso, abiti e varie lance per la caccia e per uso rituale.

Il **Bontoc Museum** custodisce oggetti lugubri o addirittura macabri realizzati con ossa umane, come per esempio mazze da gong fatte con ossa di mandibole e cesti usati per tra-

Banaue Museum

sportare teste umane decapitate. Vi troverete anche capi di abbigliamento tribali come perizomi e impermeabili di corteccia. Nel villaggio potreste anche trovare un paio di anziani che indossano gli abiti tradizionali. Nel museo ci sono poche informazioni, quindi chiedete al personale di spiegarvi gli oggetti o valutate l'idea di andarci con una guida esperta, come quella suggerita dal **Banaue Municipal Tourist Information Centre** (p143).

Kabayan

DA SAGADA: **3-4 H**

Le incredibili mummie tatuate

A circa metà strada tra Sagada e la vivace Baguio si trova un piccolo villaggio chiamato Kabayan, un posto modesto che potrebbe anche essere ignorato se non fosse per il suo metodo di sepoltura tradizionale, ovvero la mummificazione. Una guida può condurvi alla **Apo Anno Cave**, dove un custode sorveglia una mummia di nome Anno collocata in una bara foderata di bianco costruita di recente e posta sotto una grande roccia. Per visitare la grotta si impiegano circa due ore e mezza, anche tre, e solo 10 minuti circa sono dedicati a osservare la mummia. Ma ne vale la pena, poiché il percorso si snoda tra campi e case rurali e la guida racconta aneddoti divertenti. Per trovare una guida rivolgetevi al **Pine Cone Lodge** (p146) a Kabalyan, che offre anche vitto e alloggio.

LA CELEBRE TATUATRICE DI KALINGA

Maria Whang-Od (scritto anche Fang-Od) Oggay è forse la tatuatrice più famosa al mondo e forse anche la più vecchia. Rinomata come l'ultima *mambabatok*, o artista del tatuaggio kalinga, segue il procedimento tradizionale, con inchiostro preparato con il carbone e una spina dell'albero del pomelo, per realizzare elaborati tatuaggi su leader tribali, capi villaggio e altri membri della comunità. All'età di 106 anni (al momento delle nostre ricerche) continua a ricevere clienti e realizza tatuaggi semplici, mentre le sue nipoti, che stanno imparando il mestiere, sono incaricate di quelli più complessi. Oltre alla sua fama di tatuatrice, è anche la persona più vecchia a essere mai apparsa sulla copertina di *Vogue*.

LA MISTERIOSA KABAYAN

Ryan Baldino è una guida locale (facebook.com/localnativeryan)

Se possibile, consiglio di fare un trekking sul Mt Pulag, un luogo magnifico con laghi di montagna considerato sacro dagli abitanti di Kabayan, per i quali è la dimora degli dèi. Se siete interessati alle mummie, visitate la **Tinongchol Burial Rock**, una roccia sepolcrale con cavità all'interno delle quali sono state collocate diverse mummie. Queste mummie non sono state spostate dalla loro posizione originale, quindi consentono di conoscere le usanze locali. Anche la **Timbac Cave** e le mummie di Pongasan sono interessanti, ma attualmente questi siti sono chiusi, anche se ci auguriamo che riaprano presto. L'**Opdas Mass Burial Cave** è un altro sito interessante, con file su file di teschi e ossa.

L'**Opdas Mass Burial Cave** a Kabayan ha centinaia di teschi impilati l'uno sull'altro. Un cartello scritto a mano dice che in base alla datazione al carbonio i resti hanno tra i 500 e i 1000 anni. È gradita una donazione poiché il sito si trova in una proprietà privata.

La guida sarà in grado di dirvi quali altri siti di sepoltura sono aperti; tra le opzioni vi sono le **Timbac Caves** (chiuse al momento delle nostre ricerche), la **Tinongchol Burial Rock**, che richiede un'ora di cammino, e le **Bangao Mummy Caves**, un altro sito nei paraggi (chiuso al momento delle nostre ricerche) che include la **Pongasan Cave**, con cinque mummie all'interno. In ogni sito siate rispettosi dei cartelli, delle proprietà private e dei defunti. C'è qualcosa di commovente e che ispira persino tenerezza in questi corpi in posizione fetale con i tatuaggi ancora visibili, esposti per l'eternità a chiunque passi di lì.

Opdas Mass Burial Cave

PASTI NEI DINTORNI DI SAGADA

Hillside Inn
Una semplice guesthouse a Banaue che serve eccellenti *shakshuka* (uova in camicia in salsa di pomodoro) e piatti filippini. $

Bajons
Un locale a Kabayan noto per il suo buffet con una decina di piatti che vanno dal maiale *sisig* (popolare tra gli occidentali) alle verdure saltate in padella. $

Pine Cone Lodge
Questo lodge di tronchi a Kabayan offre camere e pasti con mix di piatti occidentali e filippini. $$

Sanafe Lodge & Restaurant
Una guesthouse a Banaue con eccellente *bangus* (pesce latte), un patio e vista sulle risaie terrazzate. Ottimo il riso al curry. $$

Pagudpud

SPIAGGE | IMMERSIONI E SNORKELLING | MULINI

La tranquilla Pagudpud, all'estremità nord-occidentale di Luzon, è un paradiso per i filippini in cerca di relax. Di recente è diventata anche la capitale dell'energia eolica della regione, con alti mulini a vento su ogni collina o cresta disponibile. Le spiagge di sabbia bianca orlate di palme creano un interessante contrasto con le moderne pale eoliche. L'energia eolica ha portato un'importante fonte di reddito a un'area che un tempo dipendeva esclusivamente dal turismo e dalla pesca. Oggi avrete la stessa probabilità di chiacchierare con un meccanico di turbine o un turista di Manila. Lungo la costa si susseguono i resort più apprezzati, che offrono pasti e camere a due passi dalla spiaggia. Le opzioni meno costose si trovano lontano dal mare, ma sono comunque facili da raggiungere a piedi o in triciclo. Se volete oziare e non fare nulla per qualche giorno, siete nel posto giusto.

TRASPORTI LOCALI

Arrivare a Pagudpud da Manila con i mezzi pubblici è un lungo viaggio (circa 10 ore, a seconda del traffico). La città è servita da frequenti autobus e da jeepney in partenza da località situate a sud come Vigan e Laoag. Quest'ultima è sede del più vicino (e unico) aeroporto pubblico, quindi potete prendere un volo per il Laoag International e poi proseguire via terra (circa 90 minuti).

Vita da spiaggia

Le incantevoli spiagge di Pagudpud

Se avete fatto il lungo viaggio via terra da Manila fino a qui (10 ore di auto), la vista dell'acqua azzurra e delle spiagge di sabbia ha un che di inebriante e dissolve lo stress. La splendida baia, le fregate che si librano in volo, le onde leggere che lambiscono le pozze di marea sono uno spettacolo quasi surreale. Non aspettatevi infinity pool nei resort: qui si dà per scontato che preferirete nuotare in quella infinity pool che è il Pacifico. I resort sorgono uno accanto all'altro lungo le sezioni rocciose della costa. Il fatto che siano così vicini tra loro rende un po' più difficile immaginarsi di essere soli su un'isola deserta, ma è ideale per fare nuove amicizie o osservare

PER SAPERNE DI PIÙ SULLA GUERRA

Potrete conoscere meglio il ruolo svolto dalle Filippine nella seconda guerra mondiale nell'approfondimento 'Storia delle Filippine in 15 luoghi' (p408). Luzon era un obiettivo chiave per l'occupazione giapponese e un importante avamposto americano.

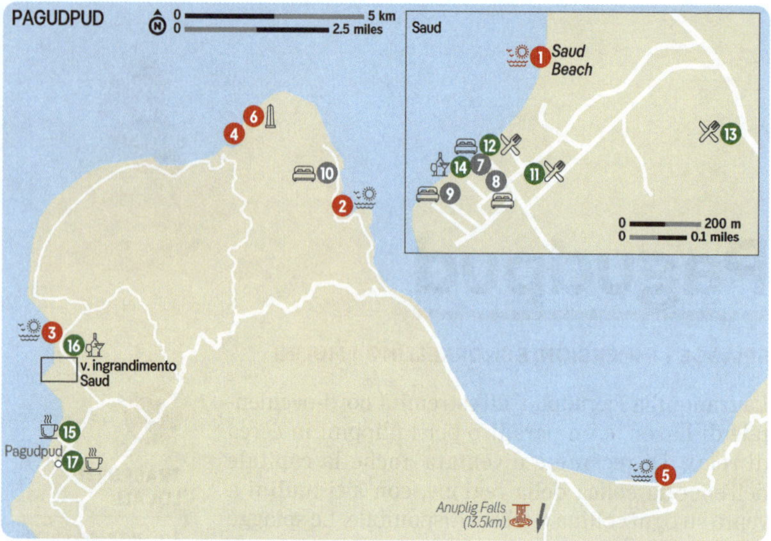

DA NON PERDERE
1 Saud Beach

DA VEDERE
2 Blue Lagoon
3 Cabasaan Beach
4 Caunayan Bay
5 Pasaleng Beach
6 Stingray Memorial

PERNOTTAMENTO
7 Apo Idon
8 Evangeline Beach Resort
9 Jun & Carol Beach Resort
10 Kapuluan Vista Resort

PASTI
11 Casa Victoria Resort and Restaurant
12 Coco Bar & Grill
13 Prince-Kenth Bulalohan

LOCALI E VITA NOTTURNA
14 Emohruo Beach Restobar
15 Koozi Place Milktea House
16 Tartaruga's Hotel and Restaurant
17 Vis-a-vis Lounge

IL CONSIGLIO

Molti ne fanno a meno, ma una muta intera o almeno una rashguard può aiutare a prevenire le punture delle meduse, a volte presenti in queste acque. Si solito non sono pericolose, ma possono causare un'eruzione cutanea pruriginosa o dolorosa.

gli altri mentre si sorseggia un cocktail servito in una noce di cocco (o *buko*, come si chiama da queste parti) dal patio di un ristorante.

La spiaggia è splendida, e grazie al cielo non è disturbata dal solito traffico di barche da parasailing, banana boat e navi da crociera. Vedrete per lo più famiglie e coppie che fanno il bagno, costruiscono castelli di sabbia e prendono il sole. Volendo, potete infilarvi il boccaglio e osservare la miriade di pesci e altre creature marine che si celano sotto la superficie. Oppure stendete il telo da mare, prendete un libro o il vostro e-reader e godetevi il sole sotto lo sguardo benevolo degli alti mulini a vento.

PASTI A PAGUDPUD

Prince-Kenth Bulalohan
Non sorprende che il miglior rapporto qualità-prezzo si trovi sulla strada principale, lontano dalla spiaggia. Un'ampia scelta di piatti a prezzi stracciati. **$**

Evangeline Beach Resort
Il ristorante di questo resort serve un buon mix di piatti occidentali e filippini, insalate e dessert. Evitate il caffè e i cocktail. **$$**

Casa Victoria Resort and Restaurant
Cibi locali autentici e specialità ilocano, oltre a discreti piatti occidentali. **$$**

Coco Bar & Grill
Qui si paga più per la vicinanza a Saud Beach che per la qualità del cibo, ma ne vale la pena. **$$$**

Cascate immerse nella giungla

Meraviglie acquatiche nascoste

Per raggiungere queste due cascate impiegherete un bel po' di tempo, soprattutto se non disponete di un mezzo privato, poiché si trovano fuori da sentieri più battuti. Dovrete percorrere la ventosa highway fino ad **Adams**, dove dovrete registrarvi all'ingresso e pagare una piccola tariffa. Chiedete di farvi accompagnare da una guida oppure un passaggio se non siete dotati di un mezzo.

Ad Adams si esce dalla strada costiera per percorrere un tragitto in saliscendi tra campi coltivati e suggestivi paesaggi della giungla. Arriverete infine a un parcheggio dove dovrete scegliere tra un sentiero lungo e uno breve. Quello lungo porta alle **Anuplig Falls** e richiede una traversata del fiume a volte difficoltosa, per quanto entrambi i sentieri possano essere piuttosto scivolosi anche in assenza di piogge recenti.

Ciascun percorso porta a una splendida piscina naturale e a una cascata scrosciante ma, non a caso, il sentiero più breve è anche quello più affollato. Se volete davvero evadere, sceglietequello meno battuto: farà una grande differenza. L'acqua è freddissima, ma dopo una lunga escursione nel clima caldo e umido e tutto il tempo trascorso in auto vi darà una sferzata rigenerante.

PHOTOGRAPHY BY JEREMY VILLASIS, PHILIPPINES/GETTY IMAGES ©

Saud Beach

MIGLIORI SPIAGGE A PAGUDPUD

Saud Beach
Gran parte dell'azione si svolge qui, su questa striscia arcuata di sabbia bianca orlata da resort e palme. I punti rocciosi riservano grandi scoperte a chi ama esplorare le pozze di marea.

Blue Lagoon
Spiaggia spettacolare con finissima sabbia bianca e splendide acque azzurre. Ideale anche per lo snorkelling.

Pasaleng Beach
La spiaggia più lontana di Pagudpud si trova vicino al confine della provincia di Cagayan ed è frequentata soprattutto da bangka e barche da pesca.

Cabasaan Beach
Eccellente per fare kitesurf grazie alle forti brezze.

Caunayan Bay
Un'area appartata prediletta da pescatori e campeggiatori locali. Qui durante la guerra sbarcò il sottomarino americano *Stingray* (p410).

LOCALI A PAGUDPUD

Cartina p148

Vis-a-vis Lounge
È difficile trovare un buon caffè a Pagudpud. Il Vis-a-vis offre una varietà di opzioni calde e fredde tutte bevibili. $

Koozi Place Milktea House
Se amate il tè – e in particolare il tè al latte – venite in questo locale, che offre un'ampia scelta servita col sorriso. $

Emohruo Beach Restobar
Saltate l'ordinazione del cibo e venite qui solo per i cocktail. Il servizio è lento, ma la vista su Saud Beach compensa ampiamente. $$

Tartaruga's Hotel and Restaurant
Un bel locale sulla strada principale per Saud Beach, con servizio eccellente, bagni puliti e buoni cocktail. $$

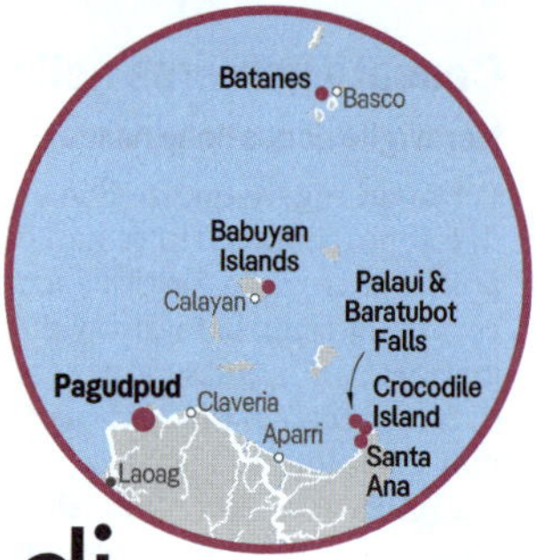

Dintorni di Pagudpud

A nord di Pagudpud si trovano le isole più preziose delle Filippine: le Batanes. Restando sulla terraferma troverete città di pescatori autentiche e splendidi paesaggi rurali.

Basta nominare le Batanes e gli occhi dei filippini assumono uno sguardo sognante come se avessero appena assaporato il loro dolce preferito. "Ah, le Batanes, che meraviglia", esclamano. Se riuscite a raggiungerle (si trovano talmente a nord che in realtà sono appena a sud di Taiwan), non vorrete più lasciarle. Prevedete almeno un paio di notti o, meglio ancora, una settimana o più se volete esplorarle. Il paesaggio è spettacolare: coste aspre baciate dal mare, spiagge di sabbia e dolci colline verdi. Restando a Luzon potete andare a Santa Ana, tranquilla cittadina di pescatori con bei resort sulla spiaggia.

Batanes

DA MANILA: **1 H**

Visita al 'gioiello' delle Filippine

Alle **Batanes** l'erba è più verde e l'acqua è più blu. Il mare invita a spogliarsi e a fare un tuffo. Le spiagge di sabbia bianca e nera sono immagini da cartolina e di notte non c'è criminalità, nemmeno nella vivace città di Basco – si sente solo il canto dei tanti galli, l'abbaiare dei cani e gli occasionali miagolii dei gatti. È tutto così perfetto che inizierete quasi a preoccuparvi. Ma è davvero tutto perfetto. Se volete un esempio di quanto la gente si fidi degli altri qui alle Batanes, andate all'**Honesty Coffee Shop**, proprio vicino al molo a Ivana. Non ci sono camerieri, non c'è il proprietario, anzi, non c'è proprio nessuno. La porta è aperta per chiunque voglia entrare, il menu riporta i prezzi e c'è una scatola con una fessura in cui mettere i soldi dopo aver preso caffè, tè, dolci o qualsiasi altra cosa si desideri. Ricordatevi solo di pulire e riordinare quando avete finito, ma in compenso non dovrete lasciare la mancia.

Anche se potete visitare solo la città principale, Basco, assumete una guida – rivolgetevi al vostro hotel o al **Baletin Ho-**

TRASPORTI LOCALI

Per raggiungere l'arcipelago delle Batanes dovrete prendere una barca o un aereo. Una volta arrivati nel capoluogo Basco, in un paio d'ore potrete fare il giro dell'isola principale di Batan (dove si trova l'aeroporto) in triciclo, ma poi dovrete prendere un traghetto per raggiungere le altre isole (ce ne sono 10 in tutto). Per gli spostamenti sulla terraferma organizzatevi con un veicolo privato o ricorrete ad autobus o jeepney. L'aeroporto di Tuguegarao e il Cagayan North International Airport sono gli aeroporti più vicini, ma al momento quest'ultimo è servito da voli poco frequenti.

Rovine, Songsong

metel – e fate un tour dell'isola. Potrete scegliere tra quello a nord e quello a sud, ma se avete tempo (e davvero, se venite fin qui, calcolate tutto il tempo necessario), optate per l'intero pacchetto. Passerete gran parte della giornata su un triciclo, fermandovi in splendide baie, villaggi con chiese interessanti o luoghi storici, bunker e tunnel giapponesi e spiagge che farebbero sognare anche l'agente di viaggio più smaliziato. Vedrete formazioni rocciose, fattorie e il delizioso **Batanes Area National Museum** sulla costa orientale dell'isola. Particolarmente suggestive sono le rovine di **Songsong**, una città fantasma da quando uno tsunami negli anni '50 distrusse l'intero villaggio.

Santa Ana

DA PAGUDPUD: **4 H**

Una tranquilla cittadina di pescatori

Santa Ana, situata nell'angolo nord-orientale di Luzon, è costituita per lo più da placide risaie, palme da cocco, canali, fiumi e fossati di irrigazione. Alcuni resort sulla spiaggia rendono la regione una meta turistica soprattutto per chi arriva da Manila o da altre parti delle Filippine. La città di **San Vicente** è la più grande metropoli per chilometri, ed è piuttosto piccola.

Al molo della comunità si trovano alcune bangka molto fotogeniche; se siete interessati, potete chiedere che vi portino in qualche isola. **Crocodile Island** si chiama così non perché ci sono i coccodrilli, ma perché ne ha la forma. Alcune spiag-

SPIRITO COMUNITARIO

Le Batanes non sono splendide solo per i loro paesaggi, ma anche per la loro società, una delle più pacifiche ed egualitarie del mondo. Forse perché le isole sono spesso soggette a tifoni e mare mosso, gli abitanti delle Batanes hanno un forte spirito comunitario. Secondo un aneddoto raccontato con orgoglio dalla gente del posto, in seguito a un violento tifone che investì l'isola, il governo inviò pochi giorni dopo aiuti e truppe, che però constatarono con grande stupore che i tetti e gli edifici danneggiati erano quasi stati riparati. Prima ancora che i venti si calmassero del tutto, l'intera comunità era impegnata a riparare le case dei vicini, a prendersi cura degli sfollati e a sistemare fattorie e recinzioni. La terra e il cibo sono spesso condivisi tra chi possiede qualcosa e chi non ha nulla.

GUARDARE MA NON TOCCARE: ANIMALI MARINI PERICOLOSI

Cubomedusa
Una delle meduse più velenose al mondo: i suoi tentacoli dolorosi possono uccidere in pochi minuti.

Polpo dagli anelli blu
Piccolo e grazioso, con vivaci anelli blu: quasi tutti i morsi si verificano perché la gente lo prende in mano e ci gioca, per poi farne le spese.

Lumaca cono
Questi splendidi molluschi possono iniettare un veleno mortale. Quasi sempre gli incidenti si verificano quando collezionisti di conchiglie scambiano per morta una conchiglia viva.

Canocchia
Questi strani crostacei possono colpire con estrema velocità.

Corallo di fuoco
Non è un vero corallo (e in ogni caso i coralli non andrebbero toccati), ma un parente della medusa che se toccato rilascia un veleno molto doloroso.

Crocodile Island (p151)

ge appartate attirano a volte i turisti a **Palaui**, la più grande tra le isole vicine, dove sono state girate diverse stagioni di *Survivor*. Le **Baratubot Falls** sono una bella destinazione per chi ama l'avventura poiché richiedono una traversata in barca attraverso paludi di mangrovie fino all'inizio del sentiero e il passaggio su alcuni ponti piuttosto impegnativi (meglio assumere una guida sull'isola o prima di partire da San Vicente, al molo). Le cascate non sono particolarmente alte o spettacolari ma sono belle e il divertimento è il viaggio, non la destinazione (come nella vita, peraltro). Gli appassionati di birdwatching troveranno molti esemplari interessanti, sia nelle risaie in campagna sia nelle zone costiere.

Babuyan Islands

Sorgenti calde, snorkelling e grotte

Scrutando il mare verso nord dalla terraferma vedrete delle isole che sono troppo vicine per essere le Batanes. In effetti si tratta delle **Babuyan**, 24 isolotti vulcanici situati tra Santa Ana e le Batanes. Cinque isole sono abitate, le altre sono un mix di grotte, scogliere, spiagge e siti di snorkelling. Ci sono perfino delle sorgenti calde in cui immergersi, grazie alle origini vulcaniche delle isole. Se volete raggiungerle, potete noleggiare una bangka ai moli di San Vicente, oppure prendere il traghetto passeggeri che (tempo permettendo) effettua alcune traversate alla settimana dallo stesso porto. Evitate la stagione dei tifoni (da agosto a ottobre), poiché l'oceano è troppo agitato per la navigazione e può restare così per giorni.

Baler

SPIAGGE | PARADISO DEL SURF | RELAX

Baler conquistò fama internazionale con l'uscita nelle sale del film *Apocalypse Now* in quanto cornice dell'iconica scena in cui il colonnello Kilgore fa bombardare un'intera regione con il napalm perché il surfista del suo plotone possa cavalcare le onde. Il surfista non è nemmeno tanto entusiasta di uscire in mare, ma questo non è un deterrente per Kilgore, che fa intervenire gli elicotteri. Le esplosioni infernali di quella scena sono ormai lontane, ma Baler è rimasta una destinazione per il surf grazie ai suoi beach break e right-hander. Veniteci per le onde, il mare e una tranquilla atmosfera vacanziera. Nonostante alcuni buoni ristoranti e un paio di attrazioni, non è azzardato dire che Baler è persino un po' noiosa, ma inteso come complimento.

Tutti pazzi per il surf

Con la tavola sulle onde

Se siete tra i tanti che hanno sempre voluto provare a fare surf, ma temete che sia troppo impegnativo e troppo tecnico o che i locali non siano disponibili a farvi salire su un'onda, allora Baler è il posto perfetto per imparare. Il beach break è ampio, una magnifica curva così dolce che per andare da un'estremità all'altra bisognerebbe guidare per mezz'ora. Nelle condizioni giuste si può surfare praticamente in qualsiasi punto, con i banchi di sabbia sotto la superficie che si spostano leggermente a causa delle tempeste. Le onde generalmente tranquille, la sabbia soffice e l'atmosfera rilassata ne fanno un luogo ideale per prendere lezioni o semplicemente imbracciare una tavola e divertirsi in acqua per un po'.

TRASPORTI LOCALI

Situate a un giorno di auto da Manila, le aree turistiche di Baler si trovano per lo più sulla spiaggia o nelle vicinanze, quindi una volta arrivati ci si può spostare quasi solo a piedi, in bicicletta o, in caso di necessità, in triciclo. Per le cascate è necessario un veicolo a motore, mentre i surfisti esperti avranno bisogno di un mezzo non solo per raggiungere la spiaggia, ma anche per trasportare la tavola. Per questo, anche se a volte può sembrare eccessivo, un veicolo privato può tornare utile. La città è servita regolarmente da jeepney e autobus.

DA VEDERE
1 Cemento Beach

ATTIVITÀ, CORSI E TOUR
2 Charlie's Point
3 Nalu Surf Camp
4 Sabang Beach

PERNOTTAMENTO
5 Costa Pacifica
6 Hiraya Baler Beachfront Cabanas
7 Vista Aurora

PASTI
8 Chef Gerry's Picnic Bay
9 Playa Azul Baler
10 Ram's Tapsilog

LOCALI E VITA NOTTURNA
11 Baler-Ortus Restaurant and Bar
12 Kubli Bistro
13 Station 15 Bar
14 Yellow Fin Bar & Grill

IL CONSIGLIO

Se vi fermate qualche giorno, vi conviene noleggiare una tavola per la settimana invece che al giorno o all'ora. In questo modo avrete una tariffa scontata e sarete liberi di uscire in mare quando volete senza dover aspettare l'apertura dei negozi.

I surfisti esperti potrebbero trovare la spiaggia di Baler un po' deludente, soprattutto se non c'è una grande mareggiata. In questo caso dirigetevi verso i point break a nord e a sud, oppure caricate la tavola sul vostro veicolo e andate in cerca della vostra onda. Se venite qui a febbraio, potreste programmare la visita in concomitanza con l'**Aurora Surfing Cup**, che richiama surfisti da tutta l'Asia in una competizione piacevole e rilassata. L'evento prevede perfino una 'Surfing Clinic' gratuita gestita da surfisti esperti che offrono il proprio tempo per aiutare i principianti ad avvicinarsi a questo sport incredibile. Organizzatevi portando una rashguard poiché la paraffina può irritare la pelle, e non pensiate che sia facile come sembra. Tornati in alber-

PASTI A BALER

Yellow Fin Bar & Grill
Un frequentato locale centrale con un'ampia scelta di piatti per lo più filippini. Sarà difficile resistere alla tentazione di allungare qualche boccone a uno dei tanti gatti che si aggirano. **$**

Ram's Tapsilog
Cibo economico, saporito e sostanzioso. Ram's Tapsilog offre solo specialità filippine, ma è un punto di riferimento a Baler fin dal 2008. **$**

Chef Gerry's Picnic Bay
Ottima cucina casalinga filippina a buon prezzo con un'altrettanto fantastica vista sul mare. **$**

Playa Azul Baler
Un hotel squadrato con un bel ristorante al 1° piano dalla vista impagabile sul mare. Perfetto per la prima colazione guardando sorgere il sole. **$$**

go, potreste scoprire che muscoli che non sapevate di avere sono improvvisamente doloranti. Potete noleggiare la tavola nel vostro hotel o resort, o nei chioschi di surf sulla spiaggia. Il **Nalu Surf Camp** può indicarvi il posto giusto se non è in grado di fornirvi ciò che vi serve.

ALEXEY KORNYLYEV/ALAMY STOCK PHOTO ©

Sabang Beach

MIGLIORI BREAK DI BALER

Sabang Beach
Può diventare melmosa o essere chiusa a seconda del vento, ma quando le condizioni sono buone è idilliaca.

Cemento Beach
Le onde di Cemento (che prendono il nome dal molo vicino a cui si frangono) sono decisamente inadatte ai principianti: si tratta di un infido reef break, e se cadete nel momento sbagliato potreste farvi molto male.

Lindy's Point
Uno spot divertente a nord della città: le acque impetuose del fiume si riversano nella baia creando onde consistenti e prevedibili che, nelle condizioni giuste, possono diventare overhead o più grandi.

Charlie's Point
Lo spot usato nel film *Apocalypse Now*: i locali dicono che le tavole non se ne sono mai andate.

Lobbot's Point
Beach break da destra e da sinistra adatti a principianti e intermedi.

LOCALI A BALER

Cartina p154

Playa Azul Baler
Qui il caffè non sarà all'altezza di quello che bevete a casa, ma sembra più buono quando guardate il panorama. **$$**

Kubli Bistro
Lasciate perdere il cibo e scegliete un cocktail, per esempio il 'Night Surfer', o altri drink. **$$**

Station 15 Bar
Richiama una cordiale clientela LGBTIQ+ con birra a prezzi bassi versata in bicchieri rossi, un vivace tavolo da biliardo e attività come il beer pong. **$$**

Baler-Ortus Restaurant and Bar
Offre una discreta scelta di sakè, oltre a tempura e saporiti edamame (fagioli di soia bolliti). **$$**

Dintorni di Baler

A nord di Baler si estende il Northern Sierra Madre Natural Park. Selvaggio e indomito, è meta di scienziati, ricercatori e amanti dell'avventura.

Località
Palanan p156

TRASPORTI LOCALI

Questa regione remota è accessibile esclusivamente per mezzo di barche o aerei a noleggio – non esistono grandi strade asfaltate, anche se si prevede di costruirne una in futuro. Una volta arrivati, indossate gli scarponi da trekking poiché vi sposterete per lo più a piedi, a meno che non decidiate di rilassarvi in uno dei resort.

Non c'è nessun luogo più remoto del Northern Sierra Madre Natural Park, una regione protetta per lo più disabitata grande quanto la Svizzera, che include la catena montuosa più lunga delle Filippine e fino al 60% delle specie vegetali del paese. Per questo motivo è un luogo molto ambito da ricercatori, botanici e biologi, e rimane poco frequentato dai viaggiatori. Il suo tratto costiero è abitato dai dumagat, popolo seminomade appartenente al ceppo dei negritos che da millenni mantiene il suo stile di vita dedito alla pesca, alla caccia e alla raccolta. La città più grande della regione è Palanan, dove si stabilirono i ribelli della rivoluzione filippina.

Palanan

DA MANILA: **90 MIN**

Trekking nella natura incontaminata

Dovreste trovarvi in una navicella spaziale per essere più lontani dalla società che in una spedizione di trekking nel **Northern Sierra Madre Natural Park**. Al parco si accede da **Palanan**, una cittadina a sua volta così remota che per arrivarci bisogna noleggiare una barca o un aereo. Una volta sul posto, cercate di assumere una guida alla vecchia maniera: chiedendo in giro e informandovi presso il municipio. Questa è un'avventura fai-da-te: forse dovrete essere creativi e mettere in preventivo un po' di tempo in più per definire i dettagli. Trovata la guida, sarete pronti per mettervi in cammino.

Qui la giungla è fitta e i sentieri di montagna sono ripidi, ma la natura selvaggia e incontaminata è davvero incredibile. Vedrete una grande varietà di specie vegetali, che in alcuni casi esistono fin dai tempi dei dinosauri. Gimnosperme giganti, felci insolite di ogni tipo, orchidee straordinarie e molti altri alberi, rampicanti e piante. La regione presenta un'incredibile diversità geografica: può ospitare tartarughe marine e pesci in via di estinzione nei bassi fondali tropicali, mentre le sue cime montuose hanno un clima quasi alpino, pur essendo ai tropici. Tenete presente che nella rigogliosa vegetazione della foresta si nascondono numerose sanguisughe, pericolose soprattutto dopo le piogge intense. I ristagni di acqua sulle foglie consentono ai piccoli vampiri di appostarsi alle estremità dei rami in attesa che passino animali a sangue caldo.

I botanici resteranno incantati dal numero di piante carnivore, tra cui specie endemiche di nepente che si trovano solo nelle Filippine. Uno degli animali più affascinanti è il varano della foresta della Northern Sierra Madre, registrato per la prima volta dalla scienza occidentale nel 2010 (ma era già noto agli abitanti del luogo). Si tratta di una specie unica, quasi interamente arboricola, che trascorre tutta la vita tra le chiome degli alberi, a differenza di altre specie simili che vivono al suolo.

Ricordate di portare via tutti i rifiuti: la regione può sembrare incontaminata, ma non lo resterà a lungo se ogni escursionista non farà la sua parte. Non limitatevi a mettere nello zaino solo i vostri rifiuti, ma raccogliete anche quelli che trovate lungo il percorso.

WIRESTOCK, INC./ALAMY STOCK PHOTO ©

Varano della foresta della Northern Sierra Madre

I 'BIG FIVE' DELLA NORTHERN SIERRA MADRE

No, qui non vedrete giraffe ed elefanti, ma se siete fortunati potreste avvistare questi 'Big Five':

Coccodrillo delle Filippine
Una volta questo rettile era diffuso in tutte le Filippine, ma ora è a rischio di estinzione, ridotto agli ultimi 100 esemplari.

Oriolo di Isabela
Già considerato estinto, questo magnifico uccello è stato avvistato nel parco nel 1993.

Varano della foresta della Northern Sierra Madre
Lontano parente del varano di Komodo, può raggiungere 1,8 m di lunghezza ed è relativamente facile da avvistare.

Aquila delle Filippine
Questo rapace a rischio di estinzione ha l'apertura alare più grande di qualsiasi altra aquila al mondo.

Volpe volante dal capo dorato
Se vi interessano i pipistrelli giganti, incrociate le dita per vedere uno di questi esemplari.

ROMAN SKORZUS/SHUTTERSTOCK ©

Hundred Islands National Park (p127)

Sistemazioni consigliate

$** Prezzi economici **$$** Prezzi medi **$$$ Prezzi elevati

Baguio

p122 (cartina p123)

Old Orangewood Bed & Breakfast $ Un collegio riconvertito, accogliente anche se un po' banale, con camere semplici e tranquille e ottime prime colazioni.

Baguio Village Inn $ Struttura economica con l'aria di un lodge di montagna, ha una dépendance più nuova e camere più vecchie e tranquille, oltre a camerate con letti a castello.

Bloomfield Hotel $$ In posizione comoda per l'SM Mall, questo hotel elegante offre suite che meritano la spesa e un bel caffè interno.

Forest House $$$ Un boutique hotel prestigioso ma a prezzi ragionevoli. Ha lussuose e pulite camere rivestite in legno che portano i nomi dei figli del proprietario e un bel ristorante.

The Manor $$$ Questo posto elegante potrebbe essere un lodge alpino svizzero. Offre ristoranti e attività, ma purtroppo non ci sono piste da sci – per ora, almeno.

Vigan

p131 (cartina p132)

Hotel Felicidad $$ Un hotel accogliente in bella posizione a due passi da Plaza Burgos, con magnifici pavimenti in piastrelle, parcheggio sulla strada e ottima prima colazione.

Grandpa's Inn $$ Una struttura affidabile con caffetteria e ristorante. Camere in mattoni a vista e legno scuro, un po' cupe ma confortevoli.

Hotel Veneto de Vigan $$ In un magnifico edificio antico con splendide piastrelle ed elementi in legno. Prima colazione inclusa. Camere semplici ma pulite.

Villa Angela $$ Un posto incantevole ed elegante, persino lussuoso, che ha ospitato star del cinema. Molte camere hanno pezzi d'antiquariato e quasi un'aria da museo.

Hotel Luna $$$ Questo hotel elegante rimodernato ha la piscina, un ristorante elegante e camere tra le migliori della città in questa fascia di prezzo.

Sagada

p138 (cartina p139)

AJjaa's Place $ Un posto sotterraneo strano (l'ingresso è una scalinata che scende da un parcheggio) ma accogliente, con camere pulite e semplici e un proprietario ospitale.

Sagada Cellar Door $ Airbnb che offre un soggiorno unico in un capanno ifugao in mezzo a una pineta. Il proprietario produce birra e liquore di Sagada che potrete bere accanto al falò.

Banaue Homestay $ Una guesthouse semplice ma accogliente nel centro di Banaue. Ottima cucina e posizione eccellente; lo staff fornisce informazioni e può organizzare tour.

Misty Lodge & Cafe $$ Reso accogliente dal caminetto acceso e dai mobili in legno di pino, è un bel posto e serve piatti gustosi.

Masferré Inn & Restaurant $$ Un posto eccellente per Sagada, con molte splendide foto scattate dal defunto proprietario. Le camere hanno la vista sulle montagne, e anche il ristorante merita una visita.

Pagudpud

p147 (cartina p148)

Jun & Carol Beach Resort $ Camere semplici ma a prezzi molto ragionevoli, considerando che si trova sul mare con facile accesso alla splendida Saud Beach.

Evangeline Beach Resort $$ Un posto incantevole con il migliore ristorante sulla spiaggia della zona, una bella piscina e camere romantiche.

Kapuluan Vista Resort $$ Un tempo elegante, ora un po' meno, offre camere ampie e una bella piscina vicino alla Blue Lagoon.

Apo Idon $$$ Ottima scelta a Saud Beach con camere spaziose, pavimenti in cotto e una magnifica piscina.

Baler

p153 (cartina p154)

Vista Aurora $ Un hotel accogliente e informale ma senza tanti fronzoli, però si trova a due passi dalla spiaggia da surf, che è il motivo per sceglierlo.

Hiraya Baler Beachfront Cabanas $$$ Se vi manca la scena del surf di Bali, venite qui e non resterete delusi. Troverete amache, tavole a noleggio e proprietari cordiali.

Costa Pacifica $$$ Benché inizi a mostrare segni di usura, questo resort rimane uno dei migliori della zona. Offre un buon ristorante, un bar e servizi da spiaggia.

Nalu Surf Camp $$$ Questo resort con un bel design ha cottage fronte spiaggia e capanni ifugao vista giardino, piscina, bar e un piccolo skatepark.

PURIPAT LERTPUNYAROJ/SHUTTERSTOCK ©

Sopra: Mt Mayon (p164); A destra: *Exprés* di Bicol

Southeast Luzon

VULCANI IMPONENTI E COSTE FRASTAGLIATE

Southeast Luzon possiede vulcani dalla perfetta forma geometrica e litorali remoti, ed è magnifica sia sott'acqua sia in superficie.

Questa regione è spesso trascurata dai viaggiatori diretti verso mete più gettonate come Cebu o Boracay, ma racchiude meraviglie simili a prezzi decisamente inferiori, oltre a riservare alcune deliziose sorprese. I sub potranno osservare le gigantesche e maestose mante nel sito di Manta Bowl. I fotografi vorranno immortalare la sfuggente immagine perfetta del Mt Mayon al tramonto, incorniciato da nuvole coralline. I buongustai saranno entusiasti dei sapori complessi e dei piatti insolitamente piccanti come l'*exprés* di Bicol. Ma la magia non si limita al paesaggio o alla cucina. La gente di qui è calorosa ed estroversa e spesso è pronta ad aiutare un viaggiatore in difficoltà o felice di invitarvi alla sua tavola. Questo capitolo non tratta solo Luzon in senso stretto, ma anche una serie di altre isole raggiungibili in traghetto, tutte diverse tra loro e dove spesso si parla un dialetto regionale o addirittura una lingua diversa. Se il caos di Manila vi ha sfiancato, il calore di Legazpi o Naga, città comunque piene di vita, saprà rigenerarvi. Se desiderate oziare su una spiaggia praticamente incontaminata, puntate verso le isole come Masbate o Catanduanes, dove potrete godervi l'attimo senza pensieri.

RICHARDERNESTYAP/SHUTTERSTOCK ©

AREE PRINCIPALI

LEGAZPI
Il maestoso Mt Mayon.
p164

NAGA
Trekking, avventura, cucina.
p171

MASBATE
Il fascino di spiagge tranquille.
p177

Per orientarvi

Southeast Luzon è una regione vasta e variegata che non include solo la terraferma. Questo capitolo descrive anche le isole limitrofe per consentirvi di trarre il massimo dal viaggio.

Naga, p171
Quasi una Manila in miniatura, Naga offre gastronomia, cultura e vita notturna, ed è una base di appoggio per esplorare le regioni più remote di Luzon.

Legazpi, p164
Grande città piena di vita ma con un'atmosfera da cittadina, Legazpi si trova all'ombra del Mt Mayon, il cono vulcanico più perfetto del mondo.

Masbate, p177
Isola ideale per evadere, Masbate si trova al centro di varie regioni diverse e mostra gli influssi di tutte.

AUTOMOBILE, JEEPNEY E TRICICLO

Un veicolo privato offre più libertà, ma i jeepney sono numerosi e tutte le città sono collegate da servizi di autobus. In città, per le distanze troppo lunghe per camminare ricorrete ai tricicli.

TRAGHETTO

È possibile che un volo sia più veloce di un traghetto, anche se ciò implica fare scalo a Manila. I traghetti RORO (roll-on, roll-off) per veicoli, pur notoriamente incostanti, fanno servizio tra la terraferma e le isole.

Ritmi di viaggio

Un viaggio in questa zona di Luzon non si può considerare completo senza almeno uno scorcio del Mt Mayon, ma è meglio avere tempo di esplorare anche le altre meraviglie della regione.

Se fate una cosa sola

- Andate a Legazpi, dove l'imperdibile **Mt Mayon** (p164) vigila benevolo, o a volte malevolo (di tanto in tanto erutta), fra le nuvole. Spesso è nascosto dietro banchi di nebbia o nuvole ovattate, quindi se volete immortalare il suo maestoso paesaggio sarà bene che prevediate più di un giorno nella zona.

- Fate una passeggiata sul **lungomare** (p167): anche lì potrete scattare foto fantastiche.

Una settimana circa

- Con una settimana potrete passare del tempo a **Naga** (p171) e poi puntare a sud per il Mt Mayon e Legazpi.

- La tappa successiva (in aereo, oppure via terra e traghetto) è **Catanduanes** (p175), magnifica isola nota per il surf, le cascate e la giungla incontaminata.

- In alternativa (o forse anche in più), raggiungete la tranquilla **Masbate** (p177) per godervi le spiagge e le mangrovie. Gli speleologi possono esplorare immense **grotte** (p177).

Le stagioni

FEBBRAIO
Uno dei mesi più secchi dell'anno nelle Filippine, con temperature un po' più fresche. È tra i periodi migliori per vedere gli squali balena a Donsol. Il rovescio della medaglia è un certo affollamento.

APRILE
I festival che si svolgono da aprile a giugno rendono la visita ancora più stimolante, ma le temperature iniziano a diventare infernali.

AGOSTO/SETTEMBRE
Temperature roventi e piogge abbondanti, ma quando c'è il sole è un periodo perfetto per la spiaggia, il giro delle isole e le immersioni. A settembre il Peñafrancia Festival a Naga (p171) attira migliaia di persone.

NOVEMBRE
Onde discrete e forti venti richiamano gli amanti del surf e del kitesurf, ma per tutti gli altri la stagione dei tifoni porta tempo inclemente che rovina i piani di viaggio.

Legazpi

IL MAESTOSO MAYON | IL LUNGOMARE | TRASPORTI

Legazpi, capoluogo della provincia di Albay, occupa uno spicchio ai piedi del Mt Mayon e si estende verso sud lungo i margini della Poliqui Bay. Grazie alla vicinanza del Bicol International Airport, è un comodo hub e base per proseguire il viaggio. È una città piacevole, con un buon numero di ristoranti e hotel, e persino un paio di discoteche se cercate la vita notturna. Ma il motivo per cui arrivano quasi tutti i visitatori è il maestoso e imperdibile Mt Mayon: che lo si ammiri da lontano o che si percorrano i suoi ripidi pendii, il cono vulcanico più perfetto e simmetrico del mondo è davvero splendido, uno dei tanti gioielli delle Filippine. Fuori città troverete vivaci villaggi locali, campi di banane e di riso, coste mozzafiato e bufali d'acqua che, se siete fortunati, potrebbero reagire alla vostra presenza osservandovi quando vi fermate a fare fotografie.

TRASPORTI LOCALI

Il centro città è caotico come in tutte le Filippine, ma una volta usciti le strade sono tranquille e poco trafficate. Il Bicol International Airport dista circa 40 minuti di auto. Jeepney, autobus e tricicli si fermano facilmente per strada, e i tricicli si possono noleggiare fino alle ore piccole. Se volete noleggiare un'auto all'aeroporto, rivolgetevi a Car for Rent Albay (carforrentalbay.com), affidabile agenzia gestita da una coppia di coniugi, piuttosto che a una grande catena impersonale.

IL CONSIGLIO

A differenza di molte zone delle Filippine, qui i piatti possono essere piccanti, e con ciò intendiamo *molto* piccanti. Se vedete un peperoncino piccante nel piatto, fate una prova prima di ingerirlo e tenete un bicchiere di latte a portata di mano.

La montagna più perfetta del mondo

Il simmetrico e affascinante Mt Mayon

Nelle Filippine basta nominare il **Mt Mayon** (2463 m) e vedrete nella gente lo stesso sguardo di orgoglio e nostalgia dei giapponesi quando si parla del Monte Fuji. Non è una semplice montagna: è un simbolo, uno spirito, un magnifico esempio di quanto possano essere meravigliose le Filippine. E le rivendicazioni di perfezione non sono infondate. Il Mayon non può competere con l'Everest in altezza o con altre vette per altri aspetti, ma quanto a bellezza, con i suoi pendii dall'inclinazione perfetta, non ha rivali al mondo.

Osservare il suo profilo geometricamente perfetto, con ciascun lato che inizia quasi orizzontale e poi forma una curva sempre più ripida per congiungersi con l'altro in cima, corrisponde quasi a una rivelazione religiosa. Se non vi basta ammirarlo dal lontano, valutate un incontro più ravvicinato con un'escursione a piedi o in ATV (quad) rivolgendovi a un operatore affidabile come **Your Brother Mayon ATV**.

DA NON PERDERE
1 Cagsawa

DA VEDERE
2 Lamba Beach
3 Lubas Point
4 Sawangan Park

ATTIVITÀ, CORSI E TOUR
5 Your Brother Travel & Tours

PERNOTTAMENTO
6 Alinchlo Tourist Inn
7 Apple Peach House
8 Balai Tinay Guesthouse
9 Hotel St Ellis
10 Hotel Villa Angelina
11 Legazpi Tourist Inn
12 Marison Hotel
13 Mayon Backpackers Hostel
v. 9 Tyche Boutique Hotel

PASTI
14 Bigg's Diner Old Albay
15 Jameal's Bulalohan
16 Uncle Ton's

LOCALI E VITA NOTTURNA
17 Figaro Coffee
18 Island Tea Co & Ceylon Coffee Club
19 Kapuntukan Resto Bar and Grille

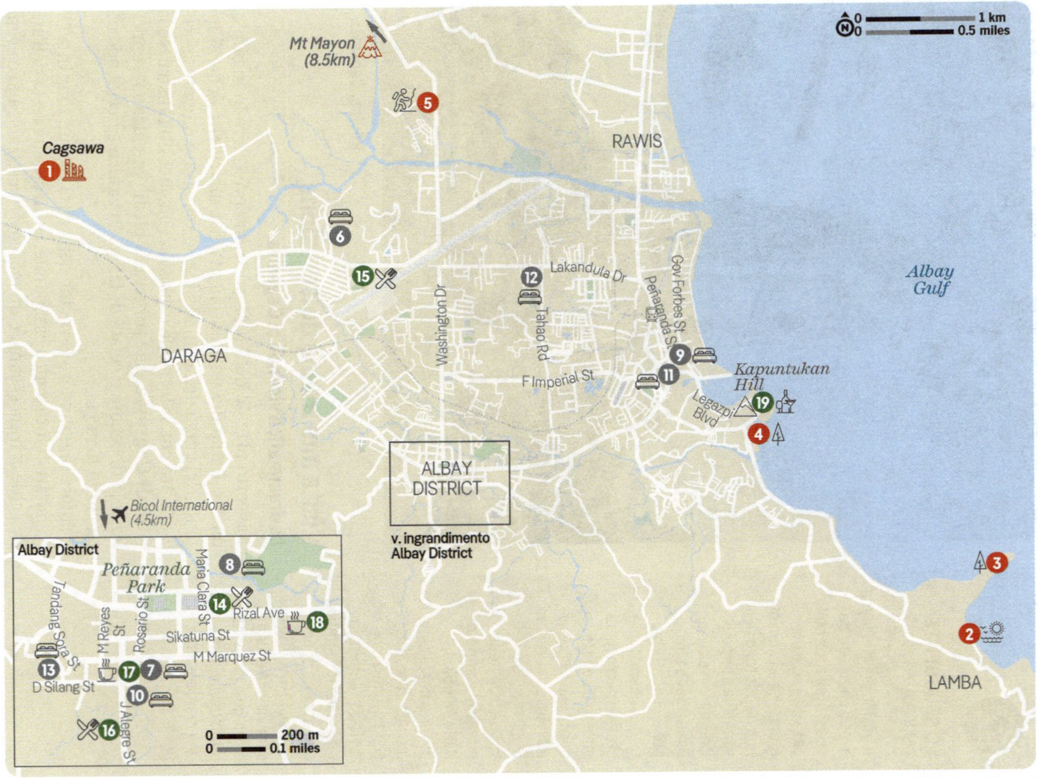

LO SFUGGENTE MAYON

Il profilo del Mt Mayon si può ammirare da quasi ogni zona della città se - ed è un grande se - le nuvole non ne coprono la vista. Purtroppo l'incontro tra l'aria umida delle alte pendici e l'aria più fredda sovrastante crea un microclima intorno a Legazpi per cui il cielo è spesso nuvoloso. Se vedere la montagna è nella vostra lista delle meraviglie imperdibili delle Filippine, programmate almeno un paio di notti e siate pronti a mollare tutto e prendere la macchina fotografica non appena appare alla vista. Di certo non sarà visibile a lungo, ma in quei momenti è difficile immaginare una montagna più perfetta.

JOSAM BACHICHA AGRIPA/SHUTTERSTOCK ©

Rovine, Cagsawa

Visita alle rovine dell'eruzione

La drammatica vicenda di Cagsawa

L'aspetto placido del Mt Mayon non deve trarre in inganno: questo è uno dei vulcani più attivi e distruttivi delle Filippine. Nel corso della storia si sono registrate numerose eruzioni, tra cui la terribile esplosione che nel 1814 distrusse la città di **Cagsawa**, che sorgeva ai piedi del vulcano, seppellendola di cenere e colate di fango vulcanico e uccidendo oltre 2000 persone.

Potete raggiungere le rovine della città con un tour in ATV e visitare il fotogenico campanile, tutto ciò che resta dell'antica chiesa francescana, e un museo dedicato al tragico evento in cui sono esposti foto e altri cimeli. Il museo è accessibile a sedie a rotelle e passeggini, ma il sentiero per ATV che porta ai campi di lava non lo è affatto.

PASTI A LEGAZPI

Cartina p165

Jameal's Bulalohan Accogliente e a buon prezzo, questo locale gestito da una donna che fa tutto da sola offre una ricca varietà di piatti con riso a volontà per soli P109. $

Bigg's Diner Old Albay Informale ed economico, questo locale, aperto a ogni ora serve piatti discreti a prezzi stracciati. $

Uncle Ton's Questo locale informale è il preferito dagli amanti della pizza, ma prepara anche altri piatti italiani e discrete costolette. Inoltre rimane aperto almeno fino alle 21. $$

Il Morso Questo ristorante italiano nel Marison Hotel offre discreti piatti di pasta, pizze e portate principali. Braciole di maiale, risotti e insalate sono buone scelte. $$$

Il lungomare di Legazpi

Perfetto per una passeggiata con un magnifico panorama

Legazpi ha il Mt Mayon, ma sulla riva orientale ci sono le splendide acque del Pacifico, che meritano un po' del vostro tempo. Per chi si sposta in sedia a rotelle o con bambini e passeggini, il **Sawangan Park** è un eccellente punto di partenza. I suoi sentieri pianeggianti asfaltati si snodano attraverso una serie di divertenti strutture ginniche nella giungla che piaceranno molto ai bambini. C'è anche un bello skatepark per gli adolescenti. Se volete accelerare il ritmo, incamminatevi (o fate jogging) verso sud lungo il sentiero del lungomare fino al **molo dei pescatori**, quindi proseguite su Legazpi Blvd (asfaltato, con belle palme che offrono un po' d'ombra) fino al cartello della città di Legazpi, dove probabilmente vi fermerete per un selfie con il profilo del Mt Mayon sullo sfondo. Sono circa 30 minuti di cammino, e se ve la sentite di continuare seguite la costa fino al magnifico parco di **Lubas Point**. Qui finisce il percorso lastricato e dovrete camminare su uno sterrato per raggiungere la punta. In alternativa potete proseguire sulla strada verso sud, oltre il parco, ed entrare dal lato meridionale. I più intrepidi inseriscono nell'itinerario **Lamba Beach** per cercare oggetti tra la sabbia o addirittura utilizzando la spiaggia come via di accesso al Lubas Point Park quando c'è bassa marea.

Non c'è molta ombra e probabilmente dovrete portarvi acqua e spuntini, ma è un'attività fattibile sia di mattina sia di pomeriggio, più veloce se indossate le scarpe da corsa.

Lungomare, Legazpi

CUCINA PICCANTE

La regione di Bicol è famosa per la sua cucina piccante. Se in altre zone il cibo vi sembra insipido, qui a Southeast Luzon troverete di che soddisfare il palato. Al primo posto c'è l'*exprés* di Bicol, deliziosa specialità preparata con latte di cocco, cipollotti, peperoncini piccanti chiamati *sili*, aglio e altre spezie, servita con riso e una porzione di proteine come maiale o pollo. A volte ha una consistenza cremosa, quasi simile al curry, altre volte assomiglia di più a una pietanza saltata in padella, ma è sempre molto gustoso. Da assaggiare anche il *pinangat*, pesce, frutti di mare o maiale avvolti in foglie di banano con condimenti saporiti.

LOCALI A LEGAZPI

Cartina p165

Figaro Coffee
Non solo buon caffè e bevande a base di espresso: il Figaro offre anche piatti di pasta e altre portate principali. **$$**

Island Tea Co & Ceylon Coffee Club
Un bel posto per gli impiegati digitali, a cui offre wi-fi veloce e una buona selezione di caffè e tè. **$$**

Kapuntukan Resto Bar and Grille
Bar-ristorante informale con una magnifica vista sul mare, prezzi onesti e atmosfera accogliente. **$$**

Le Sans Cafe
Questo locale nel Marison Hotel offre ottimo caffè, oltre a biscotti, uova e altri spuntini. **$$$**

Dintorni di Legazpi

Fuori da Legazpi vi attendono splendide coste frastagliate, isole poco visitate, magnifici vulcani, villaggi tranquilli e incantevoli parchi nazionali.

Le aree intorno a Legazpi non sono esattamente ciò che viene in mente quando si pensa alle Filippine. Non sono alla moda come Cebu (p262) o El Nido (p358), né ricche di resort come Boracay (p206) e Puerto Galera (p188), ma possiedono un fascino tutto loro. Vantano molte bellezze naturali, in genere sono poco affollate e alcuni luoghi sono quasi incantati, come le acque in cui si possono osservare gli squali balena. Giganteschi e mansueti, i pesci più grandi del pianeta sono per molti viaggiatori il motivo principale per visitare le Filippine. Se non siete grandi amanti dell'acqua, potete fare escursioni a piedi o visitare parchi che offrono molte attrattive.

TRASPORTI LOCALI

Da queste parti i traghetti sono notoriamente inaffidabili. I servizi per veicoli RORO (roll-on, roll-off) spesso vengono cancellati e le condizioni del mare cambiano in un attimo. Possono passare ore, o addirittura giorni, prima di riuscire a lasciare un'isola. Alcuni scelgono di visitare le isole in aereo via Manila, ma anche questa opzione non garantisce viaggi rapidi.

Una volta raggiunta un'isola, valutate il noleggio di un'auto. Per gli spostamenti brevi nelle città potete ricorrere ai tricicli.

Donsol

DA LEGAZPI: **75 MIN**

Una nuotata tra i giganti del mare

In cima alla lista dei desideri di molti viaggiatori c'è la possibilità di nuotare con il pesce più grande del mondo, lo squalo balena. Questi colossi raggiungono spesso i 15 m di lunghezza, e sono stati avvistati esemplari persino più grandi. Sono animali mansueti che vivono in acque ricche del plancton di cui si nutrono, spesso vicino alla superficie, dove possono essere avvistati facilmente non solo dai sub ma anche da chi fa snorkelling. Con un buon dispositivo di galleggiamento, anche chi non nuota può immergersi accanto a questi animali incredibili e tornare a casa con ricordi memorabili. Un buon motivo per scegliere di fare questa esperienza a **Donsol** è la limpidezza dell'acqua, che consente di realizzare foto e video magnifici se si dispone dell'idonea fotocamera subacquea. Attualmente gli operatori di Donsol non danno da mangiare agli squali balena, una pratica purtroppo comune in altre parti delle Filippine.

Esistono numerosi tour operator, tra cui il **Bicol Dive Center**, ma la procedura è più o meno lo stessa: prima bisogna trovare uno squalo, e questa è la grande incertezza. Se si è fortunati, non si impiega molto tempo, ma può capitare di non fare nessun incontro. Una volta trovato, dovrete tuffarvi mentre il capitano orienta la barca nel senso giusto, in modo da scendere in acqua davanti allo squalo balena che nuota e si avvicina sempre di più, fino ad arrivare a pochi metri da voi. Un'esperienza davvero emozionante, che potrebbe essere il momento più bello del vostro viaggio e non solo.

Sorsogon

DA LEGAZPI: **2 H 30 MIN**

Escursionismo, birdwatching e sorgenti naturali

Il viaggio in auto da Legazpi è lungo, ma se vi piacciono i vulcani, i laghi, i crateri e il birdwatching, lo spettacolare **Bulusan Volcano National Park** offre tutto questo e merita lo sforzo. Uscite in kayak sulle acque tranquille e portatevi il binocolo per godervi una mattinata di birdwatching.

DAVID EVISON/SHUTTERSTOCK ©

Squalo balena

SICUREZZA DEGLI SQUALI

Purtroppo il turismo incentrato sugli squali balena sta avendo un impatto, anche a causa di turisti poco informati e tour operator senza scrupoli che danno da mangiare agli squali per tenerli vicini alla riva.

Non toccate lo squalo, non fate rumore, non andategli incontro. Sì, è infinitamente più grande di voi, e non va disturbato.

Non usate la tradizionale protezione solare. Gli oli e le sostanze chimiche finiscono in acqua e possono danneggiare gli squali balena o il plancton di cui si nutrono.

Non affollatevi intorno allo squalo. Uno squalo balena non dovrebbe mai avere più di due persone vicino.

Non gettate rifiuti in acqua. Anche materie organiche come la carta possono provocare danni se ingerite.

PASTI NEI DINTORNI DI LEGAZPI

BARacuda
A Donsol, il BARacuda è un ristorantino informale sulla spiaggia con ottimo pesce fresco, drink discreti e bei tramonti. **$$**

Siramsana
Un altro posto sulla spiaggia a Donsol che merita una visita anche solo per il tramonto. Assaggiate l'*exprés* di Bicol (maiale piccante in salsa al cocco). **$**

Yanina's Snackbite
Un posto a Donsol con tovaglie sui tavoli e un'area al chiuso. Il menu offre gustose portate principali tra cui il pollo *adobo* (stufato). **$$**

Boracay Bistro
Non a Boracay ma a Bulusan, ha un'atmosfera da tiki bar e una bella posizione sulla spiaggia. Cucina saporita, per lo più filippina. **$$**

LE LUCCIOLE DI DONSOL

Sott'acqua ci saranno pure gli squali balena, ma sopra di voi vedrete un'altra meraviglia della natura: milioni di lucciole svolazzano nelle aree ripariali di Donsol, soprattutto lungo il fiume omonimo. Il loro numero dipende da molti fattori, come la temperatura, la stagione e le sempre volubili piogge, ma quando sono in circolazione, un giro in barca lungo il Donsol River vi lascerà a bocca aperta. Se vi stancate di guardare le lucciole, scrutate il cielo, punteggiato di stelle così vicine che vi sembrerà di poterle toccare. I risvolti negativi sono i rumorosi motori delle barche e le zanzare – dopo tutto siete sulla riva di un fiume nella giungla di notte.

CHRIS DELA CRUZ/GETTY IMAGES ©

Bulusan Volcano National Park

Chi vuole scalare la vetta dovrà mettersi in viaggio presto e farsi accompagnare da una guida come quelle di **Bulusan Volcano Mountaineering**, che provvedono anche alla registrazione. L'arduo sentiero sale attraverso la fitta giungla fino all'aspra vetta frastagliata, da dove nelle giornate limpide si godono vedute spettacolari di Sorsogon Bay e – se si è veramente fortunati – il cono inconfondibile del Mt Mayon in lontananza sul lato opposto. Il trekking (13 km tra andata e ritorno) richiede sei-otto ore di cammino dall'inizio del sentiero e ritorno, quindi se venite da Legazpi dovete pianificare un'intera giornata.

Anche se non siete tentati dall'idea di scalare il Bulusan, ci sono molte altre cose da vedere e da fare. Le magnifiche **Palogtoc Falls** sono una piacevole tappa durante l'escursione o anche una destinazione di per sé, con il getto d'acqua che si tuffa in una bella piscina naturale gelida. Si può anche fare il bagno nelle curiose acque effervescenti delle **Masacrot Springs**, che frizzano sulla lingua proprio come una bevanda gassata (ma il sapore simile all'aceto non farà fallire i produttori di bibite). Che decidiate o no di assaggiarla, l'acqua è incredibilmente limpida e farci il bagno è un modo fantastico per rilassarsi dopo una faticosa scalata.

LOCALI NEI DINTORNI DI LEGAZPI

Elysia Beach Resort
Un bel ristorante e un bar fanno di questo rinomato hotel di Donsol un buon posto per bere una birra chiacchierando con gli altri clienti. **$$**

Fernandos Hotel
Un posto come un altro per una birra, un cocktail o un altro drink. Si trova nella città di Sorgoson. **$$**

Justea Cafe
Non solo tè (nonostante il nome): questo locale di Donsol offre anche un'ampia scelta di caffè e bevande a base di espresso. **$**

Cafe Ligwan
Questo caffè accogliente e pulito a Bulusan serve un buon caffè, oltre a qualche panino e altri spuntini. **$**

Naga

VITA IN CITTÀ | TREKKING SUL VULCANO | PEÑAFRANCIA FESTIVAL

Naga è una città movimentata e un ottimo punto di partenza per le attrazioni della zona e per le escursioni sul Mt Isarog, ma ha molto da offrire anche entro i confini cittadini: interessanti musei, cinema e teatri, centri commerciali, ristoranti che servono qualcosa di diverso dal solito *sisig* (carne di maiale tritata alla filippina). Se poi vi trovate in città a settembre, quando si svolge il Peñafrancia Festival, troverete uno degli eventi più vivaci e amati della zona. C'è anche un po' di vita notturna, che però si concentra per lo più nei weekend; durante la settimana potrete recuperare il sonno perso. Naga è anche il posto ideale per rimpinguare le scorte per il trekking e raggiungere alcuni imponenti vulcani per fare escursioni a piedi o in ATV (quad). Più lontano si trovano le aree remote della Caramoan Peninsula.

TRASPORTI LOCALI

In confronto a Manila, guidare da queste parti sembra davvero facile, ma ci sono comunque strade strette spesso intasate dal traffico. I tricicli sono il mezzo preferito per percorrere brevi distanze. L'aeroporto internazionale più vicino è quello di Bicol, a due o tre ore di distanza, ma da Manila ci sono voli interni diretti per l'aeroporto di Naga e altre zone del paese.

Assistere al Peñafrancia Festival

Il più grande evento delle Filippine

Il **Peñafrancia Festival** non è solo il più grande evento religioso delle Filippine, ma la più vasta celebrazione religiosa annuale di tutta l'Asia orientale. A fine settembre migliaia di fedeli confluiscono a Naga per partecipare alla festa in onore della patrona di Bicol, la Vergine di Peñafrancia. L'evento viene in parte celebrato nelle case, con le famiglie che si riuniscono a tavola preparando veri e propri banchetti. Ma ciò che interessa ai viaggiatori sono le processioni, le sfilate e le cerimonie, che attirano grandi folle, a volte persino rischiose. È bene fare attenzione a non trovarsi nella calca con troppe persone nello stesso posto nello stesso momento. Posizionandovi in

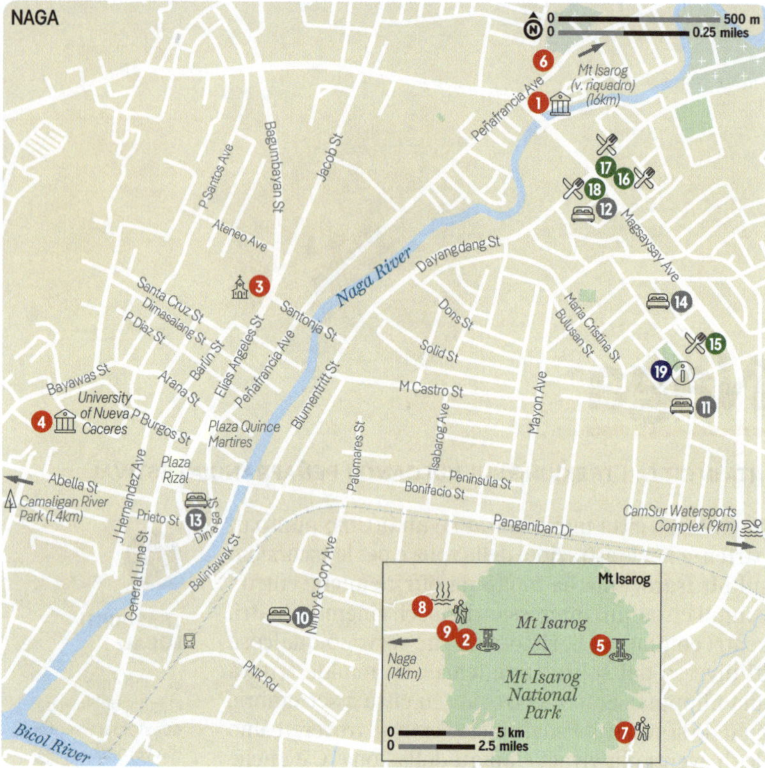

DA VEDERE
1 Holy Rosary Minor Seminary Museum
2 Malabsay Falls
3 Naga Cathedral
4 Naga City Museum
5 Nahulugang Busog Falls
6 Our Lady of Peñafrancia Shrine

ATTIVITÀ, CORSI E TOUR
7 Inizio del sentiero Consocep
8 Mt Isarog Hot Springs
9 Sulat Resort Trailhead

PERNOTTAMENTO
10 CBD Plaza Hotel
11 El Sancho Hotel
12 Litton Hotel
13 Naga Regent Hotel
14 Villa Caceres Hotel

PASTI
15 Bob Marlin
16 Chef Doy's
17 Red Platter
18 Soledad

INFORMAZIONI
19 Naga City Tourism Office

IL CONSIGLIO

Se avete intenzione di visitare Naga in occasione del Peñafrancia Festival, dovrete prenotare l'alloggio con largo anticipo (due o addirittura tre mesi prima). Nel resto dell'anno è facile prenotare sul momento.

un punto da cui osservare lo spettacolo in sicurezza, lo troverete affascinante e divertente, a prescindere dalla vostra fede. Oltre alla processione religiosa (in cui la statua della Vergine sfila per le strada circondata solo da uomini, poiché pare che le donne portino sfortuna), ogni anno il programma prevede l'incoronazione della Regina del Festival, parate militari, esibizioni di bande e venditori ambulanti.

Chi non assiste all'evento può vedere molte fotografie, diorami e altri cimeli all'**Holy Rosary Minor Seminary Museum**, situato proprio accanto all'**Our Lady of Peñafrancia Shrine**. Quest'ultimo merita una visita per il soffitto magnificamente decorato e la statua della Vergine.

Trekking sul Mt Isarog

Solo per escursionisti seri

Il Mt Isarog è per Naga ciò che il Mt Mayon (p164) è per Legazpi, e benché quest'ultimo sia indubbiamente più fotogenico, il primo non è da meno. I suoi splendidi pendii e la sua conformazione leggermente irregolare rendono il trekking emozionante, e la vista dalla vetta è straordinaria.

La salita alla vetta richiede in genere due giorni e una notte ed è necessario avere una guida, che potrete trovare all'**ufficio turistico** presso il Naga City Hall.

Il trekking è spettacolare: il tratto iniziale attraversa una splendida foresta vergine, una delle ultime rimaste a Luzon, poi la vegetazione si dirada un po', passando dalla giungla rigogliosa a boschi sparsi ricchi di muschio, e infine, alle quote più alte, il percorso si snoda completamente al di sopra della linea degli alberi, solo tra erbe alpine e rocce vulcaniche. Esistono diversi itinerari per raggiungere la cima; uno dei più popolari inizia vicino a Panicuason al **Sulat Resort Trailhead**. Si tratta di un trekking impegnativo di due giorni, infestato da zanzare e pappataci, nonché dalle sanguisughe, che si nascondono sulle punte delle foglie bagnate per attaccarsi a chiunque passi di lì. Il periodo migliore per le escursioni è (non a caso) la stagione più secca, che va dall'inizio di marzo alla metà di maggio. Esistono percorsi alternativi, tra cui il **Consocep** sul lato sud-orientale, che ha un altro punto di partenza e conduce al lato meridionale del cratere. Avventurandosi nel cratere si trova un ambiente quasi da *Jurassic Park*, e cascate come le **Nahulugang Busog Falls** sembrano troppo incontaminate per essere vere.

Anche se la vetta non fa parte del vostro programma, potete godervi altre belle attività all'aperto più facili, come una gita alle **Mt Isarog Hot Springs**: un bagno nelle sorgenti termali è un ottimo modo per lenire i muscoli stanchi dopo un'escursione, ma in ogni caso è un luogo piacevole e ai bambini piacerà giocare nelle piscine naturali. Se invece preferite qualcosa di rinfrescante, andate alle **Malabsay Falls**, una cascata con una bella piscina naturale in una splendida cornice montana.

MIGLIORI ESPERIENZE A NAGA

Naga City Museum
Situato al 3° piano della University of Nueva Caceres, offre una buona panoramica etnografica della regione, tra cui artigianato, utensili e manufatti del periodo precoloniale a Bicol.

Naga Cathedral
Magnifica e imponente cattedrale con un'incantevole facciata romanica e molti legami con la Vergine di Peñafrancia e i relativi festeggiamenti annuali.

CamSur Watersports
Straordinario complesso che offre attività acquatiche di ogni genere. Una grande attrazione è lo sci nautico trainato da cavi aerei, tra scivoli e trampolini.

Camaligan River Park
Molto frequentato al tramonto e alla sera, questo parco illuminato lungo il fiume ha ponti, panchine e chioschi gastronomici. Perfetto per un appuntamento romantico.

PASTI A NAGA

Cartina p172

Bob Marlin
Nonostante il nome, non serve specialità giamaicane, solo croccante *pata* (stinco di maiale fritto) e piatti alla griglia che si accompagnano bene alla birra. $$

Red Platter
Un locale abbastanza elegante che serve pesce, piatti di pasta, grigliate e perfino nachos. $$

Soledad
Croccante *pata* e *sisig* (sfrigolanti bocconcini di maiale alla griglia), oltre a pizze e calzoni. Atmosfera informale. $$

Chef Doy's
Piccante *exprés di* Bicol e altre specialità filippine, oltre a una discreta scelta di dessert se vi resta ancora spazio. $$

Dintorni di Naga

Nella zona di Naga si trovano luoghi poco visitati, con spiagge orlate da palme, coste frastagliate, spiagge per il surf e splendide isole.

La Caramoan Peninsula, la regione a nord di Naga prima di raggiungere l'isola di Catanduanes, è così selvaggia, remota e poco visitata da essere stata utilizzata come set per una stagione di *Survivor*. Le strade, che in quasi tutta Luzon sono in buone condizioni, si restringono e diventano impraticabili. I punti più lontani di quest'area selvaggia si raggiungono più facilmente in barca, e dovrete comunque noleggiarne una per la traversata da Guijalo a Catanduanes (il traghetto ufficiale parte dalla città di Tabaco). Catanduanes è rinomata per le splendide spiagge da surf, l'ottimo pesce e la gente cordiale. La giungla e le piscine naturali attendono solo voi.

TRASPORTI LOCALI

I jeepney effettuano corse verso la Caramoan Peninsula, sicuramente in tutte le principali città, ma dovrete pianificare bene il viaggio. In genere è preferibile disporre di un veicolo privato, ma anche questo potrebbe non riuscire a portarvi ovunque, a meno che non abbia la trazione integrale. Se volete andare a Catanduanes, è più veloce volare via Manila da Naga o Legazpi, piuttosto che viaggiare in auto e prendere il traghetto. Una volta sull'isola, un triciclo può portarvi quasi ovunque.

Caramoan Peninsula

DA NAGA: **3 H 30 MIN**

Tour delle isole e passeggiate sulla spiaggia

Visitando i posti più orientali di Southeast Luzon lungo la **Caramoan Peninsula** sarete ampiamente ricompensati con le spiagge da sogno degli opuscoli turistici: distese di sabbia dorata lambite da onde leggere, formazioni rocciose che sembrano enormi scacchiere nel mare turchese e rigogliose palme da cocco che ondeggiano nella brezza. Potete arrivare in barca, fare qualche giro in kayak o SUP o trascorrere un'intera giornata ad ammirare il magico mondo sommerso. A **Tabgon**, costellata di mangrovie, c'è un'imponente statua di Maria della Pace, popolare meta di pellegrinaggio di fedeli filippini. Questo posto solitario è perfetto per le coppie in luna di miele.

Dall'acqua emergono alte guglie di roccia parzialmente coperte di vegetazione che mostrano basi incredibilmente ridotte a causa della costante erosione delle maree, il che dà la sensazione che possano crollare alla minima brezza, benché siano così da millenni. Intorno a ogni promontorio si aprono lagu-

Lahos

ne azzurre sorvolate da gabbiani e fregate, dove vi sentirete come su un set cinematografico. Chi desidera vedere le vere location di *Survivor* può visitare le splendide **Lahos** e **Pitogo**.

Qui si viene solo per godersi un paradiso naturale tropicale. Il posto è a dir poco fuori mano. Consumerete i pasti in hotel e se intendete trascorrere una giornata a esplorare dovrete portarvi provviste e molta acqua potabile. Per tour e noleggi potete rivolgervi a **Caramoan Islandhopping** nella città di **Paniman**, sul versante nord-orientale della penisola. Volendo potete anche noleggiare un kayak trasparente: non è tra le imbarcazioni più resistenti, però è un'opzione divertente per chi ha bambini e non ha intenzione di allontanarsi molto dalla costa.

Catanduanes

DA NAGA: **6 H 30 MIN**

Surf, tuffi e animali marini

Parte del fascino della remota e tranquilla **Catanduanes Island** è il suo capoluogo, **Virac**, che nonostante il trambusto e il traffico pazzesco di tricicli, conserva ancora un certo spirito delle Filippine di un secolo fa.

Le splendide **Maribina Falls**, con la loro piscina naturale, distano solo 15 minuti di triciclo dalla città. Le cascate sono un magnifico nastro di acqua scrosciante che compie due salti per tuffarsi in uno specchio color giada. Probabilmente troverete altra gente a godersi il posto, altri viaggiatori o bambini della zona che sembrano non stancarsi mai di saltare dalle rocce scivolose nel laghetto. E chi può biasimarli? Anche voi potreste trovare difficile andarvene. Per una forma di divertimento un po' più tranquilla potete andare al **Twin Rock Beach Resort**, che offre una piscina, aree ombreggiate sulla

STILE DI VITA A VIRAC

Nella tranquilla Virac, sulla spiaggia si vedono le bangka tirate a riva con le reti per i gamberi appoggiate sopra. I bambini giocano nelle pozzanghere, i cani oziano per strada e la vita quotidiana ruota intorno al tempo e alla possibilità che le barche da pesca escano in mare. Probabilmente inizierete la vostra visita a Catanduanes da questo porto e poi andrete altrove, ma è una buona base di appoggio per esplorare l'isola. E in città si respira un grande fermento da quando le navi da crociera hanno iniziato a fare scalo nel 2023.

NON SOLO MARE A CARAMOAN

Non tutti amano il mare e le spiagge. Se siete in cerca di divertimento nell'entroterra, provate questi posti:

Bontogan
Questa formazione fluviale è costituita da una serie di cascate basse, con specchi d'acqua più profondi per nuotare e una splendida giungla lussureggiante su entrambi i lati.

Luyang Cave
Chi è interessato agli animali inquietanti troverà in questa grotta pipistrelli e ragni giganti, oltre ad alcune fantastiche formazioni rupestri.

Lidong River Rock Formation
Un fiume impetuoso attraversa una grotta con imponenti formazioni rocciose che appaiono soffici, quasi sciolte, a causa del costante sfregamento del fiume.

St Michael the Archangel Church
Una splendida chiesa in mattoni che è diventata una meta di grande richiamo e un simbolo di Caramoan.

spiaggia, cibo, bevande e un'insenatura riparata dalle due rocce gemelle da cui prende il nome. Si dice che una assomigli a Gesù, ma bisogna essere credenti per notare la somiglianza.

Se vi siete portati la tavola, non perdete tempo e puntate a nord verso gli splendidi break di **Puraran**, che richiama surfisti da tutte le Filippine e da altre parti del mondo. Se invece ne siete sprovvisti, ci sono molti posti che noleggiano tavole e offrono lezioni. La spiaggia principale, sabbiosa e senza ostacoli, è un buon posto per i principianti. Più al largo c'è **Majestics**, un reef break che può essere davvero emozionante se la mareggiata è intensa. Prendete lezioni oppure iscrivetevi a un tour di surf dell'isola da **Happy Isla Surf and Island Tours**.

Circa due ore a nord di Virac c'è la **Nupa Green Lagoon**, una sorta di immensa pozza di marea che è un posto perfetto per fare un tuffo e osservare animali marini quali pesci, crostacei, gamberi e tridacne. Con un po' di fortuna potreste anche vedere razze o pesci ossei più grandi. Anche passeggiando lungo la riva potrete fare scoperte interessanti. Fatevi accompagnare da una guida (spesso gli hotel possono procurare il pacchetto autista di triciclo/guida, di solito a circa P200), che innanzitutto vi aiuterà a trovare la laguna, ma anche a superare le rocce vulcaniche taglienti e pericolose che dovrete attraversare per raggiungerla.

Twin Rock Beach Resort

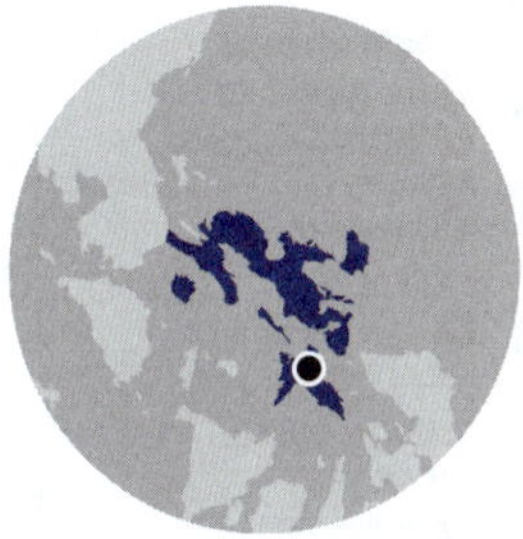

Masbate

GROTTE IMMENSE | FORESTE DI MANGROVIE | MANTE E RAZZE

Gli abitanti di Masbate si vantano di essere gli unici a conoscere e comprendere tutte e cinque le lingue della regione, grazie alla posizione centrale della loro isola e ai frequenti scambi commerciali con le isole vicine. Qui la gente è estroversa e amichevole, entusiasta di incontrare i viaggiatori e fare loro da guida. In un paese pieno di splendide spiagge, Masbate è tra le più belle, quindi portatevi costume da bagno e crema solare: in qualsiasi direzione andiate troverete spiagge spettacolari. Masbate è nota anche per le attrazioni storiche, i fari, le chiese, l'architettura, le grotte e alcuni interessanti festival religiosi. Secondo produttore di carne bovina del paese, Masbate ospita inoltre il rodeo più grande delle Filippine, che attira grandi folle non solo dal resto del paese, ma anche da altre parti dell'Asia.

TRASPORTI LOCALI

Per essere così piccola, Masbate richiede molto tempo, con strade tortuose e tre isole principali – Masbate, Ticao e Burias – che compongono la provincia. Per andare dalla città di Masbate alle estremità delle altre isole si impiegano ore. Autobus, jeepney e tricicli sono i mezzi più usati, ma se avete un veicolo vostro potete arrivare con un traghetto RORO. Per raggiungere le isole più piccole o il Manta Bowl prendete una barca o iscrivetevi a un tour.

Un'avventura sotterranea

La Bat-ongan Cave

Masbate è essenzialmente un gigantesco pezzo di roccia porosa che emerge in modo precario dall'oceano, e in quanto tale è costellata di grotte. Una delle più accessibili e divertenti da esplorare è la Bat-ongan Cave, fuori da Mandaon. Ci si può arrivare in un'ora e mezza con un veicolo privato o in circa due ore con i mezzi pubblici. Alcuni tour degli hotel possono includere anche la visita a questa grotta. Non è necessaria una guida.

All'arrivo noterete che la grotta si staglia solitaria nel paesaggio circostante. Dovrete arrampicarvi su per sentieri rocciosi fino all'imboccatura per esplorare le sue grandi camere. Tenete presente che la grotta ospita un gran numero di pipistrelli, che potrebbero spaventarsi se siete troppo rumorosi o se fate luce con le torce. Oltre alla grotta in sé, il panorama è magnifico: dalla cima della collina vedrete le risaie estendersi in tutte le direzioni.

☑ IL CONSIGLIO

Se intendete visitare Masbate nel periodo del rodeo (seconda settimana di aprile) dovrete programmare il viaggio con largo anticipo perché quasi tutti gli hotel sono al completo mesi prima.

DA NON PERDERE
1 Bat-ongan Cave
2 Buntod Marine Reef Sanctuary
3 Mangrovetum

DA VEDERE
4 Pawa Mangrove Nature Park

ATTIVITÀ, CORSI E TOUR
5 Manta Bowl
6 Tuna Alley

PERNOTTAMENTO
7 Balay Valencia
8 Ticao Island Resort
9 Treasure Island Hotel

PASTI
10 Cafe de Solis
11 Perspectiva
12 Tio Jose

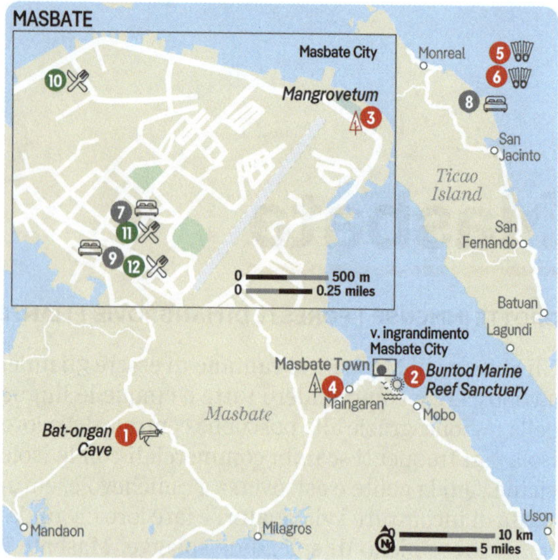

IL BAGAT DAGAT FESTIVAL

A fine giugno non perdetevi il Bagat Dagat Festival, che si svolge all'estremità meridionale dell'isola presso la Matayum Lagoon. Gente proveniente da tutta l'isola festeggia san Giovanni Battista in un programma che include chioschi gastronomici, venditori di souvenir, gare e competizioni, ma anche tatuaggi all'henné, beach volley e gare di barche drago. Ci si potrebbe chiedere che ne penserebbe san Giovanni. Tenete presente che in questa zona dell'isola ci sono pochi hotel, quindi probabilmente dovrete prenotarne uno a Masbate città e spostarvi da lì.

Un banco di sabbia perfetto

Buntod Reef Marine Sanctuary

Se siete venuti nelle Filippine per godervi la spiaggia, allora questo piccolo lembo di sabbia dovrebbe rientrare nei vostri programmi: il **Buntod Marine Reef Sanctuary** è lungo solo poche centinaia di metri, per lo meno la parte che emerge dall'acqua. Al di sotto, però, si trova un mondo fantastico e protetto di razze, pesci, coralli e crostacei. Sul banco di sabbia c'è ora una piccola struttura con tetto di palma dove le barche lasciano i visitatori. Quando si alza la marea, il banco di sabbia incontaminata viene sommerso, ma con la bassa marea, dalle acque turchesi emerge un'immagine da cartolina. Potete prendere il sole e perlustrare la sabbia in cerca di conchiglie o altri oggetti, percorrendo il banco in tutta la lunghezza o dalla parte opposta verso una lussureggiante foresta di mangrovie. Se non vi siete portati qualche spuntino (come fanno quasi tutti gli abitanti del posto), troverete bibite e patatine in un piccolo esercizio che accetta solo contanti. Le barche per la riserva partono da una zona a cinque minuti dalla città (P300 a persona, minimo 6 persone). Se non fate parte di un gruppo, potreste dover noleggiare tutta la barca.

Il Super (Manta) Bowl

Quando le mante vanno in 'officina'

All'incirca da marzo a maggio, sott'acqua si verifica un fenomeno curioso: le mante arrivano a frotte per la 'manutenzione' annuale effettuata dai pesci pulitori, piccoli pesci che si nutrono dei parassiti accumulati sulla pelle delle gigantesche mante. Potrete assistere a questa incredibile simbiosi in un sito di immersione per sub esperti chiamato **Manta Bowl**, dove in gene-

ROWEL SUYOM/GETTY IMAGES ©

Buntod Marine Reef Sanctuary

DAGLI ATOLLI ALLE ISOLE

I pesci pappagallo mangiano i coralli che crescono nelle acque poco profonde e producono escrementi di sabbia. Questi granelli si accumulano grazie alle correnti e, con il passare del tempo, formano dei banchi di sabbia. Quando questi sono abbastanza solidi, si insediano le mangrovie. Un piccolo albero produce centinaia di germogli e allargandosi aiuta a trattenere la sabbia al suo posto anche quando viene battuta da maree, tifoni, vento e correnti. Queste resistenti barriere sono il punto di partenza di molte specie ittiche. Le foglie delle mangrovie cadute formano un terreno più denso e ricco di sostanze nutritive che consente la crescita di altre piante, anche di alberi imponenti. In un batter d'occhio (in termini di tempo geologico), si forma un'isola dove prima c'era solo l'oceano.

YANN HUBERT/SHUTTERSTOCK ©

Manta

re bisogna agganciarsi al fondale a causa delle correnti forti e imprevedibili. Oltre alle mante, potrete avvistare anche squali balena, squali volpe e perfino squali martello, nonché decine di altre specie e molti esemplari di tonni e barracuda. Le immersioni al Manta Bowl si possono organizzare a Masbate, Ticao Island o Donsol. Per ulteriori informazioni rivolgetevi al **Bicol Dive Center** (p168) a Luzon o al **Ticao Island Resort**.

Forest bathing

Le tranquille e incantevoli mangrovie

Le paludi di mangrovie sono spesso trascurate quando un'isola offre tante attrattive spettacolari, ma prendetevi il tempo di conoscere queste piante e capirete perché sono un elemento così importante della vita e del sostentamento di Masbate e una componente essenziale delle coste tropicali. Il problema delle mangrovie (ed è per questo che spesso vengono abbattute per far posto agli edifici) è che sono la prima tenace avanguardia di un processo che trasforma gli oceani in atolli e gli atolli in isole.

Quasi tutte le paludi di mangrovie non sono facilmente percorribili a piedi. Al **Mangrovetum** di Masbate città e al **Pawa Mangrove Nature Park** potrete scoprire questi habitat unici camminando su passerelle. Il Mangrovetum, il più noto, ha una torre panoramica, chioschi gastronomici e servizi igienici. Il Pawa Mangrove Park è molto più semplice, ma anche più naturale, anche se purtroppo ci sono tanti rifiuti portati dall'oceano. Si trova a circa 40 minuti di auto da Masbate, un percorso tortuoso e grazioso attraverso fattorie, risaie e foreste.

PASTI A MASBATE

Cartina p178

Cafe de Solis
Questo piccolo caffè sopra il minimarket '8 too 8' offre gustosi piatti di pasta, un discreto caffè e un assortimento di dessert. $

Perspectiva
Un locale pulito e ben illuminato con ottimo caffè, buone prime colazioni alla filippina e altre prelibatezze. $

Treasure Island Hotel
Magari la cucina cinese non vi interessa, ma se invece sì, questo è uno dei posti migliori della città. $$

Tio Jose
Riso biologico e antipasti decorati, portate principali a prezzi economici e medi e un'ampia scelta di *silog*. $

Dintorni di Masbate

Marinduque è un luogo incantevole e speciale, con leggende affascinanti e una roccia a forma di cuore.

Località
Marinduque p182

Situata nel centro geografico delle Filippine, quest'isola ha assunto il ruolo che le spetta come 'cuore' del paese. Per certi versi, qui si trovano le consuete attrattive dell'arcipelago: incantevoli litorali rocciosi, spiagge da cui non vorreste più andarvene, acque turchesi dove fare immersioni e snorkelling e palme che sembrano fatte apposta per appenderci le amache. Ma a Marinduque troverete anche leggende curiose e l'orgoglio di sentirsi al centro di tutto. C'è perfino una roccia, non più grande di un cocomero, che con un po' di immaginazione può sembrare a forma di cuore.

TRASPORTI LOCALI

I traghetti sono l'unico modo per arrivare e ripartire; sono notoriamente imprevedibili e purtroppo non partono direttamente da Mindoro. Prima dovrete tornare sulla terraferma a Luzon, poi raggiungere Lucena e partire dal terminal del porto. Una volta arrivati sull'isola, un veicolo proprio offre la massima libertà, ma è facile trovare una guida locale oppure organizzare un tour in triciclo.

Immaculate Conception Cathedral

ITINERARIO IN AUTO A MARINDUQUE

I visitatori che arrivano a Marinduque con un traghetto per veicoli vedranno la prima tappa di questo tour ancora prima di sbarcare: 1 **Our Lady of Biglang Awa**, una splendida statua che domina il Balanacan Port. Arrivando è visibile sulla sinistra, e potrete osservarla più da vicino una volta a terra. Se volete trattenervi, però, dovrete richiedere il permesso alle autorità portuali. Dal porto guidate per 30 minuti verso la magnifica 2 **Boac**, capoluogo dell'isola. Una delle tante attrattive è l'imponente Immaculate Conception Cathedral, vicino al fiume. Come molte chiese dell'epoca, ha mura simili a quelle di una fortezza e un campanile separato e aveva funzione di difesa contro gli attacchi dei pirati. Nel corso della sua storia fu utilizzata da agostiniani, francescani e gesuiti. Viaggiando per 40 minuti raggiungerete la 3 **Bagumbungan Cave**: se è aperta, vi serviranno diverse ore per esplorarla. Proseguite poi fino alla 4 **White Beach**, splendida spiaggia di sabbia bianca dove godervi un po' di relax o fare il bagno, con alcuni resort in cui potrete bere o mangiare qualcosa. Se avete ancora bisogno di rigenerarvi, viaggiate per un'ora verso ovest per il 5 **Malbog Sulfuric Resort**, dove potrete immergervi in acque calde sulfuree che sgorgano dal sottosuolo. Concludete l'esplorazione (o mettetevi in viaggio presto la mattina dopo) visitando il 6 **Mt Baliis** con il suo magnifico 'mare di nuvole' (più spettacolare all'alba).

Sistemazioni consigliate

$ Prezzi economici $$ Prezzi medi $$$ Prezzi elevati

Legazpi
p164 (cartina p165)

Alinchlo Tourist Inn $ Un motel tranquillo e accogliente con camere essenziali e senza fronzoli. Però ha il parcheggio, ideale per chi viaggia in auto con un budget limitato.

Legazpi Tourist Inn $ La 'Backpacker Room' (leggi: camerata) è un buon affare: solo P350 per una stanza da condividere. Sono disponibili anche camere private.

Mayon Backpackers Hostel $ Un ottimo ostello con pareti e lenzuola colorate e staff disponibile a organizzare tour della zona. Un discreto scambio di libri consente di avere molto da leggere nelle piovose giornate del monsone.

Tyche Boutique Hotel $$ Hotel dall'ottimo rapporto qualità-prezzo con un bel ristorante interno e camere che, pur non avendo un grande stile, sono confortevoli e pulite.

Hotel Villa Angelina $$ Motel a due piani con una bella terrazza per ammirare il Mayon. Camere pulite anche se non lussuose e navetta gratuita per/dall'aeroporto.

Hotel St Ellis $$ Più elegante di altri hotel in questa fascia, è una buona scelta per chi desidera passeggiare tra i moli e il lungomare. Offre camere ampie e pulite, prima colazione a buffet e una bella piscina.

Apple Peach House $$ Si fa notare per il caffè con tavoli a scacchiera e l'insegna rossa. Le camere sono pulitissime e alcune hanno una bella vista sul Mayon.

Balai Tinay Guesthouse $$ La terrazza sul tetto offre scorci sul Mayon e la posizione consente di raggiungere a piedi il centro commerciale o altri luoghi in città.

Marison Hotel $$$ Il Marison, l'hotel di gran lunga più elegante della città dispone di diversi ristoranti interni, una bella piscina, parcheggio e camere ampie e ben arredate.

Naga
p171 (cartina p172)

Naga Regent Hotel $ Un'opzione decorosa con staff cordiale, ristorante accettabile con prima colazione gratuita e camere che forse non colpiscono, ma almeno sono pulite.

CBD Plaza Hotel $ Non fatevi trarre in inganno dal nome: qui il cannabidiolo non c'entra. Una struttura molto conveniente perché include la navetta gratuita per/dall'aeroporto e le camere, pur spartane, non sono male.

Villa Caceres Hotel $$ Un boutique hotel di fascia media in posizione centrale con piscina, palestra e ristorante interno. Le camere sono spaziose e arredate in modo gradevole, persino sfarzoso.

El Sancho Hotel $$ Ha camere eleganti e piacevolmente arredate, con scrivania e bagni impeccabili.

Litton Hotel $$ Ottimo rapporto qualità-prezzo, con una lobby raffinata, mobili eleganti, una buona prima colazione a buffet e camere con soppalchi e morbidi cuscini.

Catanduanes
p175

Marem Pension House $ Una struttura economica a Virac resa interessante dagli acquari e dalle scale alla Escher. Ha bagni in comune, un ristorante e una bella terrazza sul tetto.

Catanduanes Midtown Inn $$ Gli arredi da business hotel non sono niente di speciale, ma il servizio cordiale e la possibilità di raggiungere il mare a piedi lo rendono un'ottima scelta a Virac. Ha anche un bel ristorante interno.

Masbate
p177 (cartina p178)

Balay Valencia $ Sistemazioni e mobili tipo ostello. Grazie alla posizione centrale, è comodo per andare a mangiare fuori o per prendere un triciclo.

Treasure Island Hotel $$ Un posto molto frequentato con camere un po' buie e spente, compensate però dal personale premuroso, un buon ristorante e alcune piscine originali (tra cui quella decorata come un acquario con lettini nell'acqua).

Marinduque
p182

Nine Balconies Island Stay $$ Solo a un isolato dalla cattedrale a Boac, è un posto comodo e pulito. Non è niente di speciale, ma ha un buon rapporto qualità-prezzo e la prima colazione è compresa.

Beach Club Cagpo $$ Si trova sulla spiaggia a White Beach per interrompere il tour in auto di Marinduque. Potete pernottare o solo godervi la spiaggia e i servizi per tirare fiato.

Mindoro

NATURA SELVAGGIA E SPLENDIDI FONDALI

Mindoro è un posto strano, una sorta di Dr Jekyll e Mr Hyde, con un piccolo resort turistico per le immersioni a nord e una maestosa giungla incontaminata nel resto dell'isola.

HLIB SHABASHNYI/SHUTTERSTOCK ©

Mindoro emerge dall'oceano sul lato sud-occidentale di Luzon, un'isola formata essenzialmente da due mondi distinti: Puerto Galera, all'estremo nord, è un piccolo porto rivolto soprattutto ai subacquei e agli amanti dello snorkelling, che vengono ad ammirare coralli variopinti, tridacne giganti, spugne barile e la miriade di animali che popolano queste barriere. Le immersioni sono fantastiche, ma le Filippine offrono molti altri siti di immersione incredibili. Gli appassionati di snorkelling, invece, non troveranno un posto migliore per vedere straordinari esemplari marini a pochi metri dalla superficie. Se non avete avuto la possibilità di ammirare le tridacne giganti a Bolinao (p127), fatelo qui.

Il resto dell'isola, e con questo intendiamo il 99%, è un paesaggio incontaminato di montagne ammantate da una fitta giungla e immerse nella foschia. Anche se è improbabile avvistarne uno, qui vivono gli ultimi tamarù (bufali selvatici delle Filippine) e tribù indigene locali che incontrano pochi turisti. Molto probabilmente sarete una novità per loro quanto loro lo sono per voi. Le attività spaziano dalle escursioni di birdwatching nella foresta a quelle alle cascate con piscine naturali. E poi, naturalmente, molto tempo in spiaggia.

AREE PRINCIPALI

PUERTO GALERA
Punto di riferimento per immersioni e snorkelling.
p188

SAN JOSÉ
La città più grande di Mindoro.
p195

PANOT LAOHABHAN/SHUTTERSTOCK ©

A sinistra: Talipanan Falls (p194); Sopra: Immersioni, Puerto Galera (p188)

Per orientarsi

A forma di virgola rovesciata, Mindoro sembra piccola sulla cartina ma immensa quando la si visita. Prevedete almeno una notte, due o più per essere sicuri di vederla tutta.

Puerto Galera, p188

Spettacolari immersioni e snorkelling all'estremità settentrionale dell'isola, con una frequentata e rilassata scena turistica.

San José, p195

Capitale de facto e base d'appoggio per esplorare le aree selvagge circostanti, nella zona sud-occidentale dell'isola.

AUTOMOBILE

Al momento c'è un breve tratto di strada impraticabile subito a ovest di Puerto Galera, quindi per vedere tutta l'isola bisogna in pratica fare il giro del perimetro due volte, a meno che non si prenda il traghetto per Batangas da Abra de Ilog.

AUTOBUS O JEEPNEY

Da Puerto Galera a Calapan potete prendere un jeepney. Per destinazioni più lontane dovrete ricorrere a van o autobus a lunga percorrenza. Il difficile è programmare cosa vedere tra una corsa e l'altra.

Ritmi di viaggio

Le immersioni a Mindoro sono spettacolari tutto l'anno, anche se le onde e le correnti possono costituire una sfida. Per l'escursionismo e il trekking è preferibile la stagione secca, da novembre ad aprile.

Se avete poco tempo

- Se vi fermate solo una notte, dovete scegliere tra terra e mare. Nel primo caso, prendete un aereo per **San José** (p195) e puntate verso le montagne.

- Se vi interessano le meraviglie subacquee, prendete un traghetto da Batangas a **Puerto Galera** (p188) per fare immersioni e snorkelling.

- L'unico difetto di questo programma è che sicuramente desidererete più tempo a disposizione.

In cinque giorni

- Cinque giorni vi consentono di esplorare davvero l'isola. Trascorrete un paio di notti a **Puerto Galera** (p188) e godetevi momenti di relax in piscina, passeggiate sulla riva e immersioni o snorkelling.

- Andate a Calapan e prendete un autobus o un van per **San José** (p195) per esplorare le montagne e la giungla.

- Prendete un volo per Manila o la vostra prossima destinazione.

Le stagioni

GENNAIO
Qui il Capodanno è magnifico: tempo asciutto, ottima visibilità sott'acqua e correnti generalmente più calme.

MAGGIO
La fine della stagione secca porta un clima più turbolento e umido che può causare disagi a traghetti, subacquei ed escursionisti.

AGOSTO
Da agosto a novembre è probabile che si verifichino tifoni, ma l'acqua è più calda.

NOVEMBRE
Il cielo è più soleggiato, le temperature sono meno estreme e in giro si vedono più turisti.

Puerto Galera

FAVOLOSE IMMERSIONI | SNORKELLING DIVINO | RESORT RILASSANTI

TRASPORTI LOCALI

La strada principale corre lungo le splendide coste dell'isola. È possibile fare qualche deviazione verso l'interno, ma per lo più si rimane vicino alla costa. I jeepney collegano Puerto Galera e Calapan, e da lì si prosegue verso sud con i van. Naturalmente un veicolo privato offre la massima flessibilità. Il triciclo è poco pratico per le lunghe distanze, ma è comodo per spostarsi in città.

In superficie, e intendiamo in senso letterale, Puerto Galera sembra un luogo piacevole e tranquillo, anche se non così speciale. I resort non sono i più nuovi o alla moda, però sono gradevoli e la vista sul mare è meravigliosa. Ma a rendere Puerto Galera così affascinante è ciò che si trova sott'acqua: siti di snorkelling tra i migliori al mondo, immersioni fantastiche e una ricca biodiversità. Troverete anche una discreta cucina di mare, belle escursioni in giornata e litorali incantevoli. Le tridacne giganti, facilmente visibili anche facendo snorkelling, sono una grande attrazione, come pure le stelle marine turchesi. I sub potranno avvistare spugne barile, squali, razze e non solo. Fuori dall'acqua potrete rilassarvi, sorseggiare un cocktail e osservare la marea mentre le famiglie perlustrano la spiaggia e i pescatori gettano le reti per i gamberi sperando di catturare qualcosa per cena.

Puerto Galera, paradiso dei sub

Le immersioni più belle delle Filippine

È difficile fare affermazioni generiche circa 'le migliori immersioni' quando i siti in cui immergersi sono così numerosi, ma **Puerto Galera** non vi deluderà di certo. La sua caratteristica unica è la vicinanza alla riva: invece di un'ora o due di navigazione o di un tour live-aboard, qui potrete esplorare fondali spettacolari a cinque o 10 minuti da terra. Ciò non significa che non possiate fare una crociera per sub, se lo desiderate. Ma non è una scelta obbligata come in altre parti del mondo. Uscite dopo una bella colazione, raggiungete in un attimo il punto di immersione, indossate le bombole e vi ritroverete circondati da squali volpe e tartarughe marine, fluttuando sopra spugne barile grandi come fusti di petrolio e tridacne giganti con le dimensioni di vasche da bagno. Se siete fortunati, una manta o addirittura uno squalo balena vi scivoleranno accanto. Decine di canocchie si muovono sul fondo del mare spostando sabbia e sporcizia come piccole ruspe. Pesci dai colori sgargianti si

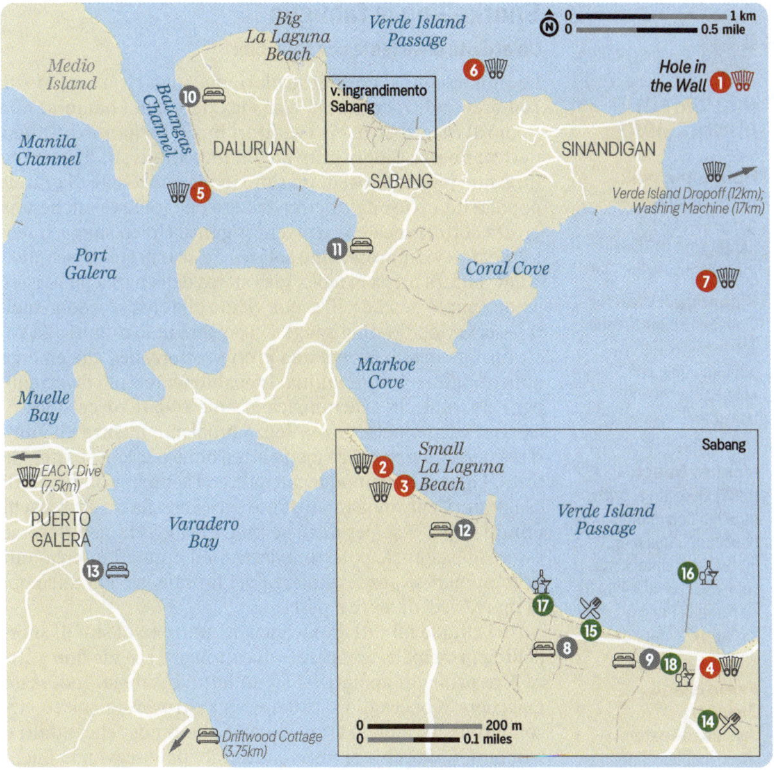

DA NON PERDERE
1 Hole in the Wall

DA VEDERE
2 Boatyard
3 Monkey Beach
4 Sinandigan Wall

ATTIVITÀ, CORSI E TOUR
5 Action Divers
6 Arkipelago Divers
7 Blue Water Diving

PERNOTTAMENTO
8 Big Apple Dive Resort
9 Capt'n Gregg's Dive Resort
10 Casalay Boutique Villas and Dive
11 Edgewater Resort
12 El Galleon Beach Resort
13 Nirvana Resort

PASTI
14 Small Wonder Sizzling House
15 Tamarind

LOCALI E VITA NOTTURNA
16 Bikini Floating Bar
17 Cragen's
18 Marti's Bar

aggirano tra i coralli. Potrete avvistare pesci rana, pesci pipistrello oltre a pesci leone e pesci pagliaccio impegnati a difendere gli anemoni giganti in cui vivono. I coralli sono punteggiati da una miriade di vermi albero di Natale, che scompaiono nei loro gusci non appena ci si avvicina troppo.

Uno dei siti più esaltanti è il **Wall**, una parete non lontana dalla riva con un punto chiamato **Hole** ('Hole in the Wall', cioè 'buco nel muro') che si può attraversare a nuoto. Altre mete molto gettonate sono il **Boatyard**, popolato da piccole incantevoli creature come cavallucci marini e lumache di mare, e la popolarissima **Monkey Beach**, dove si osservano anguille e altre specie interessanti. Per l'elenco dei dive centre, v. p191.

IL CONSIGLIO

Quasi tutti gli hotel offrono pacchetti turistici per visitare attrazioni e luoghi di interesse. Tuttavia potete anche ingaggiare direttamente un autista (di solito a un prezzo molto più basso) e pagare le tasse d'ingresso o di registrazione per i singoli siti.

MIGLIORI SITI DI IMMERSIONE

Hole in the Wall
(p189) Gigantesche gorgonie, cernie, carangidi e perfino tonni a circa 27 m.

Sinandigan Wall
Immersione multilivello con numerosi nudibranchi e altri animali che vivono tra i coralli. Ideale per macrofotografie.

Monkey Beach
(p189) Di solito si parte da 30 m con risalita graduale fino a 4 m. Molti pesci, splendide spugne e coralli incredibili. Poco lontano c'è Monkey Wreck.

Verde Island Dropoff
Una grande parete che si inabissa fino a 70 m. Molti carangidi e pesci pelagici. A volte ha forti correnti.

Washing Machine
Forti correnti tra spettacolari canyon sottomarini dove potreste concludere l'immersione aggrappandovi alle rocce per risalire.

Snorkelling in famiglia

Un'attività divertente con i bambini

Le immersioni sono spettacolari, ma sono riservate ai sub con brevetto Open Water, e se viaggiate con i bambini non fanno al caso vostro. Ma i genitori impavidi hanno un'alternativa: Puerto Galera offre alcuni incredibili siti di snorkelling, non più rischiosi di un tuffo in piscina. Gode di grande popolarità un'uscita di circa tre ore che include anche una grotta sotterranea e le tridacne giganti. Unico suggerimento: portatevi la protezione solare e le scarpette da scoglio.

L'avventura inizia al molo: già l'attesa della barca può essere emozionante perché nell'acqua vicino alla riva si vedono molti pesci variopinti. Una bangka vi porterà in 15 minuti alla vostra prima destinazione: una grotta sotterranea che emerge appena dall'acqua cristallina. Probabilmente è più divertente per i bambini, che si arrampicano sulle affilate rocce vulcaniche e si calano nella grotta senza problemi, mentre gli adulti devono chinarsi e fare molta attenzione per non sbattere la testa. La cosa è comunque fattibile e vi sentirete un po' degli esploratori, entrando in un punto e uscendo da un altro pochi minuti dopo. E se per qualche motivo la grotta non dovesse essere abbastanza, potrete vedere molti animali interessanti nelle numerose pozze di marea del litorale, tra cui anemoni di mare, ricci di mare e pesci.

Altri cinque minuti di navigazione portano al sito di snorkelling principale, una parete di coralli che scende fino a circa 5 m prima di appiattirsi su un letto di sabbia. Indossate maschera e boccaglio e tuffatevi: vi ritroverete subito circondati da un mondo straordinario che rende felici adulti e bambini. Canocchie si muovono sul fondale scavando buchi nella sabbia, pesci giganteschi guizzano nell'acqua azzurra e, man mano che ci si avvicina alla parete, si resta ipnotizzati dagli splendidi colori. Trovandosi a una bassa profondità, i coralli mantengono i loro colori vividi e non serve nemmeno ricorrere al flash di riempimento per le foto subacquee: una normale fotocamera compatta impermeabile andrà benissimo. Potrete vedere tartarughe marine, vermi marini, pesci pagliaccio e spugne giganti.

A questo punto avrete la pelle raggrinzita, ma l'escursione non è ancora finita. A pochi minuti di barca vi attendono le spettacolari tridacne giganti, adagiate a decine sul fondo sabbioso. Non hanno le dimensioni degli esemplari che si ve-

PASTI A PUERTO GALERA

Cartina p189

Small Wonder Sizzling House
Un gioiello nascosto distante dal mare, con gustosi piatti di pesce a ottimi prezzi. $

El Galleon
Fa parte di un bel resort e con il suo ottimo bar e il dehors è perfetto per cenare ammirando il tramonto. $$

Capt'n Gregg's
Grossi hamburger e sostanzioso pollo arrosto sono le scelte migliori in questo locale in stile pub. $$

Tamarind
Ristorante di lusso con luci romantiche e profumi che vi faranno venire l'acquolina prima ancora che vi sediate. La vista sull'acqua rende la cena ancora più buona. $$$

dono immergendosi in acque più profonde, ma sono comunque grandi e hanno colori splendidi. Sono tutte diverse tra loro: per esempio a strisce bianche e nere o blu scuro con macchie gialle.

Qualsiasi dive centre dei tanti presenti a Puerto Galera può organizzare non solo immersioni ma anche uscite di snorkelling, che vengono proposte pure dai grandi hotel. In extremis, potete andare al molo, pagare la tassa ambientale al funzionario responsabile (riceverete un braccialetto da indossare) e noleggiare una barca omologata per conto vostro.

ALONANOLA/SHUTTERSTOCK ©

Tridacna gigante, Puerto Galera

MIGLIORI DIVE CENTRE A PUERTO GALERA

Blue Water Diving
Un operatore molto valido di proprietà coreana in grado di organizzare uscite in tutti i siti locali.

Action Divers
Un centro affidabile che offre la certificazione PADI e uscite nei siti di immersione.

Big Apple Dive Resort
Non solo un dive centre ma anche un resort per sub, dotato perfino di un tavolo da biliardo.

Arkipelago Divers
Resort sulla spiaggia e dive centre, ha ottime tariffe e staff disponibile. È possibile fare immersioni dalla spiaggia.

EACY Dive
Devolve i suoi proventi alla tutela dei diritti dei bambini e ad attività a favore dell'ambiente.

LOCALI A PUERTO GALERA

Cartina p189

Marti's Bar
Un locale molto frequentato che offre birra a buon prezzo e divertenti serate a tema come il Tequila Tuesday. **$$**

Bikini Floating Bar
Un bar galleggiante per divertirsi non solo sulla spiaggia, ma anche in acqua. **$$**

Cragen's
Un beach bar molto animato che spesso propone musica live. È più rumoroso di altri locali, quindi non veniteci per fare conversazione. **$$**

Point
Incantevole e tranquillo bar-ristorante a El Galleon con una splendida e romantica vista sul mare e molti comodi sgabelli al bancone. **$$**

IL GAMBERO PIÙ GRANDE DEL MONDO

Se siete fortunati, potrete avvistare sul fondo dell'oceano quella che sembra un'aragosta modificata. Si tratta dell'incredibile **canocchia**, un crostaceo fortissimo. Al posto delle tipiche chele da aragosta o da gambero ha delle zampe anteriori calcificate in grado di colpire con la velocità di un proiettile calibro .22, tanto da far bollire l'acqua circostante. Un'altra caratteristica affascinante è la vista: alcune specie hanno fino a 15 coni negli occhi, che gli consentono di cogliere una gamma di colori molto più ampia di quella dell'uomo. Il gambero mantide non è aggressivo, ma non avvicinatevi troppo: è soprannominato anche 'spaccapollici'.

BLUE-SEA.CZ/SHUTTERSTOCK ©

Canocchia

Afterparty a Sabang

Posti per divertirsi di giorno e di sera

Se Puerto Galera sembra tranquilla, in parte è perché lo è davvero. Ma c'è comunque molto da vedere e da fare, sia di giorno sia di sera. L'attività perfetta dopo le immersioni? Rilassarsi e bere qualcosa nel vicino villaggio di Sabang.

Per un po' di svago diurno andate in uno dei bar galleggianti spuntati qua e là, come per esempio il **Bikini Floating Bar** (p191) a pochi minuti al largo della riva di Sabang, addobbato con bandiere internazionali e frequentato da occasionali clienti in bikini. È un posto un po' pacchiano ma divertente da cui ammirare il tramonto sul mare, e rimane aperto fino a mezzanotte circa. Se invece preferite oziare in spiaggia, stendete un telo per prendere il sole sui tanti tratti di sabbia bianca di Sabang. Evitate la zona del porto (che non è il massimo, anche se perlustrare la sabbia in cerca di conchiglie può essere divertente se avete dei bambini) e andate invece a 'La Laguna' (Big e Little), dove rimarrete estasiati.

Di notte questo piccolo porto è tutt'altro che un mortorio. Molti sub vogliono divertirsi dopo una giornata trascorsa sott'acqua e i bar sono fin troppo felici di accogliere i turisti e i loro dollari. La scelta spazia dai locali dove sedersi a chiacchierare con gli amici a discoteche pazzesche. Se bevete, fate attenzione agli sconosciuti troppo cordiali, che potrebbero cercare di alleggerirvi il portafoglio invitandovi a pagare i loro drink a prezzi esorbitanti nei locali per cui lavorano.

TRIDACNE

Se il Dr Seuss scrivesse un libro per bambini su Puerto Galera, probabilmente tratterebbe delle bizzarre e variopinte tridacne giganti. Un altro posto dove vedere questi stravaganti molluschi è il **Giant Clam Sanctuary a Bolinao** (p127).

Dintorni di Puerto Galera

Località

Mt Halcon p193

Mindoro è tra le regioni più selvagge delle Filippine, in gran parte costituita da fitta giungla, alte montagne e coste frastagliate.

Quando esplorate Mindoro capirete subito di non essere più a Puerto Galera. Percorrendo strade poco frequentate vedrete spuntare villaggi, e mentre attraversate risaie costellate di palme scorgerete qua e là le montagne dell'entroterra o il mare, il più delle volte nascosto da boschetti, case o alberi. Proverete sempre la sensazione esaltante di trovarvi in un posto remoto. È stimolante essere immersi in un paesaggio bucolico dove la gente indossa gli stessi abiti dei nonni e degli antenati. Ecco Mindoro e la sua popolazione indigena mangyan, una società che ha saputo resistere nonostante la colonizzazione e le guerre.

Mt Halcon

DA PUERTO GALERA: **1 H 15 MIN**

Trekking tra le nuvole

Questo non è un trekking da fare per sfizio. Il **Mt Halcon** (2616 m) è considerato da molti escursionisti una delle cime più difficili e tecnicamente impegnative da scalare in tutto il paese, nonostante sia solo la 23ª montagna per altezza delle Filippine. Dovrete prepararvi con settimane o addirittura mesi di anticipo. L'accesso è strettamente controllato e solo pochi scalatori al giorno possono varcare i punti di ingresso. Inoltre il sentiero è chiuso da giugno all'inizio di gennaio. Ammesso di aver risolto tutti gli aspetti logistici, dovrete pianificare un viaggio di andata e ritorno di quattro giorni: due giorni per raggiungere la vetta e due per la discesa. Potete ottenere la maggior parte delle informazioni necessa-

TRASPORTI LOCALI

La cosa più complicata di Mindoro è la sua ingannevole vastità. Per fare il giro dell'isola dovrete pianificarlo con cura, soprattutto perché al momento non è possibile fare il periplo completo, essendoci un piccolo tratto di strada impraticabile subito a ovest di Puerto Galera. I voli atterrano a San José e i traghetti in arrivo da Luzon attraccano a Puerto Galera, Calapan e Abra de Ilog. I traghetti per le isole situate a sud come Boracay salpano da Roxas e Bulalacao.

MIGLIORI CASCATE

Talipanan Falls
Per raggiungere queste graziose cascate, molto meno frequentate delle Tamaraw Falls (v. oltre), dovrete assumere una guida e fare un'escursione di circa 30 minuti attraverso la splendida giungla, ma avrete l'opportunità di nuotare e di vedere le scimmie.

Tamaraw Falls
Queste cascate alte 30 m, che prendono il nome dai bufali d'acqua in via di estinzione dell'isola, sono accessibili in auto, in jeepney o in triciclo, quindi è probabile che vi ritroviate in compagnia, ma sono spettacolari e si tuffano in splendide piscine immerse nel verde.

Tukuran Falls
Circa 45 minuti a sud di Puerto Galera, queste cascate sono un bel posto tranquillo con magnifiche piscine turchesi, una meta fantastica per le famiglie con bambini. Godono di grande popolarità e dovrete assumere una guida (che trovate al parcheggio) che vi accompagni nei 30 minuti di cammino.

HLIB SHABASHNYI/SHUTTERSTOCK ©

Mt Halcon

rie presso l'ufficio turistico municipale di **Baco**, che si trova vicino a Calapan. Vi sarà inoltre richiesto di completare un corso di alpinismo di base, che si può organizzare prima della data prevista per l'ascesa. Il trekking è lungo 29 km, con un dislivello di 3353 m.

Per gli escursionisti accaniti si tratta di una scalata indimenticabile, anche perché il sentiero è quasi deserto e avrete la sensazione che la montagna sia tutta per voi. Il percorso riserva numerose sfide, tra cui l'attraversamento del Dulangan River, di campi rocciosi e massi, di cascate e pozze d'acqua. Le temperature sono estreme e durante il cammino potrete avvistare la fauna selvatica della giungla, ma questa include anche i soliti fastidi come le zanzare, le mosche e le sanguisughe che amano cibarsi del sangue fresco dei turisti. In certi punti dovrete usare estrema cautela e tenere presente che, se doveste ferirvi, potrebbero passare giorni prima che riusciate a raggiungere un ospedale accettabile.

San José

AROMA BEACH | TAPPA INTERMEDIA | SNODO DEI TRASPORTI

San José non è esattamente una destinazione in sé, a meno che non cerchiate una città graziosa e tranquilla dove staccare la spina. La facilità di accesso ad altri luoghi interessanti di Mindoro è il motivo per cui arrivano quasi tutti i visitatori, e certamente i traghetti e i voli la rendono il posto giusto per concludere la visita dell'isola. Inoltre ha alcuni ristoranti discreti, una bella spiaggia e una vita notturna poco movimentata. Da qui si possono anche raggiungere le isole vicine con una bangka. Tra queste **White Island** è forse la più fotogenica, soprattutto se disponete di un drone: è un perfetto cerchio di terra immerso nel blu.

TRASPORTI LOCALI

Vi sposterete a piedi, in triciclo o in jeepney, oppure con il vostro veicolo. Da San José salpano traghetti verso sud per Coron Island, Palawan. Se siete diretti a Boracay dovrete prendere il traghetto da Roxas a Caticlan. L'aeroporto è servito da un volo al giorno che arriva da Manila e uno diretto alla capitale, in genere la mattina presto.

La graziosa Aroma Beach

Una spiaggia rilassante a ogni ora del giorno

Aroma Beach è una lunga striscia di sabbia, per lo più nera, che corre lungo il litorale di San José, affiancata da un'ampia passerella pedonale e, a ridosso di questa, da una strada. È frequentata da gente eterogenea: pescatori che lanciano le lenze in mare, famiglie che fanno il picnic, bambini che tirano calci a un pallone, mamme con passeggini, persone che portano a spasso il cane e coppie che passeggiano. Dopo il tramonto le famiglie si dileguano e arrivano gruppi di adolescenti e ventenni che chiacchierano, ridono e si scambiano video su TikTok, mentre alcuni locali diventano spazi di karaoke aperti a tutti. Se avete voglia di prendere il microfono e cantare, questo è il posto giusto per farlo.

I mattinieri troveranno ad Aroma Beach un'atmosfera completamente diversa: solo qualche anima solitaria, for-

DA NON PERDERE
1 Aroma Beach

DA VEDERE
2 Monumento

PERNOTTAMENTO
3 Beachfront Bed & Breakfast
4 JDS Hotel
5 Seasons Hotel
6 Sikatuna Beach Hotel

PASTI
7 Hungry Tuna Grill & Sizzling House
8 Kusina ni Lea

IL CONSIGLIO

Se siete a corto di contanti, prima di andare a nord verso Sablayan dovrete prelevare a San José, l'unico posto dotato di bancomat fino a quando non arriverete a Mamburao a nord o nelle città orientali come Calapan e Puerto Galera.

se un pescatore di gamberetti che lancia una rete, immerso nell'acqua fino alla vita, alcuni trampolieri e magari un airone o una garzetta che osservano la scena con aria distaccata fino a quando un pesciolino non cattura la loro attenzione. Anche il tramonto e l'alba non deluderanno le aspettative.

Nella zona meridionale della spiaggia si trova un interessante **monumento** in onore della lingua mangyan. Di forma cilindrica, reca un'iscrizione in mangyan per ricordare che le Filippine sono composte da molte culture diverse e che le popolazioni indigene locali hanno una propria identità culturale.

PASTI A SAN JOSÉ

Kusina ni Lea
Un popolare locale in stile filippino che offre gustose specialità di pesce. Provate la cernia in agrodolce. $

Hungry Tuna Grill & Sizzling House
Situato proprio ad Aroma Beach, serve un gustoso *sisig* e altre specialità. $

Seasons Hotel
Questo hotel vanta uno dei migliori ristoranti della città, con deliziose specialità cinesi oltre a piatti filippini e occidentali. $$

Sikatuna Beach Hotel
Ha una splendida vista, ma anche la cucina di mare non è male. Il sabato serve un ottimo pranzo a buffet. $$

Dintorni di San José

Le splendide giungle di Sablayan e le meraviglie di Apo Reef attendono i viaggiatori che si avventurano fin qui.

Scegliete una splendida giungla sottomarina o montana: in ogni caso rimarrete affascinati. Queste sono le attrattive che richiamano i visitatori a nord di San José. Gli appassionati di birdwatching hanno la possibilità di osservare otto specie endemiche che non si trovano da nessun'altra parte (tra cui la quasi estinta colomba pugnalata di Mindoro), tutte gravemente minacciate dalla deforestazione. Le escursioni di birdwatching gestite dalla Sablayan Prison Farm sono il modo migliore per esplorare la giungla. I sub restano incantati dall'Apo Reef National Park, il più grande atollo corallino delle Filippine, appena al largo della costa occidentale di Mindoro, dove l'acqua limpidissima consente una visibilità di 30 m o più.

Località
Sablayan p197

TRASPORTI LOCALI

Non c'è dubbio che un veicolo privato sia la soluzione migliore per spostarsi, soprattutto se avete l'attrezzatura per le immersioni o costose macchine fotografiche e teleobiettivi. Se invece arrivate qui con un tour, i trasporti saranno in gran parte già organizzati. La strada lungo la costa da San José verso nord fino ad Abra de Ilog è percorsa regolarmente da jeepney.

Sablayan

DA SAN JOSÉ: **1 H 30 MIN**

Un'immersione nel sensazionale Apo Reef

Apo Reef è molto vicino al porto di Sablayan, e da lì si possono organizzare gite in giornata o con pernottamento. Tuttavia la scelta migliore per vivere a fondo questo incredibile sito di immersione è un tour live-aboard, cioè una crociera per sub con pernottamento a bordo. Le imbarcazioni partono da porti molto più distanti, come Puerto Galera a Mindoro o addirittura Batangas a Luzon. Tra tutte merita una segnalazione la *Stella Maris Explorer*. Gli escursionisti in giornata devono registrarsi presso il **Sablayan Tourism Office**, che può fornire la guida e il capitano della barca.

Una volta giunti ad Apo, che sia per un giorno solo o un periodo più lungo, sarete estasiati dalla varietà di specie che potrete osservare. Oltre alla fauna marina, la barriera presenta oltre 500 tipi di coralli diversi, morbidi e duri, e un gran

FAUNA MARINA AD APO REEF

Apo Reef è famoso soprattutto per le opportunità di avvistamento degli squali: tra le specie presenti vi sono squali longimanus, squali martello, squali volpe, squali grigi del reef e squali pinna nera minori. Si vedono spesso anche mante e aquile di mare maculate, oltre a centinaia di specie di pesci ossei, tra cui anguille, pesci ago e cavallucci marini.

La vicinanza ad acque profonde e alle correnti più forti dell'oceano aperto rende possibile l'avvistamento di tonni, pesci luna, corifene, delfini e persino balene. Fanno la loro comparsa anche diverse specie di tartarughe marine in via d'estinzione. Il pesce Napoleone è uno dei tanti pesci interessanti da osservare.

HEMIS/ALAMY STOCK PHOTO ©

Apo Reef

numero di nudibranchi, gamberi, crostacei, polpi, calamari e stelle marine. Ci sono anche alcuni bei relitti, se avete tempo per esplorarli. Non a caso, questo è uno dei migliori siti di immersione al mondo. Ma anche se gran parte del divertimento si trova sott'acqua, le immersioni e lo snorkelling non sono le uniche attrazioni. Una piccola isola circolare offre idilliache spiagge di sabbia bianca e boschetti di mangrovie. C'è anche un piccolo faro, che rappresenta una meta divertente se si vuole fare qualcosa di diverso.

La Sablayan Prison Farm & Rainforest

Istituita nel 1954, la **Sablayan Prison Farm and Penal Colony** è il penitenziario più grande delle Filippine. Ospita detenuti a basso rischio che sono sostanzialmente liberi di muoversi per fare giardinaggio o costruire piccoli rifugi di paglia; alcuni portano perfino le famiglie. Volendo, è possibile anche trascorrere la notte, ma quasi tutti i visitatori vengono per fare birdwatching nelle foreste tutelate che rientrano nella tenuta della prigione. Se avete sempre desiderato vedere una colomba pugnalata di Mindoro, andateci subito, perché questa potrebbe essere la vostra migliore opportunità di avvistarla prima che scompaia definitivamente. Ricordate che dovrete richiedere un permesso al Sablayan Tourism Office (p197).

Sistemazioni consigliate

$** Prezzi economici **$$** Prezzi medi **$$$ Prezzi elevati

Puerto Galera

p188 (cartina p189)

Nirvana Resort $$ L'oceano è vicinissimo: con l'alta marea lambisce letteralmente l'argine del resort, mentre con la bassa marea lascia una bella distesa di sabbia e fango su cui passeggiare. Splendide viste sulla baia, un buon bar, personale cordiale e camere semplici e curate.

Edgewater Resort $$$ Una splendida piscina, una bella vista sull'oceano, un paio di gatti simpatici: come non apprezzare questo posto? È una struttura molto frequentata dai subacquei, quindi se siete qui per le immersioni potreste fare amicizia.

Big Apple Dive Resort $$ Tutto ciò che serve per le immersioni, ma anche una buona struttura ricettiva, con tavolo da biliardo, ristorante e camere pulite.

Driftwood Cottage $$$ Lontano dalla città, il Driftwood consente di sentirsi davvero fuori dal mondo. Riscuote un grande successo grazie alle splendide vedute sull'oceano e ai proprietari cordiali.

Casalay Boutique Villas and Dive $$$ Un boutique hotel grazioso e ben gestito, abbastanza remoto da sentirsi lontani da tutto. Se non vi interessa andare in città e desiderate evadere, questo è il posto giusto.

Dintorni di Puerto Galera

p193

LaSersita Casitas and WaterSpa Beach Resort by Cocotel $$ Ottimo rapporto qualità-prezzo per l'immensa piscina doppia con comodi lettini. Le camere sono un po' da motel, ma è un buon punto intermedio per chi è diretto a Sablayan o a San José.

Eduardo's Resort $$ Questo hotel a Calapan è apprezzato dalle famiglie con bambini per la sua gigantesca piscina con le rana che sorride e Shrek, oltre alla comodità di un buon ristorante. Un'opzione comoda prima di prendere il traghetto.

San José

p195 (cartina p196)

JDS Hotel $ Questo grande edificio squadrato blu e beige è un po' un pugno in un occhio, ma si trova in posizione centrale e ha camere pulite e un ristorante interno al piano terra.

Seasons Hotel $$ Aspira a essere elegante, ma non è all'altezza degli standard di lusso. È vicino alla spiaggia, ha una buona cucina e offre camere spaziose con aria condizionata.

Sikatuna Beach Hotel $$ Un po' datato ma accogliente e molto comodo per la spiaggia, con un ottimo ristorante interno. Può organizzare tour. Le camere al 2° piano sono più tranquille e hanno la vista migliore.

Beachfront Bed & Breakfast $$$ Uno dei posti più eleganti e costosi, il Beachfront non è un granché dall'esterno, ma gli interni sono moderni, puliti e dotati di TV LCD.

Dintorni di San José

p197

Gustav's Place $ Struttura tipo ostello, il Gustav offre bungalow allegri, tavolo da biliardo e molte informazioni sui siti di immersione di Sablayan. Dopo una notte o due comincerete a sentirvi di famiglia. Si trova proprio sulla spiaggia: solo pochi passi per perlustrare la sabbia in cerca di oggetti interessanti o fare una nuotata.

Sablayan Prison Farm & Rainforest $ Una sistemazione davvero insolita ma certamente interessante, in mezzo ai detenuti. Dovrete richiedere il permesso.

Sablayan Paraiso Beach Resort $$ Un bel posto tranquillo con piccoli bungalow sulla sabbia all'ombra delle palme.

Pandan Island Resort $$$ Qui sarete su un'isola tutta vostra, anche se a breve distanza in barca dalla terraferma di Sablayan, quindi non troppo lontani dalla civiltà. Se cercate tranquillità e privacy, è un'ottima opzione. I proprietari possono organizzare tour e immersioni.

BLUEORANGE STUDIO/SHUTTERSTOCK ©

Sopra: White Beach (p206), Boracay; A destra: Culasi Lighthouse (p221)

AREE PRINCIPALI

Boracay
Spiagge paradisiache.
p206

Roxas
Cucina di mare e camminate sulla spiaggia.
p217

Iloilo
Passeggiate sul fiume, cattedrali, musei.
p222

Boracay e Visayas occidentali

AVVENTURE DI TERRA E PER MARE

Montagne ammantate di foreste, barriere coralline e spiagge tra le più belle delle Filippine: è facile innamorarsi delle Visayas occidentali.

Le Visayas occidentali includono diverse grandi isole e decine di isolette e sono rinomate per gli spettacolari paesaggi costieri. Ogni anno la sottile Boracay attira quasi due milioni di visitatori, che vengono a crogiolarsi sull'impalpabile sabbia bianca di White Beach per poi godersi gite in barca a vela al tramonto e notti di baldoria. Le spiagge delle Visayas sono di una varietà infinita, dalle calette nascoste affacciate su acquee cerulee ai banchi di sabbia simili a miraggi che scompaiono con l'alta marea. Nell'entroterra l'offerta è ancora più ampia: laghi cristallini, vulcani imponenti e riserve naturali incontaminate con una straordinaria flora e fauna.

CARL DE JOSE/SHUTTERSTOCK ©

Questi paesaggi così eterogenei regalano infinite avventure. Potrete fare escursioni nella foresta pluviale tropicale verso cascate scintillanti e nuotare nelle acque limpide alla base. Oppure trascorrere la giornata facendo immersioni o snorkelling tra le variopinte barriere coralline nelle riserve marine. Uscite dai sentieri battuti negli angoli più remoti della regione, anche su isole incantevoli ideali da esplorare in moto.

Le Visayas occidentali offrono inoltre città fiorenti e vivaci sedi universitarie in cui apprezzare a fondo il fascino della regione. La capitale del pesce e dei frutti di mare, Roxas, offre grandi mangiate di granchi, cozze e capesante appena pescati, mentre Kalibo si scatena durante l'Ati-Atihan, uno dei tanti festival pittoreschi che meritano il viaggio. Bacolod vanta una notevole ma poco conosciuta scena di street art e Iloilo possiede uno scenografico lungofiume riqualificato. Con un'offerta così ricca, la parte più difficile è decidere da dove iniziare.

Per orientarsi

Le Visayas occidentali si estendono in un'area centrale delle Filippine. La minuscola Boracay si trova subito al largo della punta nord-occidentale di Panay, mentre a est di questa c'è l'altra grande isola, Negros. Le altre isole principali includono Romblon, Guimaras e Siquijor.

TRICICLO E HABAL-HABAL

In molte città il mezzo di trasporto più comune è il triciclo, un piccolo sidecar con tettuccio fissato a una motocicletta. Nei luoghi più impervi (i parchi nazionali, per esempio) potrebbe essere necessario viaggiare in *habal-habal*, mototaxi con sedili più grandi.

IMBARCAZIONI

La regione ha molte rotte e numerosi porti. Tra gli hub figurano Caticlan, nel nord-ovest di Panay (punto di transito per Boracay), Iloilo (servizi per Guimaras e Negros), Bacolod (la principale città nel nord di Negros) e Dumaguete (la principale città nel sud di Negros, servizi per Siquijor).

AUTOBUS, VAN E JEEPNEY

Le città sono collegate da trasporti adeguati. Gli autobus, come quelli gestiti da Ceres, sono in genere più lenti ma più confortevoli. I van da 16 posti sono più veloci ma spesso affollati. Le città più grandi sono servite anche dai jeepney (autobus simili a grosse jeep con panche).

Romblon, p252

L'arcipelago a nord di Panay è poco visitato, ma ricompensa i viaggiatori con fortificazioni fotogeniche, barriere coralline e spiagge selvagge e remote.

Boracay, p206

Una delle destinazioni balneari più belle delle Filippine ha incantevoli spiagge di sabbia bianca, limpide acque azzurre e molti ristoranti e locali.

Roxas, p217

Nel nord di Panay, Roxas è famosa per il pesce e i frutti di mare. È una città tranquilla con un centro pittoresco, bei punti panoramici e una ricca storia culturale.

Iloilo, p222
Questa grande città storica è ricca di attrattive: bei musei, una rigogliosa passeggiata sul fiume e invitanti escursioni nella vicina Guimaras Island.

Bacolod, p232
Sul versante nord-occidentale di Negros, Bacolod offre un vistoso quartiere artistico e molte specialità culinarie. Nei dintorni, Silay vanta dimore storiche risalenti all'epoca del boom della canna da zucchero.

Dumaguete, p243
Un lungomare costellato di ristoranti è la maggiore attrattiva di questa dinamica città universitaria. I dintorni offrono una riserva forestale ricca di fauna selvatica e fantastiche immersioni.

Siquijor, p249
Isola di dimensioni perfette da girare in moto per conto proprio, Siquijor offre spiagge incontaminate, avventure speleologiche e cascate incantevoli. È anche nota per i suoi guaritori popolari.

Ritmi di viaggio

Quasi tutti i visitatori della regione vengono per le spiagge e la vita notturna di Boracay, ma c'è molto di più nelle Visayas occidentali, tra cui parchi nella giungla ricchi di cascate, riserve marine orlate di coralli e i centri storici delle città.

Puka Beach (p208)

Se fate una cosa sola

- Iniziate presto la giornata con una passeggiata lungo **Bulabog Beach** (p208), una spiaggia orlata di palme ideale per ammirare l'alba. Poi dedicatevi a qualche avventura acquatica, per esempio parasailing o un'escursione di snorkelling o immersioni.
- Pranzate o fate colazione tardi al **Sunny Side Cafe** (p208), poi godetevi una nuotata e una siesta a **White Beach** (p206).
- Nel pomeriggio fate una passeggiata panoramica a **Puka Beach** (p208), poi tornate a White Beach per un'escursione in *paraw* al tramonto.
- Cenate e prendete un drink sul lungomare al **Cafe Maruja** (p208), poi andate a divertirvi al **Paraw Beach Club** (p210).

Le stagioni

Con un ricco calendario di festival durante tutto l'anno, c'è sempre qualcosa da fare nelle Visayas occidentali. I mesi della stagione secca, da dicembre ad aprile, sono i migliori per il tour delle spiagge e le immersioni.

GENNAIO

L'Ati-Atihan Festival porta a Kalibo una settimana di costumi vistosi, danze, concerti e divertimenti sfrenati giorno e notte.

FEBBRAIO

Il periodo ideale per visitare Boracay: meno piogge, cielo sereno e mare in genere calmo, perfetto per le immersioni e le altre attività acquatiche.

APRILE

La mistica isola di Siquijor fonde celebrazioni cattoliche e pagane nel Folk Healing Festival durante la Settimana Santa.

Con tre giorni a disposizione

- Dopo Boracay spostatevi sulla grande isola di Panay. Fate **tubing** sulle rapide (p213) nei pressi di Tibiao, poi godetevi le vicine **Bugtong Bato Falls** (p212).

- Potete pernottare a **Mararison** (p213), un'isola piccolissima con un villaggio incantevole.

- Il giorno dopo andate a Kalibo, dove potrete scoprire il più grande **festival** (p214) delle Visayas e fare una passeggiata nel **Bakhawan EcoPark** (p215).

- Concludete il viaggio a Roxas, famosa per la cucina di mare. Assaporatela ammirando la vista su **Baybay Beach** (p220), poi esplorate aspetti meno noti della città quali le **Ruins of Alcatraz** (p220) e il **Culasi Lighthouse** (p221).

Più di una settimana

- Iniziate da Iloilo, città ricca di storia nella zona sud-orientale di Panay. Visitate i musei e le cattedrali e fate una passeggiata lungo la popolare **Iloilo River Esplanade** (p224), poi esplorate la scena della ristorazione e dei locali a Smallville.

- Prendete un traghetto per Guimaras e visitate spiagge incontaminate, boschetti di manghi e la ben conservata **Taklong Island National Marine Reserve** (p230).

- Spostatevi a Negros per vedere il quartiere artistico di **Bacolod** (p232), visitare le vestigia delle ville coloniali a **Silay** (p237) e godervi la sabbia e il mare nella splendida **Sugar Beach** (p241).

- Proseguite alla volta di Dumaguete, una bella città vicino al **Twin Lakes Natural Park** (p248), e dell'incantevole Siquijor.

MAGGIO

Il Manggahan Festival celebra i deliziosi manghi di Guimaras con gruppi musicali dal vivo e danze folcloristiche, oltre a una grande quantità di frutta.

GIUGNO

Silay celebra la sua amata principessa-guerriera con sfilate, spettacoli teatrali e gare in costume durante il Kansilay Festival.

OTTOBRE

Bacolod si scatena in allegria durante il MassKara Festival, con maschere di Carnevale, danze, tamburi, concorsi di bellezza e molto altro ancora.

DICEMBRE

Il Sinadya Festival di Roxas prevede processioni cariche di fiori, sfilate di barche, fuochi d'artificio e concerti nei giorni che precedono l'8 dicembre.

Boracay

SPIAGGE | SPORT ACQUATICI | VITA NOTTURNA

Lunga solo 7 km e larga 500 m nel suo punto più stretto, Boracay è la principale attrazione turistica delle Filippine, alimentata da una crescita esplosiva e da un intenso battage pubblicitario. Purtroppo tutto ciò è stato eccessivo per la piccola isola, che nel 2018 è stata chiusa ai turisti per sei mesi per allentare la pressione sul suo fragile ambiente e riparare le infrastrutture. Quando finalmente è stata riaperta, l'isola si è presentata radicalmente rinnovata, con le condutture fognarie illegali sostituite da un moderno impianto di trattamento delle acque reflue, strade e marciapiedi rimodernati e gli hotel e i ristoranti costruiti troppo vicino all'acqua demoliti.

Boracay è ritornata con una nuova coscienza ecologica. Benché gli oppositori rimpiangano la perdita dello spirito libero dell'isola, ci si può ancora divertire molto tra la miriade di bar e locali da ballo. Tutto questo mentre Boracay continua a confrontarsi con le sfide del sovraffollamento turistico.

Lo splendore di White Beach

Momenti di relax su una spiaggia iconica

Con la sua splendida sabbia impalpabile, **White Beach** è il fulcro dell'animazione a Boracay e l'unico posto che quasi tutti i visitatori vedono sull'isola. La spiaggia si estende per quasi 4 km tra la Station 1 a nord e la Station 3 a sud (le aree sono distinte in base alle tre vecchie stazioni dove sbarcavano le bangka provenienti da Caticlan). Se volete godervi il mare in solitudine, alzatevi presto e fate una passeggiata sulla sabbia e poi un bagno rinfrescante nelle acque cristalline. Vicino alla riva il fondale è piuttosto basso, in particolare alla Station 1, dove si può camminare per 10 m nell'acqua alta fino alla vita.

La spiaggia inizia ad affollarsi verso mezzogiorno con partite giornaliere di pallavolo, calcio e ultimate frisbee. Nel tar-

TRASPORTI LOCALI

I tricicli vi possono portare ovunque. Il costo dovrebbe essere di P15 se si condivide la corsa e di P150 e oltre (a seconda della destinazione) se si noleggia l'intero triciclo. Un autobus hop-on hop-off gestito da Southwest Tours collega White Beach con Bulabog, Ilig-Iligan, Puka e altri luoghi di richiamo dell'isola (il pass valido 24 ore costa P200). L'autobus serve anche il porto, dove però si possono prendere altri van e tricicli (P30) per White Beach. A Boracay molti posti noleggiano biciclette, tra cui BOSS e Isla Siklista.

IL CONSIGLIO

Se viaggiate in aereo, l'arrivo può sembrare un po' complicato. Atterrati all'aeroporto di Caticlan, prendete un triciclo per il porto (P150). Qui dovrete registrarvi presso il Dipartimento del Turismo (dovrete esibire il passaporto e fornire l'indirizzo del vostro alloggio) e poi pagare le tasse in tre sportelli affiancati: la tassa portuale (P150), quella ambientale (P300) e il passaggio in barca (P50; P100 di notte). Solo allora vi daranno il numero di posto e vi diranno su quale barca salire.

DA NON PERDERE
1 Mandala Spa
2 White Beach

DA VEDERE
3 Bulabog Beach
v. 20 Chi
4 Crocodile Island
5 Diniwid Beach
6 Ilig-Iligan Beach
7 Keyhole
8 Puka Beach
9 Tambisaan
10 Willy's Rock

ATTIVITÀ, CORSI E TOUR
11 Boracay Redcoral
12 Calypso Diving
13 Fisheye Divers
14 Isla Kitesurfing
15 Yapak

PERNOTTAMENTO
16 Bamboo Bungalows
17 Chill Out Hostel
18 Frendz
19 Nigi Nigi Nu Noos
20 Shangri-La Boracay Resort & Spa
21 Surfside

PASTI
22 Cafe Maruja
23 Dinibeach Bar & Restaurant
24 Dos Mestizos
25 Lemoni Cafe
26 Nonie's
27 Spicebird
28 Sunny Side Cafe

LOCALI E VITA NOTTURNA
29 Club Galaxy
30 Epic
31 Exit Bar
32 Jonah's Fruit Shakes
33 Paraw Beach Club

TRASPORTI
34 BSikleta

do pomeriggio sembra che a White Beach arrivino proprio tutti per vedere i favolosi tramonti per cui Boracay è famosa.

Per esplorare White Beach si può percorrere il sentiero separato dalla riva dalle palme, che passa accanto ai ristoranti e ai bar, oppure camminare sulla sabbia per evitare la confusione. Un punto di riferimento di White Beach è **Willy's Rock** all'altezza della Station 1. Questa fotogenica formazione di roccia vulcanica coronata da alberi è nota anche come Boracay Grotto e ha dei gradini che portano a una statua della Vergine.

Attività acquatiche

Parasailing, paraw e kitesurf

Oltre alle passeggiate sulla sabbia e ai bagni in mare, White Beach offre un'ampia gamma di attività all'aperto. Per una scarica di adrenalina accompagnata da splendidi panorami provate il parasailing, uno sport molto popolare, come si può notare guardando in cielo. Numerosi operatori propongono uscite che durano in genere 15 minuti e costano circa P2500 per persona. Fatelo al tramonto per la vista più spettacolare.

Un modo più tranquillo per godersi il paesaggio è a bordo di un *paraw*, le tradizionali barche a vela con bilanciere che solcano le acque al largo della spiaggia. Si parte dalla Station 1 o dalla Station 3 (e da Bulabog Beach in bassa stagione, da giugno a ottobre). Le uscite al tramonto sono le più gettonate (30 minuti, P2500 fino a 4 persone), ma si può anche organizzare una gita in giornata più lunga con soste a Balinghai Cove per nuotare e fare snorkelling.

Al culmine dell'*amihan* (monsone di nord-est, da dicembre a marzo), grazie alle condizioni eccellenti e ai prezzi competitivi (P9600 per un corso introduttivo di 4 ore), **Bulabog Beach**, sul versante orientale dell'isola, è il posto perfetto per imparare il kitesurf. L'attività si sposta a White Beach durante l'*habagat* (monsone di sud-ovest, da giugno a ottobre), quando i forti venti dal mare la rendono più adatta agli esperti.

Tour delle spiagge a Boracay

Alla scoperta di lidi meno conosciuti

Boracay ha altre spiagge belle quasi quanto White Beach, anche se non così lunghe. Una passeggiata panoramica intorno al promontorio all'estremità nord dell'isola vi porterà alla deliziosa e appartata **Diniwid Beach**, dove potrete fare il bagno al largo della costa orlata dalla foresta.

Sulla punta nord dell'isola, la graziosa **Puka Beach** è un posto incantevole per perlustrare la sabbia in cerca di oggetti interessanti, come le conchiglie simili a porcellana che danno il nome alla spiaggia. All'ingresso ci sono bancarelle che vendono collane, braccialetti e altri oggetti fatti di conchiglie.

Altre spiagge a nord sono meno frequentate. **Ilig-Iligan Beach** a nord-est, un tempo difficile da raggiungere, si affaccia su un paio di isolotti calcarei appena al largo. Qui si trova anche la formazione rocciosa nota come **Keyhole**. L'area fa parte ora del Newcoast Development, che include molti resort, anche se l'accesso alla spiaggia rimane libero a tutti.

TOUR OPERATOR

Isla Kitesurfing
Operatore storico, uno dei maggiori di Boracay, che offre lezioni, attrezzatura, escursioni e alloggio in bungalow.

BSikleta
Al D'Mall, noleggia biciclette discrete e organizza tour guidati a Boracay di due e quattro ore che includono una ciotola gratuita di *lomi*.

Fisheye Divers
Uno dei primi dive centre di Boracay, in attività da oltre 30 anni. Offre un'ampia gamma di corsi per sub e immersioni in apnea, nonché escursioni in giornata.

Calypso Diving
Questo resort e dive centre a White Beach dispone di guide esperte per accompagnarvi nelle uscite o insegnarvi nuove tecniche.

Boracay Redcoral
Offre una gamma completa di attività acquatiche, tra cui immersioni con il casco, parasailing, jet ski, windsurf e UFO (un gonfiabile rotondo per sei persone trainato da un motoscafo).

MIGLIORI CAFFÈ A BORACAY

Cartina p207

Sunny Side Cafe
Questo locale che serve la prima colazione tutto il giorno è famoso per i deliziosi prodotti da forno, i soffici pancake e l'*adobo* (stufato) di maiale. $$

Cafe Maruja
Elegante e rinomato ristorante sulla spiaggia che offre bevande originali a base di caffè, appetitose Buddha bowl e aree lounge. $$

Lemoni Cafe
Prendete posto nel dehors di questo locale allegro e gustate uova alla Benedict, gamberi con risotto al cocco e altri piatti creativi. $$

Jonah's Fruit Shakes
In mezzo a tanta concorrenza, Jonah's vanta i migliori milkshake dell'isola, e le cannucce commestibili sono un tocco di classe. $

Kitesurf, Bulabog Beach

GLI ATI DI BORACAY

Fino alla fine del XX secolo Boracay ospitava una vasta popolazione di indigeni ati, che avevano radici secolari sull'isola. Quando negli anni '70 scoppiò il boom del turismo, i costruttori si appropriarono del litorale e allontanarono gli ati dalle loro terre ancestrali. Poverissimi e da sempre privi di opportunità di istruzione, molti ati emigrarono a Caticlan e in altre zone della vicina isola di Panay. Circa 200 famiglie, tuttavia, sono rimaste a Boracay e lottano per il diritto di vivere e lavorare sull'isola. Risiedono in una stretta area recintata di appena 2,1 ettari che gli è stata assegnata nel 2011 dopo essere stata dichiarata dal governo terra ancestrale certificata. Nel 2018 gli ati hanno ricevuto altri 3,2 ettari, ma questi terreni sono oggetto di contestazione da parte degli imprenditori immobiliari. Le 44 famiglie che ci vivono devono dimostrare che questa terra è produttiva per poterci rimanere.

Avventure subacquee

Immersioni e snorkelling

Le immersioni a Boracay non sono paragonabili a località più rinomate come Puerto Galera, ma c'è qualche sito discreto. **Yapak**, al largo della punta settentrionale, è una parete di coralli morbidi che va da 30 m a 65 m dove si avvistano molti pesci grandi, ma la profondità, le correnti e il mare mosso la rendono adatta solo ai sub esperti. Si possono fare anche immersioni in corrente e in grotta. **Crocodile Island**, al largo della piccola spiaggia di **Tambisaan**, è una popolare meta di snorkelling quando c'è bel tempo. A Boracay ci sono molti dive centre; un'immersione con tutta l'attrezzatura costa in genere P2000.

PASTI A BORACAY

Cartina p207

Nonie's
Il menu, in gran parte biologico e di origine etica, è ricco di proposte deliziose e salutiste, tra cui ciotole di cereali con tempeh, tataki di tonno scottato e succhi spremuti a freddo. **$$**

Dos Mestizos
Un'icona di Boracay grazie all'eccellente cucina tradizionale spagnola arricchita da sapori locali. L'ottima gastronomia annessa offre una cucina più informale. **$$$**

Spicebird
Questo ristorante nel D'Mall serve la salsa piccante portoghese piri-piri con gamberi, granchi indopacifici, piatti vegetariani e, soprattutto, pollo alla griglia. **$$**

Dinibeach Bar & Restaurant
Un locale alla mano a Diniwid Beach, perfetto per panini, crocchette di pesce e cocktail ammirando il tramonto. **$$**

SISTEMAZIONI A BORACAY

Angol (a sud della Station 3)
Si possono ancora trovare camere semplici e a buon prezzo ad Angol, dove sopravvive lo spirito della 'vecchia Boracay'. Il centro di White Beach si raggiunge con una passeggiata facile e piacevole.

White Beach centrale (Station 1-3)
Questa zona è il cuore dell'azione: resort, ristoranti, bar, venditori sulla spiaggia, procacciatori d'affari, massaggiatori, negozi di souvenir e ladruncoli.

A nord della Station 1
Questo tratto paradisiaco di White Beach è il regno delle strutture di lusso. Andando verso nord i resort si diradano.

Bulabog Beach
Dalla parte opposta di White Beach – a 10 minuti dal D'Mall – è il paradiso degli sport acquatici e ha un'atmosfera informale. Le tariffe aumentano nell'alta stagione del kitesurf (dicembre-marzo).

ROBERTHARDING/ALAMY STOCK PHOTO ©

Shangri-La Boracay

Splendide spa

Per godersi momenti di totale relax

Benvenuti nella terra delle spa. Le opzioni sono numerose, ma se cercate qualcosa di livello superiore andate alla **Mandala Spa**. Immersa nella natura in cima a una collina vicino alla Station 3, regala una magnifica esperienza in un ambiente molto tranquillo.

Un'altra spa favolosa è **Chi**, situata all'interno dell'immenso **Shangri-La Boracay**. Quest'oasi di pace è composta da varie ville in stile asiatico dove vengono effettuati i trattamenti, ognuna con il nome di un villaggio tibetano.

MIGLIORI LOCALI NOTTURNI A BORACAY

Cartina p207

Epic
Questo club vistoso rimane il più popolare tra le discoteche sulla spiaggia, con i DJ che danno il via alle danze alle 22. Durante il giorno è bar e grill.

Paraw Beach Club
Un locale longevo a nord della Station 1 frequentato da gente festaiola e ideale per un aperitivo. Ci si può rilassare con cocktail (e cibo) sulla sabbia.

Club Galaxy
Vicino all'estremità sud di Bulabog Beach, questo megaclub può essere tranquillo durante la settimana, ma si riempie di gente nei weekend.

Exit Bar
Un bar informale in legno e paglia dove si respira l'atmosfera dell'isola e che attira un buon mix di gente del posto e residenti stranieri.

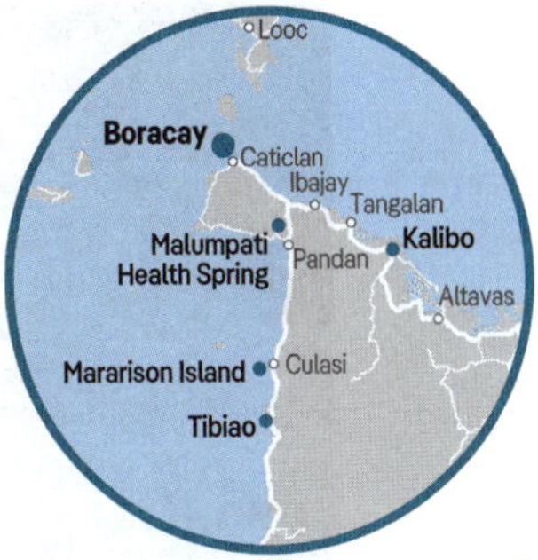

Dintorni di Boracay

Dopo esservi ritemprati a White Beach andate a Panay, che offre tubing sulle rapide, trekking alle cascate, villaggi di pescatori e fantastici festival.

A poche ore da Boracay potrete scoprire alcune delle straordinarie attrazioni dell'isola di Panay. La provincia di Antique, sulla costa occidentale, è una regione di montagne impervie e fiumi nella giungla. Potrete vedere fiumi scenografici, cascate, spiagge poco affollate e persino un'isola remota dove immergervi nei ritmi della vita di villaggio, che ruota intorno alla pesca di giorno e alla socializzazione di sera. Puntando verso est da Caticlan raggiungerete invece Kalibo, nota per il movimentato Ati-Atihan Festival, che si svolge a gennaio. In questa vivace città troverete anche un'affascinante riserva di mangrovie e alcuni piccoli musei culturali.

TRASPORTI LOCALI

Da Boracay tornate in barca a Caticlan, dove troverete ad attendervi van e autobus vicino al molo per portarvi a est verso Kalibo o a sud nella provincia di Antique. Se siete diretti alla Malumpati Health Spring, prendete un autobus per San José e scendete a Pandan, dove potrete noleggiare un triciclo per raggiungere le sorgenti. Se invece la vostra destinazione è il Tibiao River (o le Bugtong Bato Falls), restate sull'autobus per San José fino al bivio per il barangay Importante, da dove i conducenti di *habal-habal* (mototaxi con sedili più larghi) possono portarvi su per la montagna.

Mararison Island (p213)

PERNOTTAMENTO NELLA REGIONE

Potete visitare questa zona di Panay con una gita in giornata da Boracay, ma se preferite pernottare, troverete molti posti invitanti dove sfuggire alla folla. Pandan (a circa un'ora di auto da Caticlan e a 30 minuti da Malumpati) ha diversi bei resort affacciati su una spiaggia di sabbia bianca.

Più a sud, le località balneari di Culasi e Tibiao dispongono di semplici strutture ricettive e ristoranti, e la gente del posto è entusiasta di vedere i rari stranieri di passaggio. Alcuni spartani resort di montagna vicino al Tibiao River sono immersi nello scenario lussureggiante dei boschi – una bella alternativa alla vita da spiaggia.

Kalibo offre una varietà di alloggi, per lo più di fascia medio-bassa, ma dovrete prenotare con mesi di anticipo nel periodo dell'Ati-Atihan Festival.

ARNALDO ALAVA/SHUTTERSTOCK ©

Tubing, Tibiao River

Malumpati Health Spring

DA BORACAY: **1 H**

Nuoto e tubing

Gli splendidi **Malumpati Spring e Bugang River**, una delle attrattive naturali più straordinarie delle Visayas occidentali, emergono dal nulla in mezzo alla giungla con magnifiche acque limpide turchesi che defluiscono verso il mare.

L'attrazione principale è un'ampia area naturale balneabile dotata di trampolini – per chi si sente meno sicuro sono disponibili giubbotti di salvataggio – accanto a ristoranti con vista sull'acqua. Se preferite un'esperienza più emozionante, potete iscrivervi a un'uscita di tubing. Camminerete nella foresta per circa 20 minuti e poi scivolerete per 10 minuti lungo il fiume su rapide abbastanza dolci e tratti panoramici immersi nella foresta.

Tibiao

DA BORACAY: **2 H**

Trekking alle Bugtong Bato Falls

Uno degli scenari più belli della zona sono le **Bugtong Bato Falls**, che in realtà non sono un'unica cascata ma una serie di sette cascate distinte. È possibile risalirle una a una, approfittando delle belle piscine naturali che si incontrano lungo il percorso (il primo e il secondo livello sono particolarmente incantevoli).

Dovrete registrarvi e assumere una guida (P250 fino a 5 persone) presso il campo da basket davanti allo sbiadito edificio municipale dove vi farà scendere il conducente dell'*habal-habal*. Da lì il percorso vi condurrà attraverso il piccolo villaggio lungo il fiume, costellato di abitazioni e negozi improvvisati, prima di emergere in aperta campagna.

Il percorso attraversa il fiume più volte su piccoli ponti regalando una bella vista sulla Pitubu Mountain (che, nonostante l'aspetto, non è un vulcano) e passa accanto a risaie allagate; forse vi capiterà di dover aggirare alcune mucche che si riposano sul sentiero. Dopo circa 15 minuti si addentra nella foresta di latifoglie tropicali (tra cui mogani) popolata da farfalle dai colori sgargianti. A un ritmo ragionevole, le prime cascate si raggiungono dopo circa 30 minuti. Gli spettacolari scrosci d'acqua alti 18 m sembrano perfetti per i post su Instagram, con numerosi ruscelli che scorrono sulla scivolosa parete rocciosa tra felci e muschi.

Tubing sul Tibiao

L'ampio Tibiao River, con le sue rapide impetuose, offre un'esperienza di tubing più estrema di quella di Molumpati. Qui sarete grati alla vostra guida che vi doterà di casco e giubbotto di salvataggio prima di entrare nella camera d'aria, afferrare le maniglie di corda e iniziare l'avventura. Come a Molumpati, sarà la guida a fare tutto il lavoro, quindi averne una esperta fa la differenza. Dalla sua camera d'aria dietro la vostra, vi condurrà attraverso stretti passaggi tra i massi portandovi (si spera) verso le rotte migliori mentre sobbalzate giù per le rapide e sopra le cascate. Una foresta lussureggiante costeggia entrambe le sponde del fiume, e lungo il percorso si possono avvistare martin pescatori, garzette e aironi. Il percorso standard è un tratto di 2 km che inizia vicino al **Calawag Mountain Resort**, ma si può anche optare per un percorso più breve (1 km) leggermente più tranquillo.

Vari operatori sul fiume, tra cui il consigliato Calawag, offrono esperienze di tubing simili. Potete concludere l'avventura con un bagno *kawa*, un pasto con vista sul fiume e perfino un massaggio (sempre con vista).

Mararison Island

DA BORACAY: **2 H**

Vita da villaggio, escursionismo e snorkelling

Vicinissima alla terraferma, **Mararison** è una meta invitante con le sue dolci colline verdi e la costa poco sviluppata circondata da acque limpide. Avvicinandovi alla minuscola isola noterete anche una bella spiaggia dorata, con sabbia leggermente più grossolana di quella di Boracay ma ugualmente invitante. Veniteci durante la settimana e troverete l'isola molto tranquilla. Se vi fermerete per la notte sarete una vera e propria novità, e i bambini si mostreranno ansiosi di conoscervi, praticare il loro inglese e passare del tempo con persone provenienti da paesi lontani – magari canteranno per voi, come hanno fatto durante la nostra ultima visita.

Per fare qualsiasi escursione sull'isola è obbligatorio assumere una guida (P250 per un massimo di 5 persone). Chiedete in giro e la gente del posto vi indicherà qualcuno che vi accompagni, oppure potete chiedere a Marey Ann, che gestisce il **Sophie Hostel**. Nata e cresciuta a Mararison, ha una profonda conoscenza dell'isola, che apprezza ancora di più avendo trascorso alcuni anni a Manila. La breve escursione

PESCA CON IL LAMBAKLAD

Mike Pineda, proprietario del Kawa Inn, vive da sempre ad Antique.

Ogni giorno verso le 4.30 il cosiddetto master diver si dirige verso la zattera di bambù che galleggia a qualche centinaio di metri dalla riva ed esamina le reti per scoprire il pescato della sera precedente. Se è abbondante suona la campana, un'attività chiamata 'l'ululato' che raduna sulla spiaggia una dozzina o più di pescatori per tirare le reti, che possono essere piene di barracuda, tonni o altri pesci. I pescatori si dividono i profitti – questa è la loro principale fonte di reddito – e tutto il pesce che vedete vendere per strada proviene da questo metodo di pesca con il *lambaklad*.

MARARISON – ASPETTI LOGISTICI

Per andare a Mararison Island potete noleggiare una barca a Culasi.

Andate al terminal sul lungomare, dove dovrete pagare la tassa portuale e ambientale. Sarete indirizzati al barcaiolo che vi porterà sull'isola, che pagherete al ritorno (P1000 andata e ritorno fino a 5 persone).

Gli autobus Ceres arrivano e partono da una stazione circa 1 km a sud del terminal sul lungomare ed effettuano collegamenti con Caticlan, Kalibo e Iloilo. Se volete pernottare sull'isola, potete optare per uno dei semplici capanni in bambù sulla spiaggia o per un soggiorno in famiglia nel villaggio, tra cui Enrique's sul versante meridionale.

fino al punto più alto dell'isola attraversa la periferia del villaggio per poi aprirsi improvvisamente su una distesa erbosa e ondulata, con le colline incorniciate dal blu del mare. La vegetazione è costituita da felci e arbusti, ma sui pendii ci sono anche delle nepente, piante carnivore che si dice tengano sotto controllo la popolazione di zanzare.

Arrivati in cima (circa 25 minuti a piedi dal villaggio), godrete di un ampio panorama su tutta l'isola e fino alla terraferma, con i villaggi appena visibili annidati sotto le alte montagne boscose, a volte oscurati dalle nuvole. La guida vi condurrà poi alla grotta, una cavità a forma di corridoio scavata nel fianco della collina che fa da sfondo a un'incantevole spiaggia rocciosa, con pietre levigate dal frangersi delle onde. Fare un tuffo qui (non dimenticatevi il costume da bagno) è il modo perfetto per rinfrescarsi dopo la camminata.

Potete tornare al villaggio passando dall'**Enrique's Homestay**, un posto rustico con capanni di bambù e bungalow affacciati su una bella spiaggia. Lungo il percorso passerete davanti a un allevamento di capre, dove i capretti manifesteranno con i belati il loro stupore, e costeggerete una rada foresta. Forse arriverete al villaggio in tempo per guardare i bambini che giocano a basket sul piccolo campo in terra battuta che costituisce il fulcro della vita giovanile sull'isola.

Un altro per modo per godersi il paesaggio è fare snorkelling. Ogni barcaiolo può portarvi a circa 400 m al largo della costa meridionale in un punto dove potrete vedere i coralli e molte specie di pesci variopinti.

Kalibo

DA BORACAY: **2 H**

Una celebrazione grandiosa

Il fantastico Ati-Atihan, 'la madre di tutti i festival filippini', è la celebrazione più importante del paese. Pur incentrata apparentemente su una festa cattolica, la 'fiesta de Santo Niño', probabilmente risale all'epoca precristiana dei primi insediamenti nel Borneo – c'è chi fa risalire la sua origine a quasi 800 anni fa. Descritta dagli organizzatori come un mix di 'rituale cattolico, attività sociale, dramma indigeno e attrazione turistica', è una festa di strada di una settimana che si svolge dall'alba al tramonto, raggiungendo il culmine nella terza domenica di gennaio. Alle parate partecipano gruppi in costume con viso e corpo dipinti che sfilano al ritmo dei tamburi. Il festival si svolge a Kalibo, capoluogo della provincia di Aklan.

PASTI A KALIBO

Nineteenth Street Cafe
Situato all'ultimo piano in cima a una rampa di scale, offre un buon mix di piatti filippini e occidentali con vista sulla plaza. **$$**

The Backyard
Nell'incantevole dehors pieno di verde serve un ricco menu che include piatti vegetariani come insalata di germogli di felce ed *ensaladang talong* (melanzane alla griglia). **$$**

Kitty's
Un bel posto a qualsiasi ora, con comodi tavolini all'ingresso e una sala da pranzo più spaziosa sul retro. Nell'ampio menu spiccano le costolette alla griglia. **$$**

Kubo Bar
Un ricco menu di piatti filippini, birre ghiacciate e musica acustica live nei weekend sono le proposte di questo padiglione di bambù all'aperto. **$$**

I preparativi iniziano già a fine ottobre, quando le bande musicali si esercitano per le strade. Quasi ogni sera dalle 19 alle 21 circa si può sentire il ritmo coinvolgente di uno strano medley di tamburi, timpani e xilofoni.

Più o meno nello stesso periodo (da ottobre a gennaio) si può assistere al Grand Carnival. Nonostante il nome, è un evento abbastanza modesto eppure divertente. Ci sono giostre per bambini (P100) e una ruota panoramica, e si può cantare al karaoke (solo P5 a canzone). L'attrazione principale è la serie di giochi d'azzardo, tra cui uno che comporta il lancio di tre palline da ping-pong in una specie di imbuto metallico gigante e un altro formato da una ruota numerata. Sono tutti molto semplici e riscuotono grande successo tra la gente di ogni età (anche se i minorenni non sono ammessi dopo le 22). Puntate i vostri pesos e cercate di recuperare un po' delle spese di viaggio.

Fauna selvatica al Bakhawan EcoPark

A poca distanza dal centro di New Buswang (P20 per persona in triciclo), il **Bakhawan EcoPark** consente ai visitatori di scoprire l'ecosistema intertidale da una passerella di 850 m che termina in una laguna. Qui potrete anche noleggiare un kayak per godervi il canto degli uccelli e osservare gli animaletti che vivono nel fango. È un posto gradevole dove rifugiarsi per evadere dall'inquinamento cittadino. Il momento migliore è la mattina presto (apre alle 8), quando ci sono maggiori probabilità di vedere la fauna selvatica; purtroppo la passerella traballante (fate attenzione a dove mettete i piedi) scricchiola e fa rumore, spaventando gran parte degli animali.

I palati temerari possono assaggiare i *tamilok*, molluschi dall'aspetto poco invitante in quanto simili a vermi, chiamati 'termiti di mare'. Le guide o altri dipendenti del parco presenti sulla passerella possono raccoglierli tra le radici delle mangrovie dove si insinuano e condirveli con aceto.

Panoramica culturale sulla provincia di Aklan

Situato nel centro di Kalibo tra il mercato e il Pastrana Park, il piccolo **Museo It Akean** offre un raro sguardo sulla storia, la cultura e le tradizioni di Aklan. L'esposizione include oggetti che risalgono al periodo spagnolo, e alcuni cartelli forniscono una sintetica carrellata storica dal periodo precoloniale al secondo dopoguerra. Una sezione consente di scoprire alcuni piatti tipici della regione, mentre un'altra è una sorta di tempio a Godofredo P. Ramos, il politico considerato il 'padre della provincia di Aklan'. Foto e cimeli, tra cui le scarpe da golf di Ramos, potrebbero lasciare perplessi i non filippini.

Il piano superiore è dedicato alle tradizioni tessili di Aklan, con un'esposizione di abiti di splendida fattura abbinati ai nomi dell'élite di Kalibo di un tempo. Potrete vedere anche ferri da stiro all'antica con la parte superiore a forma di corona (la loro collocazione accanto a un abito da sposa è un suggerimento forse non troppo velato sulla direzione che prenderà il matrimonio). Un piccolo angolo del museo è occupato da oggetti ecclesiastici. C'è anche la lussuosa poltrona rossa su cui

TESSUTI DI FIBRE DI ANANAS

In quasi tutto il mondo l'ananas viene coltivato per il suo delizioso frutto. Ma nelle Filippine, quando la pianta produce il cuore commestibile, questo viene eliminato per consentire alle foglie di ricevere più nutrimento e diventare più lunghe. Fin dal XVIII secolo (o anche prima) i filippini utilizzano le fibre ricavate dalle foglie nell'industria tessile. Kalibo e la provincia di Aklan furono l'epicentro di questa attività manifatturiera. I tessitori, lavorando su telai a mano, crearono capi splendidi, tanto che l'abbigliamento in fibre di *piña* divenne un prodotto di lusso prediletto dall'aristocrazia europea. Oggi questa industria, abbandonata per decenni nel XX secolo, sta vivendo una rinascita, guidata da aziende di Kalibo quali la Herminia Pina Weaving Industry.

UNA RISERVA DI MANGROVIE

Una volta la costa nei pressi di Kalibo era tappezzata di mangrovie, ma alla fine degli anni '80 ne rimaneva solo una piccola percentuale. Gran parte di questa terra fertile era stata disboscata per attività di pesca illegali. Quando il sindaco di Kalibo, Allen Quimpo, venne a conoscenza delle mangrovie costiere, decise di intervenire. Nel 1990 avviò un progetto di riforestazione che prevedeva il coinvolgimento di circa 30 famiglie locali, pagate per piantare 50 ettari di mangrovie nelle piane fangose a nord-est del centro.

Nonostante l'iniziale opposizione della comunità di pescatori, la riserva è stata un successo: ha raggiunto un'estensione di 220 ettari e ha contribuito a proteggere i villaggi vicini dai devastanti uragani del 2008 e del 2013. La foresta è popolata da pesci, crostacei e granchi e dà lavoro agli abitanti del villaggio, oltre a servire come modello per altri progetti di riforestazione in tutto il paese.

si sedette papa Giovanni Paolo II quando visitò Iloilo nel 1981. L'edificio stesso è interessante. Costruito dagli spagnoli verso il 1880, in origine era destinato a una scuola per Kalibo e le città limitrofe, nonostante l'aspetto simile a un piccolo castello.

Vivaci costumi

Se non riuscite ad assistere all'Ati-Atihan Festival, potete vedere alcuni degli elaborati costumi utilizzati per l'occasione al piccolo **Museo Ati Atihan**. Copricapi di piume, lustrini, materiali riciclati trasformati in pettorali: nulla è troppo eccentrico per le grandi parate per cui è famosa la città. Ci sono anche una collezione di statuette del Niño e alcuni costumi in miniatura realizzati per le Barbie. Un video mostra alcuni momenti delle vivaci sfilate e altri elementi della festa come il concorso di bellezza.

MDV EDWARDS/SHUTTERSTOCK ©

Museo It Akean

Roxas

CUCINA DI MARE | SPIAGGE | PANORAMI

Benvenuti in quella che si autodefinisce la 'capitale del pesce delle Filippine'. Trafficato capoluogo della provincia di Capiz e cuore commerciale del nord di Panay, Roxas spedisce tutti i giorni via mare tonnellate di pesce, proveniente per lo più dalla sua vasta rete di vivai. Una grande area, Pueblo de Panay, ha notevolmente ampliato l'estensione della città fino a includere un nuovo terminal dei trasporti e il centro commerciale Robinsons Place. Ci sono alcuni resort sulla spiaggia, ristoranti che servono pesce a prezzi economici a Baybay Beach e alcuni luoghi d'interesse, tra cui una gigantesca statua ispirata al Cristo Redentore che domina Rio de Janeiro.

Una volta Roxas si chiamava Capiz, che è anche il nome della famosa conchiglia simile a madreperla che veniva trasformata in lastre finemente lavorate utilizzate nelle finestre e nelle porte di palazzi, chiese e conventi in tutte le Filippine. Il lungomare protetto di Capiz attirò per la prima volta i marinai spagnoli nel XVI secolo e l'insediamento crebbe fino a diventare un'importante città portuale nei tre secoli successivi.

Festeggiamenti nelle strade

Il Sinadya Festival

Il **Sinadya Festival**, uno degli eventi più importanti di Roxas, è incentrato sulla festa cattolica dell'Immacolata Concezione (8 dicembre), ma l'atmosfera inizia a scaldarsi diversi giorni prima. La sera del 7 dicembre, durante i vespri, in chiesa ci sono solo posti in piedi. Dopo la messa la statua della Madonna, addobbata di fiori, viene portata all'esterno della chiesa, dove sono allestite decine di bancarelle di cibo e bevande. Di grande effetto la processione in barca, con una barca illuminata da candele che trasporta un'altra statua della Vergine, circondata da barche adornate da fio-

TRASPORTI LOCALI

I tricicli sono il principale mezzo di trasporto fuori dal centro di Roxas, dove si può girare a piedi. La corsa di otto minuti fino a Baybay Beach costa circa P20 o P30. Il Roxas City Integrated Transport Terminal a Pueblo de Panay (circa 4 km a sud del centro) è il principale punto di arrivo e di partenza per tutti i van e gli autobus a lunga percorrenza. Dal porto di Culasi, situato circa 3 km a ovest di Baybay Beach, potete prendere un traghetto Starlite per Romblon, Sibuyan e Batangas. Non molti viaggiatori stranieri arrivano in aereo a Roxas, ma l'aeroporto di Roxas (a 5 minuti di triciclo dal centro) ha voli giornalieri per Manila.

IL CONSIGLIO

Per le ultime novità in città, rivolgetevi al chiosco del turismo vicino alla piazza principale, a due passi dal ponte. È possibile ottenere informazioni sulle attrazioni fuori città presso il Provincial Tourism Office al 2° piano del municipio, che però in genere risponde a domande specifiche invece che fornire indicazioni generali.

DA VEDERE
1 Ang Panublion Museum
2 Baybay Beach
3 Cadimahan Libotong River Tour
4 Culasi Lighthouse
5 Ruins of Alcatraz
6 Sacred Heart of Jesus Shrine

PERNOTTAMENTO
7 Roxas President's Inn
8 Wallabies

PASTI
9 Bitoy's
10 Capiz Seafood House
11 Central Yard Gastropub
12 Cocina de Pueblo
13 Max's
14 RML Manakan Haus
15 The Shack

LOCALI E VITA NOTTURNA
16 Wayfarer Restaurant

TRASPORTI
17 Culasi Port
18 Roxas Airport
19 Roxas City Integrated Transport Terminal

Sinadya Festival

ri illuminati simili a grandi fiori di loto. I solenni festeggiamenti si concludono con i fuochi d'artificio sul fiume, da ammirare dal ponte o lungo le rive meridionali. Con il passare delle ore l'enorme palcoscenico della piazza diventa il fulcro dell'animazione, con i DJ che suonano EDM (e un mix di canzoni pop americane e filippine) per un pubblico di giovani. Il giorno seguente, a partire dal tardo pomeriggio si aggirano per la città gruppi di tamburi (chiamati 'tribù'). Poi è la volta della Zumba, con diversi gruppi per lo più femminili che si esibiscono mentre istruttori di fitness su di giri guidano il pubblico. L'8 dicembre salgono sul palco le band di maggiore richiamo, tra cui gruppi filippini famosi come Ben and Ben che richiamano fan da tutta la regione e non solo.

Introduzione alla storia e alla cultura locali

Un'esposizione di ampio respiro

Scoprite l'affascinante storia di Roxas all'**Ang Panublion Museum**. Allestito in quella che era una cisterna per l'acqua, il bizzarro museo sulla piazza – una galleria circolare con un'unica sala – presenta un'esposizione dedicata agli abiti tradizionali, alla manifattura di cesti e ad altre tipiche produzioni artigianali. Una sezione tratta celebrità locali come la cantante d'opera Jovita Fuentes e l'attrice teatrale Daisy Hontiveros Avellana e le lotte durante la seconda guerra mondiale. Un'altra si concentra su Manuel Roxas, il politico da cui la città assunse il nuovo nome, che svolse un ruolo fondamentale durante il secondo conflitto e fu poi eletto presidente della nazione. Altre mostre illustrano alcune delle culture indigene della regione, tra cui gli ati e i tumandok.

CANTORI EPICI

Aina Shane Martinez è un'artista e pittrice di murales. *@Bizvit_*

Gli abitanti delle pianure li chiamano *bukidnon* ('abitanti delle montagne'), ma loro in realtà preferiscono il nome *sugidanon*, che significa 'il popolo che racconta'. Sono famosi per i loro canti epici, storie imparate a memoria che possono durare diversi giorni. In passato solo donne scelte appositamente potevano essere cantrici: note come *binokat*, erano trattate come regine.

Benché sia un'arte in via di estinzione nell'era moderna, i sugidanon sono ancora orgogliosi di queste tradizioni e si esibiscono in occasione di matrimoni e altri eventi. Le storie sono piuttosto curiose. Un racconto famoso narra di un personaggio simile a Bigfoot e dei suoi tre peli pubici dorati, della sua bella fanciulla mantenuta Matan Ayon e di un eroe che suona la chitarra di nome Datu.

ALI D'ANGELO E ALTRE PRELIBATEZZE

Se amate il pesce, a Roxas vi attendono grandi mangiate di granchi, ostriche, calamari, capesante e *bangus* (pesce latte) pescati nella zona. Ci sono anche prelibatezze insolite non molto facili da trovare. Il *diwal* o ali d'angelo è un mollusco che un tempo compariva spesso nei menu dei ristoranti di Roxas, ma è stato oggetto di una raccolta talmente intensiva che la quantità di esemplari è crollata negli ultimi due decenni del XX secolo.

Nel 1997 è stata introdotta una moratoria completa; a distanza di oltre 20 anni il bivalve è rinato e contribuisce al sostentamento di oltre 100 sub dediti alla raccolta e a soddisfare l'appetito di chi desidera assaggiare uno dei frutti di mare più saporiti delle Filippine.

Sacred Heart of Jesus Shrine di John Alaban (p221)

Alla scoperta di Baybay Beach e Alcatraz

Passeggiate sulla sabbia, cucina di mare e rovine

Circa 3 km a nord del centro di Roxas si estende **Baybay Beach**, una distesa di sabbia grigia lunga 7 km sulla quale si susseguono ristoranti e tettoie per picnic. Uno dei principali punti di accesso è il People's Park, una piazza con una fontana, chioschi di street food e un palco su cui di tanto in tanto si tengono concerti. Da qui potete raggiungere a piedi una mezza dozzina di vivaci ristoranti che servono pesce con vista sul lungomare. La spiaggia è anche un bel posto per fare due passi e osservare i pescatori che scaricano il pescato o escono in mare.

Se volete avventurarvi in acqua, **The Shack** noleggia paddleboard e kayak (le tariffe si aggirano su P300 per 2 ore).

Seguendo Baybay Beach verso ovest (a circa 2,5 km da Arnaldo Boulevard) si raggiungono le cosiddette **Ruins of Alcatraz**, un edificio incompleto progettato come resort che fu gravemente danneggiato dal tifone Yolanda. Il progetto venne abbandonato e oggi le rovine parzialmente invase da rampicanti hanno un aspetto desolato che ricorda davvero la vecchia prigione degli Stati Uniti da cui ha preso il soprannome.

PASTI E LOCALI: LA NOSTRA SCELTA

Cartina p218

Cocina de Pueblo Il miglior ristorante di Roxas ha un ampio menu (anche insalate), un invitante banco dei dolci e una splendida vista dalla sua posizione in collina. **$$**

Max's Un'istituzione di Roxas fin dagli anni '50, Max's serve un pollo alla griglia tra i migliori della città in un elegante locale a vetri vicino al fiume. **$$**

RML Manakan Haus Pollo o maiale alla griglia in stile *kamayan* (da mangiare con le mani) in questo locale vicino alla piazza. Lasciate perdere i contorni (c'è solo riso). **$**

Central Yard Gastropub Sedetevi a un tavolo da picnic nel cortile coperto e godetevi piatti da pub, musica live e birre ghiacciate, tra cui birra artigianale alla spina. **$$**

Vista sul mare dal Culasi Lighthouse

Un sentiero segreto verso un'icona locale

Dalle rovine, proseguite sulla strada che costeggia il mare e fermatevi appena fuori dal porto (una corsa in triciclo di circa 1,5 km a P20). Invece di entrare nell'affollato terminal, imboccate lo stretto sentiero asfaltato che segue il muro esterno del porto verso il mare. Passerete accanto a case del villaggio con i panni stesi, a uno o due minuscoli negozi, a qualche moto di passaggio e, quasi alla fine, a un centro di addestramento della guardia costiera. Sembra che il sentiero finisca qui, ma proseguendo vedrete una stretta apertura che taglia verso la spiaggia e un sentiero pedonale appena al di sopra. Seguitelo e salite la scalinata. Da qui una camminata di una decina di minuti porta al **Culasi Lighthouse**, la cui terrazza panoramica sopra la linea degli alberi offre una vista mozzafiato sul mare e su una linea ondulata di basse montagne. Lungo il percorso si incontrano alcuni snack bar, tra cui un posto chiamato 'the Edge' attrezzato con panchine e un'altalena, perfetto da immortalare su Instagram e per ammirare il panorama.

Un simbolo di Roxas

La vista panoramica dal Sacred Heart of Jesus Shrine

In cima a una collina a circa 1,5 km dal terminal degli autobus si trova un'enorme **statua di Gesù** alta 40 m. Secondo il progetto originario, le braccia dovevano essere aperte in un gesto di accoglienza, mentre alla fine, per ragioni tecniche, lo scultore le ha realizzate in verticale, veicolando una sorta di messaggio di resa. Si può salire all'interno della statua fino in cima e ammirare un bel panorama, tra cui numerosi vivai di pesci che altrimenti non sono visibili al livello del mare. Arrivando a Roxas da est si può anche vedere una statua della Madonna.

Pranzo in barca

Il Cadimahan Libotong River Tour

Circa 3,5 km a nord-ovest del centro si può fare un piacevole tour di due ore su una zattera di bambù trainata da barche a remi. Il **Cadimahan Libotong River Tour** è gestito da ex pescatori che possono raccontarvi come si vive sul fiume. Il tour (P2200) è adatto a gruppi numerosi che vogliono mangiare pesce e poi magari farsi fare un trattamento ai piedi o un massaggio completo (da pagare a parte).

LA FIGLIA PIÙ FAMOSA DI ROXAS

Jovita Flores Fuentes, una delle più grandi cantanti filippine, nacque a Roxas (che allora si chiamava Capiz) nel 1895 e si innamorò della musica da bambina, iniziando a suonare il piano a cinque anni. I genitori e gli insegnanti, riconoscendo il suo talento, la mandarono a studiare al Colegio de Santa Isabel di Manila, dove Jovita si perfezionò sotto la guida della cantante italiana Salvina Fornari.

Partita per l'Europa nei primi anni '20, Jovita divenne presto celebre, esibendosi in ruoli importanti in grandi teatri d'opera italiani. Dopo la seconda guerra mondiale tornò nelle Filippine e si dedicò all'insegnamento, coltivando il talento della nuova generazione di futuri cantanti lirici e ottenendo numerosi riconoscimenti, tra cui la nomina a prima donna Artista Nazionale della Musica nel 1976. Morì due anni dopo a 83 anni.

MIGLIORI RISTORANTI A BAYBAY BEACH

Cartina p218

Capiz Seafood House
Andate presto per trovare un tavolo all'aperto in questo ristorante elegante, dove potrete scegliere tra calamari, gamberi, granchi e lutiano rosso. **$$**

Bitoy's
Di livello superiore ad altri ristoranti di pesce, serve piatti presentati magnificamente in un locale con tetto di bambù e paglia affacciato sulla spiaggia. **$$**

The Shack
Il più elegante tra i ristorantini di Baybay offre una rilassante colonna sonora (R&B americano), espresso, cocktail e prima colazione servita tutto il giorno. **$$**

Wayfarer Restaurant
Ha tavoli su un prato a due passi dalla spiaggia dove fermarsi a mangiare o anche solo per un aperitivo. **$$**

Iloilo

PASSEGGIATE SUL FIUME | MUSEI | ARCHITETTURA

All'estremità sud-orientale di Panay, la città più grande dell'isola è abbastanza estesa da offrire una versione in scala delle attrazioni urbane che si possono trovare a Manila, ma abbastanza piccola da rimanere accessibile e a misura d'uomo. I suoi abitanti, gli ilonggo, sono a buon titolo orgogliosi della loro città e tanto legati al passato quanto impegnati per il suo futuro. Veniteci per la sua storia affascinante e la vivace vita notturna, e per fare una gita nella rurale Guimaras Island.

Iloilo ha sette quartieri, ognuno con una propria piazza che offre piacevoli passeggiate e alcuni interessanti siti storici, in particolare le chiese. La trafficata città vecchia, dallo splendore in grave declino, include tutta la zona a sud dell'Iloilo River e a est del suo affluente, il Dungon. Il futuro si proietta a nord e a ovest nel quartiere di Mandurriao, dal lungofiume Esplanade e dal vivace complesso Smallville fino al Megaworld Iloilo Business Park, vicino al centro commerciale SM City in continua espansione.

TRASPORTI LOCALI

Date le sue notevoli dimensioni (460.000 abitanti), Iloilo è molto trafficata e i taxi superano di gran lunga i tricicli. Potete risparmiare spostandovi in città con uno dei jeepney ammodernati, che coprono 24 linee verso zone distanti della città. La linea n. 10 è una delle più utili: passa per il lato sud del Jalandoni Bridge, il Museo Iloilo, il La Paz Market e Jaro Plaza. Iloilo ha diversi terminal di traghetti. Quelli per Bacolod partono dal Fastcraft & Roro Terminal. Le bangka per Jordan a Guimaras effettuano partenze frequenti tutto il giorno dall'Ortiz Wharf.

Jaro Cathedral

Un'icona cittadina

Uno degli edifici più fotografati della città è la **Jaro Cathedral**, proprio di fronte a **Plaza Rizal**. Nota ufficialmente come Metropolitan Cathedral of St Elizabeth of Hungary, la chiesa coniuga elementi gotici e romanici. Le ristrutturazioni successive sono state il risultato di danni causati da vari terremoti, tra cui una devastante scossa che nel 1948 quasi distrusse l'edificio.

Bisogna usare la fantasia per immaginare come appariva la chiesa quando fu costruita intorno al 1870, ma gran parte dei visitatori non la visita per l'architettura, bensì per le immagini dei santi. La chiesa custodisce una venerata statua in pietra calcarea della Vergine con in braccio il Bambin Gesù, risalente al 1587. Secondo i fedeli, la scultura avrebbe proprietà miracolose, e migliaia di persone affluiscono qui in occasio-

IL CONSIGLIO

Iloilo offre numerose sistemazioni con un buon rapporto qualità-prezzo, in gran parte situate in posizione comoda per i ristoranti e lo shopping, lungo Benigno Aquino Ave e dintorni e nella vicina Smallville. Ci sono meno opzioni valide in centro, una zona che è meglio visitare di giorno in quanto priva di buoni ristoranti aperti per cena e di locali notturni.

DA NON PERDERE
1 Casa Mariquit

DA VEDERE
2 Iloilo River Esplanade
3 Jaro Belfry (campanile)
4 Jaro Cathedral
5 Museo Iloilo
6 Plaza Rizal
7 Regional Museum of Western Visayas

PERNOTTAMENTO
8 Ong Bun Pension House
9 Smallville 21

PASTI
10 Bluejay Coffee & Company
11 Buto't Balat
12 Muelle Deli & Restaurant
13 Netong's
14 Tatoy's Atria
15 Troi Oi
16 Wawa Heritage Restaurant

LOCALI E VITA NOTTURNA
17 Bourbon Street Bar & Grill
18 JLK Music Bar
19 Monkey Business Sports Bar
20 SLS

TRASPORTI
21 Parola Wharf

ne della festa della Candelora il 2 febbraio. La statua è visibile salendo le scale all'esterno dell'ingresso principale. Nelle fessure intorno alla statua sono infilati dei foglietti con preghiere scritte a mano. Nella piccola sala suggestiva adiacente alla cattedrale i fedeli accendono candele in segno di supplica o di ringraziamento per le preghiere esaudite. Le candele sono in vendita presso le bancarelle all'esterno.

Stranamente, il **campanile della cattedrale** si trova dall'altra parte della strada ed è uno dei pochi campanili al mondo non collegati a una chiesa. Costruito nel 1744, fungeva anche da torre di avvistamento per la difesa della costa; danneggiato dai terremoti, è stato ricostruito nel corso degli anni.

UNA PASSEGGIATA LUNGO L'ILOILO RIVER

Per un'evasione nel verde, percorrete la bella passeggiata che corre lungo entrambe le rive dell'Iloilo. Un buon punto di partenza è il 1 **Carpenter's Bridge**. Attraversate il ponte e seguite il sentiero che costeggia la riva settentrionale. Passerete davanti alla grande scritta 2 **'I am Iloilo'**, la prima di tante che manifestano l'orgoglio civico. Le mangrovie oscurano la vista del fiume fino a una 3 **radura** dove potreste vedere dei pescatori lungo la riva. Questo è anche un buon punto per avvistare aironi e altri trampolieri.

Dopo circa 600 m, alcuni gradini scendono verso un 4 **molo galleggiante** dove si trovano kayak a noleggio. Poco prima di raggiungere il successivo viale trafficato, dal muro emerge in parte un 5 **murales** che raffigura guerrieri dagli abiti variopinti che tengono una statua del Bambino Gesù – una rappresentazione un po' fuori luogo del Dinagyang Festival che si tiene in gennaio. Di fronte si trova la statua imponente di 6 **Data Paiburong**, leggendario sovrano del XIII secolo. Imboccate il sottopasso e proseguite oltre uno skate park, poi attraversate il pittoresco ponte pedonale sul 7 **Dungon Creek**. Arriverete ben presto al 8 **Garden of Love**, con i suoi vialetti orlati di fiori tra giganteschi cuori dipinti che spopolano su Instagram.

Attraversate di nuovo il ponte sull'Iloilo e puntate a ovest. La 9 **scultura** più recente del lungofiume raffigura cittadini con la mascherina che remano all'unisono: un simbolo della collaborazione durante la pandemia. Proseguite sotto il ponte seguente fino al 10 **Cafe Augusto**, un bel posto per una sosta. Accanto al caffè c'è un 11 **murales** con immagini riconoscibili di Panay tra cui la Jaro Cathedral, un bagno *kawa* e il lungomare di Boracay. Dopo 1 km tornerete al punto di partenza.

TONY SHI PHOTOGRAPHY/GETTY IMAGES ©

Jaro Cathedral

Regional Museum of Western Visayas

Arte, manufatti e archeologia

Ubicato in una vecchia prigione, il più bel **museo** di Iloilo presenta mostre di grande fascino, inaugurate tra l'entusiasmo generale nel 2018. Nell'atrio luminoso si possono ammirare le fantasiose opere d'arte naïf di Cristhom Setubal, che utilizzando materiali di scarto (rete metallica, perline, parti di computer) ha creato immagini molto dettagliate delle chiese di Iloilo affisse su pannelli di legno.

Visitate quindi la galleria dedicata alla Oton Gold Death Mask. Queste sottili lamine d'oro venivano poste sul naso e sugli occhi dei defunti illustri per allontanare gli spiriti maligni durante il viaggio nell'aldilà. Questa rarissima maschera risale probabilmente alla fine del XIV secolo.

Un'altra sala esplora il mondo della tessitura, con pregevoli tessuti provenienti da tutta Panay. I più raffinati sono i capi in tessuti di *piña*, ricavati delle fibre delle foglie di ananas. L'esposizione include anche delicati merletti a tombolo, creazioni minuziose realizzate intrecciando e avvolgendo un gran numero di fili.

LO SPLENDORE DEL PASSATO

Andando oltre la superficie di Iloilo si scopre un patrimonio architettonico stranamente sottovalutato. La città vanta un gran numero di residenze storiche risalenti al periodo tra il XIX e l'inizio del XX secolo, un'epoca di prosperità in cui Iloilo contava la più alta concentrazione di milionari dopo Manila.

Di proprietà di famiglie illustri, in gran parte attive nell'industria dello zucchero e tessile, queste abitazioni furono abbandonate a causa della guerra e del tracollo economico.

Purtroppo alcuni di questi stupendi esempi di architettura spagnola e americana stanno cadendo in rovina. Altri sono stati trasformati in scuole ed edifici commerciali. Jaro possiede il maggior numero di costruzioni maestose, che a volte si celano in luoghi inaspettati.

PASTI A ILOILO: SPECIALITÀ ILONGGO

Cartina p223

Buto't Balat
Un padiglione con tetto di paglia dove gustare specialità ilonggo quali *tinuom* (pollo in foglie di banano) e sostanziosi piatti di pesce. $$

Wawa Heritage Restaurant
Situato tra le dimore storiche di Jaro, questo ristorante dal fascino rustico serve un mix gustoso ed economico di piatti classici filippini. $$

Netong's
Questo locale semplice molto apprezzato dalla gente del posto serve il famoso *batchoy* di La Paz nel posto in cui fu inventato negli anni '20. $

Tatoy's Atria
L'ambiente non sembra un granché, ma grazie all'eccellente cucina filippina è uno dei locali più popolari della città. Ha anche un ottimo ristorante di pesce fronte spiaggia. $$

L'ULTIMA CAPITALE SPAGNOLA

Iloilo, uno dei più antichi insediamenti coloniali delle Filippine, crebbe di importanza nel XIX secolo, quando le esportazioni manifatturiere transitavano dal suo importante porto. L'intensa attività commerciale e la crescente industria dello zucchero attirarono l'attenzione dei nobili spagnoli, che elogiarono Iloilo e in seguito le conferirono il titolo di 'muy leal y noble ciudad'. La lealtà di Iloilo fu di cruciale importanza durante la rivoluzione del 1896 a Manila, quando gli ilonggo riaffermarono il loro impegno verso la Spagna. Due anni dopo, con l'invasione americana, la Spagna trasferì la capitale coloniale a Iloilo, rendendo la Città Regina, com'era allora chiamata, l'ultima provincia d'oltremare della Spagna. La capitale spagnola non durò a lungo: si arrese ai rivoluzionari ilonggo il 25 dicembre 1898.

Regional Museum of Western Visayas

Sull'altro lato del corridoio potrete scoprire il passato preistorico della regione con una collezione di fossili e pietre insolite come la tectite, un vetro nero di forma sferica creato dall'impatto di un meteorite circa 790.000 anni fa. I denti fossili degli stegodonti forniscono informazioni su questi animali estinti che un tempo popolavano le foreste delle odierne Filippine, lontani cugini dei moderni elefanti.

Visita al Museo Iloilo

Ceramiche, tessuti e sculture

Adiacente al Regional Museum of Western Visayas, il **Museo Iloilo** è molto più modesto. Nonostante le esposizioni antiquate, vale la pena di dedicare mezz'ora alla scoperta del pas-

PASTI A ILOILO: LA NOSTRA SCELTA

Cartina p223

Breakthrough Restaurant
Scegliete il vostro pesce e fatevelo cucinare come preferite in questo ristorante all'aperto sul mare ricco di atmosfera. **$$**

Muelle Deli & Restaurant
Ha un dehors con vista sul fiume e prepara lasagne alle verdure, cotolette di pollo, zuppa di funghi selvatici e altri piatti difficili da trovare. **$$**

Troi Oi
Uno dei tanti ristoranti che si susseguono sul lungofiume, serve deliziosi *bahn mi*, *pho* e altri tipici piatti vietnamiti. **$$**

Bluejay Coffee & Company
Questo elegante caffè è il posto ideale per pianificare le attività della giornata gustando prime colazioni, panini, insalate e dolci. **$$**

sato della regione, dalla preistoria alla metà del XX secolo. Vi troverete un'interessante mostra sui nativi ati (negritos) e una collezione di antichi tessuti *piña* (in fibre di ananas) per i quali la zona è famosa. Andando più indietro nel tempo, la riproduzione di una tomba preispanica vicino a Oton presenta uno scheletro sepolto con gioielli e ceramiche. Il museo espone anche tesori recuperati da navi affondate, la spada di un eroe locale della guerra ispano-filippina (il generale Perfecto Poblador) e numerose icone religiose risalenti al XVIII secolo. Una rara incisione raffigura la conversione di sant'Agostino, mentre al suo fianco si trova sua madre, santa Monica.

Un viaggio nel passato a Casa Mariquit

Architettura e storia

Un imponente albero di baniano sovrasta l'ingresso di **Casa Mariquit**, elegante villa costruita nel 1803 da Ramon Javellana che in seguito divenne la residenza di Fernando Lopez (Mariquit era il soprannome della moglie), vicepresidente delle Filippine sotto Elpidio Quirino e Ferdinand Marcos. Durante la visita guidata della casa più antica di Iloilo vedrete fotografie degli incontri con l'imperatore Hirohito, Chiang Kai-shek, il generalissimo Franco, Lyndon Johnson e altri personaggi storici. Alcuni mobili sono originali, altri elementi d'arredo risalgono a periodi successivi (come il vecchio grammofono e l'orologio a pendolo del 1901), ed è facile immaginare personaggi illustri e tristemente famosi riuniti nell'elegante salotto dove Lopez e Marcos erano soliti giocare a scacchi. Non mancate di osservare le foto di papa Giovanni Paolo II, che benedisse la casa nel 1981. Troverete anche informazioni sul pronipote di Lopez, Robert Lopez Puckett, uno dei pionieri dell'energia solare e attuale proprietario della casa. È possibile visitare la casa senza preavviso, ma probabilmente dovrete andare sul retro a cercare il custode.

PRELIBATEZZE DI ILOILO

Il ***batchoy* di La Paz**, un brodo con cipolle, noodles di riso, manzo, maiale e fegato, è il piatto tipico di Iloilo; andate a gustarlo al mercato di La Paz dove fu inventato.
Il ***bandi***, specialità di Iloilo a base di arachidi caramellate, è ottimo come spuntino.
Le ***babingka***, tortine di riso create a Balasan, quasi tre ore a nord, sono deliziose.

San Miguel, circa 8 km a nord-ovest del centro città, è nota per il ***kambing***, carne di capra cotta in vari modi, tra cui *adobo*, alla griglia, con aglio e nelle zuppe.

Ottimi i **manghi** e i **meloni** coltivati nella zona, ma troverete anche molti squisiti manghi provenienti dai celebri frutteti della vicina Guimaras.

LOCALI NOTTURNI A ILOILO: LA NOSTRA SCELTA

Cartina p223

SLS
Rilassato ristorante e cocktail lounge frequentato da una clientela ben vestita, si trasforma in discoteca con il passare della serata.

Monkey Business Sports Bar
In questo locale sulla Riverside Boardwalk trovate buoni cocktail, happy hour dalle 16 alle 20 e intrattenimento come DJ e partite dell'NBA in TV.

JLK Music Bar
Per una serata all'insegna del relax, immergetevi nelle fantastiche luci blu e nelle melodie retrò di questo lounge a Smallville.

Bourbon Street Bar & Grill
Un posto tranquillo nella vivace Smallville per drink e spuntini, oltre a costolette e altri piatti a base di carne, da gustare nel dehors.

Località

Dintorni di Iloilo

Iloilo si trova in ottima posizione per escursioni memorabili, con tesori architettonici nascosti nella campagna e un'isola idilliaca a due passi dalla costa.

La tranquilla località costiera di Miagao, 40 km a ovest di Iloilo, è un'eccellente meta per una gita in giornata, nota soprattutto per l'elegante Miagao Church color miele, uno degli edifici più belli delle Visayas. A breve distanza in barca da Iloilo, Guimaras è un'isola rurale che offre un ambiente completamente diverso dalle vivaci strade della città. Rinomata per i suoi dolci manghi, ha un paesaggio fatto di strade tortuose, pittoresche risaie, isolotti corallini e una manciata di semplici resort. Nonostante si parli di un ponte per collegarla a Iloilo, l'isola conserva un'aria deliziosamente lenta, dove lo sviluppo edilizio procede al ritmo di un ghiacciaio. Se volete fare i naufraghi per qualche giorno, Guimaras è la meta ideale.

TRASPORTI LOCALI

Per Miagao prendete un autobus diretto a San José. Le corse partono all'incirca ogni 30 minuti dal Ceres Terminal. Per Guimaras andate al Parola Wharf, nella zona sud-ovest della città. Le imbarcazioni partono dalle 6 alle 21 circa quando sono al completo (l'attesa in genere è di 15 minuti o meno). Arrivati a Jordan, potrete prendere uno dei jeepney che offrono servizi limitati per varie mete sull'isola, oppure un triciclo (le corse di sola andata partono da P400 a seconda della destinazione). Potete anche informarvi per noleggiare una moto (in genere P800 per 24 ore), che troverete anche al Mountain Bikers' Hub.

Jordan

DA ILOILO: **30 MIN**

Bicicletta, kayak e vela

Di proprietà e gestito dal patito della mountain bike Tommy Colmenares Martir, il **Mountain Bikers' Hub** è l'unico posto che noleggia mountain bike sull'isola, a parte alcuni resort. Tommy fa anche da guida, un aspetto da tenere in considerazione poiché è facile perdersi, e può accompagnarvi attraverso le piantagioni di frutta che producono manghi tra i migliori al mondo. Contattatelo prima di arrivare, altrimenti vi basterà una rapida corsa in triciclo per raggiungere il suo negozio vicino a Jordan. Il costo delle biciclette è di circa P500 al giorno e di altri P500 per una gita guidata. Tommy noleggia anche kayak e può farvi fare il giro dell'isola in

Baras Cave

barca a vela. Impegnato per la sostenibilità e i viaggi senza emissioni, Tommy possiede anche una piccola guesthouse.

Alubihod Beach

DA ILOILO: 1 H

Il giro delle isole

La costa meridionale di Guimaras è punteggiata da decine di isole, alcune ampie e abitate, altre non molto più grandi di una grossa tartaruga marina. Molti operatori offrono tour delle isole. Partendo dai resort vicino ad **Alubihod Beach**, per esempio, si può visitare la **Baras Cave**, una stretta grotta marina in cui possono entrare piccole imbarcazioni quando le condizioni di marea lo consentono; in altri momenti i visitatori possono a volte entrare a nuoto in questa camera buia. Altre tappe classiche sono il **'Fairy Castle'** ('Castello delle fate' una formazione rocciosa costiera), **Ave Maria Island** (con una piccola spiaggia di sabbia bianca) e la vicina **Turtle Island** (con un'altra bella spiaggia). Più a sud, da **Cabalagnan**

UN'ISOLA DI ABBONDANZA

Tommy Colmenares Martir, proprietario del Mountain Bikers' Hub, è un fautore della sostenibilità.

Guimaras è ricca di risorse per nutrire gli abitanti e i visitatori. In tutta l'isola ci sono piantagioni di mango e cocco, non solo piantate dall'uomo. Addentrandosi in zone remote si trovano alberi di guava e altri frutti nati grazie agli uccelli e altri animali che mangiano i frutti e ne diffondono i semi. In alcune aziende agricole potrete raccogliere la frutta direttamente dall'albero e pagare il contadino, mentre sulla costa potrete acquistare pesce fresco direttamente dai pescatori. A Guimaras non patirete certo la fame.

MIGLIORI RISTORANTI A GUIMARAS

Pitstop
Propone il prodotto più famoso dell'isola in varie versioni: pollo *adobo* con mango, frullati di mango e, soprattutto, pizze al mango. **$$**

Olivia's
Locale incredibilmente elegante con pareti di vetro e un menu vario in cui spiccano *kare-kare con lechón* e insalata di mango di fattoria. **$$**

Bikings
Questo locale in centro offre la migliore cucina di mare dell'isola, tra cui un eccellente piatto misto di pesce, gamberi, capesante e calamari. **$$**

Mango Island Cafe
È ideale per una pausa veloce andando in spiaggia, ma offre anche specialità filippine e un invitante banco di dolci (tra cui cheesecake al mango). **$$**

PROGRAMMARE UNA GITA IN BARCA

Molti operatori applicano una tariffa fissa di P900-1000 per la prima ora e P400-500 per ogni ora successiva. Le barche possono trasportare fino a 10 passeggeri, quindi è meno conveniente se si viaggia da soli. Di solito basta presentarsi per partecipare subito a un tour, dalle 6 o le 7 fino al pomeriggio. Nei weekend può esserci molta richiesta, quindi se venite in quei giorni cercate di arrivare presto.

Le escursioni alla Taklong Island National Marine Reserve si svolgono in modo leggermente diverso. I capitani delle barche fanno pagare circa P1500 per portarvi in giro a vostro piacimento. C'è anche una tassa di P100 per visitare la riserva marina (da pagare a Piagau Island) e di P50 per visitare il Floating Cottage.

Portatevi l'attrezzatura da snorkelling, perché quasi nessuno la noleggia.

potete raggiungere l'isola di **Panobolon** o le isolette adiacenti. Le escursioni da Navales, a nord, includono i **Siete Pecados**, un gruppo di isolotti rocciosi legati a diverse leggende.

Taklong Island National Marine Reserve

DA ILOILO: **1 H 30 MIN**

Tra mangrovie e spiagge

Questa piccola riserva marina situata al largo della costa sud-occidentale è un posto magnifico da esplorare in barca. Visiterete **Piagau Island**, dove potrete fare una breve passeggiata lungo un sentiero che attraversa un'area molto fertile con imponenti mangrovie. Da un punto tranquillo affacciato sull'acqua potrete osservare uccelli come martin pescatori e cuculi o i pesci nelle limpide acque sottostanti. L'isola ha anche una torre di avvistamento dalla cui cima si gode di una splendida vista panoramica: spiagge nascoste circondate da una ricca vegetazione e barriere coralline ben visibili nelle acque cristalline. Da questa torre il personale della riserva marina vigila anche sulla pesca illegale: sul terreno sottostante ci sono delle barche da pesca confiscate. A poca distanza dalla riva ci sono discrete opportunità di snorkelling – la zona è rinomata per le tridacne giganti. Visiterete poi **Balas Balabag** a sud, un banco di sabbia che offre ancora snorkelling sulle barriere coralline. Attraverserete anche un labirin-

AUSTEEN/SHUTTERSTOCK ©

Miagao Church

to di mangrovie dove potrete notare i nuovi alberi cresciuti nell'ultimo decennio. L'ultima tappa della giornata è di solito al **Floating Cottage**, che presenta un'area recintata in acque basse perfetta per i bambini e serve bevande e spuntini.

Navalas

DA ILOILO: 1 H

Architettura locale

Navalas possiede l'unica chiesa storica di Guimaras. La pittoresca **Navalas Church** (1880), risalente all'epoca spagnola, è costruita in pietra corallina annerita dagli anni.

Poco lontano si trova la fotogenica **Roca Encantada**, residenza estiva della facoltosa famiglia Lopez, situata a due passi da **Navalas Beach**. Navalas dista circa 40 minuti in triciclo dal molo di Jordan.

Concordia Norte

DA ILOILO: 1 H

Deliziosa frutta tropicale alla Spring Bloom Farm

La **Spring Bloom Farm** gestisce cinque aziende agricole biologiche per un totale di 32 ettari di coltivazioni di banane, papaie, anacardi, ananas e altra frutta. Offre tour personalizzati (e vivamente consigliati) con un giorno di preavviso, ma la vera delizia è sedersi nell'incantevole cottage a sorseggiare succo fresco di *calamansi* (o lime delle Filippine).

San Miguel

DA ILOILO: 1 H

Serenità e prelibatezze al monastero

All'**Our Lady of the Philippines Trappist Monastery**, subito a sud di San Miguel, vivono ancora una ventina di monaci. Immerso nel verde poco lontano dalla strada principale, il monastero trasmette una grande sensazione di pace e offre la possibilità di pernottare (p254); chi trascorre la notte può anche consumare i pasti. Se siete solo di passaggio, visitate il negozio, dove troverete vari prodotti a base di mango (marmellate, biscotti, manghi essiccati) e alcuni oggetti di artigianato. C'è anche un piccolo caffè. Date un'occhiata alla chiesa e magari scambiate due chiacchiere con i monaci, sempre felici di parlare con i visitatori (come frate Mosè, che per anni ha fatto il marinaio in tutto il mondo prima di diventare monaco).

Miagao

DA ILOILO: 1 H

Visita alla Miagao Church

Chiamata ufficialmente Santo Tomás de Villanueva Parish, la **Miagao Church** presenta caratteristiche torri piramidali con funzioni di difesa contro i predoni musulmani. Costruita in origine tra il 1787 e il 1797, fu danneggiata nel corso degli anni da combattimenti, incendi e terremoti. Nel 1962 fu finalmente restaurata e restituita al suo splendore rococò e oggi è Patrimonio dell'Umanità dell'UNESCO. I bassorilievi della favolosa facciata in arenaria raffigurano san Cristoforo che passeggia con il Bambin Gesù in una foresta tropicale di palme da cocco e alberi di papaia.

GUIMARAS: INFORMAZIONI PRATICHE

Moneta
Attualmente non ci sono banche che accettano carte bancomat straniere, quindi portatevi tutti i contanti necessari.

Pernottamento
Quasi tutti i resort dell'isola, a eccezione di alcuni raggruppati intorno ad Alubihod Beach, sono lontani l'uno dall'altro e da qualsiasi ristorante. I trasporti possono essere cari, quindi prenotate in anticipo per evitare di arrivare e scoprire che non ci sono camere disponibili o che la struttura è temporaneamente chiusa. Alubihod Beach può essere affollata nei weekend.

Pasti
A San Miguel troverete alcuni ristoranti, mentre ci sono alcuni ristorantini molto semplici vicino al molo a Jordan. Per il resto, probabilmente vi limiterete a mangiare in uno dei pochi resort dell'isola. Potrete acquistare il pesce fresco dai pescatori sul lungomare e farvelo preparare nella cucina del vostro hotel.

Bacolod

STREET ART | ARCHITETTURA | RISTORANTI

Bacolod è la porta di accesso settentrionale all'isola di Negros. Con le sue impervie montagne dell'entroterra, le spiagge incontaminate, i giardini di coralli e le vivaci aree urbane, Negros vanta la maggiore offerta delle Visayas occidentali dopo Boracay.

Già fulcro della fiorente industria dello zucchero, oggi Bacolod è famosa per la sua scena gastronomica e in quanto comodo snodo dei trasporti. La città è molto estesa e intasata dal traffico, quindi il suo fascino non è immediato. Scavando sotto la superficie si scopre però un luogo affascinante con una vita artistica underground, ristoranti di vario genere e interessanti musei e siti storici. Bacolod è anche una comoda base di appoggio per il Mt Kanlaon Natural Park o per il vicino distretto di Silay con la sua splendida architettura coloniale.

Viaggiando è logico pensare a Negros in termini nord/sud, ma politicamente l'isola è divisa in due province poste ai lati di una catena montuosa centrale. A ovest si trova Negros Occidental, con capoluogo Bacolod e dove si parla ilonggo. A est c'è Negros Oriental, con capoluogo Dumaguete e dove si parla cebuano.

TRASPORTI LOCALI

Bredco Port, il principale molo dei traghetti diretti alla vicina Iloilo, si trova circa 1 km a ovest del centro. Lacson St è la spina dorsale del centro, percorsa da nord a sud dai jeepney 'Bata' e 'Mandalagan'.

Ceres ha due autostazioni. Il grande terminal nord serve le destinazioni a nord di Bacolod (tra cui San Carlos), mentre il terminal sud serve quelle meridionali, tra cui Sipalay (snodo dei trasporti per i resort di Sugar Beach). I terminal dei van sono sparsi per la città.

L'aeroporto Bacolod-Silay ha frequenti voli giornalieri per Manila con Cebu Pacific e Philippine Airlines. Cebu Pacific vola anche a Cebu, Davao e Cagayan. L'aeroporto si trova 15 km a nord-est della città.

Alla scoperta del quartiere artistico

Murales, sculture e gallerie d'arte

Fulcro della creatività di Bacolod e meta obbligata per i fotografi è l'**Arts District**, con una collezione di vistosi murales, sculture bizzarre ed edifici dipinti in modo audace, molti dei quali ospitano gallerie d'arte. Vedrete un muro decorato con *alebrijes* (creature fantastiche originarie del sud del Messico), con tanto di testa di drago che spunta dal tetto, e una serie di altalene sormontata da elaborati disegni in ferro battuto,

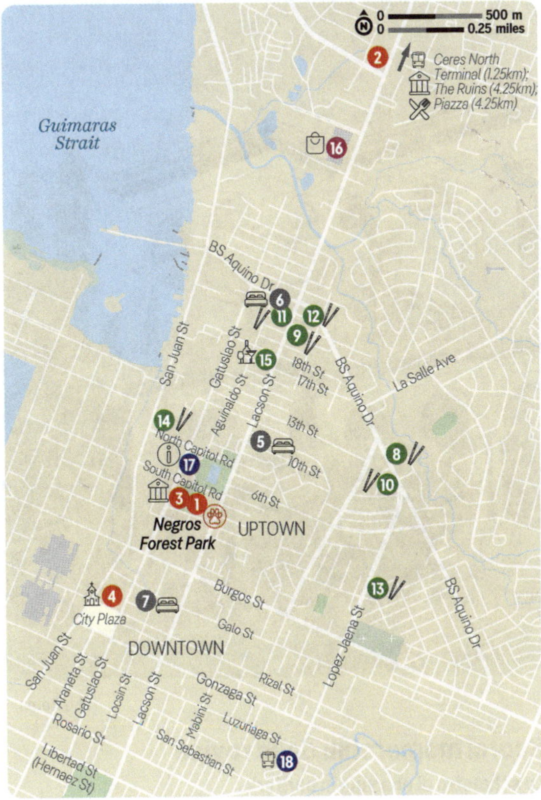

DA NON PERDERE
1 Negros Forest Park

DA VEDERE
2 Arts District
3 Negros Museum
v. 2 Orange Project
4 San Sebastian Cathedral

PERNOTTAMENTO
5 11th Street Bed & Breakfast Inn
6 Henry Hotel Roost
7 Suites at Calle Nueva

PASTI
8 365 Modern Cafe
9 Cafe Bobs
v. 2 Fat Choi
v. 2 Grey Room
10 Hamál
11 Inaka
12 Indian Foods
13 Malaspina Inasalan
14 Pala Pala
v. 2 Tropicalia

LOCALI E VITA NOTTURNA
v. 2 Café Joint
15 Palms

DIVERTIMENTI
v. 2 Safehouse Theatre

SHOPPING
16 Robinsons Place

INFORMAZIONI
17 Negros Occidental Tourism Center

TRASPORTI
18 Ceres Bus Liner South Terminal

tra piccole statue di bambini seduti in mezzo ai corvi come in una fiaba. E poi auto d'epoca dipinte con scene da fumetto a colori vivaci e una testa di robot che fa capolino da una parete, i lineamenti in acciaio ricavati da contatori elettrici e altri oggetti di recupero. Un passaggio buio sembra condurre all'entrata di un luna park, sotto un naso appuntito e occhi roteanti e figure di astronauti che fluttuano in alto. Vedrete inoltre un gigantesco carlino, un carro armato con gli armamenti annodati e una grande sfera di cemento trasformata in un volto rotondo sotto un muro tappezzato di edera.

Durante il giorno l'Arts District è un luogo tranquillo e un po' desolato da esplorare. Le gallerie hanno orari irregolari, anche se quasi tutte sono aperte il venerdì e il sabato pomeriggio. Le serate dei weekend sono i momenti più animati, quando i ristoranti e i caffè si riempiono di clienti.

Un pilastro dell'Arts District è l'**Orange Project**, una galleria a due piani che ospita mostre tra le più ambiziose di Bacolod, con dipinti, sculture, installazioni multimediali e performance artistiche.

Il piccolo (30 posti) **Safehouse Theatre** è un cinema molto frequentato che proietta soprattutto film indipendenti realizzati da registi di Negros.

IL CONSIGLIO

Nel corso dell'anno a Bacolod si svolgono alcune grandi feste a cui vale la pena assistere se siete nei paraggi. Il Bacolaodiat celebra il Capodanno cinese (gennaio o febbraio) con lanterne e spettacoli di danza. In aprile, il Panaad Festival esalta le danze tradizionali e i prodotti di Negros. L'evento più importante si svolge in ottobre, quando il MassKara porta per le vie della città sfilate dai costumi sgargianti.

BACOLOD: INFORMAZIONI PRATICHE

Moneta
Banche e bancomat si trovano facilmente sulle vie principali e nei i centri commerciali, tra cui Robinsons.

Pernottamento
A Bacolod la qualità dipende dai prezzi. La fascia economica è spartana, al limite del deprimente. Quasi tutte le sistemazioni consigliate sono di fascia media, rivolte ai viaggiatori d'affari o alle famiglie. Se alloggiate dei pressi di Lacson tra 10th St e BS Aquino Dr, potrete raggiungere a piedi ristoranti e bar.

Informazioni turistiche e permessi di trekking
Negros Occidental Tourism Center (a Capitol Park) può gestire tutte le domande sul turismo. Per fare trekking nel Mt Kanlaon Natural Park, richiedete i permessi all'ufficio del MKNP (inquadrate il QR Code)

The Ruins

Scorci memorabili dalle rovine

Lo scheletro di una villa in periferia

Immersa in giardini curatissimi tra campi di canna da zucchero, **the Ruins** è una villa in stile italiano costruita nei primi del Novecento da un magnate locale dello zucchero in memoria della moglie defunta. Durante la guerra i soldati americani la incendiarono per impedire che l'esercito giapponese la occupasse. Tre giorni dopo, quando il fuoco si era ormai spento, era rimasto in piedi solo un inquietante scheletro di cemento. Se la visitate al tramonto, le colonne neoclassiche e i maestosi archi scolpiti sono una cornice ideale per le fotografie. Fermatevi ad ammirare le rovine illuminate dai lampadari interni e dai fari esterni sotto il cielo notturno: uno spettacolo incantevole.

MIGLIORI RITROVI NELL'ARTS DISTRICT

Cartina p233

Tropicalia
Serve pizze tra le più buone della città (incluse versioni vegetariane e vegane), oltre a wrap e piatti in casseruola con riso. $$

Café Joint
Un posto frequentato per bere un drink e fare conversazione, ma offre anche un buon *sisig* di maiale o di tofu, costolette di maiale e funghi all'aglio. $$

Fat Choi
Un locale rinomato per ravioli, *siomai*, noodles saltati nel wok e zuppe. I tavoli all'aperto consentono di ammirare lo sfondo artistico. $$

Grey Room
Per metà galleria d'arte e per metà caffè, la Grey Room offre espresso e libri in prestito. $$

Adiacente alla villa, il **Piazza** è un ristorante con tavoli all'aperto che serve un menu ridotto di pizze, piatti di pasta e specialità filippine, oltre a frullati, birra e vino. Situato 7 km a nord di Bacolod, si raggiunge in 10 minuti di taxi dall'aeroporto (P250) o dal centro (P200). Altrimenti prendete un jeepney 'Bata' da Lacson St e fatevi lasciare nei dintorni; la corsa in triciclo costa P20. Il sito è aperto tutti i giorni dalle 9 alle 20.

La scoperta del passato nel Negros Museum

Opere d'arte e manufatti culturali

Vicino al Capitol Park and Lagoon, il **Negros Museum** presenta un'eclettica collezione di opere d'arte e manufatti che illustrano la storia e la cultura della regione. Di fronte al museo, il *Bao* (bufalo d'acqua) di Paeng Paderna fa da introduzione ai talenti poco noti di Negros: è una statua a grandezza naturale ricoperta da bei mosaici con la testa e il collo protesi verso il cielo. Al 1° piano del museo sono allestite le mostre temporanee, mentre al piano superiore è esposta la collezione permanente.

La prima sala è dedicata alla vita prima dell'arrivo degli spagnoli. Dipinti di nativi isolani dediti alla caccia, alla pesca e alla raccolta e che praticano la medicina tradizionale sono appesi sopra oggetti di uso comune raffigurati nelle opere d'arte. La sala successiva esplora il periodo coloniale, con un frammento di pietra corallina proveniente da una chiesa e un ritratto di padre Mauricio, che fondò Bacolod, per poi approfondire l'epoca del boom dell'industria dello zucchero. Lo stesso sapiente accostamento di arte e realtà prosegue con la *Fat Lady* di Raymond Legaspi, che sembra far cadere un piattino che poi appare in frammenti nella vetrina sottostante. L'ultima galleria del museo è la ricostruzione dell'interno di una residenza dell'alta borghesia dei primi del Novecento, con abiti, mobili e altri oggetti domestici d'epoca.

La fauna selvatica nel Negros Forest Park

Buceri, pappagalli e scimmie

Il **Negros Forest Park** cerca di proteggere gli animali endemici di Negros a rischio di estinzione. Situato vicino al Capitol Park and Lagoon, ospita soprattutto uccelli, tra cui alcune rare specie di variopinti buceri che da sole giustificano la visita. Ci sono anche gatti del Bengala, cervi maculati delle Visayas, macachi cinomolghi, varie specie di varani e un insolito cinghiale dalle verruche delle Visayas.

SPECIALITÀ DI BACOLOD

Per molti filippini Bacolod è sinonimo della sua specialità gastronomica, il pollo *inasal* (marinato in olio di semi di annatto, zenzero, aglio e succo di *calamansi* e cotto alla griglia). Se preferite qualcosa di insolito provate il KBL, *kadyos, baboy* e *kag langka* (caiani, cioè una specie di piselli, maiale e jackfruit), gli ingredienti usati in uno stufato creato dagli hiligaynon.

Tra i dessert più diffusi ci sono i *kalamayhati*, tortine di riso glutinoso, e i *napoleones*, versione locale delle paste francesi alla crema. Tra le altre specialità c'è la *piaya*, pane piatto rotondo tostato farcito con *muscovado* (zucchero di canna non raffinato con melassa), *ube* (igname viola) o altri ripieni e cosparso di semi di sesamo. Per i golosi segnaliamo la *guapple pie*, una torta con guava e mele.

BACOLOD: SAPORI INTERNAZIONALI

Cartina p233

Hamál
A due passi da un viale trafficato, questo giardino coperto serve deliziosi shawarma, panini con kebab o falafel e Yódrinks (frutta fresca e yogurt). **$$**

365 Modern Cafe
Nonostante la posizione poco felice (vicino a un distributore di benzina), questo locale serve buoni piatti di pasta, noodles cinesi e dim sum autentico. **$$**

Indian Foods
Questo ristorantino senza fronzoli offre deliziosi sapori del subcontinente: samosa, biryani vegetariano e pollo tikka masala. **$$**

Inaka
Un ambiente dall'atmosfera zen con un menu giapponese autentico che include un buon assortimento di sushi e sashimi e uno chef teppanyaki. **$$$**

LA RIVOLUZIONE INCRUENTA

Il Cinco de Noviembre commemora il coraggio (e l'astuzia) dei rivoluzionari che nel 1898 contribuirono a liberare la regione dal dominio spagnolo. Non disponendo di armi adeguate, i rivoluzionari crearono delle finte armi per dare ai governanti spagnoli l'impressione di trovarsi di fronte a un nemico pesantemente armato: 'fucili' fatti con fronde di palma, 'cannoni' modellati con *amakam* (fogli di bambù) arrotolati e 'palle di cannone' con noci di cocco verniciate di nero. Lo stratagemma funzionò. Sentendosi in inferiorità numerica e militare, il governatore spagnolo Isidro de Castro si arrese senza combattere e i leader rivoluzionari fondarono la Repubblica di Negros. L'indipendenza fu tuttavia di breve durata e terminò pochi mesi dopo con l'arrivo e l'occupazione delle forze americane nel marzo 1899.

La chiesa più bella di Negros

Le mura di pietra corallina della San Sebastian Cathedral

L'imponente **cattedrale** di Bacolod, costruita nel XIX secolo in pietra corallina estratta a Guimaras sorge di fronte alla piazza centrale della città ed è particolarmente suggestiva di sera, quando i due campanili sono illuminati.

San Sebastian Cathedral

PASTI A BACOLOD: LA NOSTRA SCELTA

Cartina p233

Cafe Bobs
Un elegante ambiente su più livelli che serve gustosi panini, pollo con waffle, sostanziosi piatti di pasta e ottimi caffè, pasticcini e dessert. **$$**

Malaspina Inasalan
Sembra un localino di street food piuttosto ordinario, ma serve un pollo alla griglia tra i più buoni della città, oltre a chorizo, braciole di maiale e pesce. **$**

Pala Pala
Comprate gamberi, granchi, calamari, pesce o capesante e andate in uno dei ristoranti vicini, che li cucinerà per voi (a partire da P150 per 500 g). **$$**

Palms
Chiamato anche Steamin' Mugs, questo locale aperto ai lati offre musica live nei weekend, un tavolo da biliardo e una vasta scelta di spuntini. **$**

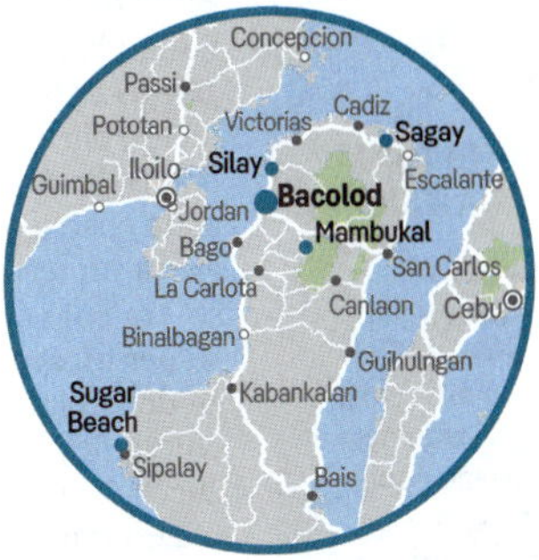

Dintorni di Bacolod

Visitate le antiche ville di Silay, rilassatevi nelle sorgenti termali immerse in foreste rigogliose o rifugiatevi al mare sull'incantevole Sugar Beach.

Località

I siti storici di Bacolod sono un bel preludio alla grandezza in declino della vicina Silay. Nel XIX secolo questo piccolo centro divenne il fulcro di un'industria agricola in piena espansione, e ancora oggi in tutta la città si possono ammirare alcuni begli edifici.

Mambukal, a est di Bacolod, sorge tra fresche foreste montane che circondano la vetta più alta di Negros, il Mt Kanlaon (2465 m). Scalare la vetta non è più possibile a causa dell'attività vulcanica, ma i resort organizzano belle gite in giornata (o con pernottamento) tra le sorgenti termali e la ricca fauna selvatica.

Anche la costa offre alcune belle attrattive, tra cui la barriera corallina a Sagay a nord e il litorale incontaminato di Sugar Beach a sud.

Silay

DA BACOLOD: **30 MIN**

Uno spaccato dell'alta società del primo Novecento

Conosciuta con il nome di 'Pink House', la **Bernardino Jalandoni Ancestral House** (1908) consente di scoprire come vivevano i ceti abbienti di Negros all'inizio del XX secolo. Al piano terra è esposta una collezione di foto architettoniche e vecchi ritratti di personalità della società civile, rivoluzionari e gente di mondo. Sul retro ci sono vetrine con decine di bambole Ken e Barbie in costumi tradizionali filippini, tra cui un Ken con gli occhiali da sole del generale MacArthur prima dello sbarco a Leyte. Al piano superiore, dove il verde menta è protagonista, farete un viaggio nel tempo in un'altra epoca. Splendidamente allestita, la casa vanta molti pezzi unici, tra cui l'elaborato letto a baldacchino appartenuto al rivoluzionario Marciano Lacson nel 1898, oltre a un salotto con un'arpa, un pianoforte verticale e sedie a dondolo in paglia di Vienna che facevano parte degli arredi originari della casa.

TRASPORTI LOCALI

Per andare a Silay potete prendere un autobus Ceres dal terminal nord di Bacolod o un jeepney dalla stazione di fronte. Entrambi impiegano in genere meno di 30 minuti. Anche gli autobus per Sagay partono dal terminal nord di Ceres.

Se siete diretti a Sugar Beach, prendete un autobus Ceres dal terminal sud di Bacolod e scendete a Sipalay (circa 5 ore), poi proseguite con un triciclo fino a destinazione.

ARCHITETTURA D'EPOCA A SILAY

Silay era il fiore all'occhiello della fiorente industria dello zucchero di Negros, quando le piantagioni collegavano l'isola al resto del mondo. Durante l'età d'oro (1880-1935) furono costruite oltre una ventina di case ancestrali giunte fino a oggi. Roccaforti di un mondo raffinato e privilegiato, queste residenze erano espressione di una cultura che ricorda *Via col vento*. Ma tutto ciò non era destinato a durare. La seconda guerra mondiale e il collasso dell'industria dello zucchero provocarono il declino della città. Alcuni edifici sono stati restaurati e convertiti in musei, ristoranti e guesthouse, mentre altri sono invasi dalla vegetazione e in grave stato di abbandono. Circa 32 edifici sono classificati come patrimonio culturale. Per avere una cartina, rivolgetevi all'ufficio turistico nella piazza principale (Zamora St).

Un viaggio nel passato alla San Diego Pro Cathedral

Sulla via principale che attraversa la città (Rizal St), la **San Diego Pro Cathedral** in stile romanico è il punto di riferimento più evidente di Silay grazie all'imponente cupola argentea. Dalla fondazione della parrocchia, nel 1776, sul sito sono state costruite diverse chiese. La prima era fatta di bambù e aveva un tetto di paglia. Seguirono costruzioni più ambiziose, tra cui l'attuale chiesa del 1925. Il progetto, molto costoso per una comunità così piccola, fu finanziato dalle ricchezze delle piantagioni di zucchero: San Diego è infatti l'unica chiesa della provincia ad avere una cupola. Il magnate dello zucchero Don Jose Ledesma, all'inizio del XX secolo, donò la maggior parte dei capitali per la costruzione della chiesa e ne commissionò il progetto all'architetto italiano Lucio Bernasconi. Dopo aver visitato l'edificio principale, non dimenticate di andare sul retro, dove potrete ammirare un giardino situato tra le rovine della chiesa precedente (mai completata dopo lo scoppio della rivoluzione nel 1898). Accanto al giardino c'è una suggestiva sala di preghiera con finestre in conchiglie Capiz.

Visita al Silay City Art Space

Nascosto in un vicolo alle spalle della cattedrale, il **Silay City Art Space and Showroom** ospita mostre a rotazione con opere di artisti locali (spesso anche in vendita). Ammirate gli evocativi dipinti di Judie Mariz Vega, le espressive statuette in argilla di Ramon de los Santos (riconoscibili dai piedi di dimensioni esagerate) e le sculture dinamiche di Ian Valladarez realizzate con un unico filo di rame continuo. Andate sul retro della galleria per vedere il murales di Henry John Golez che offre un'affascinante carrellata dei tesori culturali e culinari di Silay, dagli edifici storici a specialità come i *lumpia ubod* (involtini primavera con maiale e cuore di palma) e la *piaya* (pane sottile addolcito con zucchero *muscovado*). Al centro spicca la mitica figura di Kansilay dalla chioma ribelle, protagonista della più grande celebrazione annuale di Silay. Oltre alle opere d'arte, nel centro troverete in vendita anche articoli di artigianato, tra cui piccole opere originali degli artisti, nonché braccialetti e magliette realizzati da PWD (l'organizzazione di persone con disabilità che cura anche il grazioso giardino sul retro).

PASTI A SILAY: LA NOSTRA SCELTA

El Ideal
Vivace panetteria del 1920 che vanta creazioni famose come il *lumpia ubod* (involtino primavera ripieno di maiale e cuore di palma) e la *piaya* (pane sottile dolce). $

Stephen's at Balay Puti
Una bella villa rinnovata degli anni '20 fa da cornice a zuppa di cipolle francese, Chateaubriand, risotto ai frutti di mare e altre raffinatezze. $$$

1898
Questa guesthouse con ristorante ubicata in una villa coloniale è un bel posto per piatti di pasta, panini, pizze e smoothie alla banana. $$

Larga Cafe
Il locale preferito dai creativi di Silay offre un menu semplice con piatti di riso e noodles, oltre a frappé e latte macchiato ghiacciato. $$

Hofileña Museum

Visita all'Hofileña Museum

L'Hofileña Museum, una delle **residenze** ancestrali più piccole di Silay, è anche tra quelle meglio conservate, oltre a ospitare una straordinaria collezione di opere d'arte e manufatti. Le guide fanno sentire gli ospiti come a casa propria, distribuendo ventagli di palma intrecciata per rinfrescarsi e invitandoli a cimentarsi al pianoforte, uno Steinweg tedesco di 200 anni con tasti d'avorio. Potrete poi ammirare da vicino alcuni dei tesori accumulati dal defunto Ramon Hofileña, figlio di Manuel Severino Hofileña e Gilda Ledesma Hojilla, che fecero costruire la casa nel 1934. In una vetrina sono esposte rare porcellane delle dinastie Ming e Ching (tra cui pezzi del XIV secolo) e una giara da olio di 3000 anni fa rinvenuta in Israele. L'esposizione include poi matrioske russe, minuscole statuette giapponesi (probabilmente le bambole più piccole del mondo, i cui dettagli si possono ammirare con una lente d'ingrandimento) e una piccola schiera di antichi santi senza mani (le mani, fatte di avorio, furono rubate molto tempo fa). Una magnifica scalinata intagliata di legno duro inattaccabile dalle termiti sale al 2° piano, dove sono esposti dipinti di alcuni dei più celebri pittori delle Filippine, tra cui Manasala, BenCab (Benedicto Cabrera) e Juan Luna, oltre ad alcuni ritratti di nudo dello stesso Ramon, che un tempo lavorava come modello.

SILAY E LE ARTI

Ian Valladarez,
artista e presidente del SUGA

Dopo il crollo dell'industria della canna da zucchero, Silay dovette reinventarsi. Oggi c'è maggiore interesse per l'artigianato e le arti. Circa 46 artisti fanno parte del **SUGA** (Silay United Group of Artists) e c'è una nuova generazione di artisti emergenti. Il laboratorio estivo è rivolto a studenti dalle elementari alle superiori che aspirano a diventare artisti. Il progetto, di cui ha beneficiato anche chi non ha spiccate doti artistiche, offre ai bambini un modo per esprimersi e può essere molto utile per la loro salute mentale in questi tempi difficili. Ci sono ragazzini che tornano di anno in anno. Anzi, alcuni dei nostri insegnanti d'arte hanno iniziato a studiare quando erano alle elementari.

Mambukal

DA BACOLOD: **1 H**

Relax nelle sorgenti termali

La bella foresta e i corsi d'acqua rinfrescanti alle pendici occidentali del Mt Kanlaon sono una popolare meta di evasione da Bacolod. Il **Mambukal Resort & Wildlife Sanctuary** è una vasta tenuta immersa nella foresta, tra corsi d'acqua e

LA PRINCIPESSA KANSILAY

In giro per Silay si possono vedere murales che raffigurano una donna dallo sguardo d'acciaio e con un'arma in mano. Si tratta della principessa Kansilay, mitica eroina figlia di un *datu* (capotribù) di Negros. Secondo la leggenda, guidò il suo popolo alla vittoria quando il villaggio fu attaccato dai pirati. Anche se i briganti si ritirarono, Kansilay fu ferita a morte e dovette dire addio al suo popolo (e al suo fidanzato). I suoi resti furono sepolti vicino al mare e dalla sua tomba crebbe un albero a cui fu naturalmente dato il nome di kansilay.

Silay prende il nome da questo albero imponente, che può raggiungere i 50 m di altezza e compare anche nel sigillo ufficiale della città.

CRYSTAL EYE STUDIO/SHUTTERSTOCK ©

Suyac Island Mangrove Eco-Park

laghetti e con una piscina termale in stile giapponese. È un posto ideale per rilassarsi e concedersi un massaggio. Il resort ha in programma di avviare nuove attività, tra cui escursioni a piedi, in mountain bike e a cavallo. Mambukal ha uno sportello adiacente all'ufficio turistico a Bacolod dove si possono effettuare prenotazioni e ottenere informazioni sui trasporti.

Sagay

DA BACOLOD: **2 H 30 MIN**

Reef e mangrovie nella Sagay Marine Reserve

Vicino all'estremità settentrionale di Negros, Sagay è la porta di accesso alla **Sagay Marine Reserve**, che nei suoi 320 kmq include qualche bel sito di snorkelling e spiagge di sabbia bianca. La maggiore attrattiva per i visitatori è Carbin Reef, che circonda un piccolo banco di sabbia immerso in acque color acquamarina. Dopo aver fatto snorkelling potrete rilassarvi sulla spiaggia. Più al largo si estende il **Suyac Island Mangrove Eco-Park**, un progetto ecoturistico gestito dalla comunità con una passerella di bambù sopraelevata lunga 400 m che si snoda tra terre umide con una ricca biodiversità.

Sugar Beach

DA BACOLOD: **5 H**

Relax su lidi tropicali

Qualche resort in bambù e paglia, una favolosa distesa di sabbia e tramonti spettacolari: Sugar Beach rimane uno dei segreti meglio conservati di Negros. Chi si spinge fin qui viene ricompensato da piaceri semplici come pigre giornate passate a perlustrare la sabbia e tranquille serate a guardare le stelle. Nella zona si possono fare alcune escursioni a piedi, oltre a immersioni e uscite alla **Danjugan Island Marine Reserve & Sanctuary**, un'area protetta concepita in modo molto avanzato.

Gite in barca, snorkelling e immersioni

Dalla spiaggia potete fare una gita in barca di tre ore che vi consentirà di ammirare meraviglie subacquee e godervi momenti di relax su una spiaggia appartata. L'itinerario standard prevede una tappa ad **Anjauan Island** (nota anche come Miracle Island e Turtle Island), dove si paga una piccola tassa di accesso (P50). Sull'isola non c'è molto da fare, ma passerete davanti a un litorale spettacolare: coste incontaminate con spiagge grandi come francobolli e piccoli insediamenti di pescatori sovrastati da colline ondulate verde intenso che si estendono fino all'orizzonte. Oltre ad ammirare il panorama dalla spiaggia, potrete percorrere uno stretto sentiero in salita e poi scendere su una spiaggia rocciosa rivolta a nord. Subito oltre il canale si vede un'altra isola invitante ancora più piccola, che potete raggiungere a nuoto (300 m) per dare un'occhiata alle rovine di un lodge di legno. Durante la traversata a nuoto potrete vedere dei coralli.

Sulla via del ritorno a Sugar Beach vi fermerete a fare snorkelling su un vecchio relitto, ormai quasi interamente ricoperto da coralli sani e popolato da una grande varietà di specie di pesci. Se le condizioni lo consentono, l'escursione prevede anche una tappa in un boschetto di mangrovie ben conservate, che però si può visitare solo con l'alta marea. Molti resort offrono questa gita a prezzi compresi tra P2000 e P3500 per tutta la barca (il Driftwood Village ha le tariffe migliori).

Se volete fare immersioni, prenotate un'uscita con **Sea Explorers**, un operatore professionale che vi porterà nei siti migliori per immergervi su barriere coralline dai colori sgargianti. Organizza anche immersioni per sub interessati a scattare macrofotografie e in siti ideali per avvistare le tartarughe marine. Le tariffe partono da P2550 per la prima immersione e vengono praticati sconti per chi prenota cinque o più immersioni.

SAGAY MARINE RESERVE: INFORMAZIONI PRATICHE

Vicino all'estremità settentrionale di Negros, Sagay è formata in realtà da due città: New Sagay sulla National Hwy e Old Sagay sulla costa, a 5,5 km di distanza.

Arrivati in autobus da Bacolod (o da altre località), prendete un triciclo per il porto di Old Sagay, dove potrete noleggiare una barca per la breve traversata fino al Suyac Island Mangrove Eco-Park e poi per Carbin Reef, 3 km più al largo.

Il **Sagay City Tourism Office** (facebook.com/sagayonlinebooking) vi può aiutare con le prenotazioni, oppure potete semplicemente presentarvi e cercare un barcaiolo. È preferibile organizzarsi per partire presto, poiché ogni giorno sono consentiti solo 100 visitatori. Portatevi da mangiare e da bere (e portate via tutti i rifiuti).

PASTI A SUGAR BEACH: LA NOSTRA SCELTA

Driftwood Village
I tavoli sulla spiaggia sono l'ideale per gustare una delle tante proposte del menu (come il *pinakbét*, verdure con latte di cocco). **$$**

Bermuda
Il miglior ristorante di cucina italiana a Sugar Beach offre anche piatti filippini e altre ricette del Sud-est asiatico. **$$**

Tortuga
L'eccellente menu del Takatuka Beach Resort spazia in tutto il mondo: curry thailandesi, salsicce ungheresi e piatti vegetariani mediorientali. **$$**

Big BamBoo Beach Resort
Un rinfrescante succo di *calamansi* e mango prima di gustare *adobo* di pollo e altri classici filippini. **$$**

SUGAR BEACH: ASPETTI LOGISTICI

Con il nuovo ponte sul fiume, oggi è molto più facile raggiungere Sugar Beach. Viaggiando in autobus da Dumaguete e da località più a sud, dovrete scendere a Sipalay e da lì proseguire fino Sugar Beach con un triciclo (P150).

Se provenite da Bacolod e dal nord, scendete al barangay Gil Montilla e lì prendete un triciclo (P50).

Il primo resort che incontrerete è il Takatuka, a cui seguono tutti gli altri nel giro di 10 minuti a piedi (imboccate il percorso costiero, molto più bello della strada di accesso ai resort).

A Sugar Beach non ci sono bancomat e molti esercizi accettano solo contanti, quindi regolatevi di conseguenza (e tenete presente che il bancomat Landbank a Sipalay non sempre accetta le carte straniere).

In kayak tra le mangrovie

Una fantastica avventura è un'uscita in kayak per conto proprio tra le mangrovie. Partite dalla spiaggia e seguite la costa verso sud lungo l'imponente parete rocciosa, che presenta un paio di grotte, ma tenetevi a distanza perché è facile finire contro le rocce. Dopo aver superato l'affioramento roccioso coronato da alberi, vedrete uno stretto banco di sabbia e l'ingresso al fiume sulla sinistra. Passate sotto il ponte e seguite il corso d'acqua superando un piccolo insediamento, con barche da pesca dallo scafo stretto che galleggiano nell'acqua e case del villaggio disseminate lungo le rive del fiume. Dopo circa 15 minuti di navigazione vi lascerete alle spalle la civiltà ed entrerete in un mondo fatto di una miriade di radici di mangrovie che affondano in acqua e di martin pescatori che volano in giro. Al primo grande bivio tenetevi a sinistra e seguite questo canale in uno scenario selvaggio dove l'acqua ha mille sfumature di verde. È un ambiente molto tranquillo, ideale per ristabilire un contatto con la natura; potrete esplorare diversi canali, ma dovrete memorizzare il percorso per evitare di perdervi (svoltando solo a sinistra, arriverete alla fine dopo circa 45 minuti). Diversi resort noleggiano kayak, tra cui il Bermuda (P450 per 2 ore). Prima di partire consultate la cartina dei corsi d'acqua.

Rizal Blvd

Dumaguete

ARCHITETTURA | ANTROPOLOGIA | UNIVERSITÀ

Il capoluogo della provincia di Negros Oriental è una vivace città universitaria abbastanza raffinata, anche grazie alla presenza di una fiorente comunità di residenti stranieri, ed è noto per la sua popolazione cordiale e disponibile. Il piccolo centro è angusto e pieno di rumorose motociclette, ma la passeggiata lungo il porto, punteggiata di bar all'aperto, ristoranti e chioschi di street food, è una grande attrattiva.

Durante il periodo coloniale spagnolo Dumaguete era un bersaglio frequente degli attacchi dei pirati, che razziavano il bestiame e i negozi dei villaggi e rapivano uomini e donne per venderli come schiavi. Secondo la leggenda il nome Dumaguete deriva da una parola cebuana che significa 'strappare', e una delle strutture più antiche della città è una testimonianza di questa terribile epoca.

A Dumaguete vi sono quattro grandi università, tra cui la Silliman, la più vasta (con oltre 10.000 studenti) e la più antica. Aperta nel 1901, fu la prima università fondata dagli americani in Asia.

Una passeggiata sul lungomare

Panorami, spuntini e massaggi

L'incantevole **lungomare** di Dumaguete si estende per circa 400 m lungo **Rizal Blvd**, offrendo ariosi panorami marini e un posto tranquillo lontano dal traffico. Costruito nel 1916, l'elegante viale pedonale fiancheggiato da vecchi lampioni richiama famiglie per un picnic, appassionati di fitwalking e chi semplicemente ama sedersi sulle panchine per guardare il mare. Sugli ampi prati vicini si svolge una vasta gamma di attività, dalle partite di pallavolo alle sessioni pomeridiane di Zumba, e c'è anche un'area in cui massaggiatori non ve-

TRASPORTI LOCALI

L'aeroporto di Dumaguete-Sibulan si trova circa 5 km a nord del centro. Cebu Pacific e Philippine Airlines operano vari voli al giorno per Manila. Cebgo ha numerosi voli giornalieri per Cebu. A Dumaguete ci sono diversi terminal di traghetti, ma quasi tutte le imbarcazioni (incluse quelle per Siquijor) partono dal molo principale in centro. L'autostazione principale, il Ceres Bus Liner Terminal, si trova a breve distanza verso sud. Ci sono numerosi tricicli per gli spostamenti in città (o per l'aeroporto), ma se volete esplorare il centro e il lungomare potete farlo in gran parte a piedi.

IL CONSIGLIO

Di sera su Rizal Blvd troverete una lunga schiera di chioschi che offrono cibi economici e gustosi. Se ne avete il coraggio, assaggiate un *balut* (embrione di anatra) senza badare alle piume. Pochi chilometri a nord, all'incrocio tra EJ Bianco Dr e Flores Ave (il prolungamento settentrionale di Rizal Blvd), si trovano diversi ottimi locali con tavoli all'aperto.

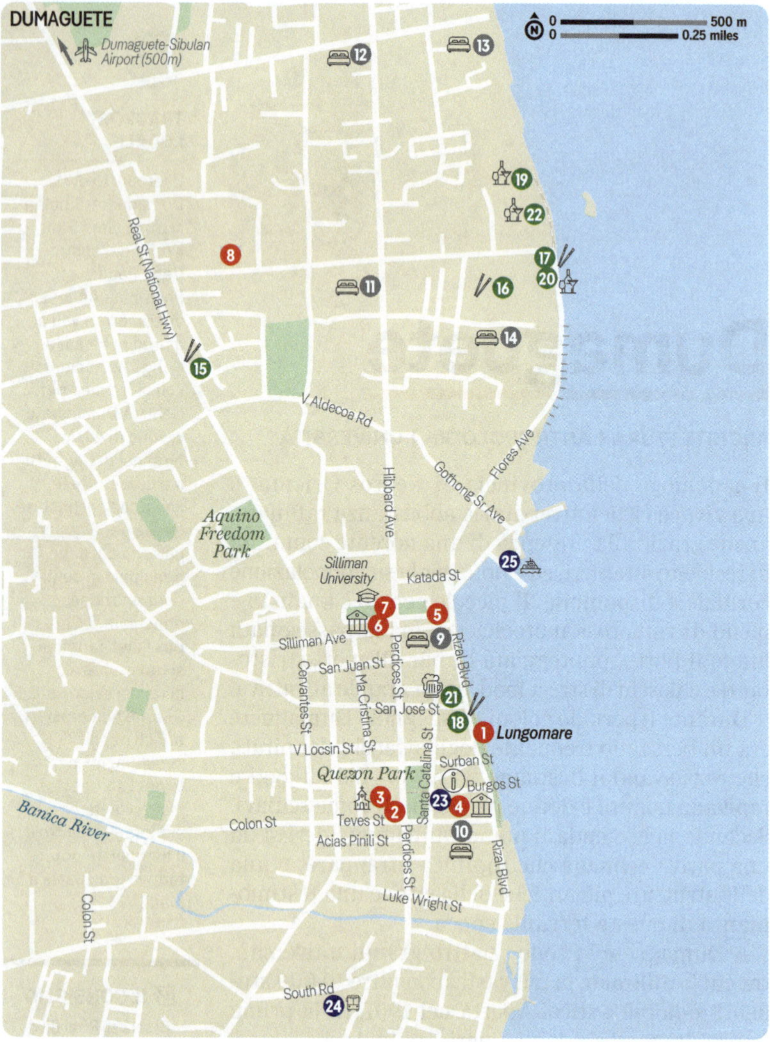

DA NON PERDERE
1 Lungomare

DA VEDERE
2 Campanile
3 Cathedral of St Catherine of Alexandria
v. 6 Hibbard Hall
4 National Museum of Dumaguete
5 Silliman Hall
6 Silliman University Anthropology Museum

ATTIVITÀ, CORSI E TOUR
7 Silliman University
8 Visit Negros Oriental

PERNOTTAMENTO
9 Bricks Hotel
10 C&L Bayview Inn
11 Casa Arrieta
12 Flying Fish
13 Henry Resort
14 Mad Monkey

PASTI
15 Adamo
16 Buglas Islas
17 Lantaw
18 Sans Rival

LOCALI E VITA NOTTURNA
19 Balay Ni Lola
20 Hayahay Treehouse Bar
21 Negrense Microbrewery
22 Tiki Bar

INFORMAZIONI
23 Dumaguete City Tourism Office

TRASPORTI
24 Ceres Bus Liner Terminal
25 Molo principale

denti effettuano massaggi all'aria aperta. All'estremità sud si trovano diversi punti di ristoro sotto le tende con tavoli all'aperto, dove ci si può fermare per un caffè, un dessert o un piatto di pollo alla griglia. Lungo la passeggiata si trovano anche chioschi di street food.

Scoprire il passato alla Silliman University

Architettura e antropologia

La **Silliman University**, in centro città, ha un campus pieno di verde con begli edifici risalenti ai primi del Novecento. Particolarmente pregevole è la **Silliman Hall**, costruita nel 1903 nello stick style americano, con modanature e piastrelle recuperate da un vecchio teatro di New York.

Attraversate il cortile interno per raggiungere la **Hibbard Hall**, principale attrattiva per i visitatori. Al 2° piano si trova l'**Anthropology Museum**, che espone un'affascinante collezione di reperti provenienti da vari periodi della storia di Negros. La mostra si apre con urne funerarie dell'Età del Ferro, alcune delle quali presentano caratteristiche antropomorfe e zoomorfe, tra cui una con teste umane e di lucertola stilizzate. Si possono poi ammirare ceramiche thailandesi e cinesi risalenti a 700 anni fa, sculture in legno annerito dei tagbanua e trappole per pesci intrecciate realizzate dai negritos. Un'altra sezione si addentra nel mondo della medicina popolare visayana con un'esposizione che include una piccola bambola e una bara usate nell'haplit (una forma di stregoneria in cui una bambola rappresenta la vittima designata), oltre ad amuleti, pozioni e una coda di razza simile a una frusta, usata per allontanare le streghe e altri esseri soprannaturali. L'ultima sezione è dedicata al periodo islamico, con oggetti in ottone di pregevole fattura, guarnizioni di perline ed elaborati kris (pugnali con lame ondulate), oltre a una possente spada cerimoniale lunga 3 m.

Visita al National Museum of Dumaguete

Architettura e tesori culturali

Una delle attrazioni più recenti della città è il **National Museum of Dumaguete**, in cui è presentata una piccola collezione ben allestita a est del Quezon Park. Filiale del National Museum di Manila, il museo gode di finanziamenti considerevoli ed è incentrato su alcuni straordinari ritrovamenti a Negros, tra cui i vasi funerari scoperti nella regione di Bacong, circa 10 km

UFFICI TURISTICI

L'ufficio provinciale del turismo, **Visit Negros Oriental**, può aiutarvi a organizzare le escursioni e contattare eccellenti guide, come l'esperto di birdwatching Jac Señagan (tourguidejac@yahoo.com). Fra i tour nella zona vi sono le cascate di Valencia, l'osservazione dei delfini e delle balene a Bais, le uscite per nuotare con gli squali balena a Oslob (Cebu), le esplorazioni speleologiche a Mabinay, le isole Apo e Siquijor e il birdwatching al Lake Balanan.

Il **Dumaguete City Tourism Office**, in posizione centrale di fronte al Quezon Park, può dare consigli sulle attrazioni e sui mezzi di trasporto (autobus, traghetti, tricicli) per raggiungere i luoghi più interessanti fuori città. Inoltre pubblica l'ottima *Hugkat* in tre volumi sulla storia e la cultura della regione.

PASTI A DUMAGUETE: LA NOSTRA SCELTA

Cartina p244

Adamo
Un locale filippino-fusion con un bel design e un piccolo menu squisito: insalata di gamberi e mango, costine di maiale affumicate e tofu croccante. **$$**

Lantaw
Il ristorante preferito da molti locali ha un ampio dehors dove è possibile gustare una vasta gamma di piatti di pesce, vegetariani e classici filippini a base di carne. **$$**

Sans Rival
Gustate piatti filippini o internazionali in un edificio coloniale sul lungomare. Dietro l'angolo si trova la sua popolarissima panetteria-pasticceria. **$$**

Buglas Islas
Ha tavoli all'aperto immersi nel verde e un eccellente menu di piatti filippini, pizze e brunch servito tutto il giorno. **$$**

MAKS ERSHOV/SHUTTERSTOCK ©

Campanile, Cathedral of St Catherine of Alexandria

a sud di Dumaguete. Una piccola sezione è dedicata ai minerali, alla vita marina e alla flora (come il 'fiore cadavere', ovvero l'aro titano). Una mostra al piano superiore illustra gli edifici più significativi della zona, tra cui quello che ospita il museo.

Se vi trovate nei pressi poco prima dell'orario di chiusura (alle 17), potrete assistere all'ammainabandiera: viene suonato l'inno nazionale e tutti si fermano con la mano sul cuore (mentre i militari fanno il saluto).

Il fulcro ecclesiastico di Dumaguete

La cattedrale e il campanile

Nel cuore di Dumaguete sorge la **Cathedral of St Catherine of Alexandria**, dedicata alla patrona della città. L'edificio attuale sorge nel sito in cui si trovava una chiesa del XVIII secolo che faceva parte di un ampio complesso fortificato, con spesse mura e quattro torri di guardia a ogni angolo per tenere a bada i pirati. Di quell'epoca rimane ancora l'imponente **campanile** costruito tra il 1754 e il 1776, mentre il livello più alto (quello che contiene la campana) fu aggiunto nel 1867. Gli abitanti del luogo accendono candele e pregano in una piccola grotta artificiale posta alla base.

LA RISCOPERTA DI UN CAPOLAVORO ARCHITETTONICO

L'archivio storico di Dumaguete andò in gran parte distrutto o perso durante la seconda guerra mondiale, ma un documento che si è salvato sono le planimetrie della vecchia Presidencia (municipio), oggi sede del National Museum of Dumaguete. Nel corso degli anni l'edificio fu modificato e ogni memoria del progetto originale si era persa, fino a quando un ricercatore non scoprì per caso che l'edificio era stato disegnato nel 1937 dal celebre architetto filippino Juan Arellano, autore di alcuni dei più bei progetti del paese prima della guerra. La città ha investito molto nella ristrutturazione, restituendo alla struttura il suo stile originale Mission Revival ispirato alle missioni spagnole della California del XIX secolo. Il museo è stato aperto al pubblico nel 2022.

LOCALI NOTTURNI A DUMAGUETE: LA NOSTRA SCELTA

Cartina p244

Hayahay Treehouse Bar
Questo padiglione di legno a due piani, che fa parte di un complesso di intrattenimenti 2 km a nord del centro, offre musica live e con DJ.

Negrense Microbrewery
La sala al 1° piano, in legno lucido e con luci d'ambiente, è la cornice ideale per gustare le birre di produzione propria e il buon menu da pub.

Tiki Bar
Un vivace beach bar aperto fino a tardi che offre musica con DJ e live dal suo palco per i concerti. Frequentato soprattutto da giovani festaioli.

Balay Ni Lola
Con un invitante dehors per godersi l'aria della sera, l'informale 'posto della nonna' serve cocktail a base di granite e gustosi stuzzichini.

Dintorni di Dumaguete

Prendete le scarpe da trekking e la maschera da snorkelling e immergetevi per qualche giorno nella biodiversità a poca distanza dalla città.

Località

Twin Lakes p248
Apo Island p248

Dopo aver visitato Dumaguete per un giorno o due, partite all'avventura nel sud di Negros, famoso per lo spettacolare litorale e l'entroterra montuoso. Non a caso la regione è rinomata per le sue attività sulla terra e in mare. A poca distanza dal centro di Dumaguete, nel Twin Lakes Natural Park, percorrendo i sentieri o uscendo in barca sul lago si possono osservare beccafiori e altre specie di uccelli variopinti. A sud di Dumaguete la costa è punteggiata di resort, in particolare intorno al villaggio di Dauin. Questo è il fulcro di una notevole attività subacquea, con opportunità di esplorare le meraviglie sottomarine intorno ad Apo Island e in molti altri siti di immersione a poca distanza in barca dalla costa.

Twin Lakes (p248)

TRASPORTI LOCALI

Per raggiungere i Twin Lakes, salite su qualsiasi autobus diretto a nord (potete prenderli lungo Rizal Blvd) e dite all'autista che siete diretti ai Twin Lakes. Vi farà scendere al bivio (accanto al Dagsa-an Restaurant), dove prenderete una moto fino all'ingresso del parco, un viaggio in salita di 25 minuti (tariffa fissa di P600 andata e ritorno). Se siete diretti ad Apo Island, prendete un qualsiasi autobus diretto a sud per Malatapay. Molti resort per sub di Dauin forniscono anche un servizio navetta da Dumaguete.

BIRDWATCHING AI TWIN LAKES

Alberto Bainto, birdwatcher e guida professionista, è co-manager di Casa Arrieta. *@wildscapesph*

Con un po' di pazienza, non è difficile avvistare il bucero delle Visayas, il bucero più piccolo delle Filippine. Sono uccelli con un pronunciato dimorfismo sessuale (solo la femmina ha la zona intorno agli occhi azzurra) ed è possibile vederli in coppia (si accoppiano per la vita). Se sentite un suono simile a quello di un cavallo, vuol dire che nei paraggi c'è un serpentario delle Filippine. Questi rapaci cacciano i serpenti ma anche altre piccole prede.

Nell'area sono presenti diverse nettarinie, più facili da avvistare nelle giornate soleggiate. Questi uccelli hanno il piumaggio a colori vivaci: la nettarinia di Guimaras, specie endemica delle Filippine, ha la nuca marrone, la fronte blu lucida e il petto giallo.

Twin Lakes

DA DUMAGUETE: **1 H**

Un incontro ravvicinato con la natura

I **Twin Lakes**, riserva di fondamentale importanza a Negros, ospitano un'incredibile varietà di specie botaniche e animali e per questo motivo sono una destinazione molto frequentata dai ricercatori. Potete trascorrerci una piacevole mattinata e poi visitare i luoghi di interesse di Dumaguete nel pomeriggio.

Dopo aver pagato l'ingresso al parco (P100), il conducente del vostro *habal-habal* vi farà scendere al ristorante, che ha una bella terrazza panoramica sullo scintillante **Lake Balinsasayao**. Da qui potete imboccare il breve ma ripido tratto in discesa fino al sentiero di 900 m che collega i due laghi. Il sentiero, scivoloso ma scenografico, si snoda attraverso la foresta tra farfalle iridescenti e il canto degli uccelli fino a un punto panoramico sopra il **Lake Danao**.

Potete arrivarci anche dall'acqua. Le barche a remi possono portarvi sull'altra sponda o ad alcune scenografiche cascate: l'escursione di andata e ritorno dura da 90 minuti a due ore a seconda delle condizioni. Purtroppo non sono più disponibili i kayak per esplorare il lago per conto proprio.

Dal ristorante parte un altro bel sentiero che sale per circa 800 m fino a una torre di osservazione, una robusta struttura a due piani che offre un'ampia vista sui pendi coperti da fitti boschi e fino al mare in lontananza.

Apo Island

DA DUMAGUETE: **1 H**

Immersioni nell'Apo Island Marine Sanctuary

Quest'area protetta di 15.000 mq è una delle riserve marine di maggior successo delle Filippine. La **riserva** racchiude una vitale zona di riproduzione marina ed è uno dei siti preferiti per le immersioni e lo snorkelling per la sua eccellente visibilità e per la popolazione di tartarughe marine che nuotano vicino alla riva. Ci sono anche 400 specie di coralli e 650 specie di pesci, che si possono osservare in una dozzina di siti di immersione con barriere a pendio, pareti, giardini di coralli e immersioni in corrente.

La città sulla terraferma di Malatapay è il punto di partenza per Apo Island, e il vicino villaggio sul mare di Dauin è famoso per i suoi resort per sub. Per sfruttare al massimo il tempo da dedicare alle immersioni potete pernottare in una di queste strutture, che vanno da semplici sistemazioni per backpacker a ville lussuose (p254).

Siquijor

CASCATE | GROTTE | VITA DA SPIAGGIA

Per gran parte dei filippini Siquijor è un misterioso mondo ultraterreno. È vero che questa piccola provincia insulare è famosa per i suoi *mangkukulam* (guaritori) di montagna che preparano unguenti tradizionali per i disturbi moderni. Ma oggi la terapia più diffusa a Siquijor è un cocktail e un lettino sulla spiaggia in uno dei tranquilli resort sul mare dai prezzi abbordabili. Le attrazioni includono splendide immersioni, cascate, grotte e camminate nella foresta dell'entroterra. A Siquijor potrete fare snorkelling ovunque: andate nella spiaggia più vicina e tuffatevi. Benché il numero di visitatori sia ancora ridotto rispetto a mete come Boracay, la popolarità di Siquijor è in aumento, in gran parte grazie al nuovo aeroporto inaugurato nel 2024. Andateci prima che lo sviluppo edilizio alteri la natura di quest'isola idilliaca.

Quasi tutte le attrazioni e le attività si concentrano lungo il tratto di costa da San Juan a Lazi e dintorni e nell'entroterra montuoso nei pressi di Cantabon.

Avventure balneari

La spiaggia più bella di Siquijor

A nord-est di San Juan si trova la splendida distesa di sabbia bianca di **Paliton Beach**, affacciata su acque cristalline e con splendidi scorci su Apo Island. Imboccate la diramazione all'altezza della chiesetta nel villaggio di Paliton, vicino all'estremità occidentale dell'isola, e percorrete il sentiero asfaltato di circa 1 km fino alla spiaggia. Proseguendo verso ovest troverete altre spiagge di sabbia bianca deserte. Le

TRASPORTI LOCALI

Quasi tutti i viaggiatori arrivano a Siquijor in barca da Dumaguete, con partenze ogni due o tre ore. Tra gli altri operatori, Oceanjet gestisce traghetti veloci due volte al giorno tra Dumaguete e Siquijor (40 minuti). Un'altra opzione sono i traghetti meno frequenti da Cebu, Bohol e Mindanao.

Per le brevi distanze sono disponibili tricicli e jeepney, ma un modo fantastico per esplorare l'isola è la motocicletta.

La strada costiera ad anello, lunga 75 km, è poco trafficata e le distanze dalla città di Siquijor sono chiaramente indicate da cartelli chilometrici gialli. Con piacevoli soste lungo il percorso si può facilmente percorrere il perimetro dell'isola in un giorno. Anche l'entroterra collinare è ben coperto da strade asfaltate e si presta a essere esplorato in moto, che potrete noleggiare ovunque.

DA VEDERE
1 Cambugahay Falls
2 Lugnason Falls
3 Paliton Beach

ATTIVITÀ, CORSI E TOUR
4 Cantabon Cave

PERNOTTAMENTO
5 Coco Grove Beach Resort
6 Tori's Backpacker's Paradise

PASTI
7 Baha Bar
8 Cockatoo
9 Larena Triad
10 Runik

IL CONSIGLIO

Quasi tutti i visitatori di Siquijor puntano su San Juan, che offre i migliori siti di immersione dell'isola, alcune delle spiagge più belle e un'eccellente scelta di sistemazioni. La città è una tipica piccola municipalità delle Visayas, incentrata su una piazza e su un complesso paesaggistico noto come Calipay's Spring Park.

migliori immersioni a Siquijor sono quelle lungo una parete che corre da Paliton Beach verso sud-est fino a Tubod Beach.

Nuotare sotto le Cambugahay Falls

Una giornata alle cascate

Dalla tranquilla cittadina di Lazi a sud-est, una strada asfaltata conduce per 2 km a nord alle rinfrescanti **Cambugahay Falls** sul Po-o River. Potrete lasciare la moto nel parcheggio a pagamento sopra le cascate sulla sinistra. Sull'altro lato della strada, ripidi scalini scendono verso queste piscine naturali molto frequentate. C'è anche un'altalena di corda per tuffarsi nelle splendide acque turchesi. Non lasciate mai oggetti di valore incustoditi poiché i furti sono abbastanza frequenti.

PASTI E LOCALI A SIQUIJOR: LA NOSTRA SCELTA

Runik
Questo elegante beach club serve un menu globale (tapas, sushi, pizze a pasta sottile), ma è ideale per un cocktail al tramonto con musica d'ambiente. $$

Larena Triad
Arroccato su una collina sopra Larena, questo ristorante aperto offre un'ampia vista sul mare e una discreta cucina filippina. $$

Baha Bar
Il patio e la terrazza immersi nel verde sono perfetti per gustare piatti creativi del Sud-est asiatico (come il pad thai vegano) e birra artigianale. $$

Cockatoo
Sotto una tettoia di paglia, questo ristorante rustico-chic offre molti piatti squisiti, dal fish and chips alle bistecche e al *tataki* di tonno. $$

Le incantevoli Lugnason Falls

Una cascata facile da raggiungere nei pressi di San Juan

Dal barangay Tubod (una breve corsa in auto a sud di San Juan), una strada asfaltata di 3 km sale a questa bella **cascata** che si tuffa in una limpida piscina naturale turchese. Potete saltare dalle rocce o lanciarvi da un'altalena di corda. È un posto magnifico e poco frequentato, quindi potreste averlo tutto per voi.

Speleologia a Cantabon

Meraviglie sotterranee

Un'avventura emozionante, ma sconsigliata a chi soffre di claustrofobia, è la lunga esplorazione della **Cantabon Cave**. I tour della grotta sono organizzati da Barangay Hall a Cantabon, che fornisce la guida (obbligatoria), casco e torcia. Non sono previsti tratti a nuoto o usando corde, ma preparatevi a sporcarvi e bagnarvi nelle strette salite verticali, nell'acqua alta fino alla vita e nell'ambiente molto umido. Gli infradito possono andare, ma è meglio usare sandali da fiume o scarpe da ginnastica.

NIKADA/GETTY IMAGES ©

Cambugahay Falls

GLI SCIAMANI DI SIQUIJOR

Soprannominata a volte 'l'isola mistica', Siquijor è famosa per i suoi 'guaritori popolari', che sono di tre tipi: guaritori erboristi, guaritori della fede e guaritori *bolo-bolo* (acqua e pietra). Gli erboristi, che in gran parte risiedono sulle montagne intorno a San Antonio, producono pozioni curative con le erbe raccolte nelle foreste di Siquijor, che sono considerate incantate. I guaritori della fede, diffusi in tutte le Filippine, usano incantesimi e preghiere per guarire i malati. Il guaritore *bolo-bolo*, che si trova invece solo a Siquijor, soffia con una cannuccia in un bicchiere d'acqua contenente una pietra nera e fa ruotare il bicchiere sul corpo del paziente fino a quando non diventa di colore marrone, identificando così i disturbi.

Il periodo più animato a Siquijor è la Settimana Santa, quando *mangkukulam* (guaritori) da tutte le Filippine affluiscono al Bandila-an Mountain View Park per il Lenten Festival of Herbal Preparation.

Romblon

CASCATE | SPIAGGE | VITA MARINA

TRASPORTI LOCALI

I collegamenti in traghetto più utilizzati sono la bangka giornaliera delle 8 da Caticlan (3 ore) a Looc sull'isola di Tablas e il traghetto che fa servizio tre volte alla settimana tra Caticlan e Odiongan (sempre a Tablas). Per spostarsi tra le isole si può prendere il traghetto giornaliero del mattino da San Augustin, sulla punta nord-orientale di Tablas, alla città di Romblon e poi a Magdiwang su Sibuyan. Anche Looc e Odiongan (Tablas) hanno collegamenti giornalieri con Roxas. Se arrivate direttamente da Manila, potete prendere uno dei tre voli settimanali operati da AirSwift. Una volta arrivati sulle isole, jeepney, tricicli e mototaxi offrono soluzioni comode per spostarsi.

Lontano dalle rotte turistiche e piuttosto difficile da raggiungere, questo gruppo di isole eterogenee e remote merita comunque l'attenzione dei viaggiatori intrepidi. Non troverete centri commerciali, ma solo pace e tranquillità, splendidi fiumi, cascate, spiagge e giungle da esplorare.

La provincia di Romblon è composta da tre isole principali: Sibuyan, Romblon e Tablas. Le foreste e le cascate di Sibuyan regalano esperienze memorabili. Tablas ha molte spiagge di sabbia bianca, calette nascoste e alcune riserve marine, oltre a essere il principale punto di ingresso alla provincia e la più vicina a Boracay delle tre isole principali. La piccola Romblon è la perla segreta, con spiagge tra le più incantevoli della provincia. La città di Romblon sembra uscita da un romanzo di Hemingway: una località portuale tropicale languida e un po' trasgressiva piena di tricicli, con un gran traffico di bangka e una pittoresca comunità di residenti stranieri.

Fuori stagione i resort della provincia sono completamente deserti.

Tour delle spiagge a Romblon

Bonbon Beach e Tiamban Beach

Circa 3,5 km a ovest della città principale di Romblon, **Bonbon Beach** è una delle spiagge più scenografiche dell'isola. La distesa di fine sabbia bianca affacciata su un mare limpido si sviluppa lungo una penisola triangolare la cui bellezza è messa in risalto dall'assenza di infrastrutture. Se arrivate con la bassa marea, potrete passeggiare su un lungo e stretto banco di sabbia che arriva fino alla piccola isola disabitata di **Bang-Og**. Vicino a Bonbon (a soli 500 m a sud), potete visitare **Tiamban Beach**, un'altra splendida spiaggia con acque cristalline.

Avventure alle cascate a Sibuyan

Le scintillanti Cataja Falls

Grazie a un'ampia foresta primaria con un'alta percentuale di specie endemiche, Sibuyan offre alcuni scenari spettacolari

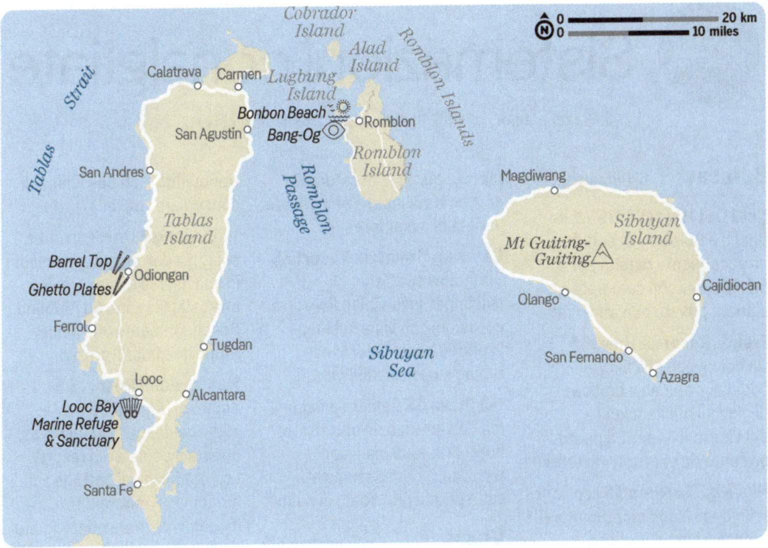

per immergersi nella natura. Le **Cataja Falls**, che si tuffano con tre salti in una rinfrescante piscina naturale, sono una bellissima escursione di mezza giornata. È consigliabile ingaggiare una guida locale, poiché sui sentieri può essere difficile orientarsi. Nei dintorni dovrete camminare per un'ora tra campi coltivati, superare corsi d'acqua e infine addentrarvi nella giungla per raggiungere le fotogeniche cascate, una serie di getti argentei che si riversano in un ampio bacino lungo una parete rocciosa di 18 m.

Snorkelling al largo di Tablas

Vita marina nella Looc Bay

Da non perdere in un viaggio alle isole è il **Looc Bay Marine Refuge & Sanctuary**. Visitate l'ufficio della riserva al Looc Pier, a poca distanza a piedi dalla città, per prendere accordi e noleggiare l'attrezzatura da snorkelling. Un breve tragitto in barca conduce alla zattera di bambù ormeggiata nella riserva, da cui si può fare snorkelling per vedere le tridacne giganti e numerose specie di pesci e altre forme di vita marina.

IL CONSIGLIO

Com'è lecito aspettarsi, Tablas, l'isola più grande del gruppo, presenta la più ampia scelta di strutture ricettive, tra cui alcuni resort modesti su calette e spiagge remote. La città di Romblon e i suoi dintorni hanno la più alta concentrazione di hotel consigliati; Sibuyan ne possiede pochissimi. La soluzione migliore è scegliere un'unica sistemazione o addirittura un'unica isola. Molte strutture possono sembrare deserte e solitarie.

PASTI E LOCALI NELLE ROMBLON ISLANDS: LA NOSTRA SCELTA

JD&G Italian Food
Nella città di Romblon, questo localino di italiani serve ottime pizze e piatti di pasta, oltre a bistecche, tonno alla griglia e gelato per dessert. **$$**

Romblon Deli
Cuore della vivace scena dei residenti stranieri di Romblon, questo bar e bistrò serve ottimi pancake, curry e panini. **$$**

Ghetto Plates
A Odiongan su Tablas, è molto frequentato dalla gente per posto per il suo ampio menu di carne alla griglia e classici filippini. **$**

Barrel Top
Punto di riferimento della vita notturna a Odiongan, è il locale più vivace della città: piatti semplici ma gustosi e musica live nei weekend. **$$**

Sistemazioni consigliate

$ Prezzi economici **$$ Prezzi medi** **$$$ Prezzi elevati**

Boracay

p206 (cartina 207)

Chill Out Hostel $ Tra White Beach e Bulabog Beach, è un accogliente ostello per backpacker con camerate e camere private ben attrezzate.

Frendz Resort & Hostel $ Un bar vivace che serve cocktail tropicali e brulica di giovani backpacker fa del veterano Frendz il posto preferito da chi vuole divertirsi.

Nigi Nigi Nu Noos $$ I cottage poligonali a due piani, immersi in un giardino rigoglioso, hanno camere ampie, balconi e un'atmosfera balinese.

Bamboo Bungalows $$ Affidabile scelta di fascia media a pochi passi da White Beach, con bungalow ben tenuti (alcuni con balcone) immersi nel verde.

Surfside $$ Nella zona più tranquilla della Station 3, il Surfside è una guesthouse informale ma gestita in modo professionale, con una gamma di camere semplici e moderne a prezzi onesti per Boracay.

Dintorni di Boracay

p211

Kawa Inn $ Vicino a Tibiao, questi bungalow costruiti con materiali naturali hanno un buon rapporto qualità-prezzo e dispongono di una piccola piscina e una fish spa, oltre a offrire tour.

Ati-Atihan County Inn $ Situata a Kalibo, in buona posizione pochi isolati a sud del centro, questa struttura a due piani dispone di camere pulite e climatizzate.

Phaidon Beach Resort $$ Affacciato su una spiaggia di sabbia bianca a Pandan, il Phaidon offre bungalow, una piccola piscina, un ristorante con vista sul mare e una grande varietà di avventure.

Calawag Mountain Resort $$ Bungalow spartani sull'impetuoso Tibiao River, tra cui alcuni con vista sul fiume. Propone bagni caldi *kawa*, tubing e pasti in stile *boodle*.

GQ Plaza $$ Camere piccole ma ben arredate in uno stretto hotel di cinque piani con terrazza sul tetto affacciata sulla piazza principale di Kalibo.

Roxas

p217 (cartina 218)

Wallabies $ Questo hotel dal buon rapporto qualità-prezzo dispone di camere semplici e pulite (alcune senza finestre esterne) a pochi passi dalla piazza principale.

Roxas President's Inn $$ Coniuga fascino vecchio stile e comfort moderni in un'ottima posizione centrale (il rovescio della medaglia è il rumore della strada).

Iloilo

p222 (cartina 223)

Ong Bun Pension House $ A un isolato dall'immenso Robinsons Mall, questo accogliente hotel offre a prezzi stracciati camere pulite ma con arredi essenziali.

Smallville 21 $$ Camere confortevoli dal design contemporaneo in un hotel squadrato in posizione comodissima, a due passi da ristoranti e bar e dal lungofiume.

Guimaras

p229

Our Lady of the Philippines Trappist Monastery $ Subito a sud di Jordan, i monaci offrono camere semplici ma pulitissime in un'oasi di tranquillità, con possibilità di consumare i pasti.

Villa Igang $ Un resort sulla spiaggia dall'aria un po' vissuta in una riserva di mangrovie in una caletta vicino ad Alobijod Beach. Camere con un buon rapporto qualità-prezzo.

Magic Island Resort $$ Subito al largo della costa sud-occidentale di Guimaras, questa piccola isola resort con confortevoli cottage sul lungomare è circondata da un incantevole mare punteggiato di isolotti corallini.

Nature's Eye Resort $$ Trascorrete la notte in splendidi bungalow realizzati con materiali naturali ascoltando lo sciabordio delle onde in questo splendido resort nel sud-ovest di Guimaras.

Bacolod

p232 (cartina 233)

11th Street Bed & Breakfast Inn $ In una via relativamente tranquilla a due passi dalla trafficata Lacson, questo B&B ha camere senza fronzoli, un cortile rigoglioso e un servizio cordiale.

Suites at Calle Nueva $$ Vicino alla San Sebastian Cathedral, questo posto accogliente ha un tocco di stile coloniale spagnolo e camere pulite e a buon prezzo (anche se alcune non hanno le finestre).

Henry Hotel Roost $$ In buona posizione a due passi dai ristoranti di Lacson, dispone di camere elegantissime (alcune senza finestre esterne).

Sugar Beach

p241

Driftwood Village $ Molto frequentato dai backpacker, ha capanni nipa di varie dimensioni immersi nel verde, completi di piccole verande con amache.

Big BamBoo Beach Resort $ Un posto semplice con cottage con aria condizionata o ventilatore, oltre a ristorante, noleggio di kayak e SUP e tour in barca.

Bermuda Beach Resort $$ Un resort dal design accattivante con sette bungalow (tre con aria condizionata), dove potrete noleggiare kayak e organizzare escursioni. Solo contanti.

Takatuka Lodge $$ Hotel eclettico realizzato con passione ed energia, offre nove belle camere a tema e l'unica piscina di Sugar Beach.

Dumaguete

p243 (cartina 244)

Flying Fish $ Si definisce boutique hostel e lo è davvero: belle camerate e camere private, un ristorante elegante e invitanti aree comuni.

Casa Arrieta $ Un ostello accogliente con camerate a quattro letti a castello e una camera doppia con un buon rapporto qualità-prezzo; i simpatici proprietari conoscono bene Dumaguete.

Mad Monkey $ L'ostello più recente di Dumaguete attira una clientela festaiola nella sua struttura con giardino, piscina, ristorante e bar.

Bricks Hotel $$ Vanta un'ottima posizione sul viale e camere in stile industrial-chic con legno di recupero, pavimenti in cemento lucidato e mattoni a vista.

C&L Bayview Inn $$ In ottima posizione a un isolato dal lungomare, questo edificio di otto piani offre camere semplici e balconi con una bella vista.

Henry Resort $$$ L'hotel più bello di Dumaguete ha splendide camere, ampi giardini, piscina e ottimi ristoranti 2,5 km a nord del centro.

Dauin

p248

La Tortue $ Proprio sulla spiaggia vicino a Dauin, La Tortue dispone di camerate e camere private in stile cottage e propone escursioni con immersioni e lezioni per sub.

Liquid Dive Resort $$ Uno dei migliori resort per sub di fascia media vicino a Dauin, con semplici camere in capanni nipa con balcone affacciato sul mare e un elegante bar e ristorante.

Siquijor

p249 (cartina 250)

Tori's Backpacker's Paradise $ Ha un'atmosfera conviviale e ottimi prezzi per le semplici camere in stile bungalow a due passi da una spiaggia di sabbia bianca.

Coco Grove Beach Resort $$$ Il resort più rinomato di Siquijor è un'estesa proprietà in stile coloniale spagnolo con giardini, piscine, ristoranti e una bellissima posizione fronte spiaggia.

Romblon

p252 (cartina 253)

Sanctuary Garden $$ Questa guesthouse e ristorante a Sibuyan Island offre ecobungalow immersi nella giungla e dispensa ottimi consigli sull'isola.

Coco Cabana $$ Un'eccellente base sul mare a Romblon Island con camere arredate in modo semplice, padroni di casa cordiali, un ristorante con terrazza e discrete opportunità di snorkelling a poca distanza dalla costa.

Coco Grove Beach Resort, Siquijor

Cebu e Visayas orientali

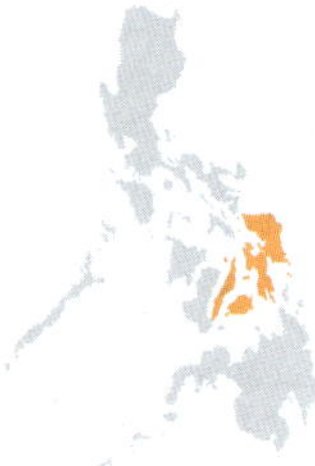

IMMERSIONI DA SOGNO E SPIAGGE DIVINE

Cuore tropicale della nazione, le Visayas orientali sono caratterizzate da un'ampia scelta di splendide spiagge di sabbia bianca e meraviglie sottomarine.

Queste incantevoli isole offrono un potenziale quasi illimitato per scoprire la spiaggia dei propri sogni o la cascata perfetta incorniciata dalla giungla. L'eccezionale vita marina delle Visayas orientali è un richiamo fortissimo: gli incontri con gli squali volpe durante le immersioni all'alba e i banchi di milioni di sardine scintillanti sono praticamente garantiti. Gli operatori subacquei più affermati propongono immersioni sulla barriera corallina e sui relitti, mentre una rete in espansione di scuole di immersione in apnea offre training in condizioni oceaniche quasi ottimali.

PHOTOESTETICA/SHUTTERSTOCK ©

L'isola di Cebu, dotata di aeroporto internazionale, è l'hub della regione. Mentre Cebu City ha un certo fascino urbano, le altre città sono piuttosto anonime. Trovate il tempo di esplorare angoli lontani: Bantayan Island, ricca di spiagge, Malapascua, mecca delle immersioni, Calicoan, paradiso del surf, e le baie di sabbia rosa della remota Sila. Bohol Island non può mancare nell'itinerario di viaggio, con le sue ipnotiche Chocolate Hills, le splendide spiagge di Pangal e le solitarie strade costiere. Poi ci sono le onde e le grotte di Samar e le verdi montagne e le risaie terrazzate di Biliran.

Gli spostamenti nella regione sono molto più facili rispetto a pochi anni fa, grazie ai buoni servizi di traghetti e navi veloci e al potenziamento degli aeroporti regionali. In generale, qui non si registra il sovraffollamento turistico che affligge alcune zone del Sud-est asiatico (come il sud di Bali o certe isole thailandesi), quindi preparatevi a vivere esperienze autentiche e a interagire con la gente ospitale delle Visayas.

AREE PRINCIPALI

CEBU CITY
Metropoli meridionale.
p262

MOALBOAL
Banchi di sardine e cascate.
p276

BANTAYAN ISLAND
Favolose spiagge di sabbia bianca.
p281

MALAPASCUA ISLAND
Incontri ravvicinati con gli squali volpe.
p285

ADRIAN BAKER/SHUTTERSTOCK ©

A sinistra: Tarsio (p299); Sopra: Alona Beach (p291)

BOHOL
Chocolate Hills e spiagge paradisiache.
p289

LEYTE
Squali balena e barriere coralline.
p300

BILIRAN
Isola vulcanica ammantata di foreste.
p304

SAMAR
Surf, canyoning e avventura.
p306

Per orientarsi

I traghetti sono il principale collegamento tra le isole, con servizi per lo più regolari ed efficienti. Esistono anche validi collegamenti aerei. Le strade sono in genere in buone condizioni per gli spostamenti in autobus e in moto.

Biliran, p304

Magnifica isola vulcanica con un grande potenziale per giri panoramici in moto, tour delle spiagge, escursioni in cerca di cascate ed esplorazioni fuori dai sentieri più battuti.

Samar, p306

Canyoning e speleologia, surf e scooter, incredibili formazioni rocciose e isole deserte: Samar offre veramente di tutto. Non lasciatevi sfuggire l'isolamento da fine del mondo dell'idilliaca Calicoan Peninsula.

Malapascua Island, p285

La tranquilla Malapascua Island, un puntino tropicale nel Visayan Sea, è famosa come base per le immersioni con gli squali volpe e per momenti di relax sull'amaca.

Leyte, p300

La costa intorno a Padre Burgos ha un fascino incontaminato, mentre la Sogod Bay offre splendide barriere coralline e interessanti siti di muck diving.

Bantayan Island, p281

A un'ora di traghetto dal nord di Cebu, quest'isola tranquilla vanta meravigliose spiagge, spettacolari isolotti al largo della costa, un paio di città tranquille e un'atmosfera languida.

Cebu City, p262

Questo fiorente polo regionale ha un nucleo storico fondato su un antico insediamento spagnolo, un entusiasmante panorama di ristoranti e locali e un'atmosfera relativamente cosmopolita.

Moalboal, p276

Insediamento costiero compatto e un po' trasandato, molto popolare tra i viaggiatori giovani e quasi totalmente dedicato alle attività nell'oceano: snorkelling e immersioni subacquee e in apnea.

Bohol, p289

Quest'isola affascinante vanta il resort sulla spiaggia più famoso della regione, eccellenti siti di immersione, una riserva di tarsi e il paesaggio intrigante delle Chocolate Hills.

AEREO

L'aeroporto di Cebu opera voli per molte città nelle Visayas orientali, ma spesso non giornalieri. Prenotate con largo anticipo per ottenere le tariffe migliori. Gli aeroporti più remoti spesso sono collegati solo a Manila.

AUTOBUS

In tutte le isole principali ci sono servizi tra le città abbastanza efficienti con autobus climatizzati o economici. Quasi tutte le aree sono servite anche da van più veloci. Sono ancora in funzione alcuni jeepney, soprattutto nelle zone rurali.

TRAGHETTI

Nelle Visayas orientali dovrete usare molti traghetti e imbarcazioni veloci: quasi sempre sono mezzi obsoleti ma con orari regolari (che cambiano spesso). Per certe compagnie potete prenotare online. Aspettatevi cancellazioni in caso di maltempo.

Ritmi di viaggio

Questa regione incantevole ha un numero incredibile di isole, quindi pianificate con cura gli spostamenti. Se avete poco tempo, limitatevi a Cebu e Bohol. Potendo andare più lontano, scegliete le Camotes , Samar e Biliran.

Chocolate Hills (p299)

Se avete poco tempo

- Avendo solo pochi giorni a disposizione, è più sensato concentrarsi sulla meravigliosa isola boscosa di **Bohol** (p289).
- Scegliete come base **Panglao Island** (p291), che ha un'eccellente scelta di hotel, spiagge spettacolari, scuole di sub che propongono immersioni a Pamilacan, istruttori di apnea e il leggendario banco di sardine a Napaling Reef.
- Da Panglao potete facilmente organizzare una gita in giornata a Bohol che includa l'idilliaco villaggio sul fiume di **Loboc** (p298), le **Chocolate Hills** (p299), una riserva di tarsi e insediamenti storici spagnoli come **Baclayon** (p297).
- L'entroterra di Bohol è costellato di **cascate** (p298) turchesi che regalano escursioni superbe.

Le stagioni

I mesi più secchi vanno da febbraio a maggio, con cielo azzurro e temperature calde. Tra giugno e gennaio può piovere, ma spesso sotto forma di forti acquazzoni pomeridiani.

GENNAIO

Il mese più fresco. Il grande **Sinulog Festival** (p267) a Cebu comprende spettacolari sfilate per le strade ed eventi culturali.

MARZO

Il mese più secco dell'anno: i sub e gli amanti dello snorkelling possono aspettarsi acque calme e buona visibilità.

APRILE

La battaglia di Mactan viene rievocata sull'isola in occasione del suo anniversario, il 27 aprile, con danze e spettacoli di strada.

Con dieci giorni a disposizione

- Iniziate da **Cebu City** (p262) visitando i luoghi d'interesse storico e gustando specialità delle Visayas in un'area di ristorazione.

- Fate un tour lungo la costa dell'isola di Cebu che includa l'isolotto di **Malapascua** (p285) per vedere gli squali volpe che pattugliano la barriera corallina all'alba, una delle esperienze più emozionanti delle Filippine.

- Poi puntate a sud verso **Moalboal** (p276) per un'altra avventura subacquea: leggendari banchi con milioni di sardine.

- Visitate un paio di cascate (come **Kawasan**, p279, o **Cambais**, p280) e la distesa di sabbia bianca di **Lambug Beach** (p276) prima di tornare a Cebu City e prendere una barca per **Bohol** (p289) per trascorrere quattro giorni con base a Panglao.

Più di due settimane

- Dopo aver esplorato le meraviglie di Bohol e Cebu, raggiungete la tranquilla **Biliran** (p304) con le sue risaie terrazzate, i paesaggi vulcanici, le barriere coralline e le cascate.

- Fate una gita in giornata alla splendida **Maripipi** (p305) con l'incantevole Candol Beach.

- Andate a Tacloban e risalite la costa occidentale di **Samar** (p306), facendo tappa ai sistemi di grotte vicino a Catbalogan. Poi raggiungete **Dalupiri Island** (p309), che ha begli hotel sulla costa.

- La costa settentrionale di Samar è caratterizzata dalle imponenti formazioni rocciose nei dintorni di **Biri Island** (p309).

- La vicina città di Catarman ha un aeroporto con voli per Manila o Cebu.

LUGLIO

Acquazzoni tropicali in tutta la regione e il Sandugo Festival di un mese a Tagbilaran, su Bohol. Inizia la stagione dei tifoni.

AGOSTO

Un periodo ideale per visitare Catbalogan a Samar, che ospita il Manaragat Festival dedicato alla tradizione della pesca in città.

OTTOBRE

L'Halad Inasal Festival a Talisay (15 ottobre) celebra il ***lechón*** (maialino da latte arrosto) con una sfilata per le vie della città.

DICEMBRE

Le piogge si attenuano. Grandi celebrazioni natalizie a Palo, Leyte. È alta stagione e i resort sono affollati.

Cebu City

CULTURA URBANA | RISTORANTI | SITI STORICI

Capoluogo delle Visayas, Cebu City è una metropoli animata e il cuore di un agglomerato urbano di tre milioni di abitanti. Pur essendo un po' rozza e caotica, merita comunque una visita di un giorno o due per esplorare i siti storici della zona e i vivaci bar e locali notturni. La scelta di ristoranti è ricchissima e anche lo shopping riserva esperienze interessanti, dagli sfarzosi centri commerciali agli *ukay-ukay* (negozi dell'usato) a prezzi stracciati.

Negli ultimi due decenni la città ha conosciuto una grande crescita economica, tanto da essere ribattezzata dai media 'Ceboom'. La presenza di scuole in inglese (dove studiano molti coreani e cinesi), l'aeroporto internazionale, le università che godono di una buona reputazione e un'importante industria dei call centre conferiscono una certa atmosfera cosmopolita.

I recenti sviluppi includono il nuovo elegante ponte di 9 km Cebu-Cordova e la costruzione di una nuova rete di trasporto di massa in autobus iniziata nel 2023.

TRASPORTI LOCALI

Cebu City è una metropoli che si estende per oltre 20 km da nord a sud, ma difficilmente visiterete i sobborghi periferici. Quasi tutti i viaggiatori alloggiano nella zona di uptown, intorno alla rotatoria di Fuente Osmeña o vicino all'Ayala Center o al Cebu IT Park. Questi quartieri (e downtown) si possono esplorare in parte a piedi, ma non aspettatevi marciapiedi in buone condizioni.

Taxi e Grab si trovano ovunque e a prezzi accessibili. Potete anche provare i servizi MyBus con aria condizionata tra l'aeroporto, il centro commerciale SM City, SM Seaside City Cebu e la North Bus Station.

È in costruzione una nuova rete di trasporto di massa in autobus, ma mancano ancora anni al completamento.

IL CONSIGLIO

Il sito web cebuinsights.com è una buona fonte di notizie locali, con recensioni aggiornate di ristoranti, bar e caffè e informazioni sui trasporti. Cebu è una città vivace e, dato che molti dipendenti dei call centre lavorano a orari irregolari, ci sono tanti locali notturni.

Una fortezza di epoca spagnola

Visita al Fort San Pedro

Costruito nel 1565 per volontà di Miguel López de Legazpi, conquistatore delle Filippine, il **Fort San Pedro** è stato sede di una guarnigione militare, roccaforte di rivoltosi, ospedale, prigione e zoo municipale. Parzialmente in rovina, l'attuale struttura con mura in pietra corallina risale alla fine del XVIII secolo e include un imponente portale d'ingresso con mostre dedicate alla storia del forte e della città ed estesi bastioni. Il suo tranquillo giardino cinto da mura è

Fort San Pedro

il posto ideale in cui trovare rifugio dalla confusione e dal caos di downtown, soprattutto al tramonto.

Il forte fu costruito sul sito di un insediamento precoloniale risalente all'anno 1000. Il restauro della struttura triangolare dovrebbe iniziare nei prossimi anni.

Tour dei musei

Alla scoperta della storia di Cebu

Nella zona di downtown si trovano alcuni interessanti musei. In mezza giornata o poco più potete visitare quelli descritti di seguito, che non sono molto distanti tra loro e quindi si possono raggiungere facilmente a piedi. Spostandovi tra uno e l'altro vi potrete fare un'idea del carattere un po' rude di downtown.

Il **Museo Sugbo** include diverse gallerie allestite in un massiccio edificio in pietra corallina che dal 1870 al 2004 fu adibito a carcere provinciale di Cebu. Le sale sono dedicate ai vari periodi della storia cittadina. Quella incentrata sull'epoca americana custodisce un'avvincente raccolta di lettere e

ORIENTARSI A CEBU CITY

Il centro della città si divide grosso modo in downtown e uptown. Downtown ha strade più povere, ma è qui che sono situati quasi tutti i luoghi d'interesse, tra cui Fort San Pedro e diversi musei, oltre ai terminal dei traghetti. Uptown si trova a breve distanza in auto lungo Pres Osmeña Blvd e include la rotatoria di Fuente Osmeña.

A nord-est del centro ci sono zone più raffinate. L'Ayala Center è un importante centro commerciale, mentre molti dei migliori ristoranti, bar e locali notturni della città sono situati nei quartieri di Cebu IT Park, Lahug e Kasambagan.

Circa 3 km a sud-ovest di downtown, su un'area bonificata, Cebu South Road Properties è una zona emergente di centri commerciali di lusso, casinò, condomini e strutture per il tempo libero.

DA NON PERDERE
1 Basilica Minore del Santo Niño
2 Museo Sugbo

DA VEDERE
3 Casa Gorordo Museum
4 CPDRC
5 Fort San Pedro
6 Croce di Magellano
7 National Museum of the Philippines
8 Sugbu Chinese Heritage Museum
9 Tempio taoista

PERNOTTAMENTO
10 1075 Dormitel
11 Bugoy Bikers Bed & Breakfast
12 Flying Fish
13 Hamersons Hotel
14 Harold's Evotel
15 Montebello Villa Hotel
16 Seda Ayala Center Cebu

PASTI
17 Abaca
18 Anzani
19 Golden Cowie
20 Healthy U
21 Jorie's Carinderia
22 Lighthouse
23 Magellan's Lechon
24 Maya
25 Rico's Lechon
26 Samgyupsalamat Unli-Korean BBQ
27 STK ta Bay! Sa Paolito's Seafood House
28 Sugbo Mercado

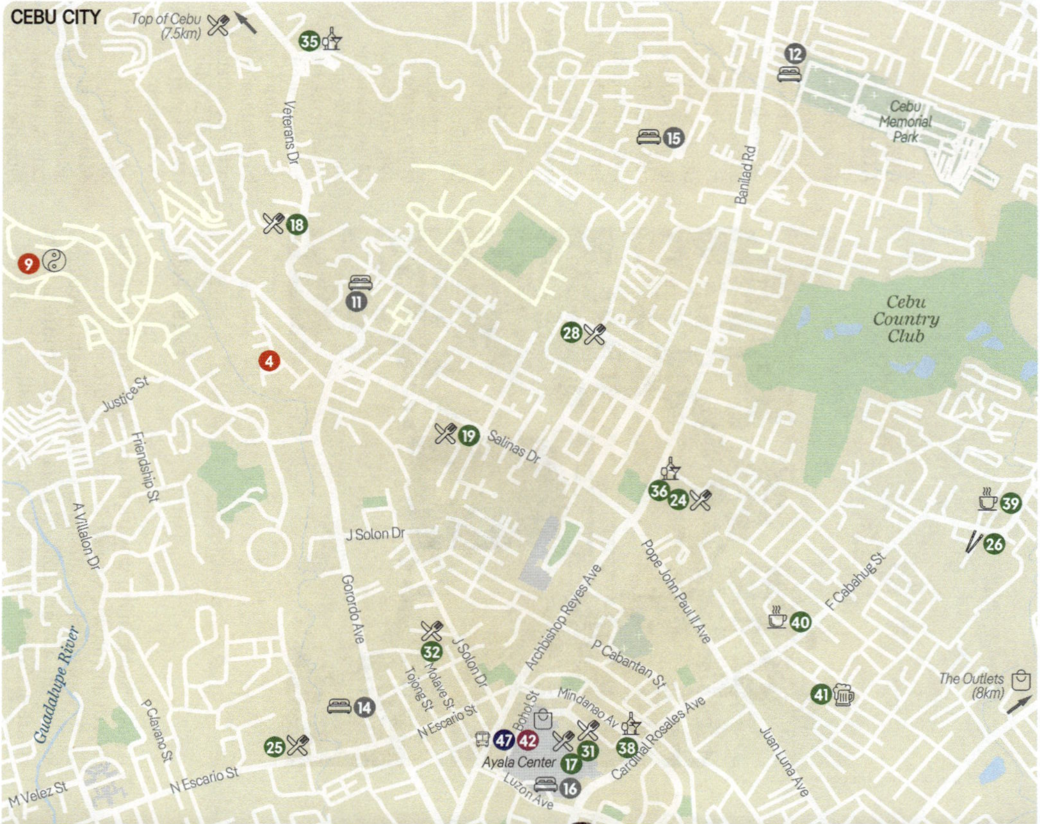

29 Sugbo Sentro Food
30 The Barracks
31 The Terraces
32 Vegan Cebu City
33 Zubuchon

LOCALI E VITA NOTTURNA

34 Bamboozers Bar
35 Blu Bar
36 Distillery
37 Good Cup Coffee Co
38 The Social
39 Third Wave Coffee
Cebu - Bloq Cafe
40 Tightrope Coffee
41 Turning Wheels

SHOPPING

42 Ayala Center Cebu
43 Carbon Market
44 SM City Mall
45 Taoban Market

INFORMAZIONI

46 Department of Tourism

TRASPORTI

47 Jeepney Terminal Ayala

MIGLIORI PANORAMI A CEBU

Top of Cebu
Questo ristorante, 11 km a nord del centro, offre un'ampia vista a est su Cebu City fino a Mactan Island e Bohol.

Tempio taoista
Si trova circa 110 m sopra la città, nel rigoglioso quartiere chiamato Beverly Hills, e serve la comunità cinese di Cebu.

Anzani
Questo ristorante di classe, perfetto per concedersi un lusso, offre alcune delle migliori vedute sulla città e un raffinato menu di ispirazione mediterranea.

Blu Bar
Questo rooftop bar nel Marco Polo Plaza Hotel è un locale fantastico per un aperitivo. Si trova 4 km a nord dell'Ayala Center.

The Terraces
I ristoranti di questo complesso adiacente all'Ayala Center si affacciano su un magnifico parco urbano.

RICHIE CHAN/SHUTTERSTOCK ©

Casa Gorordo

cimeli di Thomas Sharpe, uno dei circa 1000 insegnanti chiamati *thomasites* che arrivarono qui all'inizio della colonizzazione americana per compiere la missione voluta dal presidente McKinley: 'istruire i filippini'.

Al piano superiore una galleria dedicata alla seconda guerra mondiale contiene una bomba americana sganciata a Cebu, giornali di propaganda giapponese e le onorificenze Purple Heart e Bronze Star conquistate dal cittadino di Cebu Uldrico Cabahug. Nel complesso del museo si trovano un caffè e un gift shop. Prevedete 45 minuti per la visita.

LOCALI A CEBU CITY: MIGLIORI CAFFETTERIE

Cartina p264

Abaca
Caffè elegantissimo con il miglior espresso di The Terraces; ottimo anche per le prime colazioni e i dolci.

Third Wave Coffee Cebu - Bloq Cafe
Piccolo locale gestito da specialisti del caffè; offre anche caffè americano.

Good Cup Coffee Co
Eccellente scelta di chicchi filippini e d'importazione, incluse miscele 'da competizione'. Prepara espresso, cold brew e caffè americano.

Tightrope Coffee
Elegante caffetteria che prepara squisiti caffè con una buona gamma di miscele. Serve anche da mangiare: provatelo per la prima colazione.

A 10 minuti di cammino verso sud, **Casa Gorordo** occupa una raffinata casa privata risalente al 1850 circa, che dopo essere stata l'abitazione della famiglia Gorordo fu anche la residenza dell'arcivescovo di Cebu. La parte inferiore dell'edificio è costruita in pietra corallina di Mactan, mentre gli stupendi appartamenti al piano superiore sono stati interamente realizzati in legno pregiato delle Filippine senza impiegare chiodi ma solo pioli in legno. L'edificio restaurato custodisce pregevoli mobili d'epoca, dipinti e foto storiche e comprende anche un caffè. Sono disponibili tablet che forniscono ottime informazioni e le guide sono molto competenti in materia di storia locale; calcolate almeno mezz'ora per la visita.

È poi la volta del **National Museum of the Philippines**, situato accanto a Fort San Pedro e affacciato sul Cebu Strait. Impossibile non notare l'imponente edificio bianco, costruito nel 1910 come sede della dogana cittadina, convertito in residenza ufficiale del presidente delle Filippine nel 2004 e infine in museo nel 2023. All'interno si trovano moderne esposizioni dedicate alla cultura e all'identità filippina, tra cui un'importante sezione sulle tradizioni e sui manufatti antichi, oltre a una dettagliata panoramica dell'epoca spagnola e di quella americana. Nel museo sono esposte anche opere d'arte filippine, da tradizionali dipinti a olio a pezzi contemporanei.

A poca distanza verso ovest c'è un'altra nuova attrazione, il **Sugbu Chinese Heritage Museum**, che purtroppo è aperto solo su appuntamento. Il museo è incentrato sui secoli di legami commerciali tra Cebu e la Cina continentale, che risalgono alle dinastie Sung e Tang. Diorami, esposizioni contemporanee (tra cui il modello di grandi dimensioni di una giunca cinese) e presentazioni video sono molto interessanti. Anche il contesto, nello spettacolare Gotiaoco Building, è superbo.

Arte e farfalle

Una riserva di farfalle molto particolare

Julian Jumalon (1909-2000), celebre artista di Cebu e appassionato collezionista di farfalle, creò questa **riserva** nella propria abitazione a ovest di downtown. Jumalon, che acquisì le sue conoscenze con spedizioni nella foresta per osservare le farfalle e non attraverso formali studi scientifici, scoprì numerose specie di farfalle delle Filippine e conquistò vari riconoscimenti nel campo della biologia.

Il motivo principale per visitare la riserva è rappresentato dalla piccola galleria d'arte che espone i 'lepido-mosaici' di

SINULOG FESTIVAL

La leggendaria ricorrenza annuale di Cebu, il **Sinulog Festival**, richiama pellegrini da tutte le Filippine. Celebrato la terza domenica di gennaio, il Sinulog, o Fiesta Señor, è dedicato al Santo Niño (Bambin Gesù), la cui venerata statua viene condotta fuori dalla basilica con una coloratissima processione.

La parola *sinulog* è il nome usato nelle Visayas per indicare una danza che imita il ritmo del fiume. Nacque come rituale animista, ma dopo la conversione dei cebuanos al cristianesimo si trasformò in una danza in onore dell'immagine del Santo Niño.

LOCALI A CEBU CITY: MIGLIORI BAR

Cartina p264

The Social
Animato bar al coperto e all'esterno con molti grandi schermi per eventi sportivi e musica live; serve piatti da pub.

Turning Wheels
Birrificio artigianale con sala degustazione all'aperto e un chiosco che serve da mangiare.

Distillery Uptown
Il locale frequentato dalla gente giovane e bella della città, che viene qui per ballare e socializzare.

Bamboozers Bar
Piccolo bar conviviale che richiama una clientela mista di residenti stranieri, gente del posto e visitatori.

Jumalon, opere realizzate interamente con ali danneggiate di farfalle raccolte dall'artista presso i lepidotterologi di tutto il mondo. Gli acquerelli originali di Jumalon sono esposti accanto alle splendide versioni in lepido-mosaico.

Allo scoppio della seconda guerra mondiale Jumalon fu incaricato dal governo filippino di disegnare nuove banconote di emergenza, oggi considerate oggetti da collezione ed esposte al **Museo Sugbo** (p263).

La riserva è una meta obbligata per gli appassionati di farfalle; oggi è gestita dai figli, che mostrano un entusiasmo pari a quello paterno e vi accompagneranno nel giardino illustrandovi il ciclo di vita delle farfalle e la ricca collezione di farfalle e falene esposta nella sala principale. Ci sono anche altre curiosità, tra cui una straordinaria collezione di uova (tra cui uova di struzzo, emù e pitone) e molti manufatti locali.

È preferibile visitare la riserva al mattino; il periodo migliore dell'anno va da giugno a febbraio, quando le farfalle si riproducono. La riserva si trova 4 km a ovest di downtown (circa P130 in taxi).

LA CROCE DI MAGELLANO

Una delle reliquie più venerate a Cebu, retaggio cattolico di Ferdinando Magellano, è una grande croce di legno posta in una cappella di pietra risalente al 1841. Si dice che il crocifisso contenga resti di una croce che Magellano, il primo dei conquistadores a raggiungere le Filippine, piantò sulle coste di Cebu nel 1521. I magnifici murales sul soffitto della rotonda raffigurano padre Pedro Valderama che celebra un battesimo e Magellano che erige la croce (in realtà sono gli abitanti a lavorare, Magellano se ne sta in disparte). La Croce di Magellano si trova a pochi metri dalla Basilica del Santo Niño, nel cuore storico della città.

Il sito più sacro di Cebu

Visita alla prima chiesa delle Filippine

La **chiesa** più venerata di Cebu ospita una statua fiamminga del Bambin Gesù (Santo Niño) che risale ai tempi di Magellano. La chiesa è sopravvissuta a molte vicissitudini: fondata nel 1565 (è la prima chiesa delle Filippine), fu distrutta da tre incendi prima che venisse eretto l'attuale edificio barocco nel 1737. La facciata e il campanile subirono gravi danni a causa del terremoto del 2013, ma sono stati restaurati.

Forse la basilica deve il suo passato incendiario al gran numero di candele perennemente accese nel suo cortile da una processione infinita di pellegrini e altri fedeli. L'oggetto della loro venerazione è l'immagine del Bambin Gesù custodita in una cappella a sinistra dell'altare. La statua risale ai tem-

PASTI A CEBU CITY: LA NOSTRA SCELTA

Cartina p264

Golden Cowie
Cucina filippina a prezzi economici, forte di classici come *imbao* (zuppa di vongole) e *pata* (garretto o stinco di maiale fritto). $

Healthy U
Piccolo e originale locale vegetariano economico dove i pasti sono un vero affare. $

Rico's Lechon
Cebu è il posto giusto per assaggiare la tipica specialità filippina, il *lechón* (maialino da latte arrostito allo spiedo), e Rico's serve il migliore della città. $$

Samgyupsalamat Unli-Korean BBQ
Cebu ha una folta popolazione coreana e questo locale serve a prezzi accessibili deliziose carni alla griglia. $$

Lighthouse
Cucina pinoy autentica e ben presentata, con specialità come pollo avvolto in foglie di pandano e *inutok* (polpa di granchio con cocco). $$

STK ta Bay! Sa Paolito's Seafood House
Offre piatti deliziosi come curry di granchio, calamari piccanti e molti classici filippini. $$

Anzani
Per una cucina raffinata e una vista spettacolare, questo elegante ristorante mediterraneo è la scelta perfetta. I menu fissi hanno un buon rapporto qualità-prezzo. $$$

Maya
Ristorante messicano di alta classe con piatti autentici, tra cui un delizioso vassoio di taquitos, oltre a tequila, mezcal e cocktail. $$$

pi di Magellano e si dice sia miracolosa (e probabilmente doveva esserlo per sopravvivere a tutti quegli incendi). La statua è la protagonista dell'evento annuale più importante di Cebu, il **Sinulog Festival** (p267).

La domenica e il venerdì la strada fuori dalla chiesa viene chiusa al traffico veicolare, per tutto il giorno si celebrano messe all'aperto e la basilica si trasforma in un mare di pellegrini, venditori d'acqua e venditori di riproduzioni del Santo Niño.

Il fascino dello shopping

Tra centri commerciali e mercati

Cebu offre fantastiche opportunità di shopping. Per chi non vuole spendere troppo, gli *ukay-ukay* (negozi e bancarelle dell'usato) in Osmeña Blvd e Colon St sono il posto giusto per trovare capi d'abbigliamento di marca in eccedenza, di seconda scelta e usati. **Carbon Market** è un altro bel terreno di

GRANT ROONEY PREMIUM/ALAMY STOCK PHOTO ©

Carbon Market

UN PO' DI TUTTO ALL'AYALA CENTER

Se siete appena arrivati nelle Filippine o a Cebu, l'imponente **Ayala Center** è un bel posto per familiarizzare con la città. Oltre la metà di questo storico complesso è costituita da un centro commerciale di lusso con numerosi marchi internazionali, mentre i giardini paesaggistici di **The Terraces** formano una zona incantevole simile a un parco in cui si può evadere dalle strade trafficate di Cebu. Oltre a numerosi caffè, bar e ristoranti, il complesso ospita eventi che meritano di essere visti quali **Vispop** in gennaio (con esibizioni di band locali) e lo spettacolare **Festival of Lights** nel periodo prenatalizio, con i giardini di The Terraces illuminati in modo suggestivo. Inoltre all'Ayala Center si svolgono regolarmente mercati notturni.

ALLA SCOPERTA DEL RETAGGIO CINESE A PARIAN

La dominazione spagnola fu caratterizzata dalla segregazione etnica: alla fine del XVI secolo il quartiere di Parian fu destinato all'insediamento dei mercanti cinesi e tale rimase per tre secoli fino all'insurrezione di Cebu dell'aprile 1898, quando l'esercito spagnolo attaccò gli insorti e distrusse gran parte del barrio di Parian.

Alcuni edifici storici si sono salvati, tra cui delle case ancestrali, ma oggi il quartiere ha in gran parte un'aria trascurata. Iniziate dal 1 **Casa Gorordo Museum** (p266), un edificio che mostra influssi architettonici cinesi, locali e spagnoli. Da qui una brevissima passeggiata porta alla 2 **Yap-Sandiego Ancestral House** (circa 1680) costruita in legno e pietra corallina, un altro design che riflette lo stile cinese e coloniale. Un tempo di proprietà del mercante cinese Don Juan Yap, ospita pregevoli pezzi di antiquariato, mobili e oggetti d'arte sacra. Subito a sud si trova l'3 **Heritage of Cebu Monument**, che raffigura eventi della storia dell'isola, tra cui il leggendario Lapu-Lapu che combatte contro Magellano a Mactan nel 1521. Di fronte al monumento, il 4 **Magellan's Lechon** è il posto perfetto per una deliziosa pausa pranzo a prezzi accessibili.

Da qui dirigetevi a sud lungo Padre Burgos St, passando davanti al 5 **Colon Obelisk** in granito all'angolo con la trafficata Colon St (che si dice sia la via più antica della nazione, da secoli costellata di negozi cinesi e mestizos). Proseguendo a sud lungo Padre Burgos St supererete la 6 **Cebu Cathedral** e poi la 7 **Croce di Magellano** prima di raggiungere il 8 **Sugbu Chinese Heritage Museum** (p267), dedicato al retaggio cinese a Cebu e soprattutto a Parian. A cinque minuti a piedi dal museo, la 9 **Cebu Lumpia House** offre un delizioso assortimento di piatti cinesi.

caccia: un posto frenetico e chiassoso che pare non dormire mai. È un mercato locale con pile di frutta e verdura e qualche oggetto d'artigianato (tra cui cesti).

Il primo outlet delle Visayas si trova a Pueblo Verde, Lapu-Lapu, a 9 km dal centro di Cebu City. A **The Outlets** troverete articoli autentici di marchi quali Nike e Adidas. Altri vistosi centri commerciali sono il magnifico **Ayala Center** (p269), con negozi come Mango e Body Shop e un'eccellente scelta di ristoranti, e l'**SM Seaside City** sul mare, con negozi che spaziano dagli impianti audio al design, un cinema e giardini paesaggistici.

La forma di artigianato locale più importante è la creazione di chitarre. A Lapu-Lapu su Mactan Island si trovano molti laboratori tra cui **Alegre**; i prezzi partono da circa P2000 e gli esemplari migliori costano oltre P70.000.

STANLEY CABIGAS/ALAMY STOCK PHOTO ©

Ayala Center

CEBU PER I BAMBINI

Cebu City può essere impegnativa per chi viaggia con i bambini: il traffico è caotico, quindi teneteli vicini quando attraversate la strada. Il **Cebu Ocean Park** è l'acquario più grande del paese, con coccodrilli, razze e squali. Nella stessa zona dell'**SM Seaside City Cebu** ci sono una pista di ghiaccio e un cinema, mentre all'**SM City Mall** si trova un cinema IMAX. Osservare i pesci (morti) al **Taoban Market** può essere un'attrattiva; in caso contrario, un'altra opzione sono le farfalle (vive) del **Jumalon Butterfly Sanctuary** (p267). Per rinfrescarsi, WaterWorld Cebu ha scivoli, giostre e una piscina con le onde, e nel **Montebello Villa Hotel** (p310) c'è una grande piscina.

Dintorni di Cebu City

Località

A breve distanza da Cebu City, facilmente raggiungibili dalla città, si trovano vaste zone umide, riserve costiere e isole come le splendide Camotes.

Immediatamente a est di Cebu City, Mactan Island è spesso vista come un'estensione urbana della metropoli, con sobborghi di lusso e parchi commerciali. Ma la sua costa orientale e le vicine isole di Olango e Nalusuan comprendono foreste di mangrovie e barriere coralline con discrete opportunità di snorkelling, e alcuni eccellenti operatori locali propongono gite in barca e uscite in kayak.

Molto più isolate, le tre isole Camotes si trovano a nord di Cebu City, collegate da traghetti regolari con la terraferma. Qui il ritmo di vita è molto tranquillo. Potete davvero rilassarvi e vivere il sogno tropicale, con spiagge di sabbia bianca punteggiate da piantagioni di cocco e placidi villaggi costieri da esplorare.

TRASPORTI LOCALI

Van e jeepney effettuano corse regolari tra il Jeepney Terminal Ayala di Cebu City e Lapu-Lapu. Un taxi dal centro di Cebu alle spiagge sud-orientali di Mactan o agli hotel della costa orientale costa circa P280. Per gli spostamenti brevi a Mactan sono utili jeepney e tricicli. I taxi si possono fermare facilmente ovunque.

Per visitare Olango e le sue isolette è consigliabile un tour. Il Maribago Wharf a Mactan è il posto migliore per organizzare escursioni alle isole, che includono l'attrezzatura da snorkelling. Operatori specializzati con sede a Mactan e Cebu City offrono escursioni di birdwatching e osservazione della fauna selvatica.

Mactan Island

DA CEBU CITY: **1 H**

Storia e lusso

Se arrivate a Cebu City in aereo, in realtà atterrerete sulla vicina **Mactan Island** (a volte chiamata Lapu-Lapu). Collegata a Cebu City da tre ponti, quest'isola trafficata offre splendide immersioni al largo della costa sud-orientale, buoni centri commerciali e industrie artigianali. I suoi resort all-inclusive sono molto frequentati nei weekend da turisti provenienti da Manila, Hong Kong e Corea.

Mactan Island fu teatro di un momento fondamentale nella storia delle Filippine. Ferdinando Magellano era riuscito a conquistare il favore di tutti i capi più potenti della regione, con la sola eccezione di Lapu-Lapu, il capotribù di Mactan. Magellano salpò quindi verso l'isola con i suoi migliori soldati per dargli una lezione di diplomazia a colpi di cannone. Ma Lapu-Lapu e i suoi uomini riuscirono a difendere la propria isola e Magellano fu ferito a morte da una lancia alla testa e da una freccia avvelenata alla gamba. Oggi Lapu-Lapu è celebrato come eroe nazionale.

LANO LAN/SHUTTERSTOCK ©

Statua di Lapu-Lapu

L'evento è commemorato dal **Mactan Shrine** sulla costa settentrionale, un monumento su un piedistallo in pietra che riporta la data in cui Magellano fu colpito. Di fronte si erge la **statua** alta 20 m di un muscoloso Lapu-Lapu raffigurato come un eroe e con lo sguardo rivolto verso la Baia di Magellano.

Non ci sono molti altri luoghi di interesse storico e la maggior parte dei visitatori di Mactan oggi si accontenta di curiosare nei centri commerciali come **The Outlets** (p271) o magari comprare una chitarra. Sulla costa orientale dell'isola si trovano alcuni degli hotel più esclusivi delle Visayas, tra cui uno Shangri-La.

Olango Island

DA CEBU CITY: **2 H**

Zone umide e fauna selvatica

Olango e le sue isolette sono scarsamente popolate e costituite per lo più da spiagge deserte, barriere coralline e praterie di erbe marine in acque poco profonde, mangrovie e distese

LA VITTORIA DI MACTAN

Kadaugan sa Mactan (la Vittoria di Mactan) è un festival annuale che celebra la vittoria di Lapu-Lapu su Magellano nel 1521. La battaglia viene rievocata presso il Mactan Shrine, con attori filippini e personalità famose che interpretano i personaggi principali e canoe che sbarcano sulla costa per riprodurre l'arrivo di Magellano e dei suoi uomini. Nel 2008 Manny Pacquiao assunse il ruolo di Lapu-Lapu e sua moglie Jinkee quello della Reyna Bulakna (moglie di Lapu-Lapu). Nel 2022 il presidente Duterte ha assistito alla rievocazione.

Negli ultimi anni il festival si è trasformato in un grande evento, con sfilate per le strade e una manifestazione gastronomica nei giorni precedenti (24-26 aprile). I festeggiamenti si concludono con spettacolari fuochi d'artificio.

PASTI A MACTAN: LA NOSTRA SCELTA

Mactan Alfresco
Questa conviviale area di ristorazione offre un'ampia scelta di piatti locali e internazionali, tra cui specialità di pesce di Cebu e carni alla griglia. **$**

Maribago Grill & Restaurant
Popolarissimo per la cucina di mare, tra cui granchi all'aglio, e per specialità di carne come il *kare kare* (stufato in salsa di arachidi). **$$**

Abacá Restaurant
Il ristorante dell'esclusivo Abacá Hotel offre una cucina ispirata alla California e al Mediterraneo, con arrosti di carne e specialità di mare. **$$$**

Ibiza Beach Club
Il beach club più bello delle Visayas, con divani bianchi con vista sul mare, un menu à la carte e un menu di tapas. **$$$**

BIRDWATCHING A OLANGO

La scelta del periodo giusto è fondamentale quando si visita l'**Olango Island Wildlife Sanctuary**. I mesi migliori sono ottobre-novembre per la migrazione dall'Asia orientale e dall'Australasia verso sud e febbraio-marzo per quella verso nord. Visitate la riserva durante la bassa marea, quando gli uccelli arrivano in massa sulle piane sabbiose per catturare vermi, lumache e piccoli pesci.

Da maggio ad agosto non si vedono molti uccelli, ma la riserva resta un luogo di austera bellezza che merita comunque una visita. **Island Buzz Philippines**, con sede locale a Maribago, propone anche fantastiche uscite tra le mangrovie in SUP, vela e canoa con bilanciere.

di fango. Per i viaggiatori indipendenti l'attrazione principale sono le uscite di snorkelling tra le isole. L'area è anche molto popolare tra gli amanti del birdwatching, essendo uno dei principali luoghi di sosta nel paese degli uccelli migratori.

Molto meno sviluppata della vicina Mactan, l'isola pianeggiante di Olango è una riserva faunistica e un paradiso per il birdwatching, con vaste distese di fango e zone umide. È molto piccola: si estende per soli 7 km da nord a sud.

A sud di Olango si trovano una vasta area di acque poco profonde nota come Olongo Reef Flat e tre isolotti che vengono spesso visitati durante i tour delle isole: Nalusuan, Hilutangan e Caohagan. Sono tutti graziosi, ma non aspettatevi un'esperienza alla Robinson Crusoe e, se potete, evitate i weekend.

A soli 20 minuti da Mactan con la bangka pubblica, l'**Olango Island Wildlife Sanctuary** è una riserva importante, con 1030 ettari di piane sabbiose e mangrovie sulle coste meridionali di Olango. Qui si trova la più grande concentrazione di uccelli migratori delle Filippine: 48 specie tra cui la rara garzetta della Cina, il piro-piro pettorossiccio asiatico e diverse specie di piovanelli e corrieri. Olango si può visitare anche per conto proprio senza partecipare a un tour, grazie alla disponibilità di tricicli e di moto e biciclette a noleggio.

Nalusuan Island è forse l'isoletta più bella, con una riserva marina gestita privatamente dal **Nalusuan Island Resort & Marine Sanctuary**. La barriera offre buone opportunità di snorkelling, ma il posto è molto frequentato dagli escursionisti in giornata, quindi troverete parecchia gente da metà mattina a metà pomeriggio.

Camotes Islands

DA CEBU CITY: **2 H**

Alla scoperta di tre isole tropicali

A solo due ore di navigazione da Cebu, le **Camotes** offrono un autentico spaccato di vita isolana. Le due isole principali, Poro e Pacijan, sono collegate da un ponte di terra orlato di mangrovie che consente ai visitatori di esplorarle in moto, il più diffuso mezzo di trasporto. Le spiagge più belle e gran parte delle strutture ricettive si trovano a Pacijan. I visitatori di rado raggiungono la terza isola, Ponson, il cui più importante collegamento con il mondo è Leyte piuttosto che Cebu.

Santiago Beach, un'incantevole caletta di sabbia bianca nel sud di **Pacijan**, è la principale base d'appoggio. Esplorare l'isola in scooter regala una giornata memorabile. Da Santiago potete puntare a nord passando per Consuelo (il porto più grande), fino alla zona nord-occidentale, dove potrete scegliere fra tre splendide spiagge: Bakhaw, **Borromeo** ed Esperanza. Anche **Tulang Island**, a poca distanza dalla costa, ha una magnifica distesa di sabbia; potrete arrivarci con uno dei barcaioli di Tulang Daku. Da Tulang Daku potete scendere fino al Danao Lake e raggiungere la principale città dell'isola, San Francisco ('San Fran'). Da qui Santiago dista 11 km a sud-ovest.

Poro è meno visitata, ma, dotati di scooter, potete effettuare il circuito dell'isola (40 km) con una bella gita di mezza giornata. Partite dal ponte di Pacijan e scendete verso sud. La strada costiera, che corre lungo spiagge poco profonde, passa da Tudela e poi punta a nord dopo la **Bukilat Cave**, un bel posto per un tuffo (la grotta gode di luce naturale poiché la parte superiore è crollata). Da qui attraversate l'entroterra collinare verso ovest passando per il villaggio di San José e poi scendete a Mactang Beach, la spiaggia più bella dell'isola, dove potrete fare il bagno se non c'è bassa marea.

Ponson, la terza isola delle Camotes, è molto lontana dai sentieri più battuti. Qui riceverete molte attenzioni, tra il caloroso e il divertito. Le due città principali sono Pilar e Kawit. Quest'ultima, la più pittoresca delle due, ha una bella e lunga spiaggia di sabbia bianca proprio in città ed è il posto ideale per interagire con i locali in una piccola comunità isolana. Ponson è facilmente raggiungibile da Ormoc, a Leyte.

ADRIAN BAKER/SHUTTERSTOCK ©

Bukilat Cave

PARADISO DEL KAYAK

Buzzy Budlong, fondatore di **Island Buzz Philippines** a Mactan, ha percorso in kayak tutto l'arcipelago filippino da nord a sud: un viaggio di 3025 km durato 88 giorni. Questi sono i suoi posti preferiti:

Mactan
Fare il giro della scenografica Punta Engano all'alba o al tramonto ammirando i resort di lusso, il paesaggio costiero e il vasto orizzonte del Camotes Sea.

Traversata da Mactan a Olango
Questo tratto solca le acque blu intenso dell'Hilutungan Channel. Se siete fortunati, potrete avvistare squali balena, delfini e globicefali, come è capitato a me. Questa destinazione è ancora più appagante perché si può entrare nell'area protetta di mangrovie di Olango e addentrarsi in kayak nel labirinto verde.

Moalboal

SNORKELLING E IMMERSIONI | CASCATE | VITA DA SPIAGGIA

TRASPORTI LOCALI

Moalboal è piuttosto estesa. La città si trova sulla highway, dove fermano gli autobus. La fascia principale dei resort è a Panagsama Beach, 3 km a est. I tricicli collegano le due località. White Beach è situata 4 km a nord di Panagsama Beach. Molti viaggiatori si spostano con gli scooter, disponibili ovunque.

Popolarissima tra i viaggiatori, Moalboal è una piccola ma vivace località costiera circa 90 km a sud-ovest di Cebu City ricca di attrattive. La costa scoscesa è costellata di bar e ristoranti dove sorseggiare un aperitivo ammirando le acque azzurre del Tañon Strait fino alle colline di Negros in lontananza. A poca distanza dalla riva c'è una stupenda parete corallina, quindi potrete comodamente uscire dalla camera d'albergo, prendere l'attrezzatura da snorkelling e osservare una straordinaria vita marina (tra cui i famosi banchi di sardine di Moalboal).

La costa principale di Moalboal è stata colpita molto duramente dal tifone Odette nel 2021 e in giro ci sono ancora molte macerie. Puntate sulla vicina White Beach o sul litorale intorno a Lambug Beach per trascorrere giornate da sogno in riva al mare. A un'ora da Moalboal si trovano numerose cascate mozzafiato. Anche le arrampicate e le escursioni in bicicletta godono di grande popolarità tra i visitatori.

IL CONSIGLIO

Le sistemazioni si dividono per lo più tra la vivace Panagsama Beach, che offre la scelta più ampia (anche se l'ambiente è piuttosto desolato a causa dei danni provocati dal tifone), e la più tranquilla White Beach. Di recente sono state aperte nuove strutture nella campagna dell'entroterra e ci sono semplici guesthouse anche a Lambug Beach.

Immersioni a Moalboal

Pareti coralline e spettacolari banchi di sardine

La grande attrazione di Moalboal sono gli immensi **banchi di sardine** che fluttuano in massa sotto la superficie dell'acqua creando incredibili forme geometriche larghe tra 5 m e 10 m. Pescador Island era il luogo classico per osservare questo affascinante fenomeno, ma a partire dal 2013 le sardine si sono spostate verso la parete del reef appena 30 m al largo di **Panagsama Beach**. Si tratta di immersioni da riva di routine per i sub, ma il sito è raggiungibile anche a nuoto facendo snorkelling. Ogni tanto arrivano squali volpe a caccia di sardine, ma per vederli occorre essere molto fortunati.

DA VEDERE
1 Moalboal Animal Welfare Center
2 Panagsama Beach

ATTIVITÀ, CORSI E TOUR
3 Blue Abyss Dive Shop
4 Eva's Haven
5 Freediving Planet
6 Nelson's Dive Shop
7 Neptune Diving Adventure
8 Paraoa Freediving v. 15 Quo Vadis Dive Resort
9 RJR Minigolf Moalboal
10 Savedra Dive Center
11 Ven'z Cooking Classes

PERNOTTAMENTO
12 Archery Asia Camping & Nipa Huts Moalboal
13 Maayong Hostel
14 Palmera Palma
15 Quo Vadis Dive Resort

PASTI
16 Black Summer
17 Last Filling Station
18 My Greek Taverna
19 Smooth Cafe Moalboal

MIGLIORI ATTIVITÀ NON ACQUATICHE

Archery Asia
Istruttori esperti insegnano le basi del tiro con l'arco e la balestra. Ha sei postazioni nella foresta.

Ven'z Cooking Classes
Eccellenti lezioni di cucina filippina con visita al mercato. Ogni lezione ha un numero massimo di quattro partecipanti.

Moalboal Animal Welfare Center
I visitatori sono i benvenuti, soprattutto se fanno una donazione o acquistano qualcosa. I cani randagi vengono sterilizzati, vaccinati e preparati per l'adozione.

RJR Minigolf Moalboal
A un paio di chilometri dalla spiaggia verso l'interno, con 12 buche, proprietari cordiali e bevande fresche.

Eva's Haven
Fantastici massaggi thailandesi a prezzi ragionevoli.

La parete corallina parallela alla costa, a poca distanza dalla riva, vanta siti di immersione tra i più belli delle Visayas. Più al largo la minuscola **Pescador Island**, separata dalla terraferma da un braccio di mare spesso agitato largo 3 km, offre coralli straordinari e una grotta sottomarina aperta nella parte superiore conosciuta con il nome di **Cathedral**, oltre all'opportunità di osservare specie pelagiche. Il sito chiamato **Airplane Wreck**, a una profondità di 23 m, ha il relitto di un velivolo biposto con la fusoliera incrostata di coralli. Anche **White Beach** consente belle immersioni dalla riva e snorkelling.

Un'immersione ha un costo compreso tra P1300 e P1750, inclusa l'attrezzatura. Il brevetto PADI Open Water parte da P17.000. A Savedra Reef e Pescador bisogna pagare una tassa per la tutela del reef.

Immersioni in apnea a Moalboal

Esplorare l'oceano senza bombole

Moalboal è una delle migliori destinazioni in Asia per le immersioni in apnea grazie alle condizioni ideali e a diverse scuole.

Questo sport si sta diffondendo rapidamente in tutto il mondo, con gare in cui i migliori apneisti (che si immergono a grandi profondità con un'unica inspirazione) si mettono alla prova fino ai limiti della resistenza umana.

Per i comuni mortali, l'immersione in apnea è simile allo snorkelling avanzato, in quanto consente di scendere più in profondità, rimanerci più a lungo ed esplorare meglio l'oceano. Molti principianti sono in grado di immergersi in apnea fino a 10-20 m dopo aver completato un corso.

Con la sua parete corallina a poca distanza dalla costa e gli incredibili banchi di sardine, Moalboal è una meta di forte richiamo per le immersioni in apnea. Qui si sono trasferiti alcuni apneisti di talento che hanno fondato scuole come **Freediving Planet** e **Paraoa Freediving**.

Nel 2023 l'apneista italiana Alessia Zecchini ha stabilito il record mondiale di 109 m a Moalboal durante la Secret Blue Depth Competition, una gara in cui sono stati superati anche due record nazionali.

La scalata dell'Osmeña Peak

Vedute panoramiche su Cebu

Sopra le **Cambais Falls** (p280), una solitaria strada di montagna prosegue per 24 km fino al punto più alto di Cebu,

PASTI A MOALBOAL

Cartina p277

Last Filling Station
Serve prime colazioni per fare il pieno di energia (yogurt, muesli e frullati proteici) e piatti informali a pranzo e cena. $

Smooth Cafe Moalboal
Un ottimo locale con un'offerta completa: sostanziose prime colazioni, buoni caffè e smoothie, pasta e invitanti hamburger vegani. $$

Black Summer
Il miglior ristorante della città, con ottime portate principali italiane, alcuni piatti filippini e una lunga carta dei vini. $$

My Greek Taverna
Piatti greci autentici a buon prezzo in un locale simile a una taverna; il personale è cordiale ed è disponibile il servizio takeaway. $$

JUNG HSUAN/SHUTTERSTOCK ©

Immersione a Airplane Wreck

l'**Osmeña Peak**. Dal parcheggio (dove si paga la tariffa d'ingresso) ci vogliono circa 20 minuti per raggiungere la vetta a 1013 m, ma la salita finale è un po' faticosa. Nelle giornate limpide si gode di una vista mozzafiato su decine di affioramenti carsici arrotondati (simili alle Chocolate Hills di Bohol) e oltre la Moalboal Bay e Pescador Island fino a Negros a ovest. Nella stagione delle piogge la vetta può essere avvolta da nubi o nebbia.

Avventure alle cascate

Acque turchesi e piscine naturali color smeraldo

Lo splendido entroterra collinare di Moalboal è ricco di magnifiche cascate, di cui circa una dozzina o più facilmente raggiungibili. Le compagnie turistiche organizzano gite alle cascate più popolari, ma se avete uno scooter, la ricerca di quelle più isolate può regalare una giornata fantastica. Alcune delle più belle si trovano a sud di Moalboal.

Situate nei pressi di Badian, 17 km a sud di Moalboal, le spettacolari **Kawasan Falls** sono composte da una serie di tre cascate: la più imponente si getta da un'altezza di 15 m in una grande piscina naturale di colore azzurro lattiginoso. Purtroppo lo specchio d'acqua principale è stato un po' rovinato dall'afflusso turistico del weekend e dall'eccessivo sviluppo edilizio, e per questo motivo il sito è stato chiuso completamente e riaperto nell'ottobre 2023. La seconda e la terza cascata sono più tranquille, e superandole si possono raggiungere luoghi più appartati. Il bivio per le cascate si trova 8 km a sud di Badian, e da lì c'è una semplice camminata di 20 minuti.

Ci sono altre cascate meno affollate che si possono raggiungere facilmente, come le piccole e spettacolari **Cancalanog Falls**, 26 km a sud di Moalboal: la principale strada di acces-

GLI SQUALI BALENA DI OSLOB

Nuotare con gli squali balena di Oslob, popolare gita in giornata da Moalboal, è una delle attività più gettonate a Cebu. In mare ci sono centinaia di persone che osservano gli squali balena nuotare in superficie in attesa del cibo fornito dai barcaioli locali. Anche se ufficialmente non è consentito avvicinarsi agli squali a meno di 5 m, alcuni turisti cercano di toccarli, ed è capitato che gli squali venissero feriti dalle imbarcazioni: il 95% degli squali balena di Oslob ha cicatrici provocate dalle eliche.

Gli scienziati marini e organizzazioni come Reef-World Foundation (reef-world.org) si sono espressi contro queste attività rivolte al turismo, poiché distribuire cibo agli squali balena ne ha alterato i flussi di migrazione. L'ONG Lamave (Large Marine Vertebrates Research Institute Philippines; lamave.org) fornisce aggiornamenti sulla salvaguardia, incluse le ricerche sugli squali balena.

MIGLIORI SCUOLE PER SUB

Moalboal ha circa una dozzina di dive centre, alcuni dei quali eccellenti. Ecco gli operatori consigliati:
Blue Abyss Perfetto per budget ridotti, con interessanti pacchetti alloggio e immersioni ed escursioni giornaliere per principianti ai siti di immersione.
Nelson's Dive Shop Longevo centro immersioni PADI di proprietari locali con tariffe competitive.
Neptune Diving Adventure Non è affiliato a nessun resort, ma può organizzare pacchetti di immersioni e alloggio a prezzi vantaggiosi.
Quo Vadis Dive Resort Eccellenti guide e una posizione incantevole in un hotel di lusso sul lato sud della spiaggia.
Savedra Dive Center Scuola PADI cinque stelle, offre corsi tecnici e immersioni.

LUCIE PETRIKOVA/SHUTTERSTOCK ©

Kawasan Falls (p279)

so è in buone condizioni, e da lì un sentiero in discesa (spesso scivoloso) di cinque minuti porta a una favolosa piscina naturale verde smeraldo immersa nella foresta tropicale. Il posto è perfetto per un bagno rinfrescante, oppure potete salire più in alto per fare un tuffo. Proseguendo verso sud, a 7 km da Cancalanog le bellissime **Cambais Falls** sono due cascate gemelle che si tuffano in una sensazionale piscina naturale turchese incorniciata dalla foresta e dalle felci.

Le **Mainit Springs** a Montañeza, 32 km a sud di Moalboal, sono un'altra splendida destinazione. La sorgente più calda raggiunge i 42°C e, stando a quanto dice il cartello, "cura le malattie della pelle e le infermità del corpo". Risalendo il canyon alle spalle delle sorgenti si arriva a una serie di cascate alte 3-8 m, che precipitano in pozze d'acqua verde balneabili.

A nord di Moalboal ci sono molte altre cascate. La più spettacolare, le **Mantayupan Falls**, è un salto di 98 m, uno scroscio d'acqua di montagna che si getta su una scogliera. Situata a 29 km da Moalboal, è molto frequentata nei weekend. Più appartate, **Lusno** e **Cambanog** sono due cascate vicine a est di Moalboal; nella seconda l'acqua scorre su una suggestiva formazione di pietra a gradoni.

INCONTRI CON GLI SQUALI BALENA

Ci sono molti luoghi nelle Filippine dove, con un po' di fortuna, è possibile immergersi o fare snorkelling con gli squali balena, tra cui l'area di **Pintuyan** (p302), **Donsol** (p168), Honda Bay a Palawan e Tubbataha Reefs.

Bantayan Island

SPIAGGE | GITE IN SCOOTER | TOUR DELLE ISOLE

Le abbaglianti spiagge di sabbia bianca di Bantayan sono tra le più belle di Cebu e l'isola vanta un'atmosfera distesa e tranquilla. Essendoci poco traffico, è un posto meraviglioso da esplorare in scooter: in un giorno si può percorrere tutta la strada costiera. Al largo ci sono incantevoli isolette tropicali che a buon diritto sono popolari mete per escursioni in giornata. Tuttavia Bantayan non ha siti di immersione interessanti e anche lo snorkelling è piuttosto limitato.

La pacifica e bucolica località di Santa Fe, sulla costa meridionale dell'isola, è la base scelta dalla maggior parte dei visitatori. Questa cittadina ha un sublime tratto di sabbia e una discreta scelta di hotel e ristobar. Circa 10 km a ovest di Santa Fe, la città di Bantayan è il cuore amministrativo dell'isola. Durante la Settimana Santa Bantayan si anima con grandiosi festeggiamenti. La gente dorme in spiaggia e i prezzi degli hotel schizzano alle stelle.

TRASPORTI LOCALI

Molti alloggi a Santa Fe offrono il prelevamento gratuito al molo.

Il mezzo ideale per esplorare l'isola è lo scooter, che si può noleggiare in qualsiasi guesthouse o hotel.

I jeepney effettuano collegamenti regolari tra Santa Fe e Bantayan città.

Per le escursioni alle isole rivolgetevi ai tour operator a Santa Fe o presso gli hotel.

PASTI A BANTAYAN

Cartina p282

MJ Square
Area ristorazione all'aperto con un'ampia scelta di ristoranti che servono per lo più cucina filippina a buon prezzo, oltre a un ottimo locale messicano. La sera è molto animata. **$**

World Touch Cafe
Un caffè molto accogliente di una coppia americana/filippina con prime colazioni e pasti economici e deliziosi, oltre a torte fatte in casa. **$**

Rodela's Restaurant
Locale informale molto popolare tra la gente del posto per il suo menu economico con piatti filippini e internazionali e per i tavoli in giardino. **$**

Cou Cou's
Popolare ristorante belga che serve buone prime colazioni, piatti filippini (*adobo*, *exprés* di Bicol) e occidentali. C'è una buona carta dei vini. **$$**

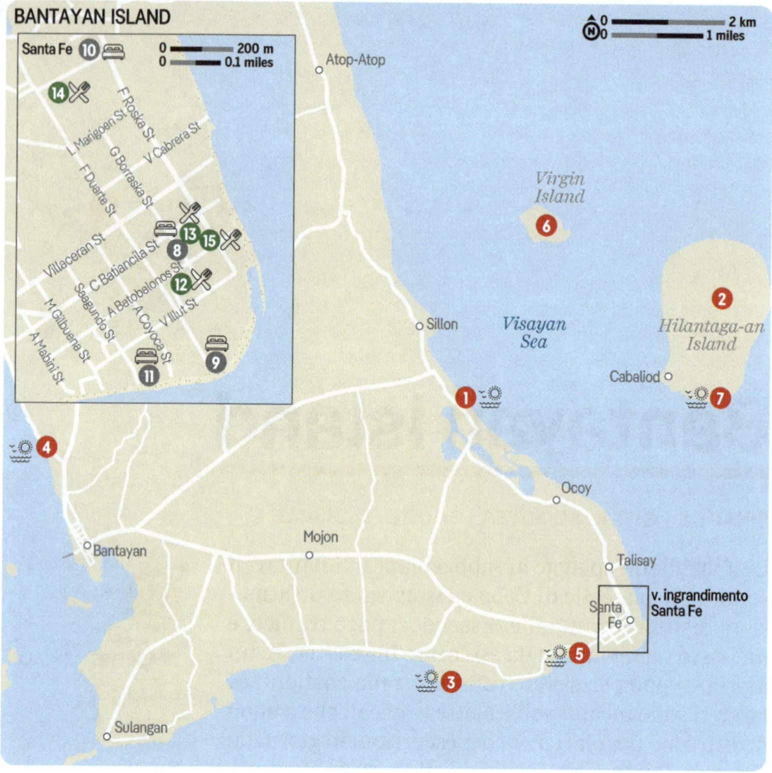

DA VEDERE
1 Beach Montemar
2 Hilantagaan Island
3 Paradise Beach
4 Sambag Beach
5 Sugar Beach
6 Virgin Island
7 Wang Wang Beach

PERNOTTAMENTO
8 Ahava Boutique Hotel
9 Kota Beach
10 Miadristar
11 Yooneek Beach Resort

PASTI
12 Cou Cou's
13 MJ Square
14 Rodela's Restaurant
15 World Touch Cafe

IL CONSIGLIO

Il porto di Hagnaya a Cebu è il punto di partenza per Santa Fe, con collegamenti in traghetto ogni ora circa. Ci sono autobus regolari che collegano Santa Fe con Cebu City, e ancora più frequenti sulla tratta da Hagnaya a Cebu City.

Tour delle isole

Escursioni in barca nei dintorni di Bantayan

Le escursioni alle isole nei dintorni di Bantayan sono molto gratificanti e particolarmente divertenti per chi ha bambini. Ricordate di portarvi crema solare e molta acqua.

Ci sono diversi isolotti da esplorare, e potete iscrivervi a un tour oppure organizzare una gita privata con un barcaiolo (a partire da circa P1500 a seconda delle tappe). Tra le isole principali c'è la rinomata **Virgin Island**, con una favolosa spiaggia di sabbia bianca e acque splendide per fare il bagno (ma il ristorante è troppo caro e anche le tariffe d'ingresso sono elevate). Quasi tutte le famiglie locali si portano da mangiare e da bere. Ci sono posti per fare snorkelling e il noleggio dell'attrezzatura costa P200 al giorno.

TOUR DI BANTAYAN

Questa escursione di un giorno lunga 58 km è ideale da fare in scooter, ma anche i ciclisti agguerriti possono farcela partendo presto. I conducenti dei tricicli chiedono circa P1000. Partite da ❶ **Santa Fe** e percorrete la tranquilla strada costiera verso ovest fino alla ❷ **Ogtong Cave Resort**, una grotta con una piscina naturale turchese. Proseguendo a ovest attraverso piantagioni di cocco raggiungerete l'❸ **Omagieca Obo-ob Mangrove Garden**. Qui potrete esplorare splendide mangrovie camminando su passerelle di legno ben tenute (accessibili anche alle sedie a rotelle), salire su una torre panoramica e osservare i trampolieri delle zone umide e l'avifauna esotica. Sono disponibili anche kayak.

Da qui ci sono 5 km per la città di ❹ **Bantayan**, capoluogo dell'isola, con il suo affascinante mercato e la St Peter and Paul Parish Church (l'attuale chiesa del 1863 fu costruita su una precedente risalente al 1580). I dipinti murali di artisti locali raffigurano la storia della creazione, della caduta dell'uomo e della redenzione.

Risalite in sella e puntate verso ❺ **Madridejos**, all'estremità settentrionale dell'isola, dove il Kota Fort costruito dagli spagnoli, oggi in rovina, era una difesa vitale contro gli invasori. Una passerella di cemento si protende in mare. Scendete poi lungo la costa orientale dell'isola attraverso villaggi devastati dal tifone Yolanda nel 2013. Passerete davanti alla solitaria ❻ **Kaongkod Watchtower** prima di raggiungere la ❼ **Beach Montemar**, perfetta per un bagno rigenerante con la sua sabbia bianca e l'acqua poco profonda. Attraversate infine le splendide acque azzurre della ❽ **Balidbid Lagoon** prima di tornare a Santa Fe.

MIGLIORI SPIAGGE DI BANTAYAN

Paradise Beach
Circa 5 km a est di Santa Fe, quest'incantevole caletta offre sabbia bianca, ombrelloni e fantastici bagni in mare. L'area circostante è molto curata e priva di rifiuti.

Sugar Beach
La spiaggia più bella nei dintorni di Santa Fe, un'incantevole distesa di sabbia bianca leggermente digradante.

Beach Montemar
Questa è la spiaggia più bella sul versante orientale dell'isola, con soffice sabbia bianca e molte stelle marine in acqua. Vi si accede dall'omonimo hotel; l'ingresso è a pagamento.

Wang Wang Beach
Una splendida caletta sull'incantevole Hilantagaan Island con cottage in affitto.

Sambag Beach
Questa sottile striscia di sabbia è il posto migliore per ammirare i famosi tramonti infuocati di Bantayan.

Balidbid Lagoon (p283)

La più tranquilla **Hilantagaan Island** ha un villaggio di pescatori e buone opportunità di snorkelling al largo della costa sud-occidentale. È più grande di Virgin e si può fare un trekking sul lato est dell'isola per ammirare le formazioni rocciose. Non dimenticate di fare un salto a Wang Wang Beach, una distesa di sabbia bianchissima.

Più a est verso Cebu sulla terraferma, **Gibitngil Island** è ampiamente conosciuta come 'Funtastic Island', dal nome dell'omonimo resort. È un po' turistica, ma ha una zip-line, kayak a noleggio e una serie di punti dove si può saltare dalla scogliera.

LOCALI A BANTAYAN

Cartina p282

Black Pearl Restobar
Qui si ritrova la gente 'in' dell'isola, che consulta la carta dei cocktail intorno al bancone centrale ascoltando buona musica.

Liquido
Questo piccolo bar accogliente in MJ Sq è il posto perfetto per sedersi su uno sgabello e fare due chiacchiere con la gente del posto.

Shake Me
Un bel bar di succhi e frullati gestito da un italiano cordiale. L'offerta include tutti i gusti tropicali.

Umi no Cafe
Piccola caffetteria specializzata con bevande a base di espresso, snack e pasti ben preparati in un locale climatizzato.

Malapascua Island

SQUALI | ATMOSFERA DA ISOLA DESERTA | MUCK DIVING

Quest'isola idilliaca al largo della costa settentrionale di Cebu è famosa per i meravigliosi fondali, dove ci si può immergere tutto l'anno con gli squali volpe. Ma anche se non avete interesse per la barriera corallina e la vita marina, Malapascua è una splendida meta balneare: la parte meridionale è orlata da splendide insenature sabbiose e c'è un'ottima scelta di hotel e guesthouse. L'isola è meritatamente apprezzata sia dai turisti stranieri sia dagli abitanti di Cebu.

La metà settentrionale è in gran parte non edificata, con spiagge e calette remote, mentre sulla costa orientale vive una comunità di costruttori di barche.

Malapascua è stata colpita in pieno dal tifone Yolanda, ma la gente del posto si è data subito da fare per riparare i danni. Alcuni sfollati vivono ancora in conglomerati di baracche nei pressi degli hotel sulla spiaggia, dove la povertà è impressionante.

TRASPORTI LOCALI

Malapascua è piccolissima: si può attraversare a piedi da sud a nord in circa un'ora.

Quasi tutta l'isola si può visitare in moto: ci sono molti noleggi che chiedono ben P200 circa l'ora.

IL CONSIGLIO

Preparatevi a pagare di più per qualsiasi sistemazione sulla costa; le strutture più economiche sono concentrate nelle vie secondarie nell'entroterra.

Immersioni e snorkelling a Malapascua

Squali, montagne sottomarine e macrofotografia

La possibilità di immergersi con gli **squali volpe** è indubbiamente la principale attrattiva di Malapascua, ma l'offerta include molto altro, dal muck diving alle immersioni sui relitti.

Gli appassionati di macrofotografia apprezzano la zona intorno a **Gato Island**, una riserva marina in cui da febbraio a settembre vanno a riprodursi i serpenti d'acqua. Qui si avvistano anche tartarughe marine, seppie, cavallucci marini pigmei, squali pinna bianca del reef e squali nutrice. Il **Doña Marilyn**, un traghetto passeggeri affondato durante un tifone nel 1988 causando la morte di 250 persone, oggi è popolato da

DA NON PERDERE
1 Bounty Beach

DA VEDERE
2 Logon Beach

ATTIVITÀ, CORSI E TOUR
v. 10 Divelink Cebu
v. 5 Evolution Diving
v. 6 Exotic Divers
3 Fish Buddies
v. 9 Ocean Vida
4 Thresher Shark Divers

PERNOTTAMENTO
5 Evolution Dive & Beach Resort
6 Exotic Island Dive Resort
7 Malapascua Budget Inn
8 Malapascua Starlight Resort
9 Ocean Vida
10 Threshershack Inn

PASTI
11 Amihan
12 Angelina
13 Avrill's
14 Bebot's
v. 17 Chrislee Kitchenette & BBQ
15 Craic House
16 Kiwi Bakhaw
17 Mercado

COME ARRIVARE

Dal porto di Maya (Cebu) partono bangka per Malapascua ogni ora circa dalle 7.30 alle 17.30. Van e autobus da Cebu City a Maya partono dal Northern Bus terminal e impiegano tre-quattro ore. La corsa di andata e ritorno in taxi da Maya può costare anche solo P1500; per Hagnaya (per Bantayan) il costo è di P1000. Per noleggiare una barca per Bantayan calcolate una spesa di P7500.

coralli morbidi e moltissime creature marine. **Lapus Lapus Island** è un bel sito di immersioni appena al largo della punta nord-occidentale dell'isola; portatevi il pranzo al sacco e godetevi le spiagge e le grotte che emergono con la bassa marea.

Kimud Shoal, il principale sito degli squali volpe, attira anche banchi di squali martello tra dicembre e maggio, mentre nel resto dell'anno si possono osservare occasionalmente singoli squali. Qui si possono vedere anche mante e diavoli di mare, oltre a murene e pesci rana. Anche a **Monad Shoal** si possono vedere gli squali volpe e altre specie pelagiche.

Lighthouse Reef è un sito di muck diving dove si possono osservare piccole creature acquatiche come cavallucci marini e pesci fantasma; è particolarmente interessante al tramonto poiché offre l'opportunità di assistere alla danza di accoppiamento dei pesci mandarino. **Chocolate Island** è un altro bel sito con splendidi coralli morbidi, oltre a nudibranchi, polpi, gamberi e vistose seppie. **Ka Osting** è rinomato per le immersioni notturne; qui si possono osservare tra gli altri sepiole e granchi decoratori. Circa 100 m al largo di Exotic Divers a Bounty Beach c'è un **jeepney** affondato che funge da barriera artificiale e rifugio per pesci giovani.

ALLA SCOPERTA DI MALAPASCUA

Una camminata di quattro ore buone vi farà compiere il periplo dell'isola, dandovi l'occasione di scattare molte foto interessanti. Iniziate da **1 Bounty Beach**, splendida distesa di sabbia chiara finissima, e puntate a nord-est lungo la costa fino al villaggio di **2 Pasil**, i cui abitanti costruiscono canoe a bilanciere. Da Pasil dirigetevi verso l'entroterra e raggiungete il sentiero principale in cemento che corre verso nord attraverso il cuore dell'isola. Arrivati all'estremità nord-orientale, ci sono cinque incantevoli calette sabbiose, di cui forse la più bella è l'ultima, l'isolata **3 Gugma Beach**, dove potrete fingere di essere Robinson Crusoe.

Il sentiero scende infine verso l'ampia distesa sabbiosa di **4 Langub Beach** sulla costa settentrionale, dove si trova un semplice ristobar che serve ottimo pesce alla griglia. A ovest c'è il trasandato villaggio di pescatori di **5 Guimbitayan**, dove potrete fare qualche tiro a basket con la gente del posto. All'estremità nord-occidentale dell'isola c'è un promontorio con un affioramento roccioso, il **6 Lapus Lapus**, che alcuni intrepidi utilizzano per fare un salto dalla scogliera di 12 m. Tornando verso sud lungo la costa occidentale passerete davanti a un **7 faro** e ad altre calette prima di raggiungere **8 Logon Beach**, incorniciata da una collina boscosa. Qui si trova il molo principale dell'isola; l'acqua è molto bassa e soggetta a maree, quindi non è l'ideale per una nuotata. Dopo Logon, sul versante sud dell'isola c'è un **9 cimitero** vicino al mare con tombe sbiadite dal sole. Tornando a Bounty Beach passerete accanto al **10 mercado** (p288), con chioschi di pesce fritto, al vapore o arrosto e carne alla griglia.

SQUALI VOLPE IN MOVIMENTO

Malapascua è famosa per gli incontri con gli squali volpe, che si radunano la mattina presto per farsi togliere i parassiti dai labridi (pesci di barriera). Il turismo delle immersioni con gli squali volpe è responsabile di circa il 75% dell'economia dell'isola. Per oltre 20 anni gli squali hanno frequentato il Monad Shoal, ma nel 2022 si sono spostati nel vicino **Kimud Shoal**. Una possibile causa della migrazione è l'impatto di centinaia di sub (provenienti da oltre 20 scuole di immersione) sulla barriera corallina e la pesca eccessiva delle specie di pesci pulitori. Lo sconfinamento degli squali toro e tigre potrebbe essere un'altra ragione.

Squalo volpe, Malapascua Island

Sull'isola ci sono numerosi dive centre e quasi tutti hanno prezzi standard: da US$25 a US$30 per la singola immersione, US$10 per il noleggio dell'attrezzatura e US$350 per il brevetto Open Water. A questi vanno aggiunti i supplementi per pagare le guardie addette alla sorveglianza di banchi di sabbia e scogliere e per prevenire la pesca illegale. Tra gli operatori consigliati figurano **Divelink Cebu**, **Evolution Diving**, **Ocean Vida**, **Exotic Divers**, **Thresher Shark Divers** e **Fish Buddies**.

PASTI A MALAPASCUA

Cartina p286

Mercado
Per mangiare piatti sostanziosi non c'è nulla di meglio dei chioschi del mercato, che servono pesce e frutti di mare freschi, oltre a carne e verdure. $

Bebot's
Un locale semplice ma gradevole, specializzato in prime colazioni (filippine o americane), ma aperto anche a pranzo e a cena. Da provare il pane e i dolci fatti in casa. $

Kiwi Bakhaw
Questo posto merita una visita per i frutti di mare e gli ottimi curry, con un'ampia scelta per i vegetariani. Dovrete aspettare un po': la cucina è minuscola. $

Chrislee Kitchenette & BBQ
Il menu offre sfrigolanti bistecche e capesante, piatti di gamberi e pesce e classici filippini. $

Avrill's
Molto frequentato dalla gente del posto, serve portate principali con riso (provate i frutti di mare misti), hamburger, burritos e panini. $

Angelina
Uno dei migliori ristoranti italiani delle Visayas. Provate il fritto misto di pesce o la pasta fatta in casa. Buona la carta dei vini. $$

Craic House
Merita la passeggiata lungo la spiaggia per gli hamburger saporiti e sostanziosi e per i piatti filippini. Ha sempre uno o due piatti del giorno. $$

Amihan
Ristorante elegante con splendide vedute sulla baia e un superbo menu che coniuga Oriente e Occidente (per lo più specialità italiane e filippine). $$$

Bohol

ESCURSIONI FLUVIALI | SPIAGGE DIVINE | FAUNA SELVATICA

Coperta da fitte foreste e poco popolata, Bohol offre ai viaggiatori indipendenti un ampio ventaglio di attrattive su rotte più o meno battute. Nonostante venga promossa quasi esclusivamente attraverso le immagini dei graziosi tarsi coi grandi occhi rotondi e delle maestose Chocolate Hills, qui c'è molto altro da scoprire.

I fondali delle isole di Pamilacan e Balicasag e della zona orientale nei pressi di Anda regalano magnifiche immersioni. Negli ultimi anni Panglao è diventata una delle principali mete asiatiche per le immersioni in apnea, con molte scuole e gare internazionali. Se poi si aggiungono i fiumi immersi nella giungla, perfetti per kayak e SUP, e le spiagge incontaminate di sabbia bianca, è facile comprendere il fascino di Bohol.

I boholanos chiamano ancora la loro provincia 'Repubblica di Bohol', alludendo al breve periodo di indipendenza di cui l'isola godette alla fine del XIX secolo. L'espressione è comunque appropriata, poiché gli abitanti odierni sono fieri difensori del loro caratteristico patrimonio culturale.

TRASPORTI LOCALI

Bohol è servita da voli per Manila e Davao, oltre che Seoul e Busan in Corea del Sud. Air Swift opera un volo per El Nido.

Tagbilaran è il porto principale, con molti servizi giornalieri per Cebu e collegamenti regolari con altre città filippine.

Van, jeepney e autobus forniscono servizi tra le principali città. Molti viaggiatori si spostano con scooter a noleggio, una buona soluzione visto che c'è poco traffico.

Ristorante galleggiante, Loboc (p298)

IL CONSIGLIO

I tour dell'isola, molti dei quali partono da Panglao, godono di grande popolarità. Tutti gli itinerari toccano le principali attrazioni, tra cui le Chocolate Hills, il Tarsier Sanctuary e il Loboc River.

DA NON PERDERE
1 Philippine Tarsier Sanctuary

DA VEDERE
2 Baclayon Church e torre di guardia
3 Balay Kabilin
4 Blood Compact Monument
5 Cabilao Island
6 Can-Umantad Falls
7 Carlos P Garcia Heritage Museum
8 Chocolate Hills Main Viewpoint
9 Dam-Agan Falls
10 Ingkumhan Falls
11 Loboc River
12 Museo ng Pamana at Kasaysayang Boholano
13 National Museum
14 Pahangog Falls
15 Pangas Falls
16 San Pedro Church
17 Sevilla Twin Hanging Bridge
18 St Joseph the Worker Cathedral

ATTIVITÀ, CORSI E TOUR
19 Anda Adventures
20 Lamanok Island
21 Loboc Eco Adventure Park
22 Raja Sikatuna National Park

PERNOTTAMENTO
23 IPEACE Beach Resort
24 Casa Amihan
25 Fox & the Firefly Cottages
26 Liwayway Sa Bohol
27 Nita's Nipa Huts
28 Nuts Huts

PASTI
v. 24 Casa Amihan
29 Coco Loco
30 Crescencia Food and Coffee
31 Venia's Kitchen

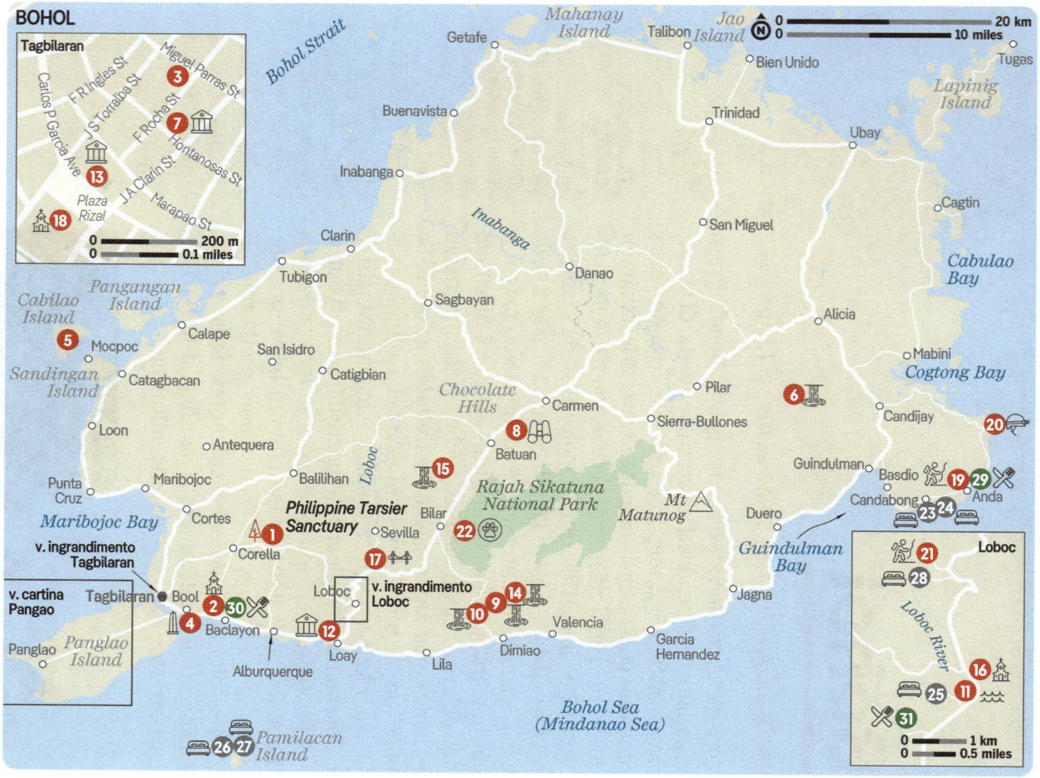

Alla scoperta di Panglao

Coralli e spiagge

Panglao è una destinazione emergente che si sta affermando come una delle più belle località balneari delle Filippine. Collegata a Bohol da ponti stradali, l'isola era associata fino a poco tempo fa con **Alona Beach**, un'area in cui si concentrano una serie di resort sul versante meridionale, ma c'è molto altro da scoprire in quest'isola pianeggiante baciata dal sole.

Oggi Panglao ha un aeroporto internazionale con voli diretti per la Corea (e collegamenti con altre città asiatiche previsti a breve). Il risultato è stato un grande afflusso di coreani che hanno aperto attività commerciali, tra cui ottimi ristoranti.

Alona Beach rimane il polo principale, con una vita notturna in costante espansione (e un grande fermento nei weekend, quando arrivano i *manileños*). Alla sua atmosfera piacevole contribuisce una scelta cosmopolita di ristoranti, gelaterie gourmet e caffetterie specializzate. Purtroppo il territorio ha risentito di questo boom turistico: la spiaggia principale di Alona ha subito un'azione di erosione e ha un'aria trascurata.

La spiaggia più bella di Panglao si trova 5 km a est a **Dumaluan Beach**, un'ampia distesa di impalpabile sabbia bianca affacciata su acque azzurre poco profonde. Forse il tratto più idilliaco è quello intorno al South Palms Resort e al vicino Bohol Beach Club, con massaggiatori all'opera sotto le palme da cocco e suggestivi tramonti.

A 2 km da Alona verso ovest, un gruppo di hotel a **Danao Beach** offre una base più tranquilla ma con spiagge più piccole. Circa 4 km a nord-ovest di Danao c'è **Panglao**, con una torre di guardia esagonale di cinque piani costruita nel 1851 e la St Augustine Parish Church. Proseguendo a ovest, dopo 3 km si raggiunge la **Doljo Peninsula**, che offre numerose calette isolate, discrete opportunità di snorkelling e la Hermit Beach, una popolare meta per ammirare il tramonto. Di recente sono arrivati gli imprenditori dei resort, ma almeno per ora ci si può godere la solitudine.

La costa settentrionale di Panglao è punteggiata di numerose calette, nessuna degna di nota, e villaggi di pescatori. Le due principali attrattive sono **Napaling Reef**, che ospita un leggendario banco di sardine, e la **Hinagdanan Cave**, dove potrete fare una nuotata rinfrescante in un mix di acqua dolce e salata. Entrambi i siti sono però molto affollati.

DIVE CENTRE A PANGLAO

Free Dive Academy (p294) Centro creato ad hoc con istruttori altamente qualificati e un ambiente conviviale.

Sea Explorers (p294) Corsi PADI fino al livello Divemaster in molte lingue e immersioni in tutte le Visayas.

SeaQuest Divers (p294) Offre corsi PADI nel centro di Alona Beach e pacchetti per sub nel suo hotel.

Conservation Freediving Bohol (p294) Centro professionale a due passi da un sito di immersioni in apnea.

Tropical Divers (p294) Centro filippino professionale con convenienti uscite a Balicasag.

Philippine Fun Divers (p294) Escursioni con immersioni in tutte le Visayas.

Genesis Divers (p294) Operatore longevo e affidabile.

LOCALI A PANGLAO

Cartina p292

Bamboo Place
Bar nel cuore di Alona, con bella musica funk e house (il proprietario è un bravo DJ), i migliori cocktail della città e anche una buona scelta di piatti.

Common Crew Coffee Roasters & Brewers
La migliore caffetteria specializzata a Panglao, un vero e proprio tempio del caffè.

Aliahailey Reggae Bar
Un chiosco sulla spiaggia con baristi simpatici. I DJ suonano tutto il giorno musica giamaicana.

Coco Vida Bar
Un bar sulla spiaggia pieno di vita con musica live quasi ogni sera; i generi preferiti sono power ballad e rock classico.

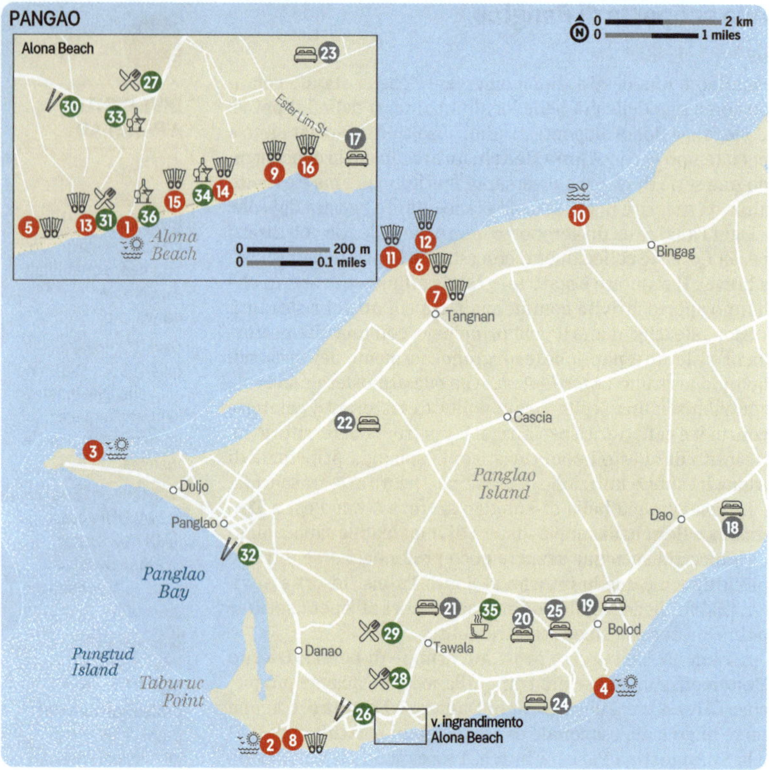

DA VEDERE
1 Alona Beach
2 Danao Beach
3 Doljo
4 Dumaluan Beach

ATTIVITÀ, CORSI E TOUR
5 Bohol Divers Club
6 Conservation Freediving Bohol
7 Free Dive Academy
8 Freedive Panglao
9 Genesis Divers
10 Hinagdanan Cave
11 Napaling Reef
12 Neptune Garden
13 Philippine Fun Divers
14 Sea Explorers
15 SeaQuest Divers
16 Tropical Divers

PERNOTTAMENTO
17 Amorita Resort
v. 4 Bohol Beach Club
18 Bohol Bee Farm
19 Bohol Coco-Farm
20 Green Space Inn
21 Ohana Panglao Resort
22 Peaceland
23 Scent of Green Papaya Resort
24 South Palms Resort
25 Sunshine Village

PASTI
26 Barwoo
v. 18 Bohol Bee Farm
27 Gavroche
28 Giuseppe
29 Lekker Garden
30 Sushihan
31 Trudi's Place
32 Ubeco

LOCALI E VITA NOTTURNA
33 Bamboo Place
34 Coco Vida Bar
35 Common Crew Coffee Roasters & Brewers
36 Reggae Bar Aliahailey

Bohol Bee Farm

Un'attività fiorente con vari ambiti

Nei primi anni 2000 l'ambientalista boholiana Vicky Wallace avviò a Panglao la coltivazione di ortaggi su scala ridotta e iniziò a vendere i suoi prodotti. L'impresa ebbe successo e portò alla creazione di un caffè specializzato in muffin di zucca biologica, pane fatto in casa e caffè di mais.

Oggi la **Bohol Bee Farm** è un'attività fiorente, con un ampio ristorante sull'oceano, incantevoli sistemazioni sul posto, una piscina coperta, una scuola per sub, il miglior negozio di souvenir di Bohol e, naturalmente, un'azienda agricola biologica. L'ultima novità dell'impero è il dive centre. Il rinomato **Buzz Cafe**, che offre spuntini biologici e un'ampia scelta di *pasalubong* (piccoli souvenir) sostenibili, ha filiali in tutta Bohol.

Le arnie che hanno dato il nome alla tenuta sono ancora in uso, ma la produzione di miele si è trasferita in gran parte a Inabanga, dove Vicky coordina i programmi di apicoltura. Il vero punto di forza è il fertile orto, che trabocca di lattuga romana, tutte le erbe commestibili possibili e altri prodotti in foglie che finiscono direttamente nelle rinomate insalate. I tour dell'orto partono ogni ora fino alle 16.30. I carnivori non si disperino: il menu propone molte opzioni anche per loro, come il pollo glassato al miele su riso rosso biologico.

La Bohol Bee Farm si trova 7 km a est di Alona Beach.

Siti di immersione a Panglao

Snorkelling e immersioni con bombole e in apnea

Le immersioni sono una grande attrattiva di Panglao, un posto fantastico per imparare da zero o perfezionarsi grazie alle numerose (oltre 20) scuole professionali per sub.

La **costa meridionale** di Panglao comprende una serie di siti di immersione, tra cui curiose barriere artificiali create da un paio di jeepney affondati, il relitto di una barca e un piccolo aereo. In genere le condizioni non sono troppo impegnative e sono ideali per i sub alle prime armi. Con l'alta marea si può fare snorkelling al largo del **Bohol Beach Club**.

A **Doljo Point** si vedono spettacolari spugne e gigantesche gorgonie, mentre allontandosi dal reef a volte si incontrano barracuda e squali. Sulla costa settentrionale di Panglao si trova il **Napaling Reef** (p291), famoso per uno spettacolare banco di sardine, ma tenete presente che è un sito molto frequenta-

PERCHÉ AMO PANGLAO

Iain Stewart, autore Lonely Planet

Sono venuto a Panglao per la prima volta nel 1994, quando c'erano solo un paio di guesthouse ad Alona Beach. I tempi sono cambiati e oggi l'isola è in piena espansione, con un aeroporto internazionale collegato a Seoul. Lo sviluppo incontrollato ha intaccato in parte Alona, ma non è troppo difficile trovare una spiaggia tranquilla a est.

Percorrere le stradine di Panglao su uno scooter è sempre un'esperienza fantastica. Sulla costa settentrionale potrete immergervi in apnea tra banchi di sardine e serpenti dal ventre giallo. Le maestose barriere di Balicasag, frequentate dalle tartarughe, sono facilmente raggiungibili dalla riva.

PASTI A PANGLAO

Cartina p292

Lekker Garden
Gestito da un simpatico sudafricano che serve pasti gustosi e sostanziosi (e caffè) in un tranquillo giardino rustico. $

Gavroche
Ottimo per la prima colazione, con croissant freschi, menu fissi filippini e francesi e molte opzioni à la carte. Prepara anche panini con pane fatto in casa. $

Trudi's Place
Considerando la posizione sulla spiaggia, i prezzi sono molto onesti, con buoni menu fissi, piatti di pesce, insalate e pollo al curry. $

Ubeco
Un ambiente moderno per una cucina eccellente con piatti quali deliziose poke bowl, ceviche di frutti di mare e gamberi al cocco. $$

Barwoo
Popolarissimo ristorante pseudo-coreano ricco di atmosfera, con un superbo menu fusion di noodles, insalate e carni alla griglia. Non accetta prenotazioni. $$

Sushihan
Un locale raccolto e non caro dove gustare sushi e altri piatti giapponesi, gestito da staff cordiale. $$

Bohol Bee Farm
Un menu salutista con insalate, zuppe e verdure biologiche preparate con i prodotti freschi dell'orto, ma anche pesce e frutti di mare. $$

Giuseppe
Menu italiano con antipasti, pizza, piatti di pasta e portate di carne e pesce, accompagnato da un'ampia scelta di vini. $$$

BOHOL SEA

Il Bohol Sea è tra gli ambienti marini più ricchi di biodiversità del pianeta, essendo interessato dalla corrente di Mindanao, che introduce acqua più fredda dagli abissi lungo una fossa oceanica.

Fino al 1992, quando la caccia è stata ufficialmente vietata, il Bohol Sea era uno dei principali centri di caccia alle balene del Sud-est asiatico. In effetti Pamilacan Island prende il nome da *pamilac*, una parola locale che significa 'arpione' o 'gancio'.

Secondo gli scienziati, il Bohol Sea è un sito cruciale per i cetacei, popolato da 19 specie tra cui stenelle rostrate, capodogli, globicefali, balenottere di Bryde e peponocefali.

Ex balenieri e pescatori locali ne avevano segnalato da tempo la presenza, ma solo nel 2004 una balenottera azzurra è stata ufficialmente fotografata nel Bohol Sea. Si ritiene che il numero di esemplari sia esiguo e la ricerca scientifica è in corso.

to dai tour. Il vicino **Neptune Garden** è molto popolare per le immersioni in apnea con sagole guida fisse e in superficie.

La minuscola **Balicasag** vanta numerosi splendidi siti di immersione, tra cui **Black Forest** (il nome fa riferimento ai coralli neri presenti a circa 35 m), dove si possono osservare tra gli altri pesci scorpione, pesci pappagallo e pesci balestra. A **Rudy's Rock** si possono vedere grandi banchi di carangidi, mentre **The Cathedral** presenta una parete di corallo con grandi sporgenze, gorgonie e spesso barracuda e pesci damigella dorati. A **Pamilacan** la barriera digradante è ricca di coralli morbidi e si possono avvistare pesci Napoleone e pesci pipistrello o, se siete molto fortunati, mante.

Quasi tutti gli operatori subacquei si trovano vicino a Alona Beach. I seguenti ricevono sempre buone recensioni: **Sea Explorers**, **SeaQuest Divers**, **Bohol Divers Club**, **Tropical Divers**, **Genesis Divers** e **Philippine Fun Divers** (cartina p292).

Le scuole di apnea sono distribuite in tutta l'isola; ce ne sono diverse vicino ai siti di immersione della costa settentrionale. Tra gli operatori affidabili si segnalano **Free Dive Academy**, **Conservation Freediving Bohol** e **Freedive Panglao**.

Il capoluogo di Bohol

Visita ai luoghi d'interesse di Tagbilaran

A soli 17 km da Alona Beach, **Tagbilaran** è il capoluogo di Bohol ma è poco visitata dai viaggiatori, che in genere passano di qui solo per prendere un traghetto per un'altra destinazione nelle Visayas. La città possiede però alcuni siti interessanti: calcolate mezza giornata per fare un bel giro.

Il nome Tagbilaran deriva da due parole in lingua visayana che significano 'riparo nascosto' (*tago bilaan*) e allude alla posizione della città sulle calme acque protette dello stretto e al suo ruolo storico come rifugio dagli invasori moro. Oggi la città è invasa da schiere di rumorosi taxi triciclo e non è certo un posto calmo e protetto.

Il fulcro della città, Plaza Rizal, è una bella piazza delimitata dal **National Museum**, nome alquanto altisonante per un semplice edificio a un piano che espone una modesta collezione di reperti di interesse antropologico rinvenuti in varie zone di Bohol, tra cui cinque crani deformati artificialmente e una mostra sulle pitture rupestri di Anda. Di fronte al museo sorge l'imponente **St Joseph the Worker Cathedral**, costruita nel 1767, distrutta da un incendio nel 1798 e ricostruita e ampliata nel 1855.

PASTI NELLA ZONA SUD DI BOHOL

Cartina p290

Coco Loco
Un locale di Anda semplice e decorato in modo artistico, famoso per i deliziosi hamburger al cocco. Offre anche ottime opzioni vegetariane, tra cui hummus e cuscus. $

Fox & the Firefly Cottages
Questo bel ristorante in un hotel offre la migliore cucina di Loboc, con un menu vario che include curry e molte specialità vegetariane. $$

Venia's Kitchen
Affacciato sul fiume a Loboc, serve classici filippini e i soliti piatti internazionali. $$

Casa Amihan
Questo ristorante in hotel a ovest di Anda offre cena con vista sul Bohol Sea e un delizioso menu di pesce alla griglia, insalate e piatti filippini. $$

Subito a nord di Plaza Rizal ci sono altri due luoghi di interesse. Il **Carlos P Garcia Heritage Museum** occupa la bella casa antica di un personaggio locale di spicco, un boholano morto nel 1971 che fu l'ottavo presidente delle Filippine. All'interno si possono vedere arredi d'epoca, ritratti di famiglia e molte vecchie scacchiere e trofei di scacchi. L'esposizione è corredata da utili pannelli informativi in inglese.

Sull'altro lato di F Rocha St si trova **Balay Kabilin**, un museo allestito in un'incantevole casa di legno che risale alla fine degli anni '40. L'esposizione include molte foto storiche di Bohol e una collezione di libri che i visitatori possono sfogliare.

Se capitate a Tagbiliran in luglio, il **Sandugo Festival** celebra il patto di sangue sancito nel marzo 1565 tra il capo boholano Sikatuna e il conquistatore spagnolo Miguel López de Legazpi. Il festival dura tutto il mese e include una serie di eventi artistici e gare di danza nelle strade. Il **Blood Compact Monument**, 1 km a est di Tagbilaran, commemora l'accordo e raffigura i due uomini che condividono una coppa del proprio sangue.

Gite in barca a Balicasag e Pamilacan

Due piccole isole nel Bohol Sea

Le due minuscole isole di Balicasag e Pamilacan, al largo di Panglao nel Bohol Sea, sono splendide mete che godono di grande popolarità. In alta stagione e nei weekend tutto l'an-

MDV EDWARDS/SHUTTERSTOCK ©

Plaza Rizal e National Museum

ESCURSIONI PER OSSERVARE I DELFINI

Le escursioni al largo di Pamilacan per avvistare i delfini godono di grande popolarità. In genere si parte all'alba da Baclayon (a Bohol) o da Panglao. Ci sono buone probabilità di vedere i delfini tutto l'anno, ma le norme sono inadeguate e nella zona si possono trovare fino a 20 barche alla volta. Con la ripresa del turismo dopo la pandemia la situazione potrebbe peggiorare ulteriormente.

Alcuni viaggiatori riferiscono che, non appena viene avvistato un banco, si scatena un inseguimento di molte barche piuttosto che un'osservazione. **Pamilacan Island Dolphin & Whale Watching Tours** è un operatore responsabile che impiega ex balenieri. Le tariffe includono una lunga sosta con picnic e tappe per lo snorkelling e il nuoto a Pamilacan Island, che non sono previste nei tour più economici da Alona.

Nelle acque di Pamilacan si avvistano di rado balene e mante; il periodo con le migliori probabilità va da febbraio a luglio.

MIGLIORI ATTRAZIONI NEI PRESSI DI LOBOC

Loboc River
Questo idilliaco fiume verde smeraldo circondato dalla foresta scorre nel cuore della zona meridionale di Bohol. Le uscite in SUP organizzate da **Fox & the Firefly Cottages** sono il modo ideale per esplorarlo, in particolare quelle per osservare le lucciole.

La **San Pedro Church** a Loboc risale al 1734 ed è stata accuratamente restaurata dopo il terremoto del 2013.

Loboc Eco Adventure Park
Ha un'emozionante zip-line lunga 500 m che corre a circa 120 m di altezza sopra una cascata e la valle del Loboc. Una più tranquilla funivia copre lo stesso tragitto.

Sevilla Twin Hanging Bridge
Questo spettacolare ponte in bambù sul Loboc regala splendidi panorami sulla campagna.

Virgen de Guadalupe
Da questa statua in cima a una collina, 3 km a sud-est di Loboc, si gode un'ampia vista sulla valle.

no dovrete probabilmente prenotare la barca. Le escursioni sono organizzate dai dive centre e dai tour operator.

La minuscola **Balicasag**, circa 6 km a sud-ovest di Panglao, è circondata da una barriera corallina dichiarata riserva marina che sprofonda fino a 50 m creando imponenti scogliere sottomarine. Il gran numero di visitatori giornalieri ha danneggiato i coralli, ma è ancora un sito straordinario dove si avvistano regolarmente tartarughe, carangidi, barracuda e labridi. Si può fare snorkelling direttamente dalla spiaggia principale.

Pamilacan, circa 23 km a est di Balicasag, è un sito in cui convergono molti cetacei: le sue ricche acque attirano la megafauna marina, che include balene, delfini, mante e squali. Le circa 200 famiglie residenti si sono sempre guadagnate da vivere in mare, cacciando balene fino al divieto in vigore dal 1992, per poi cambiare preda e pescare squali e mante. Nel 1993 la Sulliman University registrò a Pamilacan la cattura di ben 30 squali balena in appena 44 giorni. Visitando l'isola verso la metà degli anni '90 avreste visto vicoli pieni di carne di squalo e di manta esposta a essiccare al sole. Infine, nel 1998 anche la caccia a squali balena e mante fu ufficialmente vietata.

In anni recenti i discendenti dei balenieri hanno trovato altri modi di guadagnarsi da vivere, tra cui le escursioni in barca e la pesca più convenzionale. A Pamilacan vedrete alcune case 'decorate' con ossa di balena sbiancate dal sole, nonché molte capre e noci di cocco. Da non perdere le rovine dello **Spanish Fort** di 200 anni fa sul versante nord-orientale dell'isola.

Tenete presente che molte escursioni organizzate dai dive centre non consentono di sbarcare sull'isola, il che è un vero peccato. Tuttavia è possibile visitare Pamilacan organizzandosi per contro proprio. Andate a Baclayon, sulla costa meridionale di Bohol, e aspettate un traghetto pubblico (gli orari variano, ma di solito ce ne sono tre al giorno) o noleggiate una barca (andata/ritorno P1600/2200, 1 ora). Il noleggio di una barca da Alona Beach costa di più. Sull'isola ci sono diverse possibilità di alloggio, tra cui **Liwayway Sa Bohol** e **Nita's Nipa Huts**.

Per entrambe le isole bisogna pagare varie tasse ambientali e turistiche per accedere ai migliori siti di snorkelling, tra cui Turtle Point a Balicasag.

Totale relax a Cabilao

Visita alle riserve marine

Secondo la leggenda l'idilliaca **Cabilao**, situata solo a 1 km dalla costa occidentale di Bohol, sarebbe abitata da uno spaventoso mostro a forma di cane di nome Balikaka, che di tanto in tanto attacca il bestiame. Nella realtà Cabilao è un luogo così tranquillo che gli unici suoni che ne spezzano il perfetto silenzio sono le campane della chiesa e il canto di qualche gallo. Avendo un numero limitato di spiagge, attira soprattutto gli appassionati di immersioni, ma è anche un posto ideale per chi desidera semplicemente un po' di pace e riposo.

L'isola è minuscola: si può girare tutta a piedi in un giorno, ma ci sono degli *habal-habal* e scooter a noleggio.

La sua principale attrattiva sono le spettacolari **barriere coralline**, protette da due riserve marine gestite dalla co-

SERGEY VLADIMIROV/SHUTTERSTOCK ©

Spanish Fort, Pamilacan

munità. Occasionalmente è possibile vedere qualche squalo e la zona è anche ricca di microrganismi, tra cui il cavalluccio marino pigmeo (*Hippocampus bargibanti*), lungo al massimo 8 mm e difficile da scorgere poiché riesce a mimetizzarsi perfettamente tra i coralli rossi che lo circondano.

La barriera più bella dell'isola si trova al largo della punta nord-occidentale, vicino al faro. Il Polaris Resort è una struttura consigliabile. Anche i tour operatori di Panglao e Cebu effettuano escursioni per sub a Cabilao.

Il porto più vicino è Mocpoc, che dista un'ora su strada da Tagbilaran (circa P1000 in taxi).

Luoghi d'interesse nella zona sud di Bohol

Tra storia e meraviglie naturali

La costa meridionale di Bohol è incantevole da esplorare: le antiche città vantano splendidi monumenti dell'epoca coloniale e quasi tutta la costa è dotata di spiagge sabbiose (poco profonde). Per quasi tutti i viaggiatori la regione intorno a Loboc è l'attrazione principale, con il fiume immerso nella foresta che offre molte escursioni in barca o SUP.

A circa 6 km da Tagbilaran, la storica cittadina costiera di **Baclayon** è il punto di accesso alla regione. Questo fu il primo insediamento spagnolo a Bohol e conserva alcuni importanti edifici coloniali. Affacciata sul Bohol Sea, la grande **Baclayon Church** (1727), in pietra corallina, fu gravemente danneggiata nel terremoto del 2013 ed è attualmente in fase di restauro. Accanto alla chiesa c'è un'imponente **torre di guardia**. La strada principale che attraversa la città è fiancheggiata da splendide case di epoca spagnola salvate dalla demolizione dalla Baclayon Ancestral Homes Association, che può organizzare visite guidate e soggiorni. Andate all'incantevole **Crescencia Food and Coffee** per vedere l'interno di una di queste raffinate dimore. Il molo di Baclayon è un buon

LE GROTTE DI BOHOL

Bohol è costellata di grotte. Dal punto di vista geologico presenta estese formazioni carsiche (calcaree), tra cui le Chocolate Hills, doline e oltre mille grotte, molte delle quali inesplorate. La più famosa e visitata è la grotta costiera di **Hinagdanan** a Panglao, mentre vicino a Jagna si trova la grotta più profonda dell'isola, **Carmaloan 2**, che scende fino a 149 m.

Vicino a Danao, la **Francisco Dagohoy Cave** fu il nascondiglio di un capo ribelle locale che nel 1744 scatenò una rivolta contro gli spagnoli. Secondo la credenza popolare, ogni volta che i colonizzatori entravano nella grotta per cercarlo, lui fuggiva attraverso canali sottomarini. Recenti ricerche hanno portato alla luce resti umani che si pensa siano di Dagohoy, e nel 2023 è stata annunciata la costruzione di un nuovo museo nella regione di Danao per rendere omaggio a questo eroe nazionale.

MIGLIORI CASCATE DI BOHOL

Grazie alla conformazione collinare e alle abbondanti precipitazioni, Bohol vanta decine di cascate.

Can-Umantad Falls
Le cascate più spettacolari di Bohol, nella zona orientale, compiono tre salti per un'altezza di 45 m.

Ingkumhan Falls
Una splendida piscina naturale turchese circondata dalla giungla con pochissimi visitatori.

Pangas Falls
Circa 12 km a sud-ovest delle Chocolate Hills, con una grande piscina naturale e opportunità di ristoro.

Dam-Agan Falls
Si raggiungono percorrendo un sentiero tra imponenti risaie terrazzate.

Pahangog Falls
La discesa lungo 500 gradini scivolosi è ricompensata da una magnifica piscina azzurra in cui godersi una nuotata.

posto per organizzare escursioni a Pamilacan Island per osservare balene e delfini.

Loay, 12 km a est di Baclayon, ha un centro storico a breve distanza dalla strada costiera verso l'interno. Qui, nella piazza principale, si trovano la Holy Trinity Church, una torre di guardia e il **Museo ng Pamana at Kasaysayang Boholano**, dedicato alla storia e alla cultura di Bohol e al complicato restauro dell'antica chiesa cittadina.

Loboc, 6 km a nord di Loay, è una destinazione popolare tra i viaggiatori indipendenti. È una cittadina molto tranquilla dall'atmosfera bucolica, raccolta intorno alle rive del fiume omonimo, perfetto per escursioni in kayak e paddleboard: potrete dedicarvi all'esplorazione delle cascate di giorno e alla ricerca delle lucciole di notte. Per molte famiglie filippine Loboc è interessante soprattutto per i ristoranti galleggianti ormeggiati presso il ponte in centro e che navigano lungo un tratto del Loboc River sparando a tutto volume canzoni di Frank Sinatra e di altre vecchie glorie.

Il **Raja Sikatuna National Park**, 15 km a nord-est di Loboc, è la più grande area di foresta tropicale rimasta a Bohol e uno dei migliori siti di birdwatching delle Filippine (qui sono state registrate oltre 120 specie). Un safari notturno è l'opzione migliore perché offre maggiori probabilità di avvistare i cinocefali. Guide esperte conducono le passeggiate lungo i sentieri (fangosi), ma tenete presente che danno da mangiare arachidi alle scimmie che vivono nel parco.

Tornati sulla strada costiera, viaggiando a est di Loay passerete dal villaggio di **Taug**, dove c'è un sito in cui si possono vedere gli squali balena. Per qualcuno questi tour sono un piacere proibito, ma è bene sapere che gli squali vengono attirati con la distribuzione del cibo (che altera la loro migrazione naturale) e che l'intera esperienza è in sostanza una trappola per turisti.

Proseguendo verso est potrete facilmente raggiungere alcune spettacolari **cascate**. Un'altra strada molto panoramica lungo la costa meridionale di Bohol conduce al piccolo porto e villaggio di pescatori di **Jagna**, a 36 km da Taug. La località è famosa per il *kalamay* (un dolce a base di latte di cocco, zucchero e riso glutinoso macinato), che potrete assaggiare presso le bancarelle del mercato. Quasi tutti i viaggiatori sono qui per prendere un traghetto per la zona nord di Mindanao o Camiguin.

L'ultima tappa sulla costa meridionale è la penisola di **Anda**, definita la 'culla della civiltà boholana' per i suoi importanti siti preistorici. Questo angolo isolato di Bohol possiede una serie di resort perfetti per chi vuole lasciarsi il mondo alle spalle, tutti situati a ovest della città lungo viuzze che si diramano dalla strada costiera principale. La regione è costellata di calette di sabbia bianca, con bei siti per immersioni e snorkelling lungo l'estesa barriera corallina che corre parallela alla costa, popolata da oltre 200 specie di nudibranchi, cavallucci marini pigmei, pesci rana striati e polpi mimetici.

Il paesaggio tipicamente carsico della penisola di Anda è caratterizzato dalla presenza di numerose grotte e ci sono diverse piscine naturali nelle immediate vicinanze della cittadina: **Lamanok Island** ne ha alcune particolarmente suggestive. Quest'isola situata 7 km a nord del centro abitato di Anda possiede alcune pitture rupestri di grande importanza dal punto di vista antropologico, essendo state realizzate a mani nude decine di migliaia di anni fa. Al molo troverete barcaioli in attesa che vi porteranno sull'isola. A Lamanok un piccolo centro informazioni organizza la visita guidata, che prevede un percorso a piedi e in canoa attraverso le grotte per vedere le pitture rupestri, oltre ad antiche bare ricavate da tronchi e tridacne giganti fossili. **Anda Adventures** organizza escursioni in bicicletta e kayak ed esplorazioni nelle grotte.

La riserva dei tarsi

Un esempio di riserva faunistica ben gestita

A Canapnapan, 17 km a ovest di Loboc, nel **Philippine Tarsier Sanctuary** si possono vedere i tarsi dai grandi occhi rotondi nel loro habitat naturale.

Specie a rischio di estinzione, il tarsio è uno dei primati più piccoli e più antichi del mondo (si stima risalga a 45 milioni di anni fa). Nelle immediate vicinanze del centro visitatori si aggirano oltre 100 di questi primati territoriali. Le guide vi porteranno a vederli tramite un breve sentiero nella giungla; presso il centro si trovano interessanti pannelli informativi.

Il tarsio è allo stesso tempo tenero e incredibile: sta nel palmo di una mano e spicca salti di 5 m, ruota la testa di quasi 360° e muove le orecchie in direzione dei suoni. I suoi occhioni imploranti sono 150 volte più grandi di quelli umani in rapporto alle dimensioni del corpo.

Le Chocolate Hills

I panorami più belli di Bohol

Una delle principali attrattive turistiche di Bohol, e la più pubblicizzata, è costituita dalle Chocolate Hills, una serie di maestose collinette erbose che si estendono a perdita d'occhio. La bassa vegetazione che le ricopre, simile a un prato, durante la stagione secca (da febbraio a luglio) assume un colore marrone cioccolato. La loro origine è ancora oggetto di discussione, ma la maggior parte degli scienziati ritiene che si siano formate nel corso del tempo in seguito all'innalzamento di depositi corallini e all'azione delle piogge e dell'erosione.

La concentrazione più vasta e visitata si estende 4 km a sud di Carmen, dove si trova il **Chocolate Hills Main Viewpoint**. Questo punto panoramico offre una vista magnifica, però è molto turistico, pieno di chioschi che vendono souvenir kitsch e di gente che fa selfie.

Qui troverete in attesa conducenti di *habal-habal* che offrono emozionanti gite in moto (30 minuti/1 ora P300/450) lungo strade tortuose verso altri punti panoramici meno noti come l'Eight Sisters Hillocks. Sono disponibili anche divertenti tour in ATV (quad) e piccoli fuoristrada.

Quasi tutti visitano le Chocolate Hills con un tour da Loboc o Panglao, ma è possibile organizzarsi per conto proprio: basta prendere uno degli autobus di linea per Carmen da Loboc. Tenete presente che le opzioni di alloggio nella regione sono limitate.

CIRCUITO DELLE CHOCOLATE HILLS

Il ben noto circuito delle Chocolate Hills può essere completato in giornata da Alona Beach. Ma se avete tempo, vi consigliamo di trascorrere un paio di notti a Loboc e tornare a Tagbilaran percorrendo la strada panoramica per Sierra Bullones e Jagna, con una breve deviazione a Pilar per il bel lago e le risaie terrazzate. È anche abbastanza facile inserire nell'itinerario una puntata al Tarsier Sanctuary a Corella.

Lo scarso traffico e le strade in buone condizioni sembrano rendere il circuito delle Chocolate Hills appositamente studiato per la motocicletta. Altrimenti calcolate una spesa di circa P2500 per un'escursione in giornata in automobile da Panglao. Anche molte agenzie di viaggi di Alona Beach offrono tour dell'isola che includono le Chocolate Hills e il Tarsier Sanctuary.

Leyte

AVVENTURE | ALTOPIANI | FASCINO COSTIERO

Agli studenti e agli storici della seconda guerra mondiale e del Pacifico il nome Leyte evoca immagini di cruente battaglie navali e il celebre ritorno del generale MacArthur. Per i filippini l'isola è invece associata alla travolgente ascesa di Imelda Marcos e al nostalgico e romanzato ritratto che lei fornì del suo luogo di nascita dopo essersi fatta strada nella capitale. Per i viaggiatori Leyte meridionale, che abbraccia la profonda Sogod Bay, è uno dei tanti splendidi siti di immersione delle Filippine. I leyteños che parlano cebuano vivono nel sud dell'isola, mentre i loro vicini di lingua waray abitano i territori dediti all'allevamento del bestiame nella parte settentrionale.

Il nord di Leyte è stato l'area più duramente colpita dal tifone Yolanda nel 2013, ma oggi l'isola si è notevolmente ripresa. Il capoluogo Tacloban vanta numerosi caffè e ristoranti, mentre Padre Burgos e Panaon, nel profondo sud, sono sempre affascinanti.

TRASPORTI LOCALI

Leyte non ha buoni collegamenti aerei. Tacloban è l'unico aeroporto con voli per Manila e Cebu. Altri aeroporti minori, tra cui Ormoc, non avevano voli al momento delle nostre ricerche.

Tra i porti principali ci sono Ormoc a nord-ovest, con moltissimi collegamenti per Cebu City; e Lilo-an e San Ricardo all'estremo sud, serviti da traghetti frequenti per Mindanao. Sulla costa occidentale ci sono vari altri porti, tra cui Maasin, Bato e Hilongas, che hanno traghetti per Cebu City e Bohol.

Leyte è un'isola grande: per attraversarla da nord a sud si impiegano circa cinque ore. Tra le città principali sono in servizio autobus e van che effettuano corse regolari.

IL CONSIGLIO

Questa regione non è esattamente una destinazione gastronomica, ma ovunque si può trovare cucina pinoy sostanziosa ed economica. L'unica eccezione alla regola è la città di Tacloban, che offre una vasta scelta di caffè e ristoranti di cucina locale e internazionale.

Alla scoperta di Tacloban

Monumenti commemorativi e cultura isolana

Capoluogo dell'isola, Tacloban è una città portuale vivace e un po' rude che si è ripresa dopo essere stata devastata dal tifone Yolanda nel 2013.

Grandi navi furono scaraventate nell'entroterra dall'ondata provocata dal tifone. La prua di una di queste, la **MV Eva Jocelyn**, è stata conservata a memoria della catastrofe, circondata dal caotico viavai del traffico e dalla baraccopoli ricostruita 2 km a nord-ovest del centro nel barangay Anibong. Accanto al Tacloban City Convention Center, nella zona sud della città, c'è un altro memoriale del tifone, una struttura astratta in metallo.

DA VEDERE
1 Lake Danao Natural Park
2 MV Eva Jocelyn
3 San Pedro Island
4 Santo Niño Shrine & Heritage Center
5 Tahusan Beach

PERNOTTAMENTO
6 Hotel Alejandro

PASTI
7 Canto Fresco Astrodome
8 Cocina Juan Luna
9 Ochó Seafood & Grill
10 Q Kitchen

Una delle case della figlia più famosa di Leyte, Imelda Romualdez Marcos (nonna dell'attuale presidente), si chiama oggi **Santo Niño Shrine & Heritage Center** ed è una vetrina dell'arte e della cultura regionale filippina, con una sala per ogni provincia. Alcuni mobili e oggetti d'arte e antiquariato sono certamente degni di nota, ma l'interno è incredibilmente soffocante e molti tesori sono abbandonati all'incuria. Merita una visita anche l'**Hotel Alejandro**, con la sua bella collezione permanente di foto che documentano la storia della vita quotidiana e della seconda guerra mondiale a Tacloban.

IL TIFONE YOLANDA

L'8 novembre 2013 Tacloban fu investita in pieno dal tifone Yolanda, che devastò la città con venti a oltre 200 km all'ora. Un'ondata alta 5 m si riversò sul centro causando almeno 6000 vittime. Eppure camminando oggi per le vie di Tacloban è impossibile immaginare le scene apocalittiche di quella fatidica mattina: il centro è stato ricostruito, gli hotel sono stati ristrutturati e la città ha ripreso il suo ruolo di anima commerciale sia di Leyte sia di Samar.

PASTI A TACLOBAN

Cocina Juan Luna
In un tradizionale edificio in legno, espone pentole di terracotta con deliziosi piatti casalinghi filippini. Date un'occhiata e scegliete ciò che vi ispira di più. **$**

Ochó Seafood & Grill
Scegliete pesce o frutti di mare e fateveli cucinare come preferite, o provate il granchio con peperoncino alla maniera di Singapore. Un locale autentico e vivace. **$$**

Canto Fresco Astrodome
Presso il City Convention Center, serve pizza rustica lavorata a mano, pasta, panini, buone insalate e qualche sapore asiatico. **$$**

Q Kitchen
Elegante ristorante cinese/thailandese con un invitante menu che include autentici curry, *chop suey* e ottimi piatti di tofu. **$$**

LO SBARCO DI LEYTE

Quando le forze americane furono costrette a ritirarsi precipitosamente dalle Filippine nel dicembre 1941, cedendo il controllo ai giapponesi invasori, nel suo discorso di partenza il generale Douglas MacArthur pronunciò la famosa sfida: "Tornerò". Le Filippine subirono tre anni di brutale occupazione, ma il 20 ottobre 1944 MacArthur mantenne la parola e tornò per liberare le Filippine.

Il famoso filmato mostra MacArthur che scende alla Red Beach di Palo, 10 km a sud di Tacloban, camminando nell'acqua fino alle ginocchia, accompagnato da un gruppo di soldati di alto grado, tra cui il futuro presidente filippino Sergio Osmeña.

Al **Leyte Landing Memorial** a Red Beach alcune grandi statue di bronzo raffigurano MacArthur (con tanto di Ray-Ban) e il suo entourage che camminano nell'acqua.

Alla scoperta di Leyte meridionale

Isole idilliache e squali balena

Questa regione tranquilla e scenografica offre molte attrattive naturali e splendide immersioni. Il capoluogo della provincia è **Maasin**, vasta e animata città portuale con traghetti per Cebu e Bohol. Possiede una magnifica chiesa del primo Settecento, ma è per lo più uno snodo dei trasporti e una potenziale base da cui esplorare la zona. Tra le escursioni più accessibili c'è quella alla **Guinsohoton Cave** e alle **Cagnituan Falls**, a breve distanza dalla città. Nella grotta scorre un fiume sotterraneo in cui si può nuotare.

Il sonnolento villaggio sul mare di **Padre Burgos** (solo 'Burgos' per la gente del posto), 27 km a sud-est di Maasin, si estende per circa 3 km in una pigra linea verde lungo i margini dell'incantevole Sogod Bay. Se cercate una base tranquilla lontano dalle principali mete turistiche in cui rilassarvi, guardare l'oceano e magari fare qualche immersione, Burgos è il posto giusto, con una buona scelta di guesthouse e uno o due hotel, fantastiche gite in scooter lungo la costa e grotte e cascate da esplorare. Al largo di Burgos, l'incantevole isola di **Limasawa**, che ha un profondo significato religioso per i filippini, merita una gita di un giorno o anche due.

Burgos è considerata uno dei più importanti siti di immersione delle Filippine per le incontaminate barriere di coralli duri e morbidi, le pareti marine che precipitano a grandi profondità, il muck diving e le immersioni in grotta e in corrente. Un discreto sito di snorkelling si trova proprio di fronte al **Sogod Bay Scuba Resort**, dove però si consuma una battaglia senza tregua contro le invasive stelle marine corona di spine, che in brevissimo tempo possono decimare i coralli. I dive centre locali organizzano gite in barca per nuotare con gli squali balena a Pintuyan all'incirca da novembre a maggio.

Sul lato orientale della Sogod Bay, la splendida **Panaon** (isola collegata alla terraferma di Leyte da un ponte a Lilo-an) offre immersioni lungo la costa occidentale, tra cui il magnifico Napantao Marine Sanctuary, dove si avvistano squali del reef e tartarughe marine. Alla punta estrema dell'isola, un'imbarcazione fa servizio per Lipata, vicino a Surigao City a Mindanao.

A nord-ovest di Lilo-an, una strada solitaria segue la costa passando dall'Hindag-an Falls & Forest Park e dai villaggi di pescatori di St Bernard e Anahawan prima di raggiungere **Hinunangan**. Qui potrete allontanarvi completamente dalla civiltà godendovi la sublime **Tahusan Beach**, una delle spiagge più belle delle Visayas, con sabbia color miele scuro bagnata da acque ideali per nuotare e a volte da onde per fare surf. L'efficiente ufficio turistico municipale può organizzare escursioni a piedi o a cavallo alle vicine grotte e cascate. Oppure noleggiate una bangka (P1500 andata e ritorno) e raggiungete San Pedro e San Pablo, due isole con sabbia corallina bianca dove fare snorkelling e splendide nuotate.

San Pedro è una magnifica isola con poche centinaia di abitanti, per lo più pescatori e le loro famiglie, che offre qualche capanno sulla spiaggia e un paio di soggiorni in famiglia. Nei negozi si trovano degli spuntini, ma è meglio portarsi le provviste.

Leyte settentrionale

Trekking a un lago di montagna

Con il suo porto trafficato e i collegamenti per Cebu, **Ormoc** è un importante punto di accesso a Leyte. Non possiede luoghi di interesse, ma lungo la piacevole passeggiata sul lungomare si trovano alcuni buoni ristoranti e bar rinfrescati dalla brezza marina, con le verdi colline circostanti che formano uno sfondo scenografico. Nella regione ci sono molte piantagioni di ananas.

Nel 1944 la Ormoc Bay fu teatro di alcune fra le più cruente battaglie della seconda guerra mondiale combattute in territorio filippino e i fondali della baia sono letteralmente ricoperti di relitti. Le immersioni per esplorarli richiedono una notevole esperienza ed è indispensabile avere la propria attrezzatura perché non ci sono dive centre che la noleggino.

Situato in magnifica posizione a 650 m tra le colline nell'entroterra, 18 km a est di Ormac, il **Lake Danao** è una bella meta per un'escursione in giornata. Intorno al lago circondato dalla foresta si possono fare bellissime passeggiate, come pure lungo il Leyte Mountain Trail, che avrebbe bisogno di maggiore manutenzione. Per l'escursione rivolgetevi a Kim di **Eastern Visayas Adventure Team**. Un tempo chiamato Lake Imelda, il lago è molto frequentato dalla gente del posto per i picnic.

Z. JACOBS/SHUTTERSTOCK ©

Lake Danao

LIMASAWA ISLAND

La tranquilla **Limasawa Island**, un luogo di rilevanza storica e religiosa, merita una visita. Sull'isola vivono circa 6000 abitanti e ci sono cinque minuscoli villaggi. Il 31 marzo 1521 gli spagnoli celebrarono qui la prima messa, avviando la conversione del paese al cristianesimo.

A sinistra del molo, in cinque minuti a piedi si arriva al sito della messa. Accanto, una scalinata di 450 gradini sale alla croce di Magellano, che commemora l'evento. Da qui una meravigliosa vista spazia sull'oceano fino a Mindanao, Bohol e sull'entroterra di Leyte. Lungo la costa ci sono diverse calette ideali per il nuoto e lo snorkelling e qualche guesthouse.

Le bangka effettuano numerose traversate giornaliere tra Burgos e Limasawa; è anche possibile noleggiare un'imbarcazione.

Biliran

VULCANI | SPIAGGE INCONTAMINATE | CASCATE

Collegata a Leyte settentrionale da un ponte, questa splendida isola offre un entroterra montuoso. Selvaggia e poco turistica, è perfetta per chi ama l'avventura. Numerose cascate costellano l'interno, e sulle pendici dei vulcani (l'ultima attività registrata risale al 1939) si trovano spettacolari risaie terrazzate. La costa merita di essere esplorata, anche se la spiaggia più bella si trova al largo sull'idilliaca Maripipi Island.

Biliran ha una vegetazione molto rigogliosa, e ci possono essere acquazzoni in ogni periodo dell'anno; i mesi più piovosi sono dicembre e gennaio, il più secco aprile. Gli abitanti vivono quasi tutti di agricoltura o di pesca e in generale parlano cebuano sulla costa occidentale e waray-waray su quella orientale. Biliran è diventata una provincia indipendente nel 1992.

TRASPORTI LOCALI

L'isola è ideale da girare in moto: il traffico è molto ridotto e le strade sono per lo più asfaltate e in condizioni discrete. Tutte le guesthouse noleggiano scooter. Il trasporto pubblico è limitato, con autobus e jeepney lungo la costa occidentale tra Biliran, Naval e Kawayan. Naval ha buoni collegamenti per Tacloban e traghetti per Cebu. Nei centri abitati ci si sposta con i numerosi tricicli.

IL CONSIGLIO

Quasi tutte le strutture ricettive sono concentrate vicino a Naval, che ha una discreta scelta di guesthouse e qualche hotel, ma niente di elegante. Per un posto davvero speciale puntate sugli hotel da 'isola deserta' a Higatangan e Maripipi.

DA NON PERDERE
1 Sambawan Island

DA VEDERE
2 Agta Beach
3 Bagongbong Falls
4 Casiawan Falls
5 Kasabangan Falls
6 Tomalistis Falls

PERNOTTAMENTO
7 Higatangan Island Beach Resort
8 Napo Beach Resort

INFORMAZIONI
9 Provincial Tourism Information Office

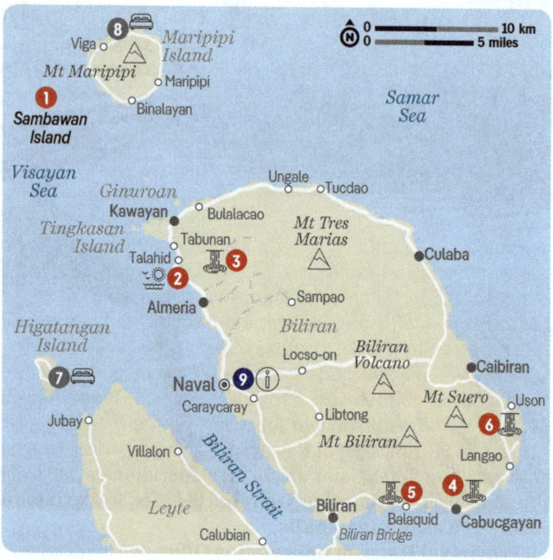

GREG BLOOM/LONELY PLANET ©

Risaie terrazzate, Biliran

Alla scoperta di Biliran

Tra montagne e isole

A est di Naval si stagliano vette imponenti, tra cui il **Biliran Volcano**, la cui cima si raggiunge in un'ora e mezza; potrete trovare una guida a Caibiran al barangay Pulang Yuta. Alle pendici del vulcano ci sono le fotogeniche risaie terrazzate di Sampao.

La strada panoramica costiera a nord di Naval verso Kawayan attraversa il villaggio di pescatori di Almeria, da cui una diramazione porta alle **Bagongbong Falls** e ad **Agta Beach**, con degli hotel proprio sulla sabbia. I barcaioli conducono i turisti alla piccola Dalutan Island, con una magnifica spiaggia bianca sulla costa orientale e bei siti di snorkelling, e alla più grande **Higatangan Island**, con uno splendido banco di sabbia bianca mobile e acque splendide per nuotare. Sul lato ovest di Higatangan ci sono formazioni rocciose e piccole baie sabbiose. Si dice che Marcos si rifugiò qui durante la guerra, e Marcos Hill è intitolata alla sua memoria. Sull'isola ci sono una guesthouse e un incantevole hotel, l'**Higatangan Island Beach Resort**.

Proseguendo verso nord da Agra, vedrete altri bei paesaggi vicino al villaggio costiero di Kawayan. Noleggiate una barca per **Sambawan Island**, che offre splendidi siti di snorkelling. Sulle barriere coralline della riserva marina si avvistano squali del reef, seppie, tartarughe e barracuda. Salite al punto panoramico che domina la spiaggia di Sambawan per ammirare la vista sulla minuscola isola gemella di Sambawan a sud e sul cono di Maripipi. Si possono affittare capanni sulla spiaggia.

Maripipi, molto più grande, è dominata da un vulcano (924 m). La gente del posto affitta scooter e biciclette; il circuito di 24 km è una splendida escursione. La spiaggia più bella è Candol Cove; subito a ovest si trova l'incantevole **Napo Beach Resort**, che offre immersioni subacquee e un vero isolamento.

Tornati a Biliran, a est di Kawayan la strada costiera è quasi tutta asfaltata fino a Caibiran. La metà meridionale dell'isola è ricca di cascate, tra cui le **Tomalistis Falls**, le **Casiawan Falls** e le **Kasabangan Falls**.

Il **Provincial Tourism Information Office** può dare consigli.

STORIA DI BILIRAN

Oggi è isolata e un po' trascurata, ma Biliran svolse un ruolo importante per i primi colonizzatori spagnoli, che intorno al 1600 vi fondarono il primo cantiere navale su larga scala. Le fitte foreste dell'isola fornivano eccellente legname per costruire i galeoni con cui percorrere la rotta commerciale del Pacifico tra Filippine e Messico, ma le ripetute scorrerie dei pirati moro indussero gli spagnoli ad abbandonare Biliran a favore della più sicura Cavite a Luzon.

Seguirono secoli di oscurità fino alla guerra filippino-americana, quando centinaia di ribelli pulahan condussero una guerriglia contro le forze statunitensi nell'isola. Vestiti con uniformi rosse, i pulahanes rivendicavano poteri soprannaturali derivanti dalla religione indigena e dal cattolicesimo popolare, ma la superiore potenza di fuoco americana soffocò rapidamente la rivolta.

Samar

AVVENTURA | SPELEOLOGIA | SURF

TRASPORTI LOCALI

Da Tacloban i van offrono i migliori collegamenti con la zona sud-orientale di Samar; ci sono partenze ogni mezz'ora circa per Guiuan, da dove si può prendere un multicab, un jeepney o un triciclo per Sulangan via Calicoan. I van effettuano corse ogni ora circa tra Tacloban e Borongan (via Basey).

I jeepney collegano Guinan con Borongan.

La parola più spesso associata a Samar è 'selvaggia'. L'entroterra, ricoperto da una foresta praticamente impenetrabile, è circondato da uno splendido litorale di baie lambite da acque turchesi, con surf break segreti, imponenti scogliere e spiagge di sabbia. Non a caso, Samar tende ad attirare turisti dallo spirito avventuroso come speleologi, appassionati di canyoning e irriducibili surfisti in cerca di nuovi break. La rete dei trasporti tra le città principali è molto buona, ma per esplorare a fondo Samar l'ideale è avere una motocicletta e parecchio tempo a disposizione. La lingua principale dell'isola è il waray-waray.

Alla scoperta di Samar sud-orientale

Spiagge da surf e il selvaggio Pacifico

Samar sud-orientale, una delle regioni più remote delle Filippine, offre alcuni dei migliori surf break del paese a Borongan e Calicoan Island, alimentati dalla potenza del Pacifico. Nella zona non ci sono città e le spiagge sono relativamente isolate, per cui non c'è affollamento.

Il lungo viaggio da Tacloban e Guiuan non offre molte distrazioni; la strada passa accanto ad alcuni resort frequentati nei weekend dalle famiglie locali. Se disponete di un veicolo, potete visitare la bella piscina naturale delle **Pangi Falls** o fare un'escursione a piedi alle vicine **Amandaraga Falls**. La diramazione per le due cascate si trova 1,5 km a ovest di Lawaan.

Guiuan si è ripresa bene dopo essere stata rasa al suolo nel 2013 dal tifone Yolanda, che toccò terra proprio qui. Protetta da Calicoan Island, Guiuan fu fortunatamente risparmiata dalla terribile ondata che fece un numero impressionante di vittime in altre zone: miracolosamente, meno di 200 persone furono uccise dal vento abbattutosi sulla città a 400 km/h.

DA NON PERDERE
1 ABCD Beach

DA VEDERE
2 Amandaraga Falls
3 Bangon Falls
4 Bato Beach
5 Baybay Beach
6 Biri Island
7 Capul
8 Chiesa
9 Dalupiri Island
10 Doña Paz Memorial
11 Pangi Falls
12 Pinipisakan Falls
13 Seven Islands

ATTIVITÀ, CORSI E TOUR
14 Jiabong Caves
15 Langun-Gobingob
16 Trexplore

PERNOTTAMENTO
v. 1 Calicoan Villa
17 La Luna Beach Resort
18 Pirates Cove Beach and Surf Resort
19 Surf Omawas

Tuttavia il tifone distrusse o danneggiò gravemente gran parte degli edifici, tra cui l'imponente **chiesa** del 1718, che è stata ricostruita dopo essere stata chiusa per diversi anni. La porta d'ingresso originale (con le sculture dei dodici apostoli) è stata ricollocata al suo posto e si possono nuovamente ammirare i magnifici dettagli in conchiglia e corallo degli altari laterali.

Subito a sud di Guiuan, una strada solitaria sferzata dal vento corre verso sud e attraversa il Pagnamitan Bridge per raggiungere **Calicoan Island**, un'isola pianeggiante poco popolata che è stata colpita direttamente dal tifone Yolanda ma si è ripresa bene: le sue spiagge sono sempre stupende e le sue famose onde continuano a fare la gioia dei surfisti. Il miglior sito di surf si trova all'altezza di **ABCD Beach**, che deve il nome ai quattro reef break lungo questo tratto di costa e an-

IL CONSIGLIO

Situata all'estremità orientale dell'arcipelago filippino, Samar non è una grande destinazione turistica e le opzioni di alloggio sono piuttosto scarse, anche se a prezzi competitivi. Tutte le città principali offrono una discreta scelta di hotel e guesthouse.

IL NEW PEOPLE'S ARMY

Il New People's Army (NPA), braccio armato del partito comunista filippino, ha combattuto la più lunga insurrezione comunista del mondo, un conflitto che ha causato oltre 44.000 vittime. Samar, con il suo terreno montuoso, è stato il principale teatro delle operazioni. Gli alti livelli di povertà e l'iniqua distribuzione delle terre a Samar hanno creato un terreno fertile per la guerriglia dell'NPA, anche se il loro sostegno sul campo è sempre stato limitato.

Inizialmente sostenuto dalla Cina, oggi l'NPA gode di scarso supporto internazionale ed è classificato come gruppo terroristico dagli Stati Uniti. Il governo filippino si è impegnato in numerose iniziative di dialogo per la pace, ma le forze di sicurezza hanno anche compiuto oltre 1000 esecuzioni extragiudiziali di presunti simpatizzanti dell'NPA.

Negli ultimi anni il conflitto sembra essersi placato; gli scontri con le truppe governative si verificano soprattutto in remote zone dell'entroterra e non coinvolgono i turisti.

che all'Advance Base Construction Depot', una struttura di supporto che faceva parte della rete di basi militari americane durante la seconda guerra mondiale e che può essere di interesse per gli appassionati di storia. I surfisti troveranno fantastici reef break da destra e da sinistra fra giugno e ottobre.

Proseguendo verso sud, il tranquillo villaggio di pescatori di **Sulangan** sulla vicina Sulangan Island è collegato da un ponte all'estremità sud-orientale di Calicoan. Sulangan è di una serenità irresistibile, con alcune spettacolari spiagge di sabbia bianca, acque incantevoli in cui fare il bagno e alcune strutture ricettive.

L'altra principale attrazione della regione è la località surfistica di **Borongan**, 111 km a nord di Guinan. Quando le onde danno il meglio di sé (da ottobre a marzo, e in particolare in dicembre e gennaio), la tribù locale del surf fa la sua comparsa a **Baybay** oppure a **Bato Beach**, la spiaggia immediatamente a sud. Il **Pirates Cove Beach and Surf Resort** può organizzare uscite di surf, noleggia le tavole e offre anche escursioni in kayak e mountain bike. Anche **Surf Omawas**, a sud di Borongan a Maydolong, noleggia le tavole. La fitta giungla intorno a Borongan nasconde cascate e grotte tutte da scoprire. **Huplag Speleo** è un gruppo di speleologi locali che organizzano l'esplorazione delle grotte e altre avventure nella zona.

LEO ARCILLA/SHUTTERSTOCK ©

Langun-Gobingob Caves

Avventure a Samar nord-occidentale

Formazioni rocciose, grotte e isole

Pochi viaggiatori visitano questa regione montuosa che però esercita un fascino irresistibile, offrendo speleologia, arrampicata, birdwatching e canyoning vicino a **Catbalogan**. Questa città portuale ha una lunga storia, benché i luoghi interessanti siano pochi, se si esclude qualche chiesa di epoca coloniale. Nel Pieta Park il **Doña Paz Memorial** commemora il terribile disastro del traghetto *Doña Paz* nel 1987, in cui buona parte delle circa 4300 vittime erano di Catbalogan e di altre località di Samar. Solo 24 persone sopravvissero alla tragedia.

L'escursione alle **Jiabong Caves** organizzata da **Trexplore** di Catbalogan è una delle avventure in giornata più entusiasmanti delle Visayas. Un terzo del tour di sei ore, che termina con una piacevole pagaiata di 45 minuti in una canoa scavata in un tronco d'albero, si trascorre nuotando sottoterra in perfetta tenuta speleologica. Altre possibili escursioni da Catbalogan includono l'epica rete di grotte di **Langun-Gobingob**, il canyoning alle **Bangon Falls** e il trekking alle **Pinipisakan Falls**.

A nord di Catbalogan si trova **Calbayog**, una grande città estesa su entrambe le sponde dell'ampio fiume omonimo e comodo snodo dei trasporti grazie all'aeroporto e ai frequenti traghetti. Pur non essendo scenografica o cosmopolita, è abbastanza gradevole per una tappa durante il viaggio verso sud o verso nord.

Più a nord, **Dalupiri Island** offre spiagge orlate di palme, acque azzurre e infinite opportunità di relax su un'amaca. È così invitante che potreste finire per fermarvi più a lungo del previsto. La vicina isola boscosa di **Capul**, a ovest, ha un ritmo di vita ancora più lento e merita decisamente un'escursione in giornata o anche un soggiorno più lungo. Ai tempi degli spagnoli era un punto di sosta per i galeoni – il nome deriva probabilmente da Acapulco, dov'erano dirette le navi. A quell'epoca risalgono il faro e un forte in rovina, dove un tempo le sentinelle scrutavano l'orizzonte alla ricerca dei pirati moro. In alternativa potrete dirigervi alle remote ma idilliache **Seven Islands** per le spiagge di sabbia rosa e il totale isolamento.

Al largo della costa settentrionale di Samar, le straordinarie formazioni rocciose, le piscine di marea e le cascate in mare di **Biri Island** sono uno spettacolo incantevole. Vicino alle formazioni rocciose si può fare surf, soprattutto da ottobre a gennaio.

Alcune delle formazioni rocciose più note si trovano a 2-3 km dalla cittadina di Biri. All'estremità nord-orientale dell'isola, due passerelle in legno conducono fino a metà strada per le formazioni situate subito al largo. Molti registi filippini hanno utilizzato questo posto come location. Proseguite fino alle rocce attraverso una vasta zona di marea in cui si formano stupende piscine naturali in cui si può nuotare; alcune sono abbastanza profonde per lo snorkelling. Le formazioni di Magasang e Magsapad sono le nostre preferite. Se la marea lo consente, fate due passi alle spalle di queste rocce per osservare il punto in cui l'incredibile potenza dell'oceano aperto incontra la terra. Se il mare è calmo potete immergervi e fare snorkelling lungo il lato ovest di Magasang. Qui sono stati avvistati numerosi pesci del reef, murene e persino serpenti dal ventre giallo.

ALLA SCOPERTA DI LANGUN-GOBINGOB

Samar è piena di grotte; la più imponente è **Langun-Gobingob**, 50 km a sud di Catbalogan, grande come tre campi da calcio. L'ampio ingresso di questo sistema di grotte, incorniciato dalla giungla, è una degna introduzione all'epica avventura che vi attende.

Una scala scende nelle viscere della terra, e man mano che ci si addentra la luce naturale svanisce per cedere il posto a un silenzioso mondo sotterraneo. Procedete con cautela tra gigantesche formazioni di minerale di calcio dai cristalli scintillanti e ammirate le stalattiti sospese simili a immensi lampadari.

La fauna che vive nel sistema di grotte include un pesce cieco presente solo in questa regione, pipistrelli, rafidoforidi e ragni. Le estenuanti escursioni in giornata da Catbalogan organizzate da **Trexplore** prevedono cinque ore di cammino (andata e ritorno), una discesa in corda doppia di 18 m e quattro ore all'interno della grotta. Sono disponibili anche uscite di due o tre giorni.

Sistemazioni consigliate

$ Prezzi economici $$ Prezzi medi $$$ Prezzi elevati

Cebu City p262 (cartina p264)

Flying Fish $ Eccellente ostello con arredi moderni e accattivanti, un bar-caffè conviviale, piscina e camere e camerate con aria condizionata dall'ottimo rapporto qualità-prezzo.

1075 Dormitel $ Camere piccole ma curate in un hotel contemporaneo in posizione comoda per raggiungere a piedi molti luoghi di interesse.

Bugoy Bikers Bed & Breakfast $ Accogliente ostello in posizione tranquilla di un operatore di tour in bicicletta, con camere raccolte, una camerata, cucina e giardino.

Montebello Villa Hotel $$ Hotel in stile coloniale spagnolo con una magnifica piscina di 30 m e splendidi giardini tropicali.

Hamersons Hotel $$ Buon hotel di fascia media in ottima posizione a uptown, a due passi da caffè, ristoranti e negozi.

Harold's Evotel $$ Hotel gestito in modo efficiente, con rooftop bar e camere invitanti con magnifici letti e arredi eleganti.

Seda Ayala Center Cebu $$$ Posizione fantastica a due passi dai ristoranti di The Terraces; servizi eccellenti e camere spaziose.

Moalboal p276 (cartina p277)

Archery Asia Camping & Nipa Huts Moalboal $ Atmosfera conviviale (con falò e birre la sera) in questo campeggio con tende già montate e capanni nipa.

Maayong Hostel $ Un bell'ostello a due passi dalla via principale con camerate pulite, atmosfera cordiale e ottimo cibo (e cocktail!).

Palmera Palma $$ Un giardino tranquillo, sistemazioni spaziose e calorosi proprietari canadesi-filippini.

Quo Vadis Dive Resort $$ Magnifica posizione sulla costa, ampi giardini intorno a una piscina incantevole e dive centre, ma camere piuttosto piccole.

Badian Island Wellness Resort $$$ Questo lussuoso resort su un'isola offre camere tra le più sontuose delle Filippine, oltre a una splendida spa.

Bantayan Island p281 (cartina p282)

Miadristar $ Sistemazione economica pulita raggiungibile a piedi dal porto; noleggia scooter e biciclette a buoni prezzi.

Ahava Boutique Hotel $$ Hotel nuovo con camere compatte in posizione centrale a Santa Fe.

Kota Beach $$ Un bel resort su una delle spiagge più belle di Bantayan, con camere eleganti che coniugano look contemporaneo e atmosfera tradizionale.

Yooneek Beach Resort $$ Subito a sud del centro di Santa Fe, con camere spaziose a due passi dal mare e uno dei beach bar più rilassati dell'isola.

Malapascua Island p285 (cartina p286)

Malapascua Budget Inn $ Un'ampia scelta di camere e camerate e una bella area comune per mangiare, bere e socializzare.

Threshershack Inn $ Offre discrete camerate e camere (alcune con vista sul mare) a Logon Beach, oltre a cucina e giardino.

Evolution Dive & Beach Resort $$ Sul lato tranquillo di Bounty Beach, questo rilassato resort per sub ha belle camere e adotta una rigorosa politica ambientalista.

Malapascua Starlight Resort $$ Vicino al mercato, offre camere spaziose, pulite e ben arredate, aria condizionata e staff cordiale.

Exotic Island Dive Resort $$ Gode di una spettacolare posizione sulla spiaggia e ospita uno dei dive centre più rinomati di Malapascua. Alcune camere hanno la vista sul mare.

Ocean Vida $$$ A Bounty Beach, con camere eleganti, un vivace bar-ristorante fronte spiaggia e un buon dive centre. L'hotel gemello offre anche yoga e palestra.

Panglao p291 (cartina p292)

Bohol Coco-Farm $ Si respira un'atmosfera affabile in questa roccaforte dei backpacker con incantevoli capanni nipa in una cornice rustica, 5 km a est di Alona Beach.

Green Space Inn $ Una tranquilla posizione in campagna per camere incantevoli, tutte dotate di aria condizionata e bagno privato con acqua calda. Il personale è gentile e prepara sostanziose prime colazioni.

Peaceland $ Vicino a Momo Beach sul versante nord di Panglao, con camerate a prezzi stracciati, una piccola cucina e un bar.

Ohana Panglao Resort $$ Incantevole hotel dall'atmosfera raccolta con camere moderne pulitissime disposte intorno a una bella piscina. Il servizio è eccellente e c'è anche un piccolo ristorante.

Sunshine Village $$ Un resort invitante con una stupenda piscina di circa 30 m e incantevoli giardini, 4 km a est di Alona Beach.

Scent of Green Papaya Resort $$ Una bella struttura con camere eleganti ben arredate dotate di balcone con vista sulla piscina. C'è anche un ristobar.

Bohol Beach Club $$$ Un'ampia tenuta costellata di palme da cocco che gode di un'ottima posizione sul miglior tratto di spiaggia di Panglao. Il servizio è superbo.

South Palms Resort $$$ Questo resort gestito in modo efficiente occupa una magnifica posizione fronte spiaggia e ha due ristoranti, fitness centre e camere spaziose.

Bohol Bee Farm $$$ Cottage rustici con un bel design, pavimenti in legno e colori caldi, oltre a un bel ristorante e una terrazza solarium vicino al mare.

Amorita Resort Un complesso di lusso con un'atmosfera contemporanea trendy. Le sontuose ville sono separate da una curatissima vegetazione tropicale.

Loboc

p298 (cartina p290)

Nuts Huts $ Questa base per backpacker immersa nella foresta tropicale sul Loboc River offre capanni rustici, amache e una splendida zona pranzo e area relax.

Fox & the Firefly Cottages $$ Un resort sul fiume ben gestito con raffinati cottage indipendenti a piani sfalsati, un bel ristorante ed eccellenti tour in paddleboard.

Anda

p298 (cartina p290)

1PEACE Beach Resort $ Gli ospiti apprezzano l'atmosfera conviviale con cene come in famiglia. Include un dive centre e offre buone opportunità di snorkelling subito al largo.

Casa Amihan $$$ Elegante boutique hotel sulla spiaggia con cottage dalle finiture raffinate. Il ristorante è tra i migliori del distretto.

Padre Burgos

p302

Peter's Dive Resort $ Una struttura dall'attività consolidata con una grande varietà di camere e camerate e una zona bar.

Sogod Bay Scuba Resort $$ Questo bel resort ha un'eccellente posizione sul mare, camere con terrazza arredate in modo semplice ma elegante e un ristobar con una buona cucina.

Panaon Island

p302

La Guerta Lodge $ Una struttura a conduzione familiare vicino al centro di Pintuyan con camere semplici e pulite. I proprietari vi aiuteranno a organizzare escursioni per osservare gli squali balena.

Pintuyan Beach Resort $$$ Una bella base d'appoggio per escursioni con immersioni, con bungalow spaziosi, un buon ristorante ed eccellenti tour sia a Limasawa sia per avvistare gli squali balena.

Calicoan Island

p307 (cartina p307)

Calicoan Villa $ Proprio vicino al surf break di ABCD Beach, offre una scelta di sistemazioni, oltre a piscina e ristorante.

La Luna Beach Resort $$ Questo fantastico hotel-ristorante di proprietari italiani è uno dei migliori di Samar, con camere eleganti e una cucina eccellente.

Badian Island Wellness Resort, Moalboal

COSA SCEGLIERE

Immersioni subacquee e in apnea e snorkelling

Nel cuore del Triangolo dei Coralli, le Visayas orientali offrono immersioni favolose su barriere coralline e relitti, nonché più di 100 scuole per sub. La regione vanta una straordinaria biodiversità, con oltre 500 specie di coralli duri e morbidi e un caleidoscopio di pesci e creature tropicali. Qui avrete buone probabilità di vedere spettacolari predatori come gli squali volpe, ma potrete anche andare in cerca di microrganismi come il pesce foglia cacatua durante immersioni su fondali sabbiosi (muck diving).

Dove immergervi se vi piace...

Squali

La località imperdibile per le immersioni con gli squali è **Malapascua**, dove quasi ogni giorno si avvistano squali volpe. A Oslob, Cebu e Taug (Bohol) gli avvistamenti degli squali balena sono garantiti dalla distribuzione del cibo. Per incontri naturali con squali balena in acque aperte la zona migliore è Pintuyan a Leyte. Altre specie di squali (tra cui martello, toro e tigre) si avvistano occasionalmente nelle acque di Malapascua. A Cabilao, al largo di Bohol, si vedono squali del reef, ma da diversi anni non si avvistano più gli squali martello, un tempo presenza regolare.

Muck diving

Il **muck diving** prevede l'immersione su fondali sabbiosi o fangosi alla ricerca di creature insolite. Bisogna avere pazienza, un occhio allenato e una guida subacquea locale esperta. Grazie alla straordinaria diversità delle Visayas, gli incontri con microrganismi esotici come cavallucci marini pigmei, pesci rana, pesci fantasma, canocchie, falene di mare e nudibranchi sono all'ordine del giorno. Quasi tutti le principali zone di immersione hanno uno o due siti di muck diving. Anda, Panglao e Malapascua sono tra i più popolari; gli appassionati decantano Sogod Bay a Leyte, in particolare Padre Burgos Pier e Ghost Town, dove si avvistano regolarmente penne di mare e ceriantari.

Banchi di sardine

Formati da milioni di esemplari, gli incredibili **banchi di sardine** delle Visayas orientali sono un'attrazione straordinaria per i sub e gli amanti dello snorkelling. Entrambi i siti, Moalboal (Cebu) e Napaling Reef (Panglao), sono molto accessibili. Basta indossare maschera e boccaglio (non serve attrezzatura subacquea) e potrete vederli a pochi metri dalla costa. La grande colonia di Moalboal include in realtà tre specie di sardine, oltre a carangi e altre specie. In entrambi i siti le sardine sono stanziali, non migratorie.

Apnea

Le **immersioni in apnea**, uno degli sport a più rapida espansione al mondo, sono ormai consolidate in tutte le Visayas, con oltre una dozzina di scuole e competizioni a cadenza regolare. Le due mete principali sono Panglao, con sagole dedicate e piscine di allenamento, e Moalboal, dove c'è un grande drop-off. Altri siti di immersione in apnea sono Malapascua, Mactan e le Camotes.

Anche lo snorkelling è favoloso nelle Visayas. Se volete fare snorkelling sul reef direttamente dalla spiaggia, puntate su Anda, Padre Burgos, Dalupiri Island o Maripipi.

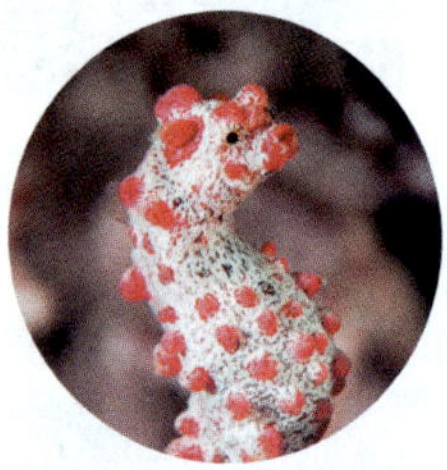

ETHAN DANIELS/SHUTTERSTOCK ©

Cavalluccio marino pigmeo

Immersione in apnea, Panglao Island

QUALCHE INFORMAZIONE

Quando andare Immersioni e snorkelling si possono praticare tutto l'anno, ma il periodo migliore è la stagione secca (da febbraio a maggio), quando la visibilità è ottimale.

Prenotazioni In genere non serve prenotare per fare un'immersione, ma in alcuni siti (tra cui Balicasag Island) il numero giornaliero di sub è limitato.

Costi Immersioni ricreative (circa P4000 per due immersioni con attrezzatura) e corsi (PADI Open Water circa P20.000) hanno costi ragionevoli rispetto ad altre zone dell'Asia.

Sicurezza Nelle Visayas ci sono alcuni dive centre poco affidabili. Rivolgetevi solo a operatori dalla reputazione consolidata. Non immergetevi mai da soli.

Viaggi per sub

Sono sempre più numerosi i backpacker e i viaggiatori a lungo termine che si portano nelle Visayas la propria attrezzatura da snorkelling. Maschera e boccaglio pesano pochissimo e ovunque nella regione ci sono barriere coralline e siti da esplorare. Le pinne sono ovviamente più ingombranti da trasportare, ma si possono noleggiare in tutte le principali località di immersione. Anche affittare una barca per un giorno ha costi abbordabili e consente di raggiungere le isole per fare snorkelling o immersioni in apnea.

I subacquei incalliti che desiderano vedere il meglio dei fondali delle Visayas prenotano in genere i tour con formula liveaboard, quasi tutti in partenza da Cebu City o Mactan (comoda per l'aeroporto internazionale). Le rotte di queste crociere per sub toccano le isole di Cebu, Moalboal e Malapascua, la costa di Dauin della vicina Negros e Apo Island, e siti a Bohol come Pamilacan e Balicasag. Alcuni includono anche il sud di Leyte. Le tariffe partono da circa US$2800 per una crociera di sette giorni.

In tutta la regione esistono opportunità di volontariato. LAMAVE (Large Marine Vertebrates Research Institute Philippines) gestisce un progetto di ricerca e tutela dello squalo balena a Leyte. Balyena, con sede a Bohol, coordina diversi progetti, tra cui studi sui cetacei e ricerche sull'impatto degli allevamenti ittici per determinare il numero e le specie di mobulidi catturate nel Bohol Sea.

RICHARD WHITCOMBE/SHUTTERSTOCK ©

Sopra: White Island (p329); A destra: Tessuti tradizionali, Yakan Weaving Village (p351)

AREE PRINCIPALI

Siargao
Surf break,
lagune e vita notturna.
p320

Camiguin
Sorgenti naturali,
cascate e barriere coralline.
p329

Mindanao

MAGNIFICHE ISOLE E ATTIVITÀ OUTDOOR

L'eterogeneo panorama etnografico della vasta Mindanao riflette la sua varietà geografica e culinaria, con fantastici surf break, una ricca gastronomia in una grande città e attività all'aperto fuori mano.

Nonostante le spiagge mozzafiato, le onde perfette per il surf, le montagne impervie e le culture native immutate da secoli, Mindanao rimane ancora fuori dai circuiti turistici, a eccezione della popolarissima Siargao, la capitale del surf nelle Filippine, e in misura minore di Camiguin. Ovviamente ciò è dovuto in buona parte al conflitto che si trascina ormai da generazioni. Salvo poche eccezioni, la reputazione di selvaggio West delle Filippine, esagerata e per lo più obsoleta, di cui gode Mindanao fa sì che quasi ovunque i viaggiatori stranieri abbiano la sensazione di trovarsi fuori dai sentieri battuti. Il che non significa che Mindanao sia estranea allo sviluppo, con i relativi problemi e controversie. Mindanao è un'isola di contrasti, forse più facilmente percepibili spostandosi dai grattacieli della cosmopolita Davao alla vicina e imponente vetta del Mt Apo e alla campagna circostante. Grandi allevamenti di bestiame e sterminate piantagioni di ananas e banane si affiancano a piccoli appezzamenti coltivati da piccoli agricoltori. La costa orientale, lunga e remota, e il margine settentrionale dell'isola, a est di Cagayan de Oro, inclusi Misamis Occidental e tutta la Zamboanga Peninsula, rimangono fuori dai radar dei turisti internazionali.

STANLEY CABIGAS/ALAMY STOCK PHOTO ©

I musulmani sono la maggioranza solo in quattro delle 21 province, dove 14.000 kmq sono assegnati al Bangsamoro, una regione autonoma nota anche come BARMM che si estende verso la Malaysia e l'Indonesia.

Cagayan de Oro
Punto di partenza per esplorare la campagna.
p334

Davao
Ristoranti e base d'appoggio per avventure outdoor.
p339

Zamboanga City
Uno spaccato della Mindanao musulmana.
p348

Per orientarsi

Mindanao include la seconda isola più grande delle Filippine e isole più piccole che si estendono quasi fino alla punta del Borneo. Parte della regione è off-limits, quindi concentratevi sulla zona settentrionale e meridionale di Mindanao.

Cagayan de Oro, p334
Fate un'escursione di rafting in campagna o un tour di degustazione in un fantastico mercato notturno.

Zamboanga City, p348
Qui finisce letteralmente la strada: una città con una ricca varietà culinaria ed etnica, porta di accesso alle Sulu Islands.

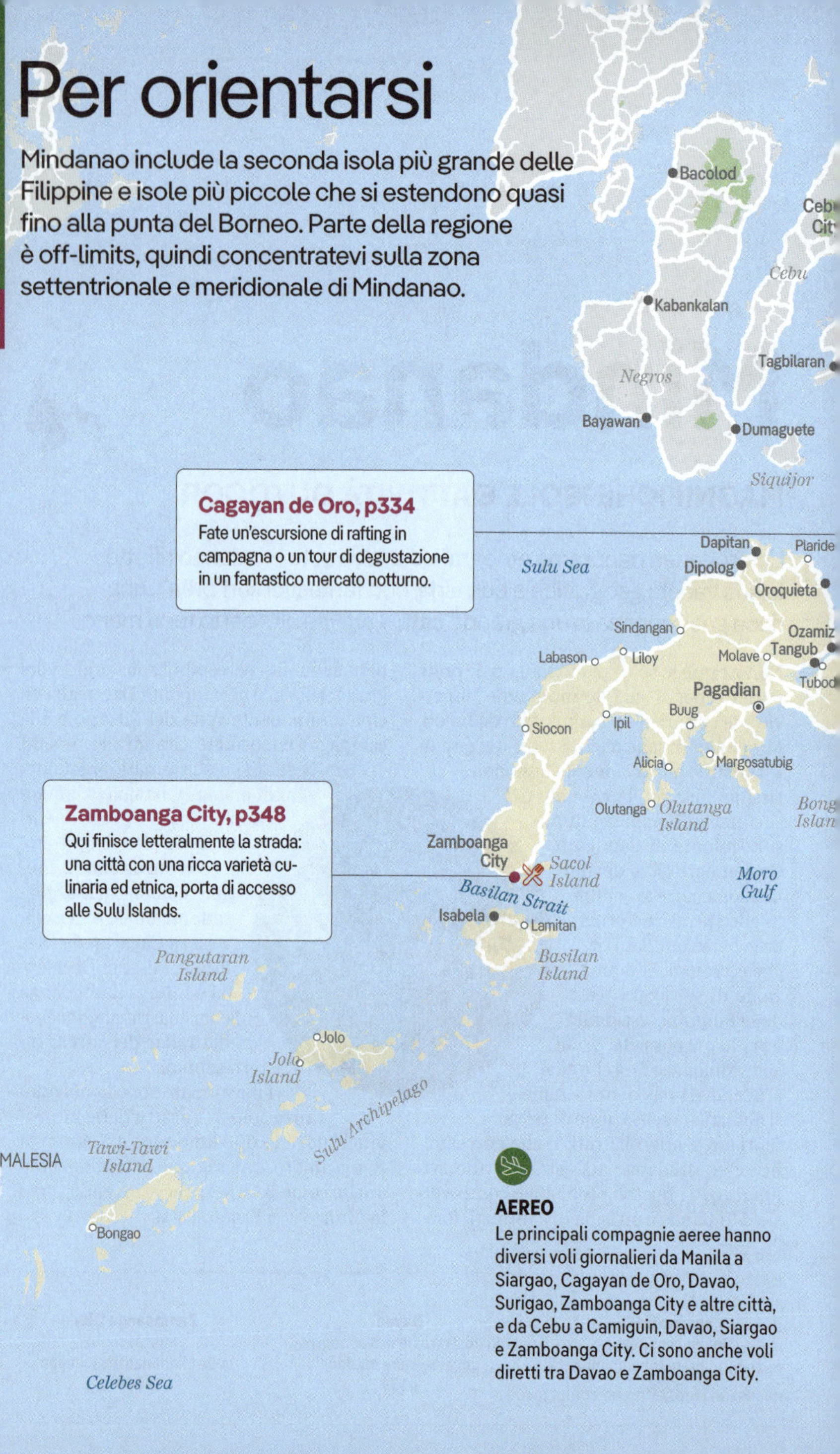

AEREO
Le principali compagnie aeree hanno diversi voli giornalieri da Manila a Siargao, Cagayan de Oro, Davao, Surigao, Zamboanga City e altre città, e da Cebu a Camiguin, Davao, Siargao e Zamboanga City. Ci sono anche voli diretti tra Davao e Zamboanga City.

Camiguin, p329
Esplorate questa lussureggiante isola vulcanica, dalle sorgenti naturali alle cascate e alle barriere coralline nelle acque circostanti.

Siargao, p320
Che decidiate o meno di cavalcare le onde, godetevi l'irresistibile atmosfera informale della cultura del surf.

Davao, p339
La città più grande di Mindanao, con vivaci locali notturni e base per emozionanti avventure all'aperto.

AUTOBUS E VAN

Quasi tutta Mindanao si percorre facilmente con un mix di autobus e minivan. La qualità e il comfort variano notevolmente. Mettete in conto molto tempo per coprire le lunghe distanze, poiché le fermate sono frequenti e le partenze non sempre rispettano gli orari. Per le località fuori mano potrebbero essere necessari jeepney meno confortevoli.

MDV EDWARDS/SHUTTERSTOCK ©

Bucas Grande (p326)

Ritmi di viaggio

Gran parte dei visitatori di Mindanao, a torto o a ragione, punta solo su Siargao ed eventualmente Camiguin. Entrambe godono di una meritata popolarità. Tuttavia la campagna montuosa del nord e del sud di Mindanao ricompensa chi è disposto a investire più tempo.

Se fate una cosa sola

- Concedetevi la spesa del volo per e da **Siargao** (p320) e godetevi la bella vita per tutto il tempo che potete (o volete).
- I principianti possono prendere lezioni di surf, mentre i più esperti possono esplorare gli spot al largo in cerca di onde potenti (p320).
- La zona è ricca di **lagune** (p327), mangrovie e spiagge da esplorare. Abbandonatevi al ritmo lento delle giornate sotto il sole e di notti rilassanti.

Tour di due settimane

- Prendete un aereo per **Davao** (p339) per scoprire la vita della grande città; scegliete almeno un'avventura outdoor.
- Con un autobus notturno (o un breve volo) andate a **Cagayan de Oro** (p334). Da non perdere il mercato notturno e un'uscita di rafting di mezza giornata.
- Raggiungete **Camiguin** (p329) per lo snorkelling, le sorgenti e le cascate.
- Dopo un lungo giorno di viaggio, arrivate a **Siargao** (p320), capitale del surf, per godervi gli ultimi giorni.

Le stagioni

GIUGNO-SETTEMBRE
La stagione più secca sulla costa nord ed est, ma Davao può essere soggetta a forti piogge. Nella seconda metà di agosto la città ospita l'imponente Kadayawan sa Dabaw Festival.

OTTOBRE
A Camiguin, al largo della costa settentrionale di Mindanao, è la stagione dei *lanzones*, piccoli frutti gialli, orgoglio e vanto dell'isola.

SETTEMBRE-DICEMBRE
Onde favolose a Cloud Nine, che in ottobre ospita il World Surf League Championship. Da novembre a gennaio è però la stagione più piovosa nel nord-est di Mindanao.

GENNAIO-APRILE
La stagione più secca di Mindanao, a eccezione della costa settentrionale e orientale, dove è umida fino a marzo. Un buon periodo per i principianti del surf.

TRASPORTI LOCALI

Il porto si trova nella municipalità principale, Dapa. All'arrivo, quasi tutti i visitatori puntano su uno dei resort situati tra General Luna (o semplicemente GL) e 'Cloud Nine'. Prendete un *habal-habal* (mototaxi con sedili più larghi) per GL (P250, 30 minuti) o Cloud Nine (P300, 35 minuti). Il prezzo dipende dalle vostre capacità di negoziazione e dall'ora (la mattina presto costa di più). I tricicli sono più cari e molto più lenti. Un ottimo modo per trascorrere la giornata è girare per conto proprio (la 'circumferential road' è in gran parte asfaltata); una moto a noleggio costa circa P500 al giorno.

IL CONSIGLIO

In qualunque zona dell'isola le tariffe delle camere aumentano durante i tornei di surf e la Settimana Santa. Le strutture ricettive si trovano in gran parte lungo la strada tra General Luna e Cloud Nine. L'offerta è molto ampia e spazia da semplici amache a splendide ville. Altri progetti sono in corso in altre zone, tra cui Malinao, a pochi chilometri da General Luna (GL), e Pacifico a nord.

Siargao

SURF BREAK | GITE IN BARCA | VITA NOTTURNA

Siargao sembra uscita dalle pagine di una rivista patinata dove pare che tutti vivano al massimo, non solo su Instagram. Lontana anni luce da Manila, l'isola ricorda la Bali di decenni fa: piena di gente bella, flessuosa e tatuata che in qualche modo è riuscita a trasformare i sogni di vacanza nella vita reale. Un piccolo gruppo di appassionati surfisti australiani, americani, europei e filippini, inizialmente attratti da onde favorevoli tutto l'anno e da una tranquillità che si è persa in altre isole delle Filippine, ha fatto conoscere Siargao, che oggi è una destinazione di primo piano nel paese. Lo sviluppo dell'isola, incluso il miglioramento delle strade, si è intensificato dopo il devastante tifone del 2021 e si è concentrato soprattutto su General Luna. Ciò nonostante, si continua ancora a respirare un'atmosfera tranquilla. Oltre ai surfisti, Siargao richiama anche viaggiatori fai-da-te e nomadi digitali postpandemia, che finiscono per prolungare il loro soggiorno di settimane, mesi o addirittura anni. L'esplorazione vi porterà in piscine naturali tra le rupi, paludi di mangrovie, fiumi tortuosi, isole con strane formazioni rocciose e animali selvatici, cascate e foreste, con l'amaca ad attendervi alla fine di ogni giornata.

Cavalcare le onde

Una giornata sulla tavola

Il surf e la cultura del surf pervadono tutto a Siargao. La moda. Gli stili di vita. L'estetica. E, osiamo aggiungere, l'atmosfera. Ormai consolidata come destinazione internazionale, l'isola consente di fare surf tutto l'anno, ma il periodo migliore è considerato in genere quello da agosto a novembre, quando i venti dei tifoni danno origine a grandi mareggiate. I mesi da dicembre ad aprile sono soggetti a forti venti trasversali;

ATTIVITÀ, CORSI E TOUR
1 Hope for the Island
2 Palaka Siargao Dive Center
3 Sugba Lagoon

PERNOTTAMENTO
4 Bravo Surf Resort
5 Inara Siargao Resort
6 Kermit Surf Resort
7 Mad Monkey Hostel
8 Paglaom Hostel
9 Siago Beach Resort
10 Siargao Island Emerald House
11 Villa Maya Resort

PASTI
12 CEV/Loose Keys
13 Cumin
14 Kanin Baboy
15 Kawayan Gourmand
16 Kolekibo
17 L'Osteria
18 Mama's Grill
19 Ronaldo's
20 Sausalito at Trogon's Perch
21 Shaka Siargao
22 Tacos sa Pacifico
23 Warung

LOCALI E VITA NOTTURNA
24 Mama Coco
25 Spotted Pig Cafe
26 The Hub by Lokal Lab
27 White Beard Coffee

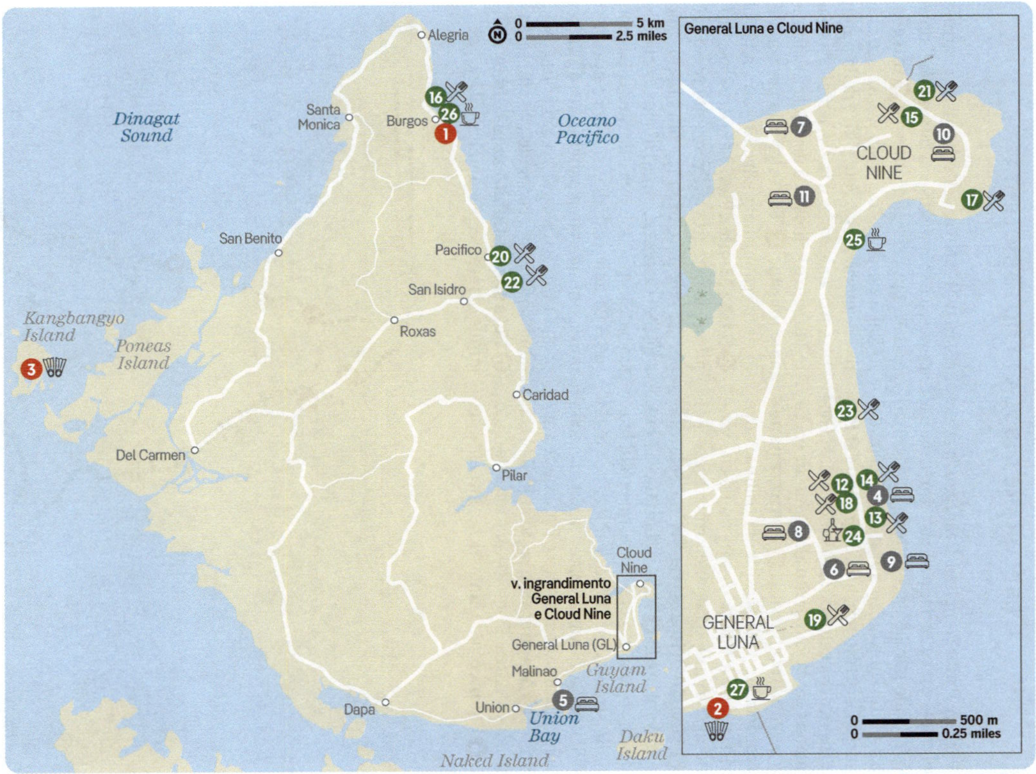

ESPLORARE L'ISOLA IN MOTOCICLETTA

Per fare il giro completo di Siargao in moto ci vuole una giornata lunga e intensa, ma è fattibile perché oggi tutte le strade sono asfaltate. Iniziate ammirando la scena del surf al mattino presto dal 1 **Cloud 9 Pavilion**, arroccato sopra l'iconico break. Fermatevi per la foto di rito alle palme da cocco a perdita d'occhio sulla 2 **terrazza panoramica**. Appena scesi dalla collina, dove la strada è affollata di bancarelle che vendono souvenir economici, rinfrescatevi al 3 **Maasin Bridge River Swing**. Solo 5 km più avanti c'è la 4 **Tayangban Cave Pool**, un divertente percorso sotterraneo guidato. Sulla strada verso nord, sul lato orientale dell'isola, a 18 km di distanza si trovano la spiaggia di sabbia bianca e le pozze cristalline di 5 **Magpupungko**, visibili solo con la bassa marea. Dopo 10 km a nord, le onde a 6 **Pacifico** sono fantastiche. La gente del posto potrebbe farvi partecipare a battute di pesca e ci sono diversi buoni locali dove andare a pranzo. L'incantevole 7 **Burgos**, 10 km a nord, ha una spiaggia a mezzaluna e acque azzurre. Fate il giro della punta settentrionale verso il lato orientale, lasciate la moto al chiosco d'ingresso e camminate fino alle 8 **Taktak Falls** per un tuffo rinfrescante. Raggiungete l'estremità del 9 **Santa Monica Pier**, 3 km a sud, per ammirare le mangrovie. Proseguite verso sud per 22 km, uno dei tratti più lunghi, fino a 10 **Del Carmen**, punto di partenza delle splendide gite in barca alla Sugba Lagoon (p327). Rabboccate il serbatoio e prendete uno spuntino in una panetteria a 11 **Dapa** prima di tornare a GL e Cloud Nine. Se i tempi sono giusti, concludete la giornata al 12 **Catangnan-Cabitoonan Bridge**, inaugurato di recente, per ammirare il tramonto.

Cloud Nine

quelli da febbraio ad aprile sono ideali per chi vuole usare la longboard su onde cristalline, alte fino alla vita, morbide e facili, mentre da maggio a luglio tendono a essere più deboli. In alcuni spot questa stagione è perfetta per i principianti. Da marzo a maggio in genere è la stagione secca; preparatevi a un sole cocente.

Presso i resort dell'isola si possono noleggiare le tavole e prendere lezioni. Si consiglia vivamente di usare le scarpette da surf, poiché alcuni break si trovano lungo la barriera corallina, per quanto 'morbida'. **Cloud Nine** è il break più famoso (per ora l'accesso è a pagamento), ma ce ne sono altri lungo la costa di Siargao o intorno alle isole adiacenti. Uno dei preferiti dai surfisti di livello intermedio è **Pesangan** o Cemetery, noto per le sue svariate opzioni, mentre se siete alle prime armi e volete divertirvi, il posto migliore è **Jacking Horse**, ma assicuratevi di assumere solo istruttori certificati ISA.

Lo stand-up paddling sta diventando sempre più popolare, e molti resort offrono tavole e lezioni.

Baldoria itinerante

Una movimentata vita notturna

Dopo giornate trascorse al sole indossando solo il costume da bagno, Siargao offre una vivace vita notturna alimentata da

PERCHÉ AMO SIARGAO

Michael Grosberg, autore Lonely Planet

Questa è una comunità forte. Il duplice impatto del Covid e del tifone Rai, che investì Siargao nel dicembre 2021, ha avuto conseguenze durature che vanno oltre l'aspetto fisico. Il boom del turismo, soprattutto a GL, dimostra la rapidità con cui questo settore dell'economia si è ripreso. In continuazione spuntano delle novità, come il Siargao Wakepark. Ma ciò che è meno evidente è una comunità più unita. Gli chef collaborano con i pescatori locali, gli istruttori di yoga con gli agricoltori. Gli abitanti del posto e gli imprenditori stranieri sono consapevoli di quanto sia importante lavorare insieme per preservare questo paradiso e trovare un modo per accogliere i viaggiatori e renderli partecipi della loro visione.

PASTI A SIARGAO

Cartina p321

Ronaldo's
Succhi di frutta, frullati e noodles (tra cui più di una dozzina di varietà di *pansit*) a buon mercato sono le specialità di questo locale all'aperto dotato di ventilatore. $

Warung
Lo chef indonesiano serve specialità con un buon rapporto qualità-prezzo come *laksa* (zuppa di noodles piccante) e *bakwan* (frittelle di verdure). $$

Cumin
Locale informale sulla strada a GL con curry indiani, kebab e piatti mediorientali, tra cui un buon hummus, e opzioni vegane. Spesso però i piatti sono 'non disponibili'. $$

L'Osteria
A Siargao non mancano ristoranti italiani, ma le pizze sottili di questo romantico e raffinato locale sulla spiaggia sono tra le migliori. $$$

LA TUTELA DI SIARGAO

Siargao è piccola rispetto alla velocità con cui l'economia sta crescendo, quindi uno dei modi per sostenere la comunità e proteggere l'ambiente dell'isola è attraverso le ONG che sostengono un vero e proprio turismo locale e gli sforzi dell'agricoltura per preservare la bellezza naturale. Visitate **The Hub by Lokal Lab** a Burgos e magari fate volontariato alla Tropical Academy. **Hope for the Island** è un'azienda agricola biologica che coltiva ortaggi e alleva capre e anatre (che fornisce ad alcuni resort). Prenotate una visita direttamente all'azienda o tramite il Pacifico Beach Resort. L'organizzazione affiliata gestisce un programma di borse di studio per i bambini di Siargao. I volontari (soprattutto per scavare e piantare) sono i benvenuti ogni martedì mattina.

drink a buon prezzo. Con una precisazione: i surfisti seri si svegliano presto per conquistare le onde migliori e molti seguono una filosofia di vita olistica e salutare. Tanti però non conoscono freni e poi giurano di non bere più... fino a quando ricadono in tentazione. Il fulcro della baldoria è GL ma, a dimostrazione del fatto che questa parte di Siargao è una vera comunità, i bar e i resort si animano in serate prestabilite. Chiedete in giro per conoscere il programma aggiornato. Il **Mama Coco** è noto per le serate tech e retrò; i suoi 'turni' cadono il lunedì e il venerdì.

Alla scoperta del mondo sommerso

Immersioni con le bombole e in apnea

Il surf conquista gran parte dell'attenzione, ma vale la pena di scoprire anche cosa si cela sotto le onde. La presenza di grotte profonde come la **Blue Cathedral** fa sì che alcune delle immersioni più interessanti della zona siano riservate esclusivamente ai sub esperti. In genere, tuttavia, grazie alla visibilità eccellente e al gran numero di siti di immersione, questo è un buon posto per chi vuole imparare. Il **Palaka Siargao Dive Center**, di proprietà di un francese che lo gestisce con entusiasmo e in modo professionale, si trova di fronte alla spiaggia direttamente alle spalle del mercato pubblico a General Luna; dispone anche di un 'resort' poco lontano con sette camere. Il Palaka offre inoltre brevi corsi di apnea che godono di sempre maggiore popolarità tra i surfisti.

Gioco corto e rischio serpenti

Una partita a golf

Non è richiesto un abbigliamento da country club. Le scarpe, anzi, forse anche la polo, sono facoltative. Fate solo attenzione ai serpenti se andate in cerca di una palla lanciata fuori dal campo. Non è la tipica esperienza associata a Siargao, ma è comunque molto divertente se avete voglia di fare una partita di golf.

Il campo sotto il **Villa Maya Resort** è uno stretto par 3, in pratica un pitch-and-putt con nove buche distinte (la più lunga di 145 m) con vista sulla campagna, particolarmente incantevole al tramonto. Aperto tutto l'anno, è l'unico campo pubblico di Siargao. Può giocare solo un gruppo alla volta e quasi tutti scelgono di giocare un 18 completo, per cui di solito c'è solo un tee time al mattino e uno al pomeriggio. Le mazze sono incluse.

PASTI A SIARGAO: IL NORD

Cartina p321

Kolekibo
Un posto informale vicino a Burgos frequentato da giovani surfisti in smart working. Il giardino sul retro sconfina nella spiaggia. Lavora come ONG a sostegno dei locali. $

Tacos sa Pacifico
Un chiosco fronte spiaggia a Pacifico che serve tacos, burritos e hamburger. Segue orari irregolari. $

The Hub by Lokal Lab
Fa parte di un'eccellente ONG e collettivo di turismo sostenibile comunitario, ma è anche un posto ideale per gustare deliziosi piatti filippini a base di ingredienti locali. $

Sausalito at Trogon's Perch
Elegante ristorante in un resort con vista mozzafiato e menu di ispirazione mediterranea, oltre ad alcuni piatti filippini e ali di pollo. $$$

Per gli appassionati di pesca

Pesca d'altura nei dintorni di Siargo

Siargao è uno dei pochi posti del paese dove si organizzano battute di pesca d'altura (escursione di un giorno fino a 4 persone P22.000); a detta di tutti, si tratta di uscite di alto livello. Non è raro pescare un pesce vela di 130 kg, ma si possono trovare anche mahi-mahi, marlin, tonni pinna gialla e sgombri macchiati. In genere la pesca è buona tutto l'anno; il periodo migliore è forse da metà aprile a giugno, mentre il mare può essere mosso da dicembre a febbraio. Contattate Junior Cliff Gonzalez (0995 323 9197), che offre anche l'alloggio nella sua casa a Pilar. È meglio avvisare con parecchi giorni di anticipo.

La gara internazionale di pesca che si tiene ogni anno alla fine di aprile è una delle poche al mondo che non prevede il tag and release (forma di pesca in cui la preda non solo viene rilasciata, ma anche etichettata). Di conseguenza, è di basso profilo.

SIARGAO – INFORMAZIONI ESSENZIALI

Andrea Luis, residente a Siargao e proprietaria dello studio di design Tada *@andrealuis*

Ecco le cose importanti da tenere a mente su Siargao:
Non ci sono ospedali: il più vicino è a Surigao City, che si raggiunge in traghetto da GL. Portatevi farmaci di base e il kit di pronto soccorso e NON fatevi male o ammalatevi di domenica, quando tutti gli ambulatori e le farmacie sono chiusi.
L'isola ha un grosso problema di gestione dei rifiuti, quindi raccogliete i vostri e portatevi bicchieri e contenitori riutilizzabili e riciclabili.
Sull'isola si verificano forti sbalzi di corrente elettrica dovuti a picchi della domanda, quindi regolatevi di conseguenza: dotatevi di un AVR portatile se pensate di lavorare da remoto.

LOCALI A SIARGAO: CAFFÈ

Cartina p321

Kawayan Gourmand Longevo locale francese di fronte a Cloud Nine, serve paste, torte e ottime bevande a base di espresso.

Siago Beach Resort Bar-ristorante di un elegante resort con vini sudamericani e cocktail della casa, da sorseggiare a bordo piscina o in spiaggia. Il menu del cibo è altrettanto fantastico.

White Beard Coffee Localino centrale a GL con buon caffè e smoothie. Serve anche waffle e uova alla Benedict.

Spotted Pig Un locale trendy con tavoli all'aperto e all'interno. Serve caffè forte e ottimi prodotti da forno e panini da prima colazione. Popolare tra chi gira con laptop al seguito.

Dintorni di Siargao

TRASPORTI LOCALI

Noleggiare una motocicletta a GL o a Cloud Nine, o dovunque alloggiate nella zona sud di Siargao, è il modo migliore per esplorare il resto dell'isola. È anche possibile fare una gita per conto proprio alla Sugba Lagoon; basta presentarsi e prenotare una barca a Del Carmen. Per andare a Sohoton, invece, dovrete organizzare l'escursione con un giorno o due di anticipo. Le altre isole si possono visitare partecipando ai tour organizzati o noleggiando una barca privata al porto di GL.

Isole sperdute, lagune nascoste e grotte sottomarine: da Siargao non mancano opportunità di avventure in barca.

Il turismo è ancora un elemento marginale per gran parte delle isole intorno a Siargao. La pesca e l'agricoltura determinano i ritmi quotidiani, quindi esplorare le vie d'acqua dei gruppi di isole adiacenti offre l'opportunità di scoprire come vivono le comunità costiere e rurali, oltre a magnifiche e singolari formazioni geografiche. Per godersi un po' di relax, chi ama muoversi per conto proprio può esplorare Dinagat Island, molto più grande di Siargao e più vicina alla terraferma. Servono diversi giorni e i visitatori sono pochi, soprattutto perché gli alloggi sono limitati e per arrivarci bisogna prendere una bangka a Surigao. Sull'isola ci sono diversi villaggi di pescatori; particolarmente incantevole è la costa nord-occidentale, con formazioni carsiche ricoperte di giungla che spuntano dalle acque turchesi.

Bucas Grande

DA SIARGAO: **2+H**

Grotte piene d'acqua e una laguna ricca di meduse

La traversata di oltre due ore dal porto di Dapa a questo labirinto di insenature al largo dell'isola di Bucas Grande può essere impegnativo, soprattutto in caso di maltempo. Tuttavia, dopo il trasbordo su una piccola bangka presso la piattaforma galleggiante che funge da ingresso ufficiale del parco, quando si inizia a navigare in questo scenario spettacolare i dolori alle gambe e alla schiena svaniscono. L'escursione alla **Sohoton Cove** (da non confondere con il parco omonimo a Samar meridionale) ricorda Palau o la più vicina Palawan settentrionale e prevede una giornata di divertenti attività acquatiche.

Uno dei momenti più belli è lo snorkelling nella **Tojoman Lagoon**, nelle cui acque verde smeraldo galleggiano due rare specie di meduse non urticanti. È un'esperienza straordinaria in qualsiasi periodo dell'anno, ma da marzo a luglio, nella stagione della riproduzione, queste acque protette pullulano di milioni di esemplari. Non toccate le meduse e usate una protezione solare che non danneggi la barriera corallina.

La **Magkuku-ob Cave**, con interessanti stalattiti, è accessibile solo nuotando sott'acqua per cinque secondi circa (le guide possono aiutare i timorosi). Una volta entrati nella grotta, l'unica via di 'uscita' è saltare da una piattaforma di 5 m nell'acqua sottostante. Il clou della giornata è di solito un'ultima lunga sosta per un pranzo 'boodle fight' (porzioni molto abbondanti di pesce, gamberi, pollo e maiale *adobo*, frutta, riso e qualche verdura disposti su foglie di banano) in un 'resort' arroccato su una laguna. Per smaltire il pranzo potete provare uno dei 'trampolini', l'altalena di corda o il lungo scivolo d'acqua.

Le grotte e le lagune sono in realtà più vicine a Mindanao, quindi si può organizzare la traversata dal porto di Hayanggabon a Claver, Surigao del Norte.

Kangbangyo Island

DA SIARGAO: **30 MIN**

Snorkelling nelle acque verde smeraldo della Subga Lagoon

Con le sue acque verdi e le scogliere calcaree, la **Sugba Lagoon** è incantevole, a patto che non vi disturbi il numero sempre crescente di visitatori. Potete saltare dalla piattaforma traballante, fare snorkelling, pagaiare su una tavola da surf o un SUP (che potete noleggiare a prezzi da P300 a P500 presso la piattaforma galleggiante) o semplicemente rilassarvi. Le gite in barca a motore attraverso le mangrovie fino a Sugba costano da P2000 a P32000 (a seconda del numero di passeggeri), a cui va aggiunta una tassa ambientale di P100 a persona; portatevi l'attrezzatura da snorkelling. Potete anche andare a Del Carmen e organizzare tutto per conto vostro. Quasi tutte le escursioni prevedono soste a un banco di sabbia deserto e a Pamamoan Beach, dove si può pranzare e bere qualcosa. Una sosta 'extra' su un ponte panoramico in cemento offre una vista mozzafiato sulle mangrovie circostanti.

KUDLA/SHUTTERSTOCK ©

Sugba Lagoon

LE STAGIONI A SIARGAO

A differenza di altre zone di Mindanao (Camiguin e le Visayas meridionali e centrali non hanno una stagione delle piogge definita) e di Manila, la stagione delle piogge a Siargao e nel resto della costa orientale del paese coincide con l'*amihan* (monsone di nord-est), all'incirca da fine dicembre a metà-fine marzo. La stagione secca, quando i venti *habagat* soffiano da sud-ovest, va da giugno a settembre.

Dal momento che questa è una destinazione la cui attività principale dipende dal tempo e dalle onde, non mancano siti web dove è possibile verificare le condizioni in anticipo.

Inquadrate il QR Code per verificare il meteo

PER/DA SIARGAO

Dal porto di Surigao salpano ogni giorno numerosi 'fastcraft' per passeggeri (P350, 1 ora 30 minuti) e traghetti 'RORO' per veicoli (P100, 3 ore) diretti a Dapa. Ci sono circa nove partenze dalle 4 alle 12 in ciascuna direzione. Da Surigao l'ultima partenza è il fastcraft *Sean* alle 15. L'ultima partenza da Dapa è alle 13.

I biglietti (P270) si possono acquistare la mattina della partenza. Le partenze della mattina presto da Dapa consentono di arrivare in tempo per i voli a Surigao o per raggiungere in autobus Cagayan de Oro e Davao in un solo giorno (comunque una giornata di viaggio lunga e faticosa); tuttavia, ciò significa partire da Cloud Nine prestissimo. Organizzate una moto per Dapa tramite il vostro alloggio.

ADEL NEWMAN/SHUTTERSTOCK ©

Guyam Island

Altre isole vicine

DA SIARGAO: **30 MIN-2 H**

Per lasciarsi alle spalle lo stress dell'isola grande

Il tour delle isole (in cerca di spiagge o break fuori mano, o di lagune per lo snorkelling) è una popolare gita in giornata, in genere partendo da GL. **Anajawan Island** a sud ha una guesthouse con camerate e splendide onde per il surf. Oggi **Daku Island** può essere così affollata da ricordare il traffico di Manila. In genere la visita a Daku è abbinata alle isole **Naked** e **Guyam**. Più singolare per la zona, **Corregidor Island** (alias Casolian Island) ha colline erbose punteggiate di palme e un piccolo villaggio; di solito è abbinata alla visita di **Mamon Island**.

Surigao

DA SIARGAO: **3 H**

Ristoranti sul lungomare

Se non fate il viaggio per/da Siargao in aereo, probabilmente dovrete trascorrere del tempo (da qualche ora a una notte) a Surigao, città piuttosto insignificante sulla terraferma. A Luneta Park, la piazza principale, si svolgono le attività più svariate, da partite improvvisate di scacchi a massaggi economici e primi appuntamenti, ma l'attrattiva cittadina è il lungomare. Fiancheggiato da bar con karaoke improvvisati, bancarelle serali di abbigliamento di seconda mano e almeno una mezza dozzina di buoni ristoranti, è il posto ideale per una passeggiata dopo un pasto abbondante. **EJ's Garden by the Bay**, nel parco del Tavern Hotel, è uno dei posti più invitanti grazie al suo ampio menu e alla musica live. Altrimenti andate al **Manzanitas**, un vivace locale contemporaneo con un ampio menu di specialità filippine, incluse generose porzioni di pesce e frutti di mare.

Camiguin

SORGENTI E CASCATE | SPORT ACQUATICI | QUIETE

Relativamente incontaminata e di dimensioni ideali per l'esplorazione, Camiguin si distingue per il suo profilo imponente, che non sfigurerebbe accanto all'isola di Hawaii o a Maui. Con oltre 20 coni di scorie alti più di 100 m, Camiguin ha più vulcani per chilometro quadrato di qualsiasi altra isola del pianeta. E poiché non è stata toccata dal turismo su larga scala ed è una delle isole più tranquille della zona (anche grazie ai 10 km della Gingoog Bay che la separano dalla terraferma), i visitatori hanno un atteggiamento protettivo verso questo piccolo gioiello e non ne divulgano i segreti. Oltre alle consuete immersioni, snorkelling e spiagge sabbiose (di sabbia marrone, tranne quelle al largo), Camiguin offre la possibilità di scalare un vulcano e un'infinità di cascate nella giungla e di sorgenti calde e fredde.

Abbandonati su un'isola deserta

Qualche ora a White Island

Il banco di sabbia bianchissima di **White Island**, a poche centinaia di metri dalla costa, cambia continuamente forma e combatte una battaglia senza fine contro le maree, l'erosione e gli occasionali furti di sabbia. Fantastica per post su Instagram e foto fatte da un drone, White Island è tutta da godere: oltre prendere il sole, si può fare snorkelling nelle acque turchesi e vedere alcune tartarughe stanziali. Non c'è ombra o riparo, quindi a mezzogiorno può essere molto disagevole. È preferibile arrivare la mattina presto o non molto prima del tramonto; sappiate però che non sarete soli. Le barche (P500, fino a 4 persone), disponibili su richiesta, partono da un punto vicino al Paras Beach Resort di Yumbing, vi lasciano sull'isola e tornano a prendervi all'ora che sceglie te voi. L'ultimo viaggio è intorno alle 16.

TRASPORTI LOCALI

Per facilitare gli spostamenti e l'accesso ai luoghi dove jeepney e *motorillas* (termine locale che indica i tricicli a motore) non arrivano, l'opzione migliore è noleggiare una moto (da P400 a P500); indossate il casco e portatevi la patente. In alternativa noleggiate un multicab, che può ospitare sei persone (P1500); potrebbero però esserci strade accidentate non adatte a questi mezzi. La strada relativamente nuova che taglia l'isola attraverso uno spettacolare paesaggio montano lussureggiante riduce drasticamente i tempi di viaggio da Mambajao alle coste meridionali.

IL CONSIGLIO

Quasi tutti i resort si concentrano in un tratto che va da Agoho a Naasag. Si consiglia di prenotare da marzo a maggio, quando il clima caldo ma affidabile rende rare le cancellazioni di barche e voli e la visibilità è eccellente per le immersioni. Gennaio e febbraio, anche se piovosi, sono frequentati da europei in fuga dall'inverno. Gli abitanti locali celebrano i familiari che tornano a casa per il Natale e la pausa di fine ottobre-inizio novembre.

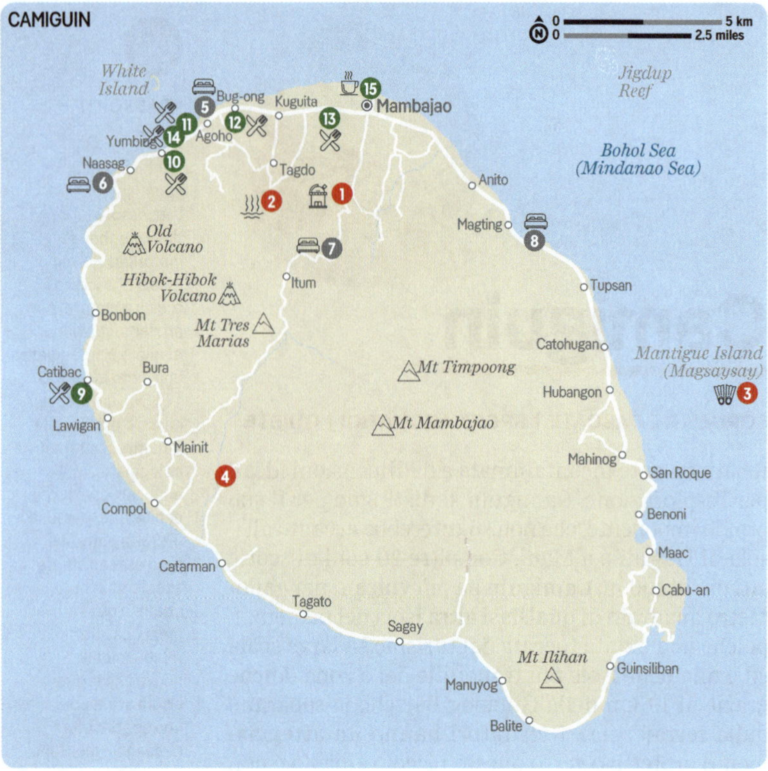

DA VEDERE
1 Mt Hibok-Hibok Volcano Observatory

ATTIVITÀ, CORSI E TOUR
2 Ardent Hot Springs
3 Mantigue Island
4 Santo Niño Cold Spring

PERNOTTAMENTO
5 Balai sa Baibai
6 Bintana sa Paraiso Beachfront
7 Bintana sa Paraiso Mountain Top
8 Camiguin Souldivers
v. 11 Guerrera Rice Paddy Villas

PASTI
9 Beehive
10 Checkpoint
11 Guerrera
12 Hayahay Cafe
13 La Dolce Vita
14 Luna Ristorante

LOCALI E VITA NOTTURNA
v. 6 Taste & See Camiguin
15 Tres Marias Cafe

Alla conquista del vulcano

Scalata dell'Hibok-Hibok

Il vulcano Hibok-Hibok (1320 m), la cui ultima eruzione nel 1951 causò la morte di quasi 600 persone, è uno scenario spettacolare nell'entroterra. Ubicato in un edificio vicino alla strada principale, il **Mt Hibok-Hibok Volcano Observatory** monitora l'attività del vulcano ed espone cartine, attrezzature e cimeli sismologici. Potete arrivarci con una moto a noleggio o un multicab.

Quando il tempo è secco si può scalare il vulcano, ma si tratta di una salita impegnativa di tre o quattro ore (e quasi altrettante per la discesa) lungo un ripido sentiero roccioso; bisogna avere una discreta forma fisica ed essere preparati a una faticosa scarpinata. Nelle giornate limpide, dalla vetta si possono vedere Bohol, Cebu e Negros. Quasi tutti i resort possono fornire guide (per gruppi di 4 o meno persone P1200, più ingresso P500 e tassa ambientale P200); cercate di partire verso l'alba.

Sorgenti calde e fredde

Per godersi momenti di relax in magnifiche piscine naturali

Immerse in una tenuta curatissima, le **Santo Niño Cold Springs** hanno un'acqua gelida. A metà giornata possono essere molto affollate. Scegliete il tardo pomeriggio, quando la temperatura dell'aria si è abbassata, per immergervi nelle acque tiepide delle **Ardent Hot Springs** (non aspettatevi che siano molto calde). La piscina grande viene svuotata per la pulizia il mercoledì e ci vuole buona parte della giornata per riempirla. Le sorgenti si trovano in un ambiente lussureggiante ma edificato e sono molto frequentate nei weekend. Sono ben segnalate, a circa 4 km nell'entroterra dalla Circumferential Road.

Entrambi i siti, come le altre piscine naturali dell'isola, sono ideali per le famiglie.

Paesaggi sottomarini e coralli variopinti

Immersioni e snorkelling negli straordinari siti di Camiguin

Ci sono oltre 10 siti di immersione e snorkelling degni di nota, alcuni con pendii ripidi dove si possono trovare razze, tartarughe marine e squali volpe. Se vi piace il muck diving, sui fondali sabbiosi potrete vedere seppie, pesci rana, nudibranchi, cavallucci marini e piovre. I posti migliori per immergersi sono forse Jigdup Reef, White Island e **Mantigue Island**. Quest'ultima – a volte detta Magsaysay – si trova tra Benoni e Mambajao ed è visibile dalla costa. Qui vivono alcune famiglie di pescatori e, grazie alla riserva marina, ci sono ancora bei coralli nell'area delimitata e tratti di una gradevole spiaggia di sabbia bianca. Per gli amanti dello snorkelling, il viaggio di andata e ritorno dal villaggio di San Roque costa P600. Le tariffe per l'accesso all'isola – ingresso P20, più P120 per i sub (P75 per chi fa snorkelling) – sono solitamente incluse nei pacchetti delle immersioni.

Altri siti da segnalare sono 'Old Volcano', un surreale paesaggio lunare di formazioni rocciose nato dalle colate laviche dell'Hibok-Hibok; Black Forest, con una parete che digrada dolcemente; e la barriera abbastanza fiorente di Sunken Cemetery, dove si vede un'enorme croce bianca galleggiare su un pontile nella baia (famoso per snorkelling e immersioni).

TAPPA A BUTUAN

Oltre a essere una meta di interesse storico e archeologico, Butuan è una tappa necessaria per cambiare autobus se si viaggia tra Cagayan de Oro e Surigao (o da Balingoan, il terminal dei traghetti sulla terraferma per/da Camiguin). Surigao è il punto di partenza dei traghetti per Siargao. Gli autobus diretti a est e a ovest utilizzano terminal diversi e il traffico lungo le vie strette e tortuose può essere opprimente.

Gli autobus ordinari effettuano partenze ogni 30-60 minuti. Da Butuan partono autobus climatizzati per le seguenti destinazioni: Balingoan (3 ore), Cagayan de Oro (4 ore 30 minuti), Davao (7 ore 15 minuti) e Surigao (3 ore).

PASTI A CAMIGUIN

Cartina p330

Beehive
Di proprietà belga, questo caffè dal design eccentrico è un bel posto per una pausa ristoratrice: buoni hamburger, omelette e succhi di frutta di stagione. $

Hayahay Cafe
Un piccolo caffè con giardino che serve piatti salutari come smoothie bowl, shakshuka vegano e non e cuscus saltato in padella con verdure. $

Guerrera
Il proprietario-chef filippino si concentra per lo più su versioni di street food thailandese e vietnamita, ma propone anche piatti del giorno. $$

La Dolce Vita
Ristorante italiano all'aperto di fronte all'aeroporto, serve deliziose pizze sottili cotte nel forno di mattoni, piatti di pasta fatta in casa e bevande a base di espresso. $$

TOUR IN MOTO DI METÀ ISOLA

La strada che fa il giro dell'isola è lunga 64 km e asfaltata. Abbiamo percorso solo la metà occidentale, a cui si possono aggiungere diverse sorgenti naturali (p331). Puntando verso ovest da 1 **Mambajao**, iniziate la giornata con un espresso al 2 **Taste & See Camiguin**. Poco prima di Bonbon passerete oltre l'Old Camiguin Volcano, i cui pendii sono stati convertiti in una bella e ripida 3 **Via Crucis**. Dalla cima il panorama è splendido. Tra il pendio e Bonbon si vede un'enorme croce bianca galleggiare su un pontile nella baia, che indica il 4 **Sunken Cemetery**, un cimitero scivolato in mare dopo il terremoto del 1871. Lo stesso terremoto distrusse la seicentesca 5 **chiesa spagnola** a Bonbon, di cui si possono vedere le rovine, con il bestiame che pascola nei dintorni e un altare di fortuna all'interno. Salite verso l'entroterra all'altezza del cartello che indica le 6 **Tuwasan Falls**. Un tempo incontaminata e magnifica, la cascata è stata deturpata dalla costruzione di un grande parcheggio e di una strada d'accesso asfaltata (parte della strada che attraversa l'isola) che prosegue oltre, ma resta comunque un bel posto. Con una breve deviazione potete raggiungere una piscina naturale di acqua fredda a Bura. Salendo alla vetta e oltre potrete ammirare un bel paesaggio. Chi è interessato alla sismologia può fermarsi al 7 **Mt Hibok-Hibok Volcano Observatory** (p330), che ha un'esposizione piuttosto scialba di cimeli e statistiche di passate eruzioni. Subito dopo, seguite le indicazioni per le 8 **Katibawasan Falls**, un magnifico getto di acqua limpida che si tuffa per oltre 70 m in una piscina: un bel posto per fare il bagno e un picnic. Ci sono alcuni chioschi di souvenir e una passerella di cemento, quindi non ha l'aria molto naturale. Da lì una discesa dritta riporta a Mambajao.

La spesa è di circa P3000 per due immersioni dalla barca, inclusa l'attrezzatura (cui va aggiunta la tassa comunale di P150 a persona per immersione nelle aree protette). Il noleggio di maschera e boccaglio costa P200, più altri P200 per pinne e calzari.

La festa della frutta

Per celebrare il raccolto dei *lanzones*

L'annuale **omaggio** a questo piccolo e delizioso frutto giallo dal sapore simile a un incrocio tra limone e litchi (e relativamente dolce rispetto ai *lanzones* coltivati in altre zone delle Filippine) si svolge verso la terza settimana di ottobre. Il programma prevede una settimana di banchetti con specialità tradizionali filippine, chiassose sfilate, balli, eventi sportivi e grandi spettacoli a cui assistono migliaia di persone. Naturalmente non sarebbe una festa nelle Filippine senza un concorso di bellezza con l'incoronazione di Miss Camiguin.

IMAGEGALLERY2/ALAMY STOCK PHOTO ©

Lanzones Festival

TRASPORTI DA BENONI

Jeepney e multicab (e in genere anche minivan climatizzati) attendono le imbarcazioni in arrivo a Benoni per trasportare i passeggeri a Mambajao (P30-50, 30 minuti). La corsa a Mambajao con un mezzo privato (senza caricare altri passeggeri) costa P150; per i resort a nord di Mambajao la spesa va da P250 a P500. Da Mambajao è facile prendere una motorilla diretta a ovest (di colore rosso; le motorillas dirette a est sono verdi) per gran parte dei resort (P9). Questi mezzi sono pratici, economici e gremiti.

PASTI A CAMIGUIN

Cartina p330

Taste & See Camiguin
Un po' una rivelazione considerando la sua posizione fuori mano, con arredi scandinavi vintage, caffè di buona qualità e dolci e panini fatti in casa. $

Tres Marias Cafe
Il caffè più elegante e contemporaneo di Mambajao, situato alla fine della strada. Buone bevande a base di espresso, biscotti, torte e semplici panini. $

Luna Ristorante
Ottime pizze sottili cotte nel forno di mattoni, piatti di pasta e prime colazioni con un buon rapporto qualità-prezzo. I tavoli sono disposti su un prato. $$

Checkpoint
Spazio all'aperto al 2° piano del mini centro commerciale Checkpoint, all'incrocio 'principale' di Yumbing. La scelta spazia dai semplici panini ai gamberi all'aglio. $$

Cagayan de Oro

GASTRONOMIA | RAFTING | MAGNIFICI PAESAGGI

Camminando per le vie affollate e piene di studenti del centro di Cagayan de Oro (o CDO; 'Oro' si riferisce all'oro scoperto dagli spagnoli nel fiume), non solo ci si muove più velocemente del traffico, ma si percepisce anche un'energia giovanile. Per il resto è una città filippina piuttosto ordinaria, in rapida espansione e sviluppo, con una vivace scena gastronomica. L'economia abbastanza solida di Cagayan si fonda in larga misura sull'impianto di lavorazione degli ananas Del Monte, a nord della città. Qui si trovano anche le sedi nazionali filippine di Nestlé e Pepsi. Frequentata dai turisti coreani per le lezioni di inglese, il clima relativamente fresco e il golf, la città è anche la base per avventure all'aperto come rafting, escursionismo, arrampicata e speleologia negli altopiani della provincia di Bukidnon.

TRASPORTI LOCALI

Tutti i voli partono dal Laguindingan International Airport, 32 km a ovest della città e 55 km a est di Iligan. Non serve prendere un taxi privato, poiché all'arrivo troverete minivan pronti a trasportare i passeggeri ai loro alloggi a Cagayan de Oro o Iligan. Il centro si gira facilmente a piedi. I tricicli sono onnipresenti e i taxi ampiamente disponibili.

Un taxi per Balingoan (P2500) o Iligan (P350) non è una spesa esagerata per un gruppo di tre o quattro persone. Fermatene uno per la strada o andate a un posteggio di taxi fuori da un centro commerciale.

LOCALI A CAGAYAN DE ORO

Cartina p335

Oak Room
Un locale poco illuminato con tocchi cool come un soffitto arcuato simile a una botte e una vecchia cabina telefonica inglese piena di liquori.

Tap It LIfestyle District
Un complesso all'aperto di fronte al campus universitario, circondato da bar che servono tutti da mangiare. Molto animato nei weekend.

4Daboys Tavern
Un locale buio e moderno che serve birre d'importazione e piatti filippini come *lechón* (maialino da latte arrosto) e *kambing* (capra).

Sky Bar
Al 3° piano di una piccola piazza commerciale con vista sulla città e un'atmosfera relativamente sofisticata.

ATTIVITÀ, CORSI E TOUR
1 Cagayan de Oro White Water Rafting & Adventure Tours
2 CDO Bugsay River Rafting
3 Viajero Outdoor Centre

PERNOTTAMENTO
4 Limketkai Luxe Hotel
5 New Dawn Plus

PASTI
6 4Daboys Tavern
7 Circa Eatery
8 Cogon Night Market
9 Cucina Higala
10 Fat Chef

LOCALI E VITA NOTTURNA
11 Oak Room
12 Sky Bar
13 Tap It Lifestyle District

TRASPORTI
14 Bisikleta

Alla scoperta del Cogon Night Market

Un tripudio di street food

Questo mercato è una meta imperdibile, anche se vi fermate in città solo per una notte. Vivrete una delle migliori esperienze gastronomiche di Mindanao, con una ricca stimolazione sensoriale e delle papille gustative. Lungo diversi isolati congestionati chiusi al traffico nei pressi del **Cogon Market** (nel tratto di Lt Guillermo St compreso tra Hayes St e Yacpin St) i venditori propongono una ricchissima scelta di spuntini, inclusi *isaw* (spiedini di interiora di pollo, P5 l'uno) e *proven* (o *proben*, una frittura mista di frattaglie di pollo dall'aspetto poco invitante). Assaggiate anche la specialità della regione, il *kinilaw*, pesce crudo marinato nell'aceto e insaporito

IL CONSIGLIO

A Cagayan de Oro vive un affiatato gruppo di amanti delle avventure outdoor. Uno dei punti di riferimento di questa comunità è il Viajero Outdoor Centre, che può fornire guide per trekking in montagna, arrampicata su roccia e speleologia, oltre a offrire corsi di alpinismo.

CIMELI STORICI

Butuan è ampiamente considerata il primo insediamento noto e centro di commerci marittimi delle Filippine, e nell'XI secolo era il fulcro commerciale del paese. Nel 1976 fu rinvenuto uno dei manufatti più antichi dell'arcipelago, una *balangay* (canoa a bilanciere per la navigazione in mare aperto) che secondo la datazione al carbonio risale al 320 d.C. La canoa è custodita nel **Balangay Shrine Museum** (o Butuan Archaeological Park), situato verso l'aeroporto, all'altezza del barangay Libertad. A pochi metri di distanza sono state riportate alla luce diverse bare di epoca compresa tra il XIII e il XIV secolo. A nord della città, un cippo situato nel punto in cui l'Agusan River sfocia nella Butuan Bay indica il sito in cui Magellano avrebbe celebrato la messa l'8 aprile 1521 – secondo gli storici, la prima nelle Filippine.

FROM MY POINT OF VIEW/SHUTTERSTOCK ©

***Shakoy* (frittelle)**

con *tabon tabon*, un frutto tipico di Mindanao settentrionale. I buongustai di Cagayan sostengono che il *lechón baboy* (maialino arrosto) della loro città, farcito con citronella e altre erbe e spezie, sia il migliore di tutta Mindanao. Completano l'offerta corn dog, pollo fritto alla coreana, *tapa* (carne di manzo essiccata), *sisig* di pollo (sfrigolanti bocconcini di carne alla griglia) e tacos, oltre a bicchieri di frutta, *shakoy* (frittelle), succhi, frullati e tè al latte. I grill aprono quasi tutti verso le 18; è un evento sempre più organizzato, con magliette ufficiali e venditori autorizzati.

Le strade limitrofe sono piene di bancarelle con ogni genere immaginabile di articoli per la casa, vestiti e ferramenta, e ospitano maleodoranti wet market che vendono carne e pesce.

PASTI A CAGAYAN DE ORO

Cartina p335

Cucina Higala
Uno dei migliori locali di Cagayan, allegro e arioso, offre specialità tradizionali di Mindanao, tra cui *rendang* (stufato) di manzo e *surol* (pollo cucinato nel latte di cocco). **$$**

Fat Chef
Piatti tipici filippini come *lechón* (maialino da latte arrosto) e *sinigáng* (carne in salsa al tamarindo), oltre a bistecche e hamburger serviti in una sala elegante. **$$**

Panagatan
Questo ristorante su palafitte circa 10 km a ovest di Cagayan de Oro lungo la highway per Iligan serve pesce freschissimo. **$$**

Circa Eatery
Una cucina all'insegna dello slow food e di ingredienti biologici locali: *croque madame* a colazione, hamburger di manzo alimentato a foraggio e salmone in crosta di sesamo. **$$$**

Dintorni di Cagayan de Oro

Cagayan è la porta di accesso per avventure all'aperto, tra cui il rafting a solo un'ora di auto a sud della città, nella provincia di Bukidnon.

Sulle montagne sopra Cagayan de Oro si trova Malaybalay, capoluogo di Bukidnon, una provincia dalla topografia spettacolare disseminata di canyon e di immense piantagioni di banane, carote, ananas e canna da zucchero. La regione è abitata da vari gruppi tribali, tra cui bukidnon, higgonon, matissalug e umayamnon. Si può fare trekking su varie montagne, tra cui il Mt Kitanglad (2899 m), la quarta vetta più alta del paese, o il Mt Sumagaya (2248 m), le cui cime regalano spettacolari panorami. Gli speleologi possono esplorare le grotte della catena Palaopao, risalenti a 25 milioni di anni fa. La Paiyak Cave è il luogo di sepoltura delle popolazioni indigene locali, che depongono i morti in vasi di argilla, mentre la Sumalsag Cave è un'escursione più attiva.

Provincia di Bukidnon

Rafting sulle rapide sul Cagayan de Oro River

L'uscita di rafting standard di tre ore (P1200) porta attraverso 14 rapide impegnative di classe II-III; l'alternativa più lunga (P1800, 6 ore) include parecchie rapide di classe IV; il pranzo alla griglia costa altri P200. L'escursione si svolge in gran parte in mezzo a paesaggi bucolici; è un'esperienza divertente, con guide piene di entusiasmo ed emozionati principianti, quasi tutti provenienti da Manila. Tra le sei agenzie ufficialmente registrate si segnalano **CDO Bugsay River Rafting** e **Cagayan de Oro White Water Rafting & Adventure Tours**. Tutte prelevano e riaccompagnano i partecipanti al loro alloggio a CDO.

Si può fare rafting tutto l'anno: nella stagione secca (gennaio-maggio) l'acqua è più limpida e la discesa più tecnica, mentre a giugno e luglio l'acqua è più veloce, anche se marrone e torbida.

Località
Provincia di Bukidnon
p337

TRASPORTI LOCALI

A meno che non noleggiate un'auto a Cagayan de Oro, per gli spostamenti vi conviene rivolgervi a una delle agenzie di avventure outdoor che hanno sede in città. Le moto sono un'opzione per i motociclisti esperti, dato che probabilmente dovrete affrontare alcuni tratti fuori strada. Un'alternativa è prendere un autobus verso sud e scendere lungo il tragitto, ma poi non potreste proseguire.

MIGLIORI CENTRI PER AVVENTURE OUTDOOR

Viajero Outdoor Centre
Negozio di attrezzatura e base della comunità outdoor, oltre che un buon posto per trovare le guide.

CDO Bugsay River Rafting (p337)
Consigliato per uscite di rafting sulle rapide. Le guide sono piene di entusiasmo e coinvolgono tutti.

Brown 'n Wild
Il posto in cui trovare l'attrezzatura e mettersi in contatto con una vivace comunità di appassionati di arrampicata.

Amaya View
Un 'parco a tema all'aperto' rivolto alle famiglie, con discesa in corda doppia, zip-line e parapendio in tandem (P2500) dalla vetta più alta entro i confini urbani di Cagayan de Oro.

Bisikleta
I proprietari e gestori sono grandi appassionati di mountain bike. Noleggia biciclette e fornisce indicazioni su piste fuori strada ed eventi nella zona.

In auto tra le piantagioni di ananas

La vista a perdita d'occhio di piante di ananas è surreale, e le riprese dal drone rivelano la disposizione simmetrica delle coltivazioni. Le **piantagioni di ananas Del Monte** (95 kmq) si trovano circa 35 km a nord e a est di Cagayan, sull'altopiano di Bukidnon a **Camp Phillips** (dove il generale MacArthur fuggì dopo la battaglia di Corregidor nel 1942). Nella grande rotatoria all'ingresso è collocata l'enorme scultura di un ananas. I jeepney portano a Camp Phillips, ma le piantagioni, così pure lo stabilimento di lavorazione, si trovano dietro il complesso, che include una club house, alloggi per i dipendenti che ricordano un sobborgo americano e un campo da golf. Il **Clubhouse restaurant**, una grande sala piuttosto spoglia, è aperto al pubblico; il piccolo negozio annesso vende prodotti a base di ananas. Noleggiare un'auto a Cagayan de Oro vi consentirà di girare liberamente in tutta la zona e raggiungere la vicina Manolo Fortich, dove ci sono alcuni bei posti per pranzare.

Scultura, Camp Phillips

Davao

RISTORANTI | VITA NOTTURNA | OUTDOOR

Questa città tentacolare – capitale gastronomica, culturale, economica e commerciale del sud e città natale della dinastia politica Duterte – sta diventando, nel bene e nel male, sempre più simile a Manila, con traffico, centri commerciali, compagnie multinazionali e complessi residenziali dietro a cancelli di sicurezza. Il Mt Apo che si staglia maestoso in lontananza simboleggia però la doppia natura del classico davaoeño, che al tempo stesso è un abitante della città e profondamente radicato nella terra. Davao offre una gamma di attività ampiamente in grado di soddisfare le esigenze dei residenti. La città è sede di diverse università, quindi la vita notturna è vivace, con piazze di grande richiamo come la storica Matina Town Square, un concentrato di bar e punti di ristoro all'aperto, con musica pop e cantautori dal vivo e spettacoli di danza. Potrete godervela sapendo che il giorno dopo, con un breve tragitto in auto o in barca, potrete raggiungere pendii boscosi e spiagge di sabbia bianca.

Dalla carne di carabao al durian

Sapori eterogenei nei mercati cittadini

Vivace, caotico, claustrofobico, maleodorante e simile a una tentacolare baraccopoli, **Bankerohan** offre un assaggio dei sapori locali. In questo mercato si vende tutto ciò che appare nelle cucine filippine: decine di varietà di frutta impilate a formare sculture e banchi di carne e pesce dall'odore pungente. Fate una pausa ai *painitan*, semplici bancarelle che vendono spuntini come tortini di riso al vapore e caffè. La mattina è il momento migliore per visitare il mercato. Se vi interessa solo la frutta, puntate verso le bancarelle dei Magsaysay Fruit Vendors, allestite fuori dal parco omonimo. I prezzi non

TRASPORTI LOCALI

Jeepney e tricicli intasano le strade, quindi a volte conviene andare a piedi, anche se la calura, spesso soffocante, può far cambiare idea. La corsa in taxi per l'Ecoland bus terminal costa circa P85, un jeepney circa P12. I taxi si possono facilmente fermare per strada e app come Uber e Grab sono molto utilizzate.

Se volete noleggiare un'auto per esplorare la zona da soli, Avis, Europcar e Hertz hanno uffici all'aeroporto. Una volta fuori città, guidare diventa molto meno stressante.

IL CONSIGLIO

Gli abitanti di Davao sono molto orgogliosi della loro variegata cucina, sicuramente la migliore di Mindanao, e si vantano anche della qualità della loro acqua. I ristoranti nella zona del Santa Aña Pier e del Muslim Fishing Village sono particolarmente frequentati nelle prime ore della serata e offrono piatti di pesce a prezzi economici. Numerosi 'complessi', tra cui il Victoria Plaza Compound, sono gremiti di ristoranti.

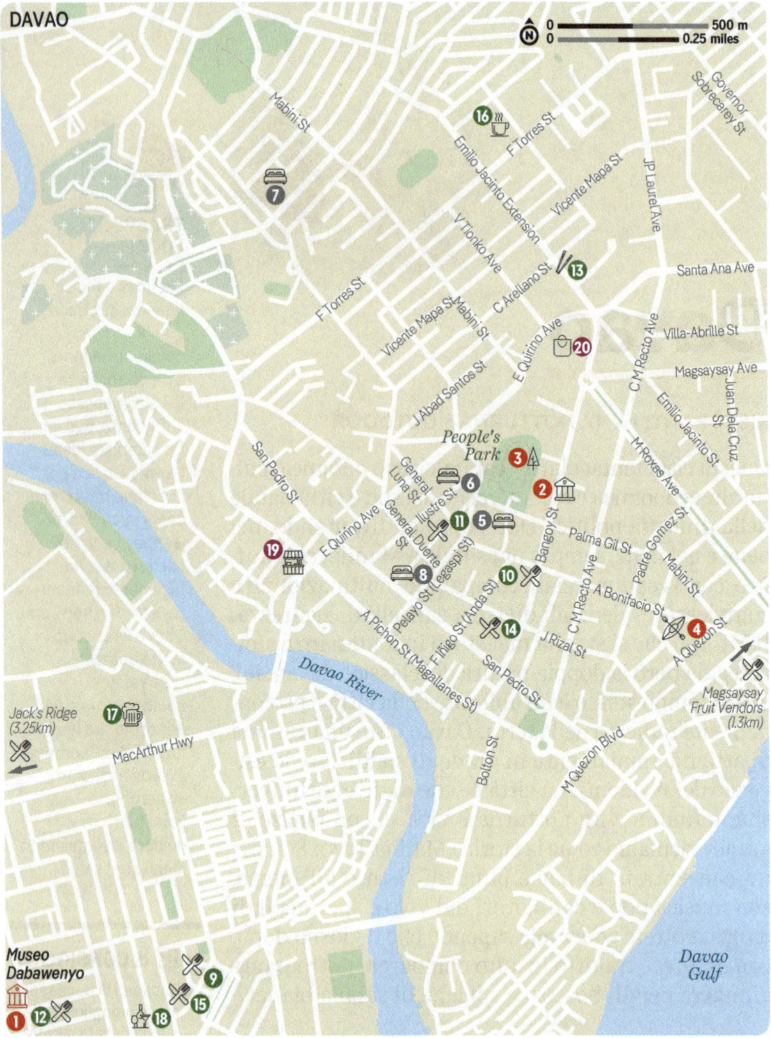

DA NON PERDERE
1 Museo Dabawenyo

DA VEDERE
2 National Museum of the Philippines – Davao
3 People's Park

ATTIVITÀ, CORSI E TOUR
4 Base Camp Davao

PERNOTTAMENTO
5 Apo View Hotel
6 Casa Leticia Boutique Hotel
7 Madeline Boutique Hotel & Suites
8 The Bourke

PASTI
9 Balik Bukid
v. 8 Bondi & Bourke
10 Cecil's
11 Davao Dencia's
12 Space Munchies Cafe
13 Tadakuma
14 Tola
15 Yellow Fin

LOCALI E VITA NOTTURNA
16 Cafe Prelaya
v. 17 Coffee for Peace
17 Matina Town Square
18 World Palace Hotel & KTV Bar

SHOPPING
19 Bankerohan Public Market
20 Poblacion Market Central

JASON PACAIRA/SHUTTERSTOCK ©

Frutti di marang, Bankerohan Market

sono più economici, anzi, spesso sono più cari. Però assaggiare frutti mai provati prima a un tavolo di plastica all'aperto è un'esperienza più piacevole che a Bankerohan.

Il nuovo **Poblacion Market Central** è ben diverso dal labirinto di bancarelle del vecchio Aldevinco, che ha chiuso i battenti nel 2022. Il mercato occupa ora un'elegante piazza commerciale contemporanea a due piani, con una piccola area ristorazione, una caffetteria e un ristorante alla moda. Nonostante l'ambiente sia cambiato, si possono ancora acquistare prodotti artigianali di alta qualità, tessuti, batik, sculture e gioielli di perle.

Storia e cultura a Davao

La panoramica del museo civico

Davao fu in grado di resistere all'invasione spagnola fino a metà del XIX secolo ed è un interessante connubio di influssi musulmani, cinesi, tribali e perfino giapponesi – questi ultimi a seguito dei primi stabilimenti di lavorazione dell'abaca creati nella zona e della seconda guerra mondiale. A maggioranza

KUBLAI MILLAN

Le opere di Kublai Millan, prolifico artista multidisciplinare di Davao, si trovano in tutta Mindanao. Le sue monumentali sculture di figure delle comunità indigene, musulmane e cristiane dell'isola sono intese come espressioni visive della possibilità di pace. Il culmine di questa visione occupa una collina con vista sul Mt Apo e su una valle lussureggiante vicino alla città di Kapatagan. Qui Millan ha realizzato un grande parco di sculture, l'**Agung House**. La parola *agung*, che significa 'fiume di nuvole', fa riferimento alla forma delle nubi che ogni giorno avvolgono la cima del Mt Apo. La casa, che sembra uscita da Hobbiton, è stata concepita in origine dall'artista come un posto dove gli amici possono trascorrere la notte e osservare le stelle. È aperta al pubblico durante le ore diurne.

PASTI A DAVAO

Cartina p340

Balik Bukid Farm & Kitchen
In questo ristorante a km0 quasi tutti gli ingredienti – eccetto il pesce fresco – provengono dalla sua azienda agricola biologica. **$$**

Davao Dencia's
Questa istituzione di Davao serve comfort food cinese e filippino come *lugaw* (porridge di riso con trippa di bue) e *tokwa't baboy* (tofu fritto con bocconcini di maiale). **$$**

Tola
Rivisitazioni creative di classiche specialità regionali con ingredienti di provenienza locale; il nostro preferito è stato il pesce spada alla griglia. **$$$**

Bondi & Bourke
Elegante e sofisticato, è uno dei ristoranti del centro di Davao più ricchi di atmosfera. Il menu include costate di manzo e salmone norvegese. **$$$**

LA TRADIZIONE DELLA VENDETTA

Il codice d'onore delle Filippine meridionali, detto *rido*, è molto simile a quello della mafia, in cui gli affronti personali possono portare a faide tra famiglie e clan che durano per generazioni.

Diffuso tanto nella comunità musulmana quanto tra i non musulmani, questo rancore ha causato migliaia di vittime e dispersi e la migrazione forzata di intere comunità. La spirale di violenza, più evidente nella regione di Bangsamoro e dintorni, può sfociare in altre forme di estremismo, e gli sforzi di riconciliazione si intrecciano con accordi più ampi che mirano a garantire pace e stabilità a lungo termine a Mindanao.

CHEMA GRENDA/SHUTTERSTOCK ©

People's Park

cristiana, la città ha vissuto momenti difficili, soprattutto negli anni '80, quando nelle strade imperversava la guerriglia. Potrete scoprire l'interessante storia di Davao al **Museo Dabawenyo**, un eccellente museo con diversi piani di gallerie dal bel design che esplorano il complesso mosaico di gruppi tribali indigeni, religioni ed etnie della città e di Mindanao nel suo complesso. È in programma il trasferimento dall'attuale sede temporanea a una sede permanente in Mabini St, vicino alla Davao City National High School. L'originale edificio, disegnato in modo da richiamare un durian, sorge sul lato orientale del **People's Park** nel centro di Davao e ospiterà il nuovo **National Museum of the Philippines – Davao**.

LOCALI A DAVAO

Cartina p340

Coffee for Peace
Il punto vendita di un'organizzazione di commercio equo e solidale orientata alla comunità, una delle prime nelle Filippine a esportare caffè arabica.

Jack's Ridge
Splendida vista sulla città da una collina a ovest del centro, ideale per l'aperitivo serale, e un menu gastronomico completo.

Cafe Prelaya
Accogliente locale con giardino in una via secondaria alberata. Prende molto sul serio la qualità dei chicchi, la preparazione del caffè e le cheesecake.

World Palace Hotel & KTV Bar
Potete esibirvi nel karaoke nella sala grande o divertirvi con gli amici in una saletta privata. E godervi un drink.

Località

Dintorni di Davao

Fuori dai sentieri più battuti tra montagne, spiagge e animali selvatici.

La zona di Davao regala molte avventure, dalla scalata del Mt Apo ai sentieri di trekking nella Compostela Valley, dal lungo litorale, a nord e a sud della città, alle tante isole al largo della costa. I viaggiatori stranieri sono pochi, ma molti davaoeños scelgono queste mete per il weekend. Il remoto Lake Sebu è un posto in cui scoprire le culture tribali e ammirare la bellezza del paesaggio rurale. In tutta la regione vedrete bancarelle lungo la strada che vendono frutti caratteristici quali marang, mangostani, rambutan, *lanzones*, *doco* (una varietà di *lanzones*) e, ovviamente, durian (di cui esistono diverse varietà), ma anche frutta più comune come banane, ananas e papaya coltivati su scala industriale.

TRASPORTI LOCALI

Davao è la porta di accesso alla regione. L'aeroporto di General Santos è un'opzione secondaria, con un minor numero di voli. Da molti porti salpano traghetti per Samal (P10).

Tutti gli autobus a lunga percorrenza da Davao partono dall'Ecoland terminal, 2 km a sud del centro. I minivan servono molte delle stesse destinazioni, tra cui General Santos e Mati; c'è un terminal dei mezzi diretti a nord vicino all'ingresso del Victoria Plaza e un altro fuori dal Gaisano Mall (da cui partono i van per Kidapawan). Autobus decrepiti per Calinan (per il Philippine Eagle Centre e il Malagos Garden Resort) partono da un deposito accanto al Bankerohan Public Market.

Samal Island

DAL CENTRO DI DAVAO: **75 MIN**

Una breve traversata verso oltre 100 km di spiagge

Ignorate il nome ufficiale, Island Garden City of Samal (Igacos): quest'isola situata di fronte a Davao è conosciuta semplicemente come Samal. Proprio come i newyorkesi vanno negli Hamptons o nella Jersey Shore nei weekend, i davaoeños prendono il traghetto che con una breve traversata raggiunge l'isola e i suoi 116 km di spiagge (è prevista la costruzione di un ponte). Ovviamente non tutte le spiagge sono da cartolina: anzi, la maggior parte dei resort sulla costa occidentale dà su raffinerie e terminal di spedizione tutt'altro che invitanti, proprio di fronte al canale trafficato, e inoltre ogni spiaggia ha il suo prezzo. I cosiddetti 'resort' sono in certi casi vere e proprie sistemazioni di lusso, ma in altri sono sempli-

CULTURA MORO

La provincia di Lanao del Sur a Mindanao è considerata il centro dell'islam nelle Filippine: ci sono tribunali che applicano la sharia, gran parte della popolazione è musulmana e i ritmi quotidiani seguono quelli del culto religioso. Gli abitanti della provincia hanno conservato alcuni aspetti del sistema di governo tradizionale, con un sultano, una regina, un *datu* (capo tribù preispanico) e una principessa. Qui e in altre zone di Mindanao, tra gli uomini musulmani di estrazione superiore è diffusa la poligamia. I leader si concentrano più su questioni sociali che amministrative e mediano i conflitti tra le famiglie; il lato negativo dei forti legami familiari è che le faide (chiamate *rido* nelle Filippine) generano rancore e rappresaglie violente che a volte durano per generazioni.

ci capanni da picnic; i prezzi vanno da P50 a P550 o più. Il versante orientale dell'isola è più tranquillo e incontaminato. **Kaputian Beach** ha una sabbia molto soffice e **Alorro Beach**, sul lato sud-orientale, è tra le nostre preferite. Vicino a San Jose nel barangay Cawag, le **Hagimit Falls** sono formate da un susseguirsi di piccole cascate e piscine naturali che sembrano non finire mai e che si possono esplorare anche da soli tra un tuffo e una scivolata. Si tratta di un sito ben attrezzato, con sentieri di cemento e capanni per picnic, non di un posto in cui entrare in contatto con la natura. Andate ad ammirare il tramonto al Bluebird View Deck, vicino all'Hof Gorei Beach Resort.

Grotte da record

Lo spettacolo di migliaia di pipistrelli sospesi che tappezzano le pareti sotterranee come una coperta scura, mentre altre migliaia di esemplari svolazzano intorno, è a dir poco unico. E vale la pena di vederlo, a meno che non si soffra di chiroptofobia (paura dei pipistrelli). Questa colonia di rossetti di Geoffroy (una specie di pipistrelli frugivori), che secondo le stime conta 2,5 milioni di esemplari distribuiti in cinque cavità della **Monfort Bat Cave**, è la più grande del mondo. La grotta si trova in una proprietà privata nel barangay Tambo, circa 11 km a nord di Babak. Dopo una breve spiegazione introduttiva sarete liberi di esplorare la caverna (è vietato fumare, poiché il guano è esplosivo quanto la polvere da sparo). Andateci al tramonto, poco prima che i pipistrelli si sveglino per andare in cerca di cibo (per lo più banane e manghi molto maturi).

Malagos

DAL CENTRO DI DAVAO: **45 MIN**

La maestosa aquila delle Filippine

Per vedere l'aquila delle Filippine, che con la sua apertura alare di oltre 2 m è la più grande del mondo, andate al **Philippine Eagle Center**, che si occupa della tutela di questa specie a rischio. Chiamate anche aquile delle scimmie, in natura hanno una vita media di 20 anni (di più nel centro), ma oggi la loro sopravvivenza è minacciata dalla deforestazione e dalla caccia. Nelle Filippine rimangono circa 400 coppie allo stato brado e una ventina dei 35 esemplari del centro sono nati grazie all'inseminazione artificiale. Il complesso si trova in un lussureggiante tratto di foresta autoctona vicino a Malagos, 36 km a nord di Davao, e ospita anche altre specie di uccelli e animali, tra cui il cervo bruno delle Filippine e il cinghiale dalle verruche delle Visayas. Ci sono guide volontarie che possono rispondere alle domande dei visitatori. Ulteriori informazioni sono disponibili anche sul sito della Philippine Eagle Foundation (philippineeaglefoundation.org).

In zona si può pernottare nei cottage del **Malagos Garden Resort**, un vasto complesso ben curato con giardini, sentieri, un parco aviario e una riserva di farfalle.

MILLETSTUDIO/SHUTTERSTOCK ©

Monfort Bat Cave

Provincia di Davao del Sur

DAL CENTRO DI DAVAO: **45 MIN - 1 H**

Una discesa sulle rapide

Fare rafting sul Davao River, a nord della città, può dare la sensazione di essere nella centrifuga di una lavatrice, soprattutto dopo piogge abbondanti. Il che è positivo, a patto che non vi dispiaccia passare un po' di tempo in acqua. Il tragitto in jeepney fino al punto di ingresso presso il Tamugan Bridge, a 38 km dal centro, dura circa un'ora. Il periodo migliore per vivere un'esperienza emozionante è giugno o qualsiasi momento della stagione umida. **Base Camp Davao** è un'organizzazione professionale vivamente consigliata che propone uscite mattutine e pomeridiane.

Fare tubing (P350) lungo il Sibulan River fuori da Santa Cruz, tra Davao e Digos, assomiglia un po' a un parco acquatico, stretto come un 'fiume pigro', ma con rapide a non finire. Le ciambelle monoposto (agganciate tra loro afferrandosi alle maniglie) formano un 'treno' che grazie alle guide poste all'inizio e alla fine si muove con abilità tra le rocce e altri ostacoli. È un'esperienza molto divertente. Salite su un qualsiasi autobus diretto a Digos o General Santos e chiedete di scendere al Sibulan Crossing, a circa 45 minuti da Davao, dove opera **Water Tubing Adventure Santa Cruz**. Il flusso dipende dalla centrale idroelettrica a monte del fiume.

UN FRUTTO FAMOSO

Il durian di Davao, simbolo della città dalle presunte proprietà afrodisiache, è decisamente un gusto acquisito – e durante il processo di acquisizione potreste perdere ogni interesse. La sua buccia dura coperta di spine nasconde una polpa cremosa dall'odore molto pungente. Quasi l'80% dei durian del paese sono prodotti nella regione di Davao, da dove sono destinati per lo più all'esportazione in Cina e a Singapore. La stagione va da settembre a dicembre. Nel resto dell'anno potete provare prodotti come il gelato, la torta o il cappuccino al durian (quest'ultimo disponibile in diverse caffetterie).

Se viaggiate in auto, fermatevi per il pranzo a Santa Cruz al Tabing Dagat, un ristorante di pesce sul lungomare dove si sceglie il pesce crudo da farsi cucinare. Poco più a sud, a Digos, si trova Mer's Delicacies, un vivace ristorante e negozio famoso per i suoi snack e dessert come i *bibingka* (tortini di riso con cocco) e i *bokayo* (palline di cocco).

Mt Apo

DAL CENTRO DI DAVAO: **3 H**

La scalata alla vetta più alta del paese

L'ascesa alla cima (2954 m) del **Mt Apo** si snoda tra antiche foreste e cascate scroscianti, offrendo l'opportunità di vedere specie di piante e animali a rischio di estinzione come le nepente carnivore e l'aquila delle Filippine. La *Vanda sanderiana*, più comunemente nota come waling-waling, è una varietà endemica considerata la madre di tutte le orchidee in commercio. L'ascesa è molto faticosa (ed estremamente ripida in alcuni tratti) e il sentiero quasi impossibile da seguire da soli: rivolgetevi a un ufficio turistico per ingaggiare una guida o cercatene una a Davao.

Gli scalatori esperti consigliano di prendersi almeno quattro giorni per completare la salita; ricordate inoltre che avrete bisogno di indumenti caldi e dell'attrezzatura per dormire all'aperto (potrete noleggiare tutto presso il vostro tour ope-

L'ASSEDIO DI MARAWI

Quando divenne presidente nel 2016, l'ex sindaco di Davao Rodrigo Duterte si impegnò a trasformare le Filippine in uno stato federale, e qualsiasi risoluzione politica riguardante la Bangsamoro Autonomous Region of Muslim Mindanao (BARMM) tornò al punto di partenza. Con l'entrata in campo di gruppi affiliati all'ISIS come il Maute e di foreign fighter, la soluzione negoziale sembrò allontanarsi ancora di più. Alla fine di maggio del 2017 le forze di sicurezza filippine occuparono Marawi per arrestare Isnilon Hapilon, designato dall'ISIS emiro del Sud-est asiatico.

Duterte dichiarò la legge marziale in tutta Mindanao, per la prima volta dai tempi di Marcos. Due mesi dopo, nonostante gravi devastazioni in tutta la città, centinaia di morti e migliaia di sfollati, ampie zone restavano ancora sotto il controllo dei separatisti islamici. Hapilon fu ucciso durante i combattimenti per riconquistare la città.

A sette anni di distanza ci sono ancora 100.000 sfollati e Marawi è una città fantasma.

AJ ADELMARI/GETTY IMAGES ©

Lake Sebu

rator), considerando che di notte le temperature scendono parecchio in prossimità della cima. Il percorso sul Mt Apo Circuit Trail, il sentiero più comunemente utilizzato, inizia con una passeggiata nella campagna pianeggiante e diversi villaggi, attraversa una foresta endemica, campi con massi esposti alle intemperie che odorano di zolfo e un lago in un cratere. Preparatevi a freddo e umido la mattina presto e ad alcuni tratti impegnativi. I permessi per le escursioni costano P500, le guide e i portatori rispettivamente circa P500 e P300 al giorno; cibo e attrezzatura non sono compresi.

Il cosiddetto 'VIP trail' è un sentiero che sale a spirale fino in vetta attraversando terreni di proprietà della Philippine National Oil Company (PNOC, che conduce esplorazioni geotermiche nella zona). Pochi affrontano questo tragitto, che dura dalle quattro alle cinque ore per la sola andata, poiché bisogna richiedere l'autorizzazione in anticipo e il numero degli escursionisti è limitato. Il periodo migliore è quello tra marzo e agosto, quando c'è meno probabilità di pioggia.

Lake Sebu

DAL CENTRO DI DAVAO: **3 H**

Un tranquillo paesaggio bucolico

Il **Lake Sebu**, uno specchio d'acqua in fondo a una conca di grande bellezza, è circondato su tutti i lati da colline e foreste ed è una meta da sogno per un paio di giorni di totale relax. Di tanto in tanto qualche canoa di legno ne solca lentamente la placida superficie, ma l'idillio non è perfetto: una griglia di trappole da pesca in bambù si protende dalla costa verso l'interno del lago esercitando un impatto negativo sul suo stato di salute. Una grande chiesa sorge in cima a un colle, mentre altri edifici moderni si intromettono in un paesaggio altrimenti incontaminato. Tutt'intorno, immerse nella natura, ci sono diverse belle cascate e nei barangay rurali e isolati della zona esperti artigiani esercitano i loro mestieri tradizionali.

Noleggiate una barca (P500, 30 minuti) da qualsiasi resort per fare un giro sul lago (prima del tramonto la luce può essere meravigliosa); se siete soli, cercate di unirvi a un gruppo. Il sabato è il giorno migliore per andare al Lake Sebu in quanto i nativi delle tribù dei dintorni scendono in città per il **mercato settimanale**.

Una discesa su una zip-line sopra spettacolari cascate

Se andate al Lake Sebu, spingetevi fino alle **Seven Falls** per ammirare lo splendido paesaggio. Una motocicletta (mezza giornata con conducente P300) può portarvi a Hikong Alu e Hikong Bente (chiamate anche cascata #1 e cascata #2), due delle vicine **Seven Falls** (P20). La cascata di Hikong Bente offre uno spettacolo straordinario e con il suo salto di 21 m è la più alta del gruppo. È facilmente raggiungibile a piedi dal punto in cui si parcheggia per entrambe le cascate. Una zipline (P300) consente di scivolare sopra tre cascate ammirando una vista mozzafiato. Se siete venuti con bagaglio, dovrete tornare in moto fino in cima.

LA CAPITALE DEL TONNO

General Santos è la tipica città congestionata dal traffico, degna di nota soprattutto per le grandi navi che attraccano al porto per caricare il tonno appena pescato che finirà poi sulle tavole di tutta l'Asia. Merita la deviazione da Davao in occasione del **Tuna Festival**, la festa dedicata al tonno che si tiene la prima settimana di settembre, e del **Kalilangan Festival**, che si svolge l'ultima settimana di febbraio e celebra la fondazione di General Santos (1939) con danze, specialità gastronomiche e artigianato tradizionale. Non mancate di visitare il **mercato del pesce** la mattina presto, quando il pescato del giorno, per lo più tonni rossi e pinna gialla, viene scaricato, pesato, lavorato e classificato. Il personale è cordiale con i visitatori e si possono noleggiare stivali e pantaloni di gomma.

Zamboanga City

GASTRONOMIA | MULTICULTURALISMO | ISOLE

Quando il sole tramonta sulle Filippine, questa città dalle strade piuttosto banali e intasate dal traffico, con un disordinato intrico di cavi elettrici aerei e lo skyline punteggiato da numerosi minareti, è una delle ultime a vederlo calare. Oltre alla sensazione di essere in un posto sperduto (in traghetto la città è più vicina al Brunei che a Manila), Zamboanga ha un ottimo museo, alcune isole e una cucina molto varia e davvero unica.

Se dal punto di vista geografico Zamboanga City è un capolinea, da quello storico è sempre stata un punto di inizio, dall'arrivo dell'islam nel Quattrocento alle ondate migratorie provenienti dal Sulu Archipelago. La popolazione è composta per il 70% da musulmani, ma gran parte delle donne non indossa il velo e la moda attuale è prevalente come dappertutto. Il suo carattere multietnico si coglie facendo un giro nei mercati, dove si vendono tradizionali tessuti islamici malesi e per strada si servono *satti* (spiedini).

Alla scoperta della cucina zamboangueña

I sapori della città

Le specialità culinarie di Zamboanga sono di una varietà incredibile. La cucina zamboangueña (o chavacana di Zamboana) è un connubio di tradizioni spagnole, malesi e tausag (o tausug; un termine a volte usato in modo intercambiabile con moro per riferirsi al gruppo etnico più popoloso della regione) e di influssi halal; è talmente ricca che con una breve visita si può solo sperare di scalfirne la superficie.

TRASPORTI LOCALI

La città si può girare a piedi ed è sicura se si rimane in centro. La sera potete rientrare da Paseo del Mar con un triciclo, mentre per i ristoranti a nord del centro vale la pena di prendere uno dei tanti taxi disponibili. Il traffico, soprattutto tra l'aeroporto e il centro (una distanza di soli 2,5 km), può essere incredibilmente lento. Potreste essere più veloci a piedi.

La motonave *Antonia* di Aleson Shipping Lines salpa per Sandakan in Malaysia (16 ore) ogni lunedì e giovedì alle 14. Da Sandakan parte il martedì e il venerdì alle 17. I biglietti si possono acquistare agli uffici in Alejo Alvarez St vicino alla zona del porto.

DA NON PERDERE
1 Fort Pilar Museum

PERNOTTAMENTO
2 Garden Orchid Hotel
3 Grand Astoria Hotel

PASTI
4 Alavar Seafood House
5 Bay Tal Mal
6 Central City Market
v. 7 Jimmy's Satti Haus
7 Morning Sun Satti
8 Paseo del Mar

LOCALI E VITA NOTTURNA
9 58th St Coffee
10 Dennis Coffee Garden
11 Figaro Coffee
12 Kape Zambo

SHOPPING
13 Canelar Market

TRASPORTI
14 Aleson Shipping Lines

Alcuni piatti tipici si trovano facilmente. La *curacha* (granchio chiave al vapore) compare sul menu dell'**Alavar Seafood House** (p350), servita con la salsa della casa. Bisogna lavorare molto e la polpa non è abbondante, ma il sapore merita la fatica. Il knickerbocker, versione locale dell'*halo-halo* (dessert a base di ghiaccio tritato) con due palline di gelato alla fragola, pezzi di frutta ghiacciata e gelatina, è servito in numerosi locali, specialmente lungo Paseo del Mar.

Satti (spiedini di pollo e manzo alla griglia ricoperti da una densa salsa piccante) e *kurma* o *kulma* (manzo cotto in latte di cocco e salsa di arachidi e pomodoro, simile a un curry) si trovano ovunque. Due locali specializzati in *satti*, **Morning Sun Satti** e **Jimmy's Satti Haus**, si trovano uno accanto all'altro in Pilar St tra Veterans Ave e Don Pablo Lorenzo St e servono spiedini con contorno di riso cotto al vapore in fo-

IL CONSIGLIO

Pochi viaggiatori arrivano a Zamboanga via terra (quasi tutti prendono l'aereo). Chi è intrepido e paziente e vuole visitare il nord di Mindanao prima della città può prendere un traghetto veloce (4 ore) o un autobus (8 ore) nella città di Pagadian a Zamboanga del Sur. Viaggiando su strada è consigliabile spostarsi solo di giorno.

IL PIANO MAPHILINDO

Alla fine degli anni '60 i presidenti Macapagal e Marcos speravano entrambi di aggiungere un'ampia porzione di territorio all'arcipelago sfruttando la sua storica indipendenza, che stava causando molti conflitti. Tentarono quindi di annettere il Sabah, un'area del Borneo settentrionale da poco accorpata alla Malaysia. Quando la proposta irrealistica di includere la regione in una superfederazione chiamata Maphilindo sfumò, Marcos avviò un programma di addestramento di commandos musulmani da Mindanao con il vago intento di promuovere disordini nel Sabah, ma il piano segreto fu scoperto e si concluse con l'uccisione in circostanze misteriose di quasi tutte le reclute della guerriglia.

JERRY MAXIMO TANIGUE/ALAMY STOCK PHOTO ©

Fort Pilar

glie di cocco, oltre a paella e tamales in versione locale con noodles e gamberi.

I più avventurosi possono provare queste specialità nei ristoranti di pesce: *imbao*, vongole delle mangrovie cotte al forno con burro e aglio; *chupa culo*, lumache cotte in un brodo di zucca e latte di cocco (da succhiare con forza per raggiungere la polpa); e *oko-oko*, ricci di mare cotti con riso all'interno e consumati dopo aver rimosso il guscio come uova sode.

Altre specialità interessanti sono il *piyanggang manuk* (pollo lessato e cotto alla griglia con salsa al cocco e curry) e l'*ensalada chamba* (melanzane alla griglia, mango e uovo salato).

Spuntini tausag come *sagaing prito* (banane fritte cosparse di zucchero di canna), *lokot-lokot* (rotolini croccanti di farina di riso), *putli mandi* (palline di riso al vapore ripiene di cocco zuccherato e ricoperte di scaglie di cocco), *biyaki* (mais al vapore grattugiato avvolto in foglie di mais) e *wadjit* (riso glutinoso viola cotto in latte di cocco) si trovano dai venditori nei mercati e nei chioschi di street food, e si possono consumare più comodamente anche al **Dennis Coffee Garden**.

PASTI A ZAMBOANGA CITY

Cartina p349

Alavar Seafood House
Scegliete tipo, dimensione e metodo di cottura del pesce. Il locale in Paseo del Mar è in posizione comoda, ma quello a nord-est ha un dehors con pergola. **$$**

Shrimpyard
Un banchetto di mare: calamari, granchi, gamberi. Nel barangay Tetuan, a nord-est del centro. Indossate i guanti di plastica e dateci dentro. **$$**

Country Chicken Restaurant
Situato 4 km a nord della città, è un'istituzione fin dagli anni '70. Ambiente old school e bistecche tra le migliori in circolazione. **$$**

Bay Tal Mal
Nell'SM Mall in centro, propone un menu pieno di piatti tradizionali moro. **$$**

Una vetrina di storia e arte regionale

Visita al museo di Fort Pilar

All'estremità sud-orientale della città, vicino al lungomare, si trova **Fort Pilar**, un solido edificio parzialmente restaurato conservandone il carattere storico. Il museo (chiuso lunedì) ha gallerie belle e interessanti. L'esposizione marina include alcuni allestimenti sofisticati, mentre nel cortile interno si trova un'eccellente galleria etnografica sui sama dilaut (noti anche come badjao o zingari del mare), che vivono sulle barche. Fate una passeggiata lungo i bastioni per ammirare la vista su Zamboanga City e sul trafficato Basilan Strait.

Degno di nota è anche il passato travagliato del forte: fondato dagli spagnoli nel 1635; attaccato dagli olandesi nel 1646; abbandonato nel 1663; ricostruito nel 1666; ricostruito nel 1719; preso d'assalto da 3000 moro nel 1720; attaccato a cannonate dagli inglesi nel 1798; abbandonato dagli spagnoli nel 1898; occupato dagli Stati Uniti nel 1899; confiscato dai giapponesi nel 1942 e infine rivendicato dalle Filippine nel 1946.

Sul muro esterno del forte rivolto a est si trovano un altare e un santuario della Vergine del Pilar; venditori di candele forniscono 'mazzetti' di ceri sottili e colorati che vengono bruciati nel santuario. La **Fiesta de Nuestra Señora La Virgen del Pilar**, una delle feste più importanti della città, si tiene a metà ottobre.

Shopping locale

Mercati in città e specialità artigianali

Il mercato centrale di Zamboanga è caldo, affollato e impregnato dell'odore di carne e di pesce, con banchi carichi di sardine, come si addice alla città nota come la 'capitale delle sardine' del paese (qui ha sede gran parte delle principali aziende di sardine in scatola). Canelar Market, pochi minuti di triciclo a nord del centro, è un altro affollato dedalo di bancarelle, per lo più di abbigliamento e tessuti, sia occidentali che tradizionali, e di prodotti alimentari secchi.

Circa 7 km a ovest di Zamboanga City, lo **Yakan Weaving Village** è un gruppo di sei o sette bancarelle che vendono tessuti yakan di alta qualità come runner da tavola e tovagliette all'americana, alcuni oggetti in ottone e molti batik indonesiani e malesi prodotti in serie. Gli yakan sono il popolo nativo della vicina Basilan Island e i loro tessuti sono caratterizzati da colori vivaci e motivi geometrici.

SAMA BADJAO

Cagayan de Tawi-Tawi è un gruppo di isole alquanto remote situate a sud-ovest della Zamboanga Peninsula, al largo della costa del Borneo. Circa il 94% della popolazione dell'arcipelago è musulmana. Sul piano culturale la regione è dominata però dai tausag (o tausug), definiti 'popolo della corrente'. A Tawi-Tawi e nelle isole limitrofe i samal vivono in case su palafitte lungo la costa. La zona è abitata anche dai sama dilaut ('sama del mare'), spesso chiamati badjao o 'zingari del mare'. Nella parte meridionale dell'arcipelago esistono ancora comunità di badjao che vivono su barche, altre su palafitte o su barche ormeggiate. Pur essendo in gran parte musulmani, i badjao osservano ancora credenze e pratiche animiste.

LOCALI A ZAMBOANGA CITY: CAFFÈ

Cartina p349

Dennis Coffee Garden
Vicino all'aeroporto, serve *kahawa sug* (caffè tausag) e si distingue per le specialità gastronomiche tausag. Ha una filiale anche al KCC Mall.

Figaro Coffee
Accogliente e moderno avamposto di una catena, apre prima e chiude più tardi delle altre filiali. Salutari succhi di frutta, frullati e pasti.

58th St Cafe
Elegante locale in centro che serve frappè, torte, paste e pasti completi.

Kape Zambo
Locale in Paseo del Mar con tavoli sul lungomare, serve buoni caffè, cappuccini e frappè, oltre a un menu completo di piatti filippini.

L'ESTREMO SUD DEL PAESE

Il Sulu Archipelago si estende a sud-ovest di Zamboanga City per oltre 500 miglia nautiche. Il punto più occidentale di Sulu, Sitangkai Island, dista solo circa 50 miglia nautiche dai villaggi costieri di Sabah, in Malaysia. A Simunol Island, Sulu, si trova una delle moschee più antiche delle Filippine, la **Sheik Karimul Makdum Mosque**, che risale al 1380. Tutto ciò che resta dell'originale sono però solo quattro colonne scolpite, mentre la versione attuale dell'edificio è stata costruita nel 1980. Gli abitanti di Simunol hanno tratti multietnici, essendo discendenti dei mercanti arabi e giapponesi che qui presero moglie. Da Zamboanga City ci sono voli per Bongao, capoluogo della provincia di Tawi-Tawi; da Bongao partono traghetti di linea per Simunol Island.

Atmosfera mediterranea sul Basilan Strait

Ristoranti e locali sul Paseo del Mar

Ok, magari 'mediterranea' è un'esagerazione, ma nei ristoranti all'aperto di questa piazza si respira un'aria che induce a godere dei piaceri della vita. Situato accanto al Fort Pilar con vista sul Basilan Strait, il **Paseo del Mar** è il luogo di ritrovo serale di Zamboanga. Le coppie si scambiano effusioni lungo il muro in riva al mare e i bambini scorrazzano nel parco giochi centrale. Fate due passi lungo la dozzina (e più) di ristoranti per scegliere quello che vi ispira di più. Il **District Eightyone** offre un'economica selezione di street food come involtini e crocchette di calamari e zampe, pelle e collo di pollo. Il **Barcode** è un locale vivace con buoni piatti filippini e musica live, e il **Mamang's Greasy Spoon** serve il knickerbocker. Ci sono anche filiali dei consigliati **Alavar's Seafood** e **Mano a Mano Greenfield** (i loro locali più grandi si trovano a nord del centro).

Gita in barca da Zamboanga

Escursione in giornata a Santa Cruz Island

Great Santa Cruz Island dista circa 7 km dal lungomare di Zamboanga City ed è abitata solo da poche decine di famiglie samal. I visitatori vengono a vedere la spiaggia lunga 2 km, la cui sfumatura rosata è dovuta ai fini frammenti di corallo rosso. Si può fare il bagno, ma l'isola si trova in un canale di navigazione trafficato e le correnti sono forti. I tour standard includono un buffet sulla spiaggia e una crociera tra le vicine mangrovie prima del rientro. Le bangka (andata e ritorno P2500, massimo 6 persone) partono davanti al Paseo del Mar.

Great Santa Cruz Island

Sistemazioni consigliate

$ Prezzi economici $$ Prezzi medi $$$ Prezzi elevati

Siargao

p320 (cartina p321)

Paglaom Hostel $ Tranquillo ma conviviale, con un'area lounge aperta e camerate all'aperto con letti a castello avvolti da zanzariere.

Mad Monkey Hostel $ La festa non finisce mai in questo ostello ben gestito e con staff entusiasta vicino a Catangnan Beach.

Emerald House Siargao $$ Proprietà ampia e rigogliosa con un mix di cottage dal design accattivante, ideale per le famiglie.

Bravo Surf Resort $$ Struttura di proprietari spagnoli con bei cottage ravvicinati dai tetti in nipa e un ristorante all'aperto.

Kermit Surf Resort $$ In una strada tranquilla, il Kermit dispone di 10 camere, diversi grandi cottage con tetto di paglia e un rinomato ristorante a lume di candela.

Inara Siargao Resort $$$ Nell'appartata Malinao, ha uno stile degno di una rivista e 'maggiordomo' privato. Bar, ristorante e piscina sulla spiaggia.

Siago Beach Resort $$$ Un resort raffinato con una piscina incantevole. Le ville fronte spiaggia sono tra le sistemazioni più belle di GL e il ristorante è uno dei migliori.

Camiguin

p329 (cartina p330)

Camiguin Souldivers $ A sud di Mambajao, offre diversi tipi di camere, incluse camerate, con un ottimo rapporto qualità-prezzo. C'è anche un dive centre con servizi completi.

Guerrera Rice Paddy Villas $$ Tre camere raffinate con vasca all'aperto annesse al rinomato ristorante e affacciate su una pittoresca risaia.

Bintana sa Paraiso Mountain Top $$ Oasi in cima alla montagna con vista spettacolare, piscina, patio privati e 'nidi' dal design unico per cene romantiche.

Bintana sa Paraiso Beachfront $$ Un posto isolato costruito sulle rocce a due passi dalla riva, con fantastici tramonti e piscine private; servizio eccezionale.

Balai sa Babai $$$ Un'oasi curata di stile e raffinatezza con lussuose ville in stile balinese, alcune con docce esterne e piscine private.

Cagayan de Oro

p334 (cartina p335)

Gardens of Malasag $$ Cottage immersi in ettari di giardini botanici, parte di un 'ecovillaggio' 9 km a est della città con vista panoramica e aria fresca.

New Dawn Plus $$ Difficile non notare questo grattacielo color verde menta. Arredi contemporanei e area lounge sul tetto.

Limketkai Luxe Hotel $$$ Questo imponente edificio vicino a centri commerciali e ristoranti si distingue per le vistose finestre color oro e la piscina.

Davao

p339 (cartina p340)

Casa Leticia Boutique Hotel $$ Situato in posizione centrale di fronte al People's Park, ha camere confortevoli, anche se di dimensioni ridotte, e una bella sala per la prima colazione.

Madeline Boutique Hotel & Suites $$ A parte l'anonima posizione in un parcheggio, offre camere moderne con un buon rapporto qualità-prezzo e una bella terrazza sul tetto.

The Bourke $$$ Il boutique hotel più nuovo della città è la più bella tra le sistemazioni centrali. Camere raffinate in una villa antecedente alla guerra.

Apo View Hotel $$$ Grande complesso centrale con camere spaziose anche se datate. Notevole la prima colazione a buffet.

Samal Island

p343

Chema's by the Sea Resort $$$ Ampi cottage in stile nativo con influenze balinesi e magnificamente arredati, situati su una collina rigogliosa e dotati di infinity pool.

Paradise Island Park & Beach Resort $$$ Un vasto complesso paesaggistico con zoo e spiaggia privati; gran parte delle 76 camere sono cottage con giardini recintati.

Zamboanga City

p348 (cartina p349)

Residencia Suites Hotel $$ Subito a nord dell'aeroporto, si distingue per il giardino e le camere moderne e spaziose.

Grand Astoria Hotel $$ Spesso prenotato da gruppi che partecipano a convegni, matrimoni e simili. Offre camere tra le più belle del centro; la concorrenza è scadente.

Garden Orchid Hotel $$$ Raggiungibile a piedi dall'aeroporto, è l'opzione più lussuosa, con piscina stile resort e pasti a buffet.

Palawan

ISOLE PARADISIACHE

Paesaggi marini che non temono il confronto con nessun paese del Sud-est asiatico e una ricca fauna terrestre e acquatica. Una regione tutta da esplorare in barca.

Nulla definisce Palawan meglio del mare che la circonda. Una delle regioni meno popolose delle Filippine, è anche la più affascinante. Dal Mindoro Strait fino alla punta del Borneo si estende una magnifica serie di isole montuose ammantate di giungla e orlate di coralli che emergono dal Sulu Sea. La particolare conformazione, lunga e stretta, dell'isola principale – larga solo 39 km nel punto più ampio – rende semplice organizzare gli spostamenti. Da sud a nord o viceversa. A complicare le cose, o piuttosto a renderle così magiche, sono le 1700 isole e insenature che premiano chi è abbastanza paziente e flessibile da cercare la propria versione ideale di paradiso tropicale.

SERGEUWPHOTO/SHUTTERSTOCK ©

Puerto Princesa non è più un affascinante e sonnolento avamposto di provincia. A Coron e soprattutto El Nido, i due principali campi base dei viaggiatori nel nord di Palawan, la crescita esponenziale del turismo e il clamore pubblicitario dell'isola hanno comportato uno sviluppo disordinato, con tutti i problemi che ne conseguono. Entrambe le località – in particolare El Nido – sono orientate a soddisfare le esigenze e i desideri di viaggiatori di ogni tipo. Detto questo, a richiamare le folle sono le Calamian Islands e il Bacuit Archipelago con le loro isole caratterizzate da spiagge, palme e lagune nascoste.

L'entroterra dell'isola principale è relativamente incontaminato, ma questo ambiente unico, in particolare nel poco visitato sud, è minacciato dagli interessi minerari.

AREE PRINCIPALI

EL NIDO
Tour delle isole, spiagge e vita notturna.
p358

CORON TOWN
Tour delle isole, ristoranti e fauna selvatica.
p366

PORT BARTON
Villaggio sulla spiaggia e snorkelling.
p375

PUERTO PRINCESA
Campagna e un fiume sotterraneo.
p378

DKART/GETTY IMAGES ©

A sinistra: Lutiani gialli (p362); Sopra: Small Lagoon (p360)

Per orientarsi

La cosa migliore è viaggiare da sud a nord senza tornare sui propri passi. Ciò significa volare a Puerto Princesa e ripartire da Palawan in traghetto o in aereo da El Nido o, idealmente, da Busuanga a nord.

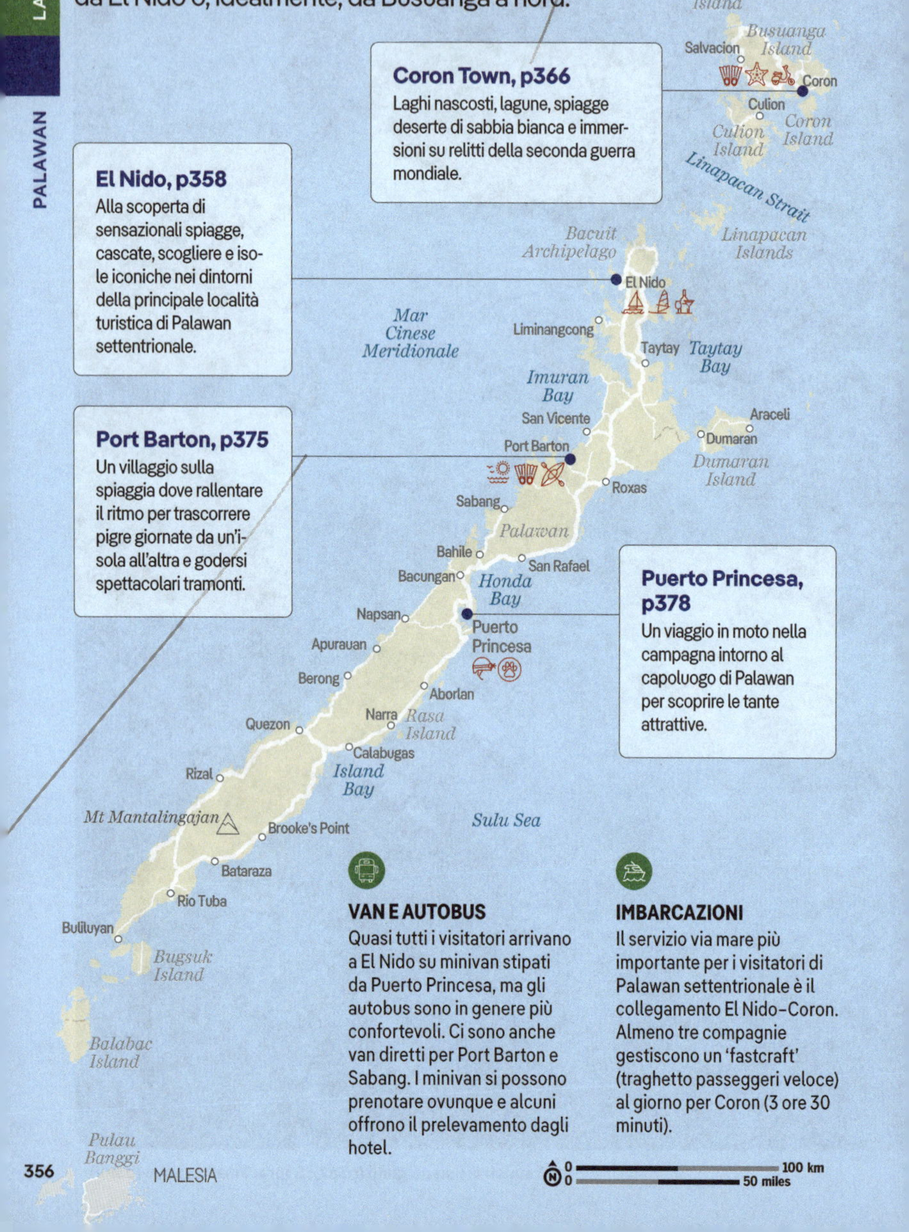

Coron Town, p366
Laghi nascosti, lagune, spiagge deserte di sabbia bianca e immersioni su relitti della seconda guerra mondiale.

El Nido, p358
Alla scoperta di sensazionali spiagge, cascate, scogliere e isole iconiche nei dintorni della principale località turistica di Palawan settentrionale.

Port Barton, p375
Un villaggio sulla spiaggia dove rallentare il ritmo per trascorrere pigre giornate da un'isola all'altra e godersi spettacolari tramonti.

Puerto Princesa, p378
Un viaggio in moto nella campagna intorno al capoluogo di Palawan per scoprire le tante attrattive.

VAN E AUTOBUS

Quasi tutti i visitatori arrivano a El Nido su minivan stipati da Puerto Princesa, ma gli autobus sono in genere più confortevoli. Ci sono anche van diretti per Port Barton e Sabang. I minivan si possono prenotare ovunque e alcuni offrono il prelevamento dagli hotel.

IMBARCAZIONI

Il servizio via mare più importante per i visitatori di Palawan settentrionale è il collegamento El Nido–Coron. Almeno tre compagnie gestiscono un 'fastcraft' (traghetto passeggeri veloce) al giorno per Coron (3 ore 30 minuti).

Ritmi di viaggio

Grazie al profilo dell'isola principale – una lingua di terra lunga 650 km protesa fino al Borneo – un viaggio a Palawan presenta delle difficoltà solo al momento di ripartire, non vorrete più andare via.

Una settimana

- Prenotate il volo di andata per **El Nido** (p358) e quello di ritorno da **Coron Town** (p366) a Busuanga Island o viceversa. Entrambe offrono una ricca scelta di escursioni alle isole e spiagge paradisiache, ma cercate anche di raggiungere isole e lagune meno visitate. Ripartire sarà arduo.
- Prendete un fastcraft o un aereo tra i due snodi dei trasporti.

Più di due settimane

- Volate a **Puerto Princesa** (p378) e godetevi la campagna, la cucina e le isole.
- Prendete un van per **Sabang** (p384), trascorrete la notte sulla spiaggia e fate una gita sul fiume sotterraneo.
- Raggiungete con un van **Port Barton** (p375) per trascorrere giornate pigre facendo il tour delle isole.
- E infine i big: **El Nido** (p358) e il magnifico Bacuit Archipelago, seguiti da un fastcraft per **Coron Town** (p366) per vivere infinite avventure tra le isole.

Le stagioni

APRILE-GIUGNO
Il periodo migliore per viaggiare in mare. Verso la fine di giugno Puerto Princesa celebra il Baragatan Festival, la più grande festa di Palawan.

LUGLIO-SETTEMBRE
Il culmine del monsone di sud-ovest porta forti piogge (e prezzi bassi); in genere non si può fare il tour delle isole tra El Nido e Coron.

DICEMBRE-FEBBRAIO
Più fresco e secco, ma i venti forti possono sconvolgere gli orari delle barche. Provate il kitesurf sul lato orientale della penisola da El Nido.

GENNAIO
A fine mese Port Barton ospita l'Arawedan fiesta. I tagbanua e i batak celebrano i riti della luna piena a Palawan meridionale.

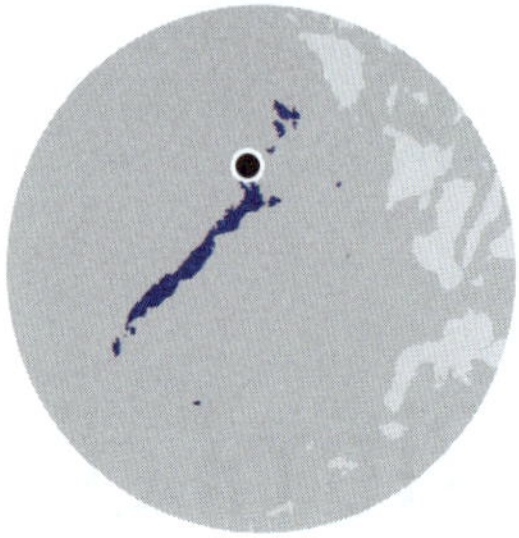

El Nido

TOUR DELLE ISOLE | SPIAGGE | VITA NOTTURNA

TRASPORTI LOCALI

La città di El Nido si può girare tutta a piedi. Diverse strade, soprattutto di sera, sono chiuse al traffico veicolare. Corong Corong, che inizia circa 1,5 km a sud, è ovviamente raggiungibile a piedi, ma le strutture ricettive e i ristoranti si trovano in gran parte ancora più a sud e dovrete ricorrere ai tricicli, ampiamente disponibili. La corsa in triciclo tra la città e le spiagge di Maremegmeg e Las Cabañas, circa 4 km a sud, costa circa P150 per la sola andata.

IL CONSIGLIO

La spiaggia di El Nido non ha la vista sul tramonto, quindi i bar da happy hour si trovano a sud sulle spiagge di Lugadia (Corong Corong) e Maremegmeg. Dopo il tramonto l'azione si sposta di nuovo in città. Bar frequentati dai backpacker come Frendz in centro sono sempre movimentati.

Porta di accesso al Bacuit Archipelago, uno dei più grandi tesori naturali di Palawan, El Nido vanta una posizione spettacolare, incastonata tra imponenti scogliere calcaree e la Bacuit Bay, con il magnifico profilo di Cadlao Island che si staglia subito al largo. Il suo nome deriva dai nidi commestibili costruiti nelle pareti rocciose dalle minuscole salangane con la loro saliva. El Nido ha la fortuna di essere circondata da spiagge magnifiche e gode di una crescente notorietà alla pari con le tappe iconiche lungo l'itinerario thailandese dei backpacker. Con il suo continuo sviluppo, intenso e disordinato, la città vera e propria è in grado di soddisfare qualsiasi esigenza – fuorché la solitudine, ma quella potrete trovarla altrove.

Molti visitatori preferiscono alloggiare fuori città. Le opzioni vicine includono Corong Corong, una lunga e stretta spiaggia a sud affacciata sulla Bacuit Bay, e Caalan, una striscia rocciosa di tranquilli resort immediatamente a nord. Più lontano, sempre più resort stanno sorgendo lungo la splendida costa settentrionale in luoghi come Nacpan Beach e i villaggi della costa orientale di San Fernando e Sibaltan.

Avventure nell'arcipelago

Da un'isola all'altra nella Bacuit Bay

Le acque cristalline della **Bacuit Bay** sono costellate di frastagliate isole calcaree che incantano da qualsiasi punto le si osservi: sott'acqua, dal cielo o stesi su una spiaggia. Queste isole possono tranquillamente competere con quelle della Thailandia meridionale o con la Halong Bay in Vietnam: tra spiagge di sabbia bianca, lagune e calette, per non parlare delle centinaia di specie di pesci e coralli, ne sarete assolutamente conquistati.

I tour della Bacuit Bay divisi secondo le lettere dell'alfabeto (A, B, C, D), proposti pressoché da ogni agenzia e ampiamente pubblicizzati, sono un must per chiunque visiti El Nido. Il costo del tour standard va da P1200 a P1400 a persona, compreso il pranzo (che per motivi igienico-sanitari non

DA NON PERDERE
1 Duli Beach
2 Nacpan Beach

DA VEDERE
3 Caalan
4 Corong Corong Beach
5 Dagmay Beach
6 Darocotan Island
7 Diapela Beach
8 El Nido Beach
9 Lio Beach
10 Maremegmeg Beach

ATTIVITÀ, CORSI E TOUR
11 Amihan Kite Windsurf Cafe
12 Deep Blue Seafari
13 East Wind
14 El Nido Kiteboarding
15 El Nido Via Ferrata Canopy Walk
16 Palawan Divers
17 Submariner Diving Center
18 Tabanka Divers
v. 4 Tao Philippines
19 Turtle Divers

PERNOTTAMENTO
20 Amakan Bed, Bunk & Breakfast
21 Bulskamp Inn
v. 3 Cadlao Resort
v. 4 Cavern Pod Hotel & Specialty Cafe
22 Cuna Hotel
23 Frendz Hostel
24 Lagen Island Resort
v. 10 Las Cabanas Beach Resort
25 Matinloc Resort
26 Miniloc Island Resort
27 Pangalusian Island Resort
28 Qi Palawan
29 Spin Hostel
30 Tao Farm

PASTI
v. 4 Bella Vita
v. 4 Boodle Fight Restaurant
31 Burning Sun Korean Restaurant
32 Dryft Fish
33 El Nido Boutique & Art Café
v. 4 La Plage
34 Taste

LOCALI E VITA NOTTURNA
v. 10 Beach Shack
35 Happiness Bar
36 Pukka Bar
37 SAVA Beach Bar

TRAGHETTI EL NIDO-CORON

Almeno tre compagnie – Montenegro Lines, Atienza e Jomalia Shipping – gestiscono un fastcraft (traghetto passeggeri veloce) al giorno per Coron (da P2900 a P3000, 3 ore 30 minuti) con partenza verso le 12.30 dal porto di El Nido, all'estremità occidentale di Sirena St. Prenotare direttamente online con queste compagnie può essere difficile o impossibile. Per le prenotazioni contattate l'**El Nido Boutique & Art Café** (p361) prima di arrivare a El Nido. Altrimenti potete prenotare facilmente tramite le agenzie della città una volta sul posto.

Le partenze da Coron per El Nido sono di mattina, tra le 6 e le 7.30.

VICTOR CUENCA LOPEZ/SHUTTERSTOCK ©

Snake Island

viene più cotto alla griglia sulla spiaggia, ma fornito dai ristoranti). Maschere e boccagli non sono inclusi, ma si possono noleggiare, anche da tipi intraprendenti che si piazzano all'estremità occidentale della spiaggia, vicino al molo (sono consigliate le scarpe da scoglio, anche queste disponibili a noleggio). Purtroppo i tour tendono a seguire itinerari identici, creando traffico in mare e sovraffollamento nei siti più popolari come la **Big/Small Lagoon** e **Snake Island**.

Portatevi dei contanti in un sacchetto impermeabile. Venditori in kayak offrono bevande e gelati.

Cercate un operatore o una barca con meno partecipanti, per mantenere un'atmosfera leggermente più personale.

Per evitare la ressa, valutate l'idea di sborsare una cifra molto più alta per un tour privato in bangka (più o meno P8000) o in motoscafo (a partire da P15.000), partendo ben prima che

LOCALI A EL NIDO

Cartina p359

Beach Shack Un fantastico bar sulla spiaggia a Maremegmeg Beach (nota anche come Las Cabanas Beach). In alta stagione, verso il tramonto si respira un'atmosfera simile a Miami Beach.

Pukka Bar Musica reggae dal vivo, secchielli di birre, occasionali spettacoli di luci laser e feste serali a tema animano questo bar fronte spiaggia con atmosfera da club.

Happiness Bar Un bar sulla strada con ritmi contemporanei, cocktail eccellenti e altalene al posto degli sgabelli al bancone. Di giorno il suo menu vegano mediorientale richiama molti salutisti.

SAVA Beach Bar Cocktail bar-club contemporaneo, serve piatti tra i più buoni della città. I migliori DJ animano la pista di fronte alla spiaggia.

i vari gruppi levino gli ormeggi alle 9. Gli itinerari sono flessibili e spesso abbinano tutti i posti preferiti dei tour standard. La *Isla*, un classico peschereccio degli anni '60, si può noleggiare per un tour privato in giornata o una crociera di più giorni. Rivolgetevi a **Bearcat Travel** (bearcattravel.com).

Meglio ancora, raggiungete per conto vostro alcune delle attrazioni più vicine come **Seven Commandos Beach** e **Cadlao Island** con un kayak da mare, che potrete noleggiare (da P600 a P800 al giorno) lungo tutta El Nido Beach e Corong Corong Beach. L'attrezzatura per uscite in kayak e SUP è disponibile a noleggio in molti posti, tra cui l'**El Nido Boutique & Art Café**.

Per godervi un fantastico tour da un'isola all'altra, fate una spedizione di più giorni a Coron (p366).

L'ascesa al Taraw Peak

Una ripida arrampicata per ammirare panorami spettacolari

Per scalare (circa 50 minuti) questa scogliera di 230 m che domina El Nido bisogna arrampicarsi su rocce calcaree scoscese e taglienti. Indossate scarpe chiuse, non sandali aperti (anche se la guida li indossa), e possibilmente chiedete alla guida ginocchiere, gomitiere e guanti. Portatevi dell'acqua, ma assicuratevi di avere le mani libere. È un'attività aerobica e fisica impegnativa e potenzialmente pericolosa: basta un passo falso per slogarsi una caviglia, procurarsi un taglio profondo o peggio. In compenso ci sono molte fessure per l'appiglio di mani e piedi. La vista sulla città, sul porto e su Cadlao Island è fantastica, ma non c'è una superficie piana su cui riposarsi. Dovrete appollaiarvi in equilibrio su uno stretto crinale.

Gli escursionisti ambiziosi che amano veder sorgere il sole possono svegliarsi verso le 4.30 e affrontare la salita al buio (serve la torcia frontale); consigliamo solo di non farla a mezzogiorno, quando il caldo e l'umidità sono più intensi. Spruzzatevi il repellente per le zanzare. Servono guide esperte, che si possono prenotare presso quasi tutti i tour operator della città.

Meno impegnativa è la El Nido Via Ferrata Canopy Walk (P400; ufficio in Rizal St), in cui si viene agganciati a un'imbracatura, si cammina lungo un ponte sospeso che oscilla sotto i piedi e si raggiunge (in 15-20 minuti) un punto panoramico recintato a circa metà altezza della scogliera. Il supplemento di P700 consente di scendere lungo un altro percorso e stendersi sul 'Dreamcatcher', una specie di ragnatela sospesa. Non serve saper arrampicare, ci sono solo gradini da salire.

INFORMAZIONI PRATICHE

- A El Nido, tutti i visitatori che intendono svolgere qualche attività (tour delle isole, immersioni, arrampicata sulle scogliere ecc.) devono pagare la 'tassa per lo sviluppo ecoturistico' di P200 (che copre 10 giorni) a un tour operator o al City Tourism Office.
- A El Nido città e Corong Corong oggi l'elettricità viene erogata 24 ore su 24, ma i cali di tensione sono frequenti.
- Per sicurezza, non lavatevi i denti con l'acqua del rubinetto e assicuratevi che il ghiaccio o la cosiddetta 'service water' (l'acqua potabile fornita gratuitamente da bar e ristoranti) siano stati adeguatamente purificati, poiché sono stati segnalati molti casi di malattie contratte per l'uso di acqua contaminata.

PASTI A EL NIDO

Cartina p359

Bella Vita
Fantastiche pizze sottili, pane appena sfornato, gnocchi e cocktail di fronte alla spiaggia. $$

Boodle Fight Restaurant
Un abbondante pasto filippino servito su un'enorme foglia di banano e consumato tutti insieme con le mani. Si consiglia di prenotare. $$

El Nido Boutique & Art Café
Un locale tranquillo in cui mangiare, bere e ambientarsi. Buone insalate, pane fatto in casa, curry di pesce e pizze. $$

La Plage
Oltre a offrire la migliore cucina di El Nido e una splendida vista sul tramonto, questo ristorante francese sulla spiaggia è noto per i suoi allettanti piatti del giorno. $$

MIGLIORI DIVE CENTRE

Turtle Divers
Uno dei pochi dive centre di El Nido di proprietà e a gestione filippina. Tariffe relativamente basse e possibilità di scegliere tra due escursioni di mattina e due di pomeriggio.

Palawan Divers
Gli istruttori parlano diverse lingue e guidano uscite in motoscafo all'alba che consentono di vedere pesci grandi.

Submariner Diving Center
Offre uscite di più giorni a Culion Island nelle Calamianes con immersioni su relitti.

Deep Blue Seafari
Oltre alle immersioni standard, offre eccellenti safari per sub di quattro giorni e tre notti da metà ottobre a maggio.

Tabanka Divers
Vicino all'Outpost Hostel a Corong Corong, è gestito con passione e professionalità dal tedesco Oliver Bachmann.

Meraviglie subacquee

Immersioni nella Bacuit Bay

La flotta di barche che parte ogni mattina dal lungomare di El Nido trasporta un gran numero di subacquei nella Bacuit Bay, che offre immersioni su barriere coralline in acque poco profonde, su pareti in profondità e in corrente. Oltre agli splendidi fondali, El Nido vanta più di una dozzina di dive centre (senza contare quelli situati nei resort sulle isole), quindi è una destinazione rinomata per i corsi per il brevetto PADI.

Tra le maggiori attrattive si segnalano i coralli a foglia di cavolo e i banchi di lutiani gialli di **South Miniloc**; le tartarughe e le razze di **Twin Rocks**; e, per i sub esperti, la galleria naturale lunga 50 m di **Helicopter Island**. Le invasive stelle di mare corona di spine hanno decimato diverse sezioni di barriera corallina, in particolare nei pressi dell'isola Tres Marias e di South Entalula; alcune aree sono ora sottoposte a tutela.

Calcolate una spesa di circa P4500 per un'uscita con due immersioni, inclusa l'attrezzatura, e da P20.000 a P23.000 per un corso Open Water.

Onde e venti

Surf, windsurf e kitesurf

Nella zona di El Nido la scena del surf è in espansione, soprattutto a **Duli Beach** tra novembre e marzo. Il kitesurf si sta affermando sulla costa orientale. Andate all'**Amihan Kite Windsurf Cafe** a Teneguiban, ideale per i principianti grazie alle acque poco profonde e al vento di mare (il monsone di nord-est, o *amihan*, soffia da dicembre ad aprile). L'Amihan, gestito da Tani e Judith Distal (che possiedono anche l'El Nido Boutique & Art Café), offre corsi di kitesurf di uno o più giorni, oltre a uscite di windsurf, wing foil, SUP o kayak (noleggio attrezzatura per mezza giornata P2500; corso di 7 ore in 2 giorni P12.500). Altri spot sono **Qi Palawan** e **East Wind** a San Fernando ed **El Nido Kiteboarding** a Tapik Beach su Sibaltan.

Da un'isola all'altra

In barca tra El Nido e Coron

Forse il fiore all'occhiello di un viaggio a Palawan settentrionale è un'escursione di più giorni in bangka nel Bacuit Archipelago e tra le Linapacan e Calamian Islands, che offre la rara opportunità di scoprire e interagire con le persone e le

PASTI A EL NIDO Cartina p359

Taste
Piccolo ma elegante locale a due piani specializzato in ciotole di riso messicano al chipotle e salutari smoothie, tutti con ingredienti vegani. **$$**

Dryft Fish
Sedetevi su uno sgabello per gustare deliziose bowl, panini, involtini e tacos fusion asiatici con pesce freschissimo. Ci sono anche piatti di carne come il *bulgogi*. **$$**

Lion's Sunset Lounge
Bei tramonti e un ampio menu in questo locale arioso sul lungomare nel Pop's District a Corong Corong. **$$**

Burning Sun Korean Restaurant
Se non vi disturba la musica a tutto volume e lo spettacolo di luci, questo posto offre il miglior pollo fritto e barbecue coreano. **$$**

Helicopter Island

comunità della zona senza la mediazione dell'industria del turismo di massa. Cinque o sei agenzie propongono queste escursioni, ma la prima – e la migliore – è **Tao Philippines**, un operatore impegnato nel sociale che gestisce programmi didattici e alimentari nei pressi delle sue basi. Tao effettua classici viaggi di gruppo di cinque giorni e quattro notti tra El Nido e Coron tutto l'anno fuorché a settembre.

I costi delle escursioni, tutto compreso, partono da US$595 per persona. Il pernottamento è previsto in un magnifico capanno 'tuka' sulla spiaggia in una delle esclusive basi sulle isole create da Tao. La cucina proposta, spesso a base di pesce appena pescato, è superba. Si possono anche scegliere le gite in *paraw*, originali barche a vela con bilancieri in stile tradizionale (a partire da US$795 per 5 giorni, solo da ottobre a giugno). Per entrambe le escursioni l'età minima è 14 anni. Tao organizza anche viaggi per gruppi aperti o privati di tre giorni e due notti intorno a El Nido e Linapacan (aperte anche ai bambini), e introduce di continuo nuove proposte.

Tao ha uffici a El Nido e Coron, una grande flotta e numerose basi. **Tao Farm**, il suo campo base, si trova a Dipnay Beach, un posto fuori mano sulla costa nord-occidentale di una piccola penisola sul versante orientale di Palawan. Qui potrete trascorrere qualche giorno paradisiaco dormendo in bei capanni e godendovi pasti deliziosi. In alta stagione possono esserci in mare anche cinque o sei bangka della Tao contemporaneamente. Ciò nonostante, i posti si esauriscono rapidamente.

Un numero crescente di operatori, ormai più di una mezza dozzina, ha sfruttato il successo di Tao e organizza escursioni da Coron a El Nido di durata variabile da tre a cinque giorni; alcune contemplano la possibilità di fare immersioni. **Calamianes Expeditions Eco-Tour** propone un'uscita di sei giorni che si concentra sulle Calamian Islands. Per i più avventurosi, **Tribal Adventures**, con sede a Coron, organizza una spedizione in kayak da mare di 11 giorni da Coron a El Nido.

PERCHÉ AMO PALAWAN SETTENTRIONALE

Michael Grosberg, autore Lonely Planet

Immerso in acqua a fare snorkelling o steso all'asciutto a prendere il sole, la mia pressione del sangue non sale mai. La decisione più faticosa della giornata potrebbe essere se tuffarmi in mare dalla prua della barca o più in alto, da sopra la cabina. Pesce appena pescato viene cucinato alla griglia e servito con alghe raccolte pochi minuti prima dall'equipaggio della barca. La ricezione dei cellulari è sporadica e le preoccupazioni quotidiane sembrano lontani ricordi. Di sera si fa amicizia intorno al falò. In un tour delle isole tra El Nido e Coron, la mia unica preoccupazione è l'inevitabile delusione per il fatto che nient'altro potrà eguagliare questa esperienza magica e la tristezza che proverò quando sbarcheremo e ognuno di noi se ne andrà per la sua strada.

COSA SCEGLIERE

Spiagge vicino a El Nido

Se le idilliache distese di sabbia del Bacuit Archipelago sono l'attrazione principale, anche il resto dell'area di El Nido vanta probabilmente le migliori spiagge del paese. Molte delle più belle, incluse quelle della penisola settentrionale e della costa orientale intorno a Sibaltan, sono i posti giusti per allontanarsi dai turisti. Quando la strada di accesso non è completamente asfaltata, si può sperare di godere di una maggiore privacy.

Dove andare se vi piace...

Un'atmosfera festaiola

El Nido Beach Spiaggia principale della città e centro dell'azione, è costellata di bar, ristoranti e strutture ricettive per lo più datate.

Maremegmeg Beach Nota anche come Las Cabanas Beach, è la spiaggia più bella tra quelle vicine a El Nido, con bar molto animati al tramonto nella zona del Beach Shack e del Maremegmeg Beach Bar.

DIEGO FIORE/SHUTTERSTOCK ©

Isolamento e privacy

Duli Beach (in foto) Questa magnifica distesa di sabbia dorata incorniciata dalla giungla, che si estende verso l'estremità settentrionale di Palawan, è il fulcro della comunità del surf e della tutela delle tartarughe di El Nido.

Dagmay Beach Situata 2 km a nord di Duli Beach in linea d'aria (4 km lungo una strada alquanto accidentata), questa ampia spiaggia solitaria è priva di strutture e di ombra, ma è il classico paradiso tropicale.

Diapela Beach Forse la spiaggia più isolata della zona, accessibile solo in fuoristrada. Gli abitanti del piccolo villaggio di pescatori sono cordiali con i visitatori e possono noleggiare kayak e attrezzatura da snorkelling.

Isole paradisiache

Darocotan Island Una spiaggia da cartolina, eccellente per il nuoto e lo snorkelling, con un piccolo relitto a breve distanza dalla costa. Tre distinti gruppi di capanni – un campo Tao, l'Isla Experience e il Backpackers Island Beach Camp – occupano l'angolo sud-occidentale. Il Dryft camp si trova sulla costa settentrionale. Si raggiunge con una breve traversata in bangka da Teneguiban sulla terraferma.

Spazio e quiete

Nacpan Beach Questa incredibile spiaggia dorata lunga 3 km si trova 20 km a nord di El Nido. Le nuove strutture ricettive includono un ostello, dei boutique hotel ed eleganti campi tendati. La quiete dipende da dove ci si insedia.

Lio Beach A ridosso di quest'ampia spiaggia di sabbia bianca abbastanza tranquilla, 7 km a nord di El Nido, si trovano piazzette con ristoranti, bar e negozi. Kalye Artisano è un gruppo di caffè e negozi che adottano un approccio sostenibile.

Un'ampia scelta di strutture ricettive

Corong Corong Beach Una spiaggia lunga e stretta affacciata sulla Bacuit Bay con alloggi, bar sulla spiaggia e vista sul tramonto. Con l'alta marea la spiaggia scompare.

Caalan Un tratto roccioso di tranquilli resort subito a nord della città di El Nido, rivolto verso il tramonto e Cadlao Island. Nonostante la vicinanza, ha un'atmosfera appartata.

BUGKING88/GETTY IMAGES

Maremegmeg Beach

QUALCHE INFORMAZIONE

Trasporti locali Da El Nido partono ogni ora van per Nacpan e Duli con prelevamento negli hotel. I tricicli raggiungono posti più vicini. Per allontanarvi di più noleggiate una moto.

Salute Da queste parti non ci sono strutture sanitarie, quindi è meglio portarsi il kit di pronto soccorso, soprattutto per curare i tagli, e antibiotici per le infezioni.

Elettricità Nelle zone più remote l'elettricità è assente o limitata, quindi le guesthouse si affidano ai generatori, che in genere funzionano solo per poche ore la sera.

Da ricordare Non lasciate oggetti di valore incustoditi di sera sulle spiagge di El Nido.

Dal campeggio alle ville di lusso

Con un'escursione in giornata in kayak si possono raggiungere altre spiagge come Seven Commandos Beach e Papaya Beach (sulla terraferma a sud-ovest della città) e Cadlao Island nel Bacuit Archipelago. I kayak da mare si possono noleggiare (da P600 a P800 al giorno) lungo tutta El Nido Beach e Corong Corong Beach.

Ma siamo sinceri. Qualunque sia il vostro budget, vorreste trascorrere una notte in una sistemazione sulla spiaggia. È anche per questo che siete venuti fin qui. Sulle spiagge remote della penisola settentrionale e a sud di Sibaltan, nella zona orientale, è consentito il campeggio. Nacpan Beach a nord è un bel posto per il campeggio libero. Darocotan Island offre varie opzioni, dalle più spartane a quelle dal lusso rustico. Se siete flessibili, ovunque potrete trovare un abitante del posto che vi affitterà una camera molto semplice.

Tra i resort di lusso su isole private nella Bacuit Bay vi sono il Miniloc Island Resort, il Lagen Island Resort e il Pangalusian Island Resort, tutti di proprietà e gestiti da Ten Knots Travel Office a El Nido. Un'opzione leggermente meno cara ma sempre lussuosa è il Matinloc Resort. Quasi tutti costano da P25.000 a P50.000 per notte. Su Airbnb è disponibile un numero sempre maggiore di case di ogni genere, dalle ville di lusso ai cottage più semplici.

Coron Town

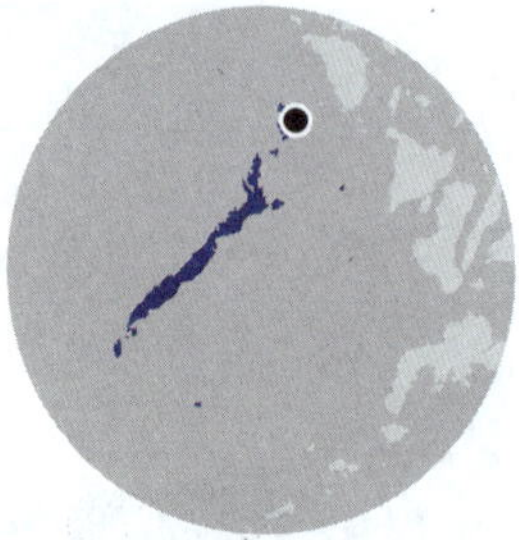

RISTORANTI | VITA NOTTURNA | CAMPAGNA

L'accozzaglia di edifici diroccati, oggi arretrati rispetto al litorale per via di un imponente progetto di interramento che ha spostato il lungomare e disposti anche lungo i pendii, non è uno spettacolo invitante. Non c'è una spiaggia e potreste chiedervi se valesse la pena di fare questo lungo viaggio. Ma il cuore economico di Busuanga Island non va giudicato dalle apparenze, poiché è la via di accesso alle avventure a Coron Bay e dintorni e alle paradisiache Calamian Islands. In città si aprono in continuazione ottimi bar e ristoranti, e a poca distanza dalla costa c'è sempre la vista incantevole di Coron Island. Dal centro, Coron si estende in direzione nord-est e include anche l'aeroporto nel barangay Santa Cruz, 20 km più a nord, nonché i barangay emergenti Decalachao e San Jose sulla costa centro-settentrionale di Busuanga Island.

TRASPORTI LOCALI

Coron Town si può girare a piedi, ma la città sorge su ripide colline e raggiungere un alloggio in queste zone può essere un'impresa. In città sono ampiamente disponibili moto a noleggio a partire da P400-500 al giorno. I minivan si possono noleggiare presso qualsiasi hotel o agenzia di viaggi.

IL CONSIGLIO

L'isolato di Real St compreso tra St Augustin St e Burgo St, inclusi diversi posti su queste vie laterali, è diventato una sorta di piccola Pub St; fateci un giro per dare un'occhiata. I bar dovrebbero chiudere all'1, ma a volte l'azione si protrae fino alle 2.

Un idromassaggio naturale

Sorgenti calde salate

Immergersi nelle benefiche acque calde delle **Maquinit Hot Springs** (P300) al tramonto è il coronamento ideale di una giornata di attività fisica a Busuanga e dintorni. L'atmosfera è divertente, conviviale e persino scenografica. Le temperature variano da una zona all'altra, ma tenete presente che si tratta di acqua salata riscaldata dal vulcano. Sul retro delle

PASTI A CORON

Cartina p367

Full Lotus
Un grazioso caffè ispirato al tema del viaggio serve power bowl ai cereali e sapori messicani (*tostadas* vegane), filippini (*sisig* di tofu) e indonesiani (*laksa*). **$$**

Om's
La cucina prepara autentici curry, insalata di papaya, *larb* (insalata di carne) e altre specialità thailandesi. Purtroppo l'atmosfera non è un granché. **$$**

Hermanos Tapas
Locale elegante con una deliziosa selezione di tapas spagnole, tra cui gamberi giganti indopacifici e chorizo, servite in un ambiente climatizzato con una bella terrazza. **$$$**

Trattoria Altrove
Squisiti antipasti (provate il carpaccio), piatti di pasta e pizze in un incantevole ambiente rialzato all'aperto. **$$$**

DA VEDERE
1 Mt Tapyas

ATTIVITÀ, CORSI E TOUR
2 Calamianes Expeditions Eco Tour
3 Coron Divers
4 Maquinit Hot Springs
5 Mt Tundalara
6 Neptune Dive Center
7 Pirates Diving Center
8 Reggae Dive Center

PERNOTTAMENTO
9 Asian Grand View Hotel
10 Busuanga Backpackers
11 Busuanga Bay Lodge
12 Cashew Grove
13 Corto del Mar Hotel
14 Dayon Hostel
15 Funny Lion
16 La Estancia Busuanga
17 Palawan SandCastles
18 Sanctuaria Treehouses
19 Sangat Island Dive Resort

PASTI
20 Buluang Fishpond Restaurant
21 Cocovana
22 Full Lotus
23 Hermanos Tapas & Wine Bar
24 Om's
25 Trattoria Altrove
26 Winnie's Restaurant
27 Zach's Cafe

LOCALI E VITA NOTTURNA
v. 29 Bam Bar
28 Coffee Kong
29 The Brewhouse
30 Tribu Kuridas

PROPRIETÀ ANCESTRALI

Approvata nel 1997, la National Commission on Indigenous People (NCIP; nota anche come Indigenous People's Act) si propone di consentire ai gruppi tribali di tutte le Filippine di riacquistare il diritto di proprietà delle loro terre.

Ovviamente si tratta di un processo lungo e complesso, e la maggior parte delle isole non ha ancora ricevuto ufficialmente questo diritto. La prima a ottenerlo è stata però proprio Coron Island, e Calauit Island è stata restituita ai tagbanua. Ciò che poi accade alla terra dipende dall'intera comunità, e molti scelgono di affittare la terra a non tagbanua per periodi di 25 anni.

STEPHEN GREEN-PRICE/GETTY IMAGES ©

Mt Tapyas

sorgenti c'è una passerella di legno che corre sopra le mangrovie da cui si vede Coron Island.

Il sito si trova circa 5 km a est del centro lungo un'accidentata strada sterrata con un intenso traffico di tricicli. La corsa di andata e ritorno costa P300-400, quindi vi conviene andarci un giorno in cui avete noleggiato una moto (il noleggio per tutta la giornata costa solo P100 di più), sempre che vi sentiate di affrontare strade molto accidentate; accertatevi che le luci della moto funzionino. L'ultimo ingresso è alle 19.

Panorami dalle cime delle montagne

Trekking sui monti di Palawan

Indicato da una scritta come quella di Hollywood e da una grande croce, il **Mt Tapyas** premia chi è disposto a salire gli oltre 700 gradini con spettacolari vedute su Coron Town e Coron, Uson e altre isole. La terrazza panoramica di cemento non è granché invitante e la salita è impegnativa, quindi è meglio farla subito prima del tramonto.

Raggiungere la cima del **Mt Tundalara**, il punto più alto di Palawan settentrionale (640 m), è una prova di resistenza, soprattutto nella calura di mezzogiorno, che richiede circa due ore e mezza di cammino. Per arrivare all'inizio del sentiero, prendete un triciclo fino a Mabingtungan, circa 3 km a nord di Coron.

LOCALI A CORON

Cartina p367

The Brewhouse Il posto migliore per chi ama la birra. I proprietari tedeschi e inglesi vivono qui da tempo e producono la birra che servono con Wiener schnitzel e Bratwurst.

Tribu Kuridas Un locale per backpacker festaioli, con musica reggae live ogni sera, shottini (P150) e secchielli di Long Island Iced Tea e altri intrugli pericolosi.

Coffee Kong Bevande a base di espresso, tè, muffin e waffles a colazione. Il piano superiore è ideale per chi lavora sul portatile.

Bam Bar Musica live e cocktail speciali in questo locale sempre vivace con tavoli all'aperto; fa parte di un piccolo complesso che include la Brewhouse.

Dintorni di Coron Town

Isole paradisiache costellate di laghi nascosti e spiagge deserte di sabbia bianca.

A nord di Palawan, le Calamian Islands (o semplicemente Calamianes) sono un vero paradiso per chi ama l'avventura, tra immersioni su relitti, uscite in kayak, tour delle isole ed esplorazioni in moto. L'imponente Coron Island ha spiagge di sabbia bianca, barriere coralline, paludi di mangrovie e laghi cristallini. Puntando la barca a sud si raggiungono la tranquilla Culion Island e le Linapacan Islands, più vicine a El Nido. Nel mezzo si trovano innumerevoli isolette con gruppi di capanni affacciati su splendide spiagge.

Busuanga, l'isola più grande e sviluppata, è per lo più rurale fuori dalla turistica Coron Town. Strade appena asfaltate attraverso la campagna bucolica portano a piccoli villaggi e ai punti di partenza per i siti di snorkelling e le escursioni alle isole.

TRASPORTI LOCALI

Percorrere la metà occidentale di Busuanga in moto non è mai stato così facile. La circonvallazione dell'isola è ora asfaltata da Coron Town fino a Macalachao, punto di partenza per Calauit Island, oltre che da Coron a San Jose, sulla costa nord-orientale. Il tratto di strada più a nord, da New Busuanga a San Jose, rimane accidentato, ma è in fase di asfaltatura.

Un servizio di imbarcazioni pubbliche collega Coron Town e Culion Island. Altrimenti dovrete organizzare un tour in barca privato tra le Calamianes.

Busuanga

MIGLIORI DIVE CENTRE

Quasi tutti i resort sulle isole private hanno il proprio dive centre; alcuni, come il Sangat Island Resort, sono concepiti proprio per i sub. Coron Town è gremita di centri immersioni. Noi consigliamo i seguenti:

Pirates Diving Center Staff cordiale e pieno di entusiasmo che si impegna molto per personalizzare le escursioni.

Sangat Island Dive Resort Il nostro resort per sub preferito della zona, a poca distanza da alcuni relitti.

Coron Divers Un centro a gestione filippina con le migliori tariffe per immersioni a Coron.

Neptune Dive Center Un centro eccellente con tariffe ragionevoli.

Reggae Dive Center Trasporta i sub con un fantastico jeepney con musica reggae.

Coron Bay

Cimeli di guerra sommersi

DA CORON TOWN: **90 MIN+**

Alle 9 del 24 settembre 1944, 180 aerei americani raggiunsero Busuanga dopo oltre sei ore di volo. Lanciato da portaerei situate a 550 km di distanza, fu l'attacco aereo a più lungo raggio mai tentato. La flotta giapponese, un convoglio di 24 navi ausiliarie che, sfuggito a pesanti attacchi aerei nella baia di Manila, aveva raggiunto il giorno prima i porti presumibilmente sicuri della Coron Bay, fu colta di sorpresa. Almeno otto navi erano ancorate una vicino all'altra intorno a Tangat (o Sangat) Island. Dopo un devastante attacco di 40 minuti, le 24 navi furono affondate o gravemente danneggiate. Diversi aerei americani esaurirono il carburante durante il volo di ritorno e alcuni furono abbattuti dai giapponesi.

Questo capitolo relativamente minore, seppure drammatico, del conflitto mondiale fa sì che la Coron Bay sia una destinazione di fama internazionale per le immersioni sui relitti, e Coron Town è la base principale da cui partono queste escursioni. Per molti dei 10 relitti che possono essere raggiunti dai sub sono necessari il brevetto Open Water e una notevole esperienza. Alcuni siti sono aperti a sub di livello intermedio e uno – quello della cannoniera *Lusong*, a 10 m di profondità – si presta anche allo snorkelling.

Da Coron Town si impiega almeno un'ora e mezza per raggiungere gran parte dei relitti (salvo noleggiare un più costoso motoscafo). Per essere molto più vicini ai relitti, valutate se pernottare su un'isola della Coron Bay o nei barangay Concepcion o Salvacion (Busuanga Town), o ancora nel più comodo **Sangat Island Dive Resort** (nei pressi del Tangat Wreck, indicato per i sub meno esperti, e della *Tere Kaze Maru*).

Coltivazioni di perle

DA CORON TOWN: **50 MIN**

Ordinate file di boe galleggiano sulla superficie dell'oceano. A pochi metri di profondità, cesti di filo metallico legati a cime contengono decine di ostriche, una piccola percentuale delle quali, in tre o quattro anni, potrebbe produrre una pallina luccicante che finirà in una gioielleria di Hong Kong, New York o Parigi. È possibile tuffarsi nell'oceano e avvicinarsi a queste 'fattorie' sottomarine, e in alcuni posti scoprire anche come nascono le perle. Provate a contattare in anticipo la Hikari Pearl Farm, lungo la costa di Busuanga a Bintuan. La più organizzata è la Jewelmer's Pearl Farm, a breve distanza in barca dal Flower Island Beach Resort al largo della costa di Taytay, Palawan settentrionale.

Chiamate 'perle dei Mari del Sud' (altri produttori sono Indonesia, Malaysia, Vietnam e Australia), queste gemme dai riflessi oro o champagne sono generalmente considerate più pregiate delle perle d'acqua dolce coltivate in condizioni fluviali in tutto il mondo. Solo dopo quasi 10 anni di esperimenti e studi, i produttori filippini hanno messo a punto con successo un processo di produzione con l'ostrica

TOUR DELLE ISOLE

Esistono ovviamente altri punti di partenza per tour organizzati delle isole del Bacuit Archipelago: El Nido (p358), Port Barton (p375) e, ben distaccato al terzo posto, Honda Bay vicino a Puerto Princesa (p378). Ma per chi è abbastanza flessibile le opportunità sono infinite.

Pinctada maxima. Tecnici altamente qualificati impiantano nell'ostrica madre o ricevente un frammento del mantello di un'ostrica donatrice - da cui proviene il caratteristico colore e un corpo estraneo attorno al quale si formerà la futura perla. In questo caso si utilizza un granello ricavato dalla conchiglia di ostriche d'acqua dolce del Mississippi (l'acquisto di queste ultime rappresenta il 30% o più dei costi di produzione). Dopo quattro anni di coltivazione e cura, le ostriche sono considerate pronte per essere raccolte.

L'acqua, affittata per 25 anni dal governo, deve essere priva di inquinamento e avere la giusta temperatura, il giusto tipo di plancton in abbondanza e una corrente sufficiente. La coltivazione delle perle dei Mari del Sud è minacciata dalle stesse dinamiche ambientali degli allevamenti di pesce e delle barriere coralline in tutto il mondo.

Coron Island

Lagune nascoste con acque cristalline

DA CORON TOWN: **20 MIN**

Quest'isola situata a soli 20 minuti di bangka da Coron Town ha un profilo imponente e misterioso che non stonerebbe nel film *King Kong*. Sorvolando Coron ci si rende conto che l'en-

KHOROSHUNOVA OLGA/SHUTTERSTOCK ©

Relitto della cannoniera *Lusong*, Coron Bay

GIOIELLI SOMMERSI

Le perle, una delle prime gemme di cui si abbia notizia - citate in testi antichi tra cui le epopee hindu, dizionari cinesi di 30 secoli fa e il Nuovo Testamento - provengono dalle ostriche. Tuttavia i tempi dei personaggi alla Steinbeck che si tuffano in apnea sono per lo più finiti. Detto questo, la perla più grande mai trovata, la Perla di Allah, del peso di oltre 6 kg, fu scoperta nelle acque di Palawan nel 1934. Deve il suo nome al fatto che la sua forma ricorda Maometto con il turbante. La storia della sua proprietà è una saga bizzarra ricca di colpi di scena e risvolti degni di un documentario TV. Il suo valore stimato è oscillato tra i 35 e i 90 milioni di dollari.

troterra ammantato di giungla è in gran parte inaccessibile e costellato da 17 laghi. L'intera isola è considerata proprietà ancestrale dei tagbanua, popolo che vive principalmente di pesca e, almeno a Coron, dei proventi non trascurabili del turismo, mentre la redditizia raccolta dei *balinsasayaw* (nidi di uccelli) incide in misura minore rispetto a una volta.

Preoccupati per l'impatto turistico, i tagbanua hanno limitato l'accesso ad alcuni siti. Il **Kayangan Lake**, che sotto le sue acque cristalline cela un paesaggio quasi lunare, è incastonato tra le montagne e raggiungibile solo con una ripida salita di 10 minuti. Il posto è dotato di una passerella di legno e di una piattaforma dove potete lasciare le vostre cose

LE MINACCE DELLO SVILUPPO

L'area pianeggiante, per lo più vuota, sul lungomare di Coron Town è l'emblema delle tensioni tra sviluppo e gestione responsabile dell'ambiente. Prima l'acqua arrivava fino al margine degli edifici. Gli imprenditori hanno compiuto il primo passo di un massiccio progetto edilizio creando questa zona interrata prima dell'approvazione del Dipartimento dell'Ambiente e delle Risorse Naturali. Il progetto è stato bloccato e sono state comminate sanzioni pecuniarie; per il momento il terreno rimane spoglio e brutto.

Questo tipo di problema, seppur non di tali proporzioni, non è raro, soprattutto quando la terra dei nativi tagbanua viene affittata a imprenditori che la sviluppano in modo illegale. Per di più, nel 2018 i regolamenti sono stati modificati per ridurre drasticamente la percentuale di terre protette.

MAXIM TUPIKOV/SHUTTERSTOCK ©

Kayangan Lake

PASTI A BUSUANGA

Winnie's Restaurant
Locale informale di proprietà svizzera appena fuori dalla strada principale del villaggio di Bintuan. Piatti filippini ed europei. $

Cocovana
Pizza, *pansit* (noodles), panini e un tuffo in piscina (P50 per i non ospiti) in questa guesthouse rustica sul lungomare aperta a pranzo. $

Zach's Café
Bibite con gelato e pasti semplici in questo caffè tutto rosa a Salvacion, di fronte alla piazza principale verso il mare. $

Buluang Fishpond Restaurant
In posizione unica su una peschiera, ha un menu incentrato su pesce alla griglia e granchi, aragoste e gamberi cucinati in vari modi. $$

per fare una nuotata. L'area balneabile è delimitata da alcune boe collocate dopo la morte di due turisti cechi che si erano immersi in apnea nel 2017. Purtroppo il lago spopola su Instagram, per cui nelle ore di punta è invaso da orde di persone con il cellulare in mano. Per evitare la folla bisogna andarci con un tour privato la mattina presto o nel tardo pomeriggio.

Lo scenografico **Barracuda Lake** è interessante per i sub per l'unicità dei suoi strati di acqua dolce, salata e salmastra e per i notevoli cambiamenti di temperatura (che può raggiungere i 38°C). Il lago si raggiunge con una breve salita lungo una frastagliata parete rocciosa che termina direttamente sulla riva.

Tra gli altri posti aperti ai visitatori ci sono **Banol Beach**, una piccola zona sabbiosa con un riparo dal sole, e la fotogenica (ma spesso affollata) **Twin Lagoon**, per metà accessibile attraversando una stretta fenditura a nuoto o in kayak.

Tutti i siti citati sono tappe molto gettonate nel corso delle escursioni tra le isole che partono da Coron Town, anche se i tour A e B (P1200-1400 per persona) ne includono al massimo due per via dei rispettivi costi di ammissione, relativamente alti.

Chi desidera fare snorkelling dovrebbe prenotare un'escursione che includa almeno uno tra lo **Smith Coral Garden**, che è anche un bel sito di immersioni, all'estremità occidentale di Coron Island, e **Siete Pecados**, una piccola riserva marina poco distante dalla costa all'altezza delle Makinit Hot Springs.

Per visitare tutti i siti con un unico tour, prenotate un'escursione privata tramite la Calamian Tourist Boat Association (P2200 fino a 4 persone, esclusi i costi di ammissione e l'attrezzatura da snorkelling).

Culion Island

La storia del lebbrosario

DA CORON TOWN: **45-90 MIN**

Culion Island, la seconda isola delle Calamianes per estensione dopo Busuanga, ha una storia affascinante. Nel 1906 gli americani vi stabilirono uno dei lebbrosari più grandi al mondo. La città principale, Culion, fu suddivisa in due zone: quella degli abitanti sani e quella dei malati di lebbra. La Lower Gate, la porta che divideva le due zone, esiste ancora: oggi separa i due barangay centrali di Culion, Balala e Libis. Potete scoprire la storia dell'isola e della città nelle numerose gallerie ben allestite del **Culion Museum and Archives**.

Calauit Island

A tu per tu con i dugonghi

DA CORON TOWN: **2 H** + **10 MIN**

Nelle acque di Calauit Island, isola gestita dai tagbanua all'estremità nord-occidentale di Busuanga, si possono vedere i dugonghi, corpulenti e mansueti mammiferi marini con code simili a quelle dei delfini. Parenti relativamente prossimi dei lamantini d'acqua dolce, sono gli unici mammiferi marini erbivori e sono a rischio di estinzione dopo essere stati cacciati a lungo per la carne e l'olio. La loro presenza, dato che si nutrono di una grande quantità di erba marina, indica generalmente un ecosistema sano. I resort nella zona nord di Busuanga e le agenzie di viaggi di Coron Town pubblicizza-

ESPERIENZE MEMORABILI

Tania Pownall, cresciuta nel Sangat Island Resort, condivide i suoi ricordi più belli delle isole. *@taniapow*

Cuaming
La mia famiglia si immergeva nelle acque di Chindonan Island per raccogliere il *lato*, un'alga commestibile. Potete farlo anche voi: chiedete al vostro dive centre di portare gli ingredienti per fare un'insalata.

Galoc Island
Raggiungete in kayak Galoc Island, un posto molto appartato al largo della punta settentrionale di Culion Island. Gli abitanti locali potrebbero essere impegnati nella preparazione del *tuba* (vino di cocco) e farvelo assaggiare appena fatto.

Marcilla Beach
Per raggiungere questa tranquilla spiaggia, un lungo banco di sabbia con un'unica mangrovia, all'estremità orientale di Busuanga, servono buone capacità di orientamento e una cartina. Cercate un cartello inchiodato a una palma da cocco con la scritta 'parcheggio'.

GITE ALLE ISOLE

Come a El Nido, i tour di una giornata intera dedicati alle escursioni da un'isola all'altra vanno per la maggiore a Coron, dal cui molo cittadino partono ogni mattina numerosissime bangka alla volta delle isole principali e dei siti di immersione. Quasi tutte seguono uno di quattro itinerari fissi - denominati Tour A, B, C e D - e di conseguenza i siti di maggior interesse (le principali attrattive di Coron Island e la piccolissima CYC Beach, subito a sud di Uson Island) possono risultare affollati.

I siti settentrionali meno visitati come Pass Island (traghetto giornaliero P800 andata e ritorno. con partenza dal molo di Bogtong alle 10.30 e ritorno alle 15.30), Calumbuyan Island e Black Island si raggiungono meglio da Busuanga. Due delle migliori agenzie sono **Tribal Adventures** (p363) ed **Eco Calamianes**.

Dugongo

no escursioni di avvistamento dei dugonghi (ma non c'è alcuna garanzia di riuscire a vederne uno). Quelle in partenza da Coron Town costano P4000 o più e in genere prevedono un'uscita di due ore in bangka (più breve se in motoscafo) fino alla zona di Calauit. Le guide hanno dato un nome ai singoli dugonghi, che hanno una durata di vita equivalente a quella umana, e sanno dove andare per avvistarli.

Potete anche partire da Coron Town la mattina presto alla volta di Macalachao (circa 2 ore d'auto), punto di partenza delle escursioni a Calauit. Da lì le barche per Calauit costano da P700 a P1000 andata e ritorno, a seconda del numero di passeggeri. È possibile trovare una barca e una guida per i dugonghi al molo di Calauit (P500 a persona). Un altro punto di partenza è il villaggio di Quezon, sulla costa settentrionale.

Ci sono altre popolazioni di dugonghi nelle acque di Busuanga, specialmente al largo della costa nord-orientale, ma avvistarli è questione di fortuna. Il dive centre del resort **El Rio y Mar** organizza escursioni, mentre **Tribal Adventures** (p363) conduce in un punto situato circa 4 km a sud della sua base a Cheey.

Un safari tra animali africani a Palawan

Il **Calauit Safari Park** a Caluit Island ospita grandi animali africani. Ferdinand Marcos portò qui gli animali dal Kenya nel 1976 nell'ambito di un progetto di salvaguardia. Le specie comprendono circa 25 giraffe e 35 zebre, in gran parte giunte ormai alla quarta o quinta generazione. Ci sono anche specie di antilopi, ma gli avvistamenti sono meno probabili. Vedrete anche molti cervi delle Calamian, reintrodotti a Calauit da Busuanga per evitarne la caccia di frodo. Nella riserva c'è anche un mini zoo con istrici di Palawan, pitoni e qualche altro animale.

Le agenzie di viaggi di Coron Town effettuano l'escursione (P2500), in genere con sosta a **Black Island**, ma potete anche organizzarvi per conto vostro, purché partiate abbastanza presto al mattino per Macalachao con una moto a noleggio. Dopo il breve tragitto in bankga, al molo di Calauit potrete pagare il biglietto d'ingresso al parco (P600). Da lì, con una breve camminata si raggiunge una delle aree in cui viene distribuito il cibo (i gruppi organizzati vengono trasportati in pick-up).

Port Barton

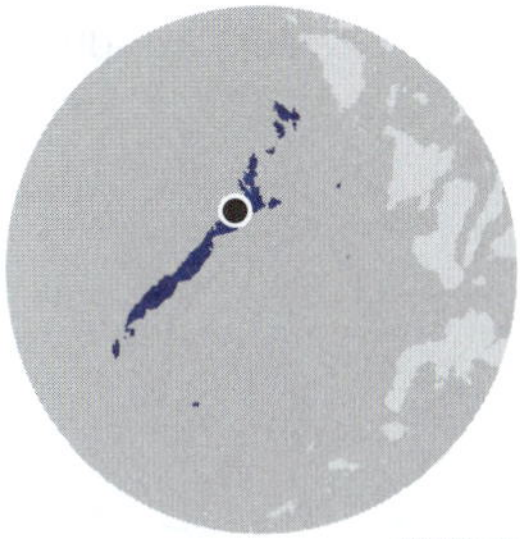

SPIAGGE | ISOLE | SNORKELLING E IMMERSIONI

Port Barton, sostanzialmente una cittadina con due sole strade incastonata tra pendii ammantati di giungla e una spiaggia a mezzaluna affacciata su una baia, offre piaceri semplici. Dove andare per un massaggio – all'estremità settentrionale della spiaggia ci sono almeno sei posti – e per un aperitivo al tramonto sembra una decisione importante. Certe notti il rumore più forte che potrete sentire è il gracidare delle rane. Oltre alla pesca, il pilastro dell'economia locale è il turismo: Port Barton è ormai una tappa affermata tra i backpacker, a cui offre caffè dallo stile hipster e jungle bar. Ma questo è anche il genere di luogo che si vuole tenere per sé e fermare nel tempo, sapendo che non sarà più lo stesso alla prossima visita. Al largo ci sono diverse isole con belle spiagge e opportunità di snorkelling, circondate da file di boe che segnalano le coltivazioni di perle.

Spiaggia di Port Barton

TRASPORTI LOCALI

Questo è un piccolo villaggio che si gira facilmente a piedi. Ovunque si trovano moto a noleggio (da P300 a P500), utili per raggiungere le cascate della zona e un paio di spiagge.

Port Barton è un barangay di San Vicente, ma le due località distano due ore via terra (sconsigliato) o 45 minuti via mare. Tenetelo a mente quando prenotate una sistemazione online, e riflettete su dove volete stare per evitare costosi spostamenti.

IL CONSIGLIO

Alcune isole private e calette appartate nei dintorni di Port Barton ospitano resort alimentati esclusivamente con generatore e/o a energia solare (l'elettricità viene erogata in genere dalle 18 alle 22 e due ore la mattina), che sono tra le strutture più suggestive in cui alloggiare. Organizzate la traversata (spesso gratuita) tramite il vostro resort.

PERNOTTAMENTO
1 My Green Hostel
2 Palayan Paradise Huts
3 Parrots Boutique Resort
4 Royal Suites Port Barton

PASTI
5 Fat Cat Bistro
6 Gacayan
7 House of Thai
8 Lunazul Restaurant
9 Mojitos

LOCALI E VITA NOTTURNA
10 Flow Pool Bar & Resto
11 Milano Cafe
12 Tortuga Beach Bar

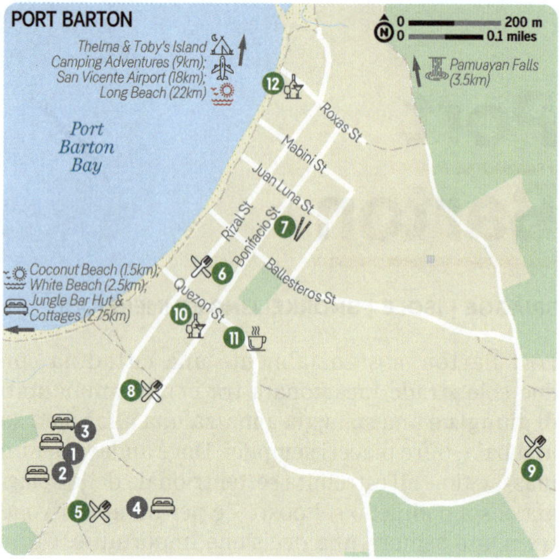

In cerca di un angolo di paradiso

Da un'isola all'altra nei dintorni di Port Barton

Ovunque ci sono cartelli che pubblicizzano i tour delle isole dalla A alla D (P1200 a testa, escluse le varie tasse d'ingresso e l'obbligatoria ecocard). Quasi tutti prevedono tre o quattro tappe, un mix di isole, spiagge e barriere coralline, pranzo e soste per lo snorkelling lungo il percorso. Se trovate tartarughe (*turtle*) a Turtle Island e stelle marine (*starfish*) giganti a Starfish Island, cosa pensate di trovare a Paradise Island?

Escursioni di mezza giornata

Alla scoperta di White Beach e delle Pamuayan Falls

Rilassatevi nelle acque delle **Pamuayan Falls** (8 m). Non è consentito arrampicarsi sulle rocce circostanti, ma la gente lo fa ugualmente. Il posto, che può essere affollato nei weekend, dista 15 minuti a piedi dal parcheggio per moto 4 km a nord della città lungo la nuova strada per San Vicente, ora in gran parte asfaltata. C'è un chiosco per registrarsi e le donazioni sono ben accette. Il sentiero attraversa diversi ruscelli, ma è facile

PASTI A PORT BARTON

Gacayan
Affidabile per pasti economici e gustosi, con proposte classiche per backpacker come pancake alla banana e specialità locali. **$**

Fat Cat Bistro
Un locale elegante di nuova apertura con salutari bowl e panini a pranzo; a cena il menu si amplia con la migliore pizza a pasta sottile della città. **$$**

Lunazul Restaurant
Annesso all'omonima incantevole guesthouse, offre un menu di piatti spagnoli e filippini. **$$**

House of Thai
Semplice ristorante all'aperto con classici thailandesi; le porzioni non sono abbondanti, soprattutto i piatti a base di gamberi. **$$**

TISHA THACKSTON/ALAMY STOCK PHOTO ©

Pamuayan Falls

da percorrere. Le cascate si riducono a un rigagnolo al culmine della stagione secca (da marzo a metà maggio).

Volete visitare la splendida **White Beach** per conto vostro? Una bangka dalla città costa P500 andata e ritorno. Se ve la sentite di guidare una moto fuori strada, la spiaggia si trova circa 15 km a sud della città (il tragitto è sconsigliato dopo forti piogge, ma i tricicli lo affrontano comunque). È una distesa idilliaca di sabbia soffice orlata di palme. Subito prima, **Coconut Beach** (ingresso P50) è un'altra bella opzione. La differenza principale è che non sono disponibili cibo e bevande.

LONG BEACH, SAN VICENTE

La principale attrattiva di San Vicente è una vera bellezza. Comprende in realtà tre spiagge di sabbia dorata – **Long Beach 1, 2** e **3** – che si estendono complessivamente per circa 14 km e sono ideali per ammirare il tramonto. Long Beach 2 è la più bella: è profonda 50 m, rivolta verso il tramonto ed estesa senza interruzione per 7 km; la si può percorrere piedi o in motocicletta ed è costellata di resort e guesthouse. Long Beach 1 è più vicina alla città, mentre Long Beach 3 è decisamente a nord dell'abitato, nel barangay Alimanguan.

Nel 2017 è stato inaugurato a San Vicente il tanto atteso **aeroporto**. Tuttavia, a meno che non si soggiorni qui, i trasporti pubblici per proseguire sono pochi. Alcuni sgangherati autobus locali e van raggiungono Puerto Princesa via Roxas.

LOCALI A PORT BARTON

Cartina p376

Milano Cafe
Bel caffè italiano che non sfigurerebbe nella grande città. Sicuramente le migliori bevande a base di espresso, oltre a buoni panini, crêpes e bowl per la prima colazione.

Mojitos RestoBar
Menu tex-mex e da pub (c'è anche la *poutine*) e creativi Mojitos e altri cocktail. Si trova 15 minuti di cammino a sud-est della città, ma merita lo sforzo.

Tortuga Beach Bar
Uno dei bar più belli sulla spiaggia cittadina, con poltrone a sacco, drink a buon prezzo durante l'happy hour e vista sul tramonto.

Flow Pool Bar & Resto
Il costo per rilassarsi tutto il giorno a bordo piscina è ordinare un paio di drink forti. Ampio menu di piatti, tra cui sostanziosi hamburger.

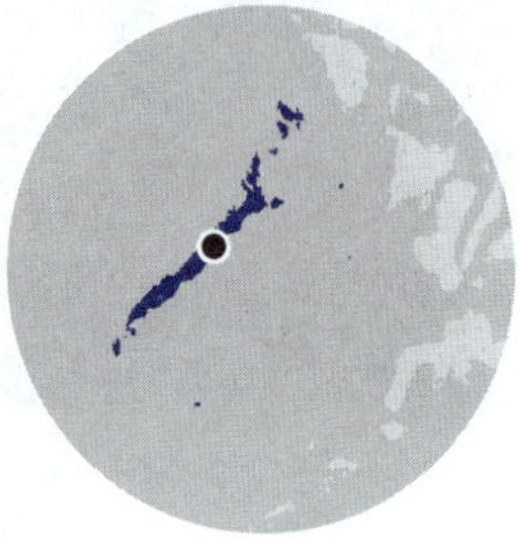

Puerto Princesa

CUCINA | STORIA BELLICA | FAUNA

L'animato capoluogo di Palawan è più che altro la porta di accesso a El Nido e alle spiagge della costa occidentale, ma offre diversivi sufficienti per un giorno o due, se si passa da queste parti. Una buona varietà di ristoranti, molti bar lungo Rizal Ave, la via principale, alcuni discreti siti di immersione nella Puerto Princesa Bay e un numero crescente di boutique hotel ne aumentano il fascino.

Sul lungomare, vicino al porto, corre la Baywalk, una passeggiata accessibile alle sedie a rotelle con vista sul tramonto e oltre una mezza dozzina di grill informali sotto le tende specializzati in pesce alla griglia – un'esperienza tipicamente locale.

Puerto storica

Visita a due siti della seconda guerra mondiale

Plaza Cuartel, alle spalle della Immaculate Concepcion Cathedral (circa 1872), è una guarnigione della seconda guerra mondiale restaurata, sede di un museo di guerra a cielo aperto e santuario in memoria dei prigionieri americani arsi vivi dai giapponesi il 14 dicembre 1944, episodio passato alla storia come massacro di Palawan. Solo 11 dei 154 americani sopravvissero. Grandi cartelli mostrano foto degli anni della guerra e illustrano il ruolo strategico di Palawan durante il conflitto.

All'estremità opposta (orientale) di Rizal Ave si trova l'interessante **World War II Museum**, un museo privato allestito da Eugenio Mendoza. Suo padre era membro dei Fighting 1000, una squadra di guerriglieri locali attiva contro i giapponesi, dai quali fu decapitato. Il museo è pieno zeppo di cimeli di guerra e di tributi ai Fighting 1000 e ai 143 americani che persero la vita a Plaza Cuartel.

TRASPORTI LOCALI

Il traffico in città è terribile. Tricicli, pick-up e multicab ('multis') intasano le vie principali; i tragitti brevi costano P10-15, inclusi quelli dal centro a Robinson's Place o Santa Monica; i multis per entrambe le destinazioni si prendono all'angolo tra la National Hwy e Rizal Ave. Le moto fanno lo slalom tra gli ingorghi, sfruttando varchi strettissimi e rifilando i marciapiedi. Chi se la sente di guidare in queste condizioni può noleggiare una moto (P500 al giorno) – lungo la strada a nord dell'ingresso dell'aeroporto si trovano una mezza dozzina di noleggi.

IL CONSIGLIO

Per evitare di aspettare che un minivan per El Nido si riempia al terminal degli autobus, prendete le corse di linea gestite da Lexus Shuttle, Eulen Joy, Fort Wally e diverse altre compagnie, che offrono anche il prelevamento in hotel o all'aeroporto. Oppure pagate di più (P850) per l'eccellente servizio di Daytripper, che ha i van più confortevoli.

DA VEDERE
1 Plaza Cuartel

ATTIVITÀ, CORSI E TOUR
2 Dolphin and Whales Travel & Tours

PERNOTTAMENTO
3 Canvas Boutique Hotel
4 Floral Villarosa
5 Puerto Pension

PASTI
6 Artisans
7 Badjao Seafront Restaurant
8 Kalui
9 Lou Chaolong Hauz
10 Mina Hai Chaolong House
11 Pham Chaolong
12 Ver de Palawan

LOCALI E VITA NOTTURNA
13 Gold Cup
14 Kinabuchs Grill & Bar
15 Palaweño Brewery
16 Tiki Restobar

TRASPORTI
17 2GO
18 Porto dei traghetti
19 Milagrosa Shipping
20 Montenegro Lines

CHAOLONG VIETNAMITI

Puerto Princesa ha decine di ristoranti *chaolong*, locali piccoli e informali che servono versioni filippine del *pho* (zuppa di noodles piccante con pollo, manzo o maiale) accompagnate da pane francese. Questi ristoranti sono un retaggio della comunità vietnamita che si stabilì per lo più nel 'Viet Village' 13 km a nord della città (oggi, a parte ospitare un ristorante che serve *chaolong*, il Viet Village è una città fantasma). A Puerto, il **Lou Chaolong Hauz** è il più pulito dei diversi ristoranti *chaolong* situati lungo Rizal Ave e offre i piatti più gustosi. Altre opzioni sono i vicini **Mina Hai Chaolong House** e **Pham Chaolong**.

Rettili dall'aspetto spaventoso

Visita a un centro di recupero della fauna selvatica

Potreste non voler più andare a nuotare dopo aver visto alcuni dei giganteschi coccodrilli dall'aspetto preistorico al **Palawan Wildlife Rescue & Conservation Center**, 12 km a nord-ovest del centro di Puerto. Questo complesso di edifici in cemento e recinti all'aperto ospita centinaia di coccodrilli, da quelli appena nati a esemplari più vecchi dall'aspetto terrificante. È un'esperienza interessante per le famiglie; nel biglietto d'ingresso sono incluse visite guidate accurate e istruttive, perfette per i bambini curiosi. Sul retro, in un'area densamente boscosa, ci sono altri animali e uccelli tenuti in voliere e gabbie in stato di incuria.

PASTI A PUERTO PRINCESA

Cartina p379

Kalui
In questo locale ci si deve togliere le scarpe. Incantevole atmosfera balinese e ottimo rapporto qualità-prezzo. Pesce servito con verdure e insalata di alghe. **$$**

Ver de Palawan
Piatti vegani filippini e italiani magnificamente impiattati, serviti in una sala piena di piante. **$$**

Badjao Seafront Restaurant
Un lungo pranzo a base di pesce intero alla griglia e altri frutti di mare, con vista sul lungomare, è un ottimo modo per trascorrere il pomeriggio. **$$**

Artisans
Un menu poco ortodosso con specialità da tutto il mondo come tikka masala, piatti messicani, *rendang* indonesiano, sloppy joe e insalatone. **$$$**

ALDARINHO/SHUTTERSTOCK ©

Coccodrillo, Palawan Wildlife Rescue and Conservation Center

In cerca di mammiferi e insetti

Delfini, balene e non solo

Prenotare un'escursione con **Dolphin and Whales Travel & Tours** e l'energico Toto Kayabo è l'occasione migliore per avvistare squali balena selvatici (cioè non attirati tramite distribuzione di cibo) durante il monsone di sud-ovest (da maggio a ottobre). Tempo permettendo, i tour con gli squali balena (minimo 6 persone) si svolgono di solito solo nei 10 giorni precedenti e nei due giorni successivi al plenilunio, mentre i tour per i delfini (minimo 14 persone) partono ogni giorno in stagione.

Entrambi i tour vanno prenotati in anticipo. Le barche partono direttamente dalla zona di Baywalk, nel centro di Puerto. Toto organizza anche tour notturni per vedere le **lucciole**, preferibili ai popolarissimi tour delle lucciole sull'Iwahig River.

SHOPPING

Alcuni negozi di artigianato su Rizal Ave, tra il vecchio ingresso dell'aeroporto e AS Rengel Rd, vendono principalmente anonime imitazioni di maschere e statue indigene del tipo che si trova ovunque da Nairobi a Bangkok. Invece **Binuatan Creations** è un singolare e colorato negozio di *pasalubong* (articoli da regalo) che merita una visita. Impiega tessitori locali per realizzare cesti, abiti, tovagliette e altri articoli con materiali indigeni. L'assortimento è magnifico e sul retro si possono osservare i tessitori al lavoro sui loro telai.

LOCALI A PUERTO PRINCESA

Cartina p379

Palaweño Brewery
Produce le birre artigianali Ayahay, offre visite guidate gratuite e dispone di una sala degustazione all'aperto e di un ottimo bar.

Tiki Restobar
Gremito praticamente ogni sera, offre giochi da bar, secchielli di birre e una pista da ballo con musica live piena di gente che si scatena.

Kinabuchs Grill & Bar
Grande ristobar con tavolo da biliardo, schermo TV gigante all'aperto con eventi sportivi, birra a prezzi economici e un'ampia scelta di piatti.

Gold Cup
Caffè contemporaneo con tre locali in città; seleziona con cura i chicchi e offre oltre 20 tipi di bevande al caffè preparate con vari metodi.

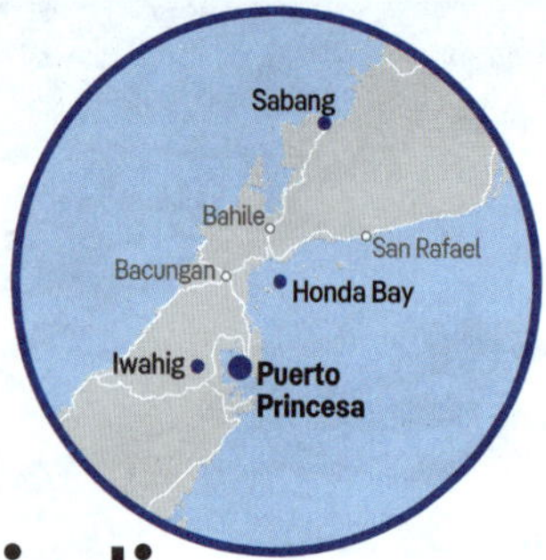

Dintorni di Puerto Princesa

Località

TRASPORTI LOCALI

I van effettuano numerose corse al giorno tra Puerto Princesa e Sabang in ciascuna direzione (1 ora 30 minuti). Entrambe le località sono collegate anche a El Nido e Port Barton, con cambio a Salvacion. I jumbo jeepney (con/senza bagagli P150/120, 2 ore 30 minuti) effettuano quattro corse al giorno tra Puerto e Sabang (ultima partenza da Sabang alle 15.30).

Gli autobus diretti a nord a El Nido si possono fermare a Salvacion.

È facile trovare un van privato per Port Barton (a partire da P3500, 3 ore) o El Nido (a partire da P5000, 5 ore).

Snorkelling al largo delle isole, visita a una colonia penale o un viaggio a una delle attrazioni naturali più rinomate dell'arcipelago.

Il richiamo di una visita a Puerto non è tanto la città in sé quanto usarla come base per esplorare i dintorni. Non appena si esce dal centro, il traffico si disperde e la strada si apre all'orizzonte, ci si ricorda di essere a Palawan. In una piacevole mezza giornata in moto si possono abbinare diverse soste interessanti, e le isole vicine si prestano a piacevoli tour. Nagtabon Beach, sul lato orientale della penisola affacciata sul Mar delle Filippine Occidentali, è una bella e lunga striscia di sabbia ideale per il surf.

E nel frattempo folle di visitatori viaggiano alla volta del fiume sotterraneo di Sabang, una meta fin troppo pubblicizzata. Di fronte a Sabang c'è una spiaggia graziosa con acque calde e calme perfette per una nuotata.

Honda Bay

DA PUERTO PRINCESA: **15 MIN**

Escursioni alle isole

In confronto al Bacuit Archipelago, Honda Bay può sembrare un parente povero, ma si tratta di un paragone ingiusto: trascorrere una giornata facendo snorkelling e il tour delle isole merita decisamente se ci si trattiene nella zona per più di una notte.

Le escursioni in genere consentono di visitare tre isole; le più battute sono **Cowrie Island** e **Luli Island**, e nei mesi più ventosi (da dicembre a febbraio) queste sono spesso le uniche raggiungibili. Quando il mare è meno mosso, **Pandan Island**, **Starfish Island** (qui potete comprare pesce fresco ed è l'unica isola dove vale veramente la pena di fare snorkelling) e **Snake Island**, una tortuosa lingua di sabbia bianca (da cui il nome) che muta secondo le maree, sono alternative meno affollate.

I tour (da P1800 a P2100 fino a 6 persone) partono da Santa Lourdes, 12 km a nord di Puerto. Prenotarli attraverso le agenzie di Puerto costa circa P2500 per persona, incluso un abbondante pranzo a buffet servito a Luli Island e varie tariffe d'ingresso. Piuttosto formate un gruppo vostro, oppure presentatevi al molo e provate ad aggregarvi a un altro. Il noleggio dell'attrezzatura da snorkelling si paga a parte.

Quasi tutte le isole fanno pagare una tariffa d'accesso nominale, cui si aggiunge una tassa ambientale di P150 da versare tramite il punto di noleggio delle barche al molo di Santa Lourdes. Su quasi ogni isola c'è un chiosco che vende spuntini e su Cowrie Island c'è un bar-ristorante con prezzi scandalosi.

Un multicab dall'angolo tra Rizal Ave e la National Hwy a Santa Lourdes costa P30, un triciclo da P350 a P500.

Iwahig

DA PUERTO PRINCESA: **30 MIN**

Una schietta conversazione con i detenuti

Il viaggio in auto da Puerto verso una colonia penale, mentre in lontananza si staglia un rigoglioso paesaggio montuoso, può sembrare un po' sconcertante. Ma alla **Iwahig Prison & Penal Farm** i visitatori rispettosi sono i benvenuti e, tutto sommato, la possibilità per i detenuti di interagire con persone 'esterne', soprattutto con i viaggiatori stranieri, sembra positiva. Fondata nel 1904 durante l'occupazione americana, la prigione si è ampliata fino a un'estensione di 400 kmq, con grandi appezzamenti coltivati dai detenuti. L'ingresso, chiaramente segnalato, si trova appena fuori dalla National Hwy, 15 km a ovest di Puerto; registratevi al posto di guardia (se siete in moto, scelta consigliata, dovrete lasciare casco e patente) e proseguite per circa 3 km fino al complesso centrale. Il trasporto privato in triciclo da Puerto costa circa P750-800 andata e ritorno; la colonia penale è inclusa non di rado nei 'tour della città'.

Vedrete prigionieri che indossano T-shirt di colori diversi che indicano il loro livello di sicurezza (minimo, medio e massimo). L'opportunità migliore di interagire con loro è la palestra del complesso centrale, dove vendono souvenir e si esibiscono in esuberanti coreografie su musica pop per le comitive turistiche; vale la pena di assistervi, se si arriva al momento giusto. Dopo l'esibizione i detenuti forniscono brevi biografie,

KATERYNA.SOKOLOVA/SHUTTERSTOCK ©

Iwahig Prison & Penal Farm

BIRDWATCHING A SABANG

Ci sono circa 165 specie di uccelli nel Subterranean River National Park, molte delle quali endemiche di Palawan, tra cui lo speroniere di Palawan, un grande e splendido uccello terrestre, e l'assiolo di Palawan, il cui ciuffo prominente a forma di V tra gli occhi gli conferisce un'espressione stranamente simile a quella umana. Entrambi risultano interessanti anche per i profani. È possibile dedicarsi al birdwatching rivolgendosi al **Sabang Information Office** (p385), che però non fornisce telescopi e neppure binocoli. Ai più appassionati, **Birding Adventures Philippines** offre escursioni di più giorni che includono Sabang. Degna di nota è anche la Iwahig Prison & Penal Farm, specialmente percorrendo il Balsahan Trail, un posto eccellente per chi sia interessato ad avvistare uccelli endemici quali il pigliamosche di Palawan.

TRASPORTI DA PUERTO

Autobus, jeepney e quasi tutti i minivan partono dal **San Jose Bus Terminal** - noto anche come 'New Public Market' - 5 km a nord del centro di Puerto. Per arrivarci, prendete un triciclo (P120) o un multicab (mini-jeepney; P13) all'angolo tra Rizal Ave e la National Hwy.

Dal terminal partono ogni ora fino alle 21 corse per El Nido in cui si alternano autobus con aria condizionata e autobus ordinari (da P350 a P450, 6 ore 30 minuti). Questi ultimi sono più lenti ma più confortevoli degli angusti minivan. Gli autobus passano per Roxas (per San Vicente) e Taytay.

La stazione è anche il posto migliore in cui trovare un van privato a tariffe vantaggiose: Narra (P3000), Sabang (P2500), Port Barton (P3500) ed El Nido (P7000).

spiegano le loro condanne, spesso molto lunghe per reati legati al possesso di droga, e rispondono alle domande. Dal complesso centrale, una strada sterrata di 3 km porta alle **Balsahan Natural Pools**, una piscina di cemento alimentata da una piccola cascata molto frequentata dalle famiglie in visita.

Out of Bounds (*Hors les murs*) è un interessante documentario francese del 2005 su Iwahig.

Sabang

DA PUERTO PRINCESA: **2 H**

Navigare lungo un fiume sotterraneo

Non fatevi fuorviare dal nome del **Puerto Princesa Subterranean River National Park**. Questo fiume sotterraneo molto pubblicizzato non si trova a Puerto ma a Sabang, circa 72 km a nord. Esteso per 8 km, attraversa una delle grotte fluviali navigabili più lunghe al mondo e richiama un gran numero di turisti. Le escursioni a bordo di barche a remi prive di motore risalgono il fiume all'interno della grotta per circa 1,5 km (45 minuti andata e ritorno) e includono un'interessante e divertente audioguida in più lingue; dovrete indossare casco e giubbotto di salvataggio. È sconsigliato parlare, il che rende l'esperienza più intensa. Guardando verso l'alto, tenete la bocca ben chiusa: pipistrelli e salangane svolazzano in aria, rilasciando il guano che riempie la grotta del suo 'profumo'. Intorno all'ingresso si aggirano macachi cinomolghi e varani.

Quasi tutti visitano il parco con un tour all-inclusive da Puerto Princesa (circa P2500 per persona inclusi trasporto, pranzo e tutte le tariffe di accesso). Ma nonostante la fama e la pubblicità, il vostro apprezzamento dipenderà probabilmente da quanto tempo dovrete aspettare per la prima frazione del viaggio (la traversata con una bangka a motore dal molo di Sabang a un punto vicino all'ingresso del fiume sotterraneo, dove si sale sulle barche a remi) e dalla vostra tolleranza per i viaggi rigidamente strutturati. A meno che non abbiate poco tempo a disposizione, sconsigliamo questi tour poiché entrano ed escono dal parco con una certa fretta, senza esplorare la ricca foresta pluviale costiera di Sabang.

Se fate l'escursione per conto vostro, molto probabilmente pernotterete nella minuscola e spesso sottovalutata Sabang, che vanta una splendida spiaggia sferzata dal vento. Qualcuno trova questa esperienza gratificante quanto il fiume sotterraneo. Ricordate che viaggiando in modo indipendente dovrete procurarvi in anticipo il permesso per il parco rivolgendovi a un tour operator o al Subterranean River National Park Office a Puerto Princesa. Se però pernottate a Sabang o arrivate direttamente da El Nido o da località a nord, potrete acquistare il permesso sul posto presso il Sabang Information Office, a patto di mostrare la ricevuta dell'avvenuto pagamento della tassa ambientale a El Nido o a Port Barton; potrebbe essere sufficiente anche la ricevuta emessa da una struttura ricettiva.

Dotati di permesso, potrete prenotare una bangka tramite il Sabang Information Office (P1120 fino a 6 persone, 15 minuti) per andare dal molo all'ingresso della grotta, oppure camminare per 5 km lungo il Jungle Trail (che però era chiuso all'epoca delle nostre ricerche a causa dei danni provocati dal tifone, e non era prevista una riapertura certa). All'ingresso della grotta salirete in una delle barche a remi e vi verrà consegnata l'audioguida.

Le autorità chiudono il parco in caso di forte pioggia o mare mosso, quindi vi consigliamo di contattare in anticipo il Sabang Information Office per evitare un viaggio a vuoto.

Escursione sul Poyuy-Poyuy River

Questo progetto comunitario prevede un tragitto in barca accompagnati da una guida in cui si rema per alcuni chilometri risalendo il salmastro **Poyuy-Poyuy River** orlato di mangrovie. L'escursione richiede meno di un'ora e il momento migliore è il mattino presto, quando gli uccelli della zona (pappagalli, buceri, aironi ecc.) sono più attivi. Diversamente, potreste scorgere qualche piccolo di pitone e altri serpenti che popolano le mangrovie. Da gennaio a maggio l'acqua è limpida e si può vedere il fondo. Per raggiungere il punto di partenza, camminate fino all'estremità settentrionale della spiaggia di Sabang e seguite il sentiero fino a un piccolo ufficio affacciato sul fiume.

Discesa in zip-line a Sabang

Questa **zip-line** lunga 800 m regala pochi secondi di emozione sopra l'oceano. La salita abbastanza ripida verso il punto di partenza inizia sull'altro lato del Poyuy-Poyuy River, all'estremità orientale di Sabang.

Speleologia e arrampicata a Ugong Rock

Circa 15 km a sud di Sabang, vicino al barangay Tagabinet, si trova **Ugong Rock**, una formazione carsica con una modesta escursione e arrampicata con la corda attraverso una grotta, una zip-line di 800 m e una vista spettacolare sulla campagna. È un progetto gestito dalla comunità che si avvale di guide locali ed è un bel modo per occupare il tempo in attesa di un posto in un tour del fiume sotterraneo.

DA RICORDARE A SABANG

- Non ci sono più imbarcazioni pubbliche per Port Barton ed El Nido a nord.
- Se non partecipate a un tour di gruppo al fiume sotterraneo, dovrete andare al Sabang Information Office al molo per pagare tutte le tariffe previste e prenotare una barca. Fatelo per prima cosa all'arrivo perché se siete tre o più persone potreste dover attendere a lungo per una barca.
- Al di fuori dei due resort di lusso, non c'è acqua calda a Sabang, anche se oggi l'elettricità viene erogata 24 ore su 24.
- I pappataci possono essere fastidiosi nel pomeriggio, quindi prendete precauzioni e valutate l'idea di nuotare invece di prendere il sole.

Sistemazioni consigliate

$** Prezzi economici **$$** Prezzi medi **$$$ Prezzi elevati

El Nido p358 (cartina p359)

Spin Hostel $ Il design strabiliante di questo ostello di lusso corrisponde a prezzi strabilianti. Le camerate da quattro letti sono dotate di bagno privato e di tutti gli accessori.

Cavern Pod Hotel & Specialty Cafe $ Il design d'ispirazione giapponese dei 'pod' presenta un abbinamento cromatico nero e grigio, splendide lenzuola e scaletta per il letto superiore.

Frendz Hostel $ Quattro piani disposti intorno a un cortile interno, un animato bar-ristorante e piscina sul tetto. Camerate eleganti e camere private contemporanee (anche se troppo care).

Bulskamp Inn $$ Questo vecchio albergo ha rinnovato l'area comune all'aperto e il ristorante, ma offre lo stesso servizio cordiale, camere compatte pulitissime e un buon rapporto qualità-prezzo.

Amakan $$ Posizione centrale a due passi dalla spiaggia di El Nido, un giardino rigoglioso e un'elegante area da pranzo. Le camere sono belle ma decisamente piccole.

Cuna Hotel $$ Hotel di fascia media in posizione centrale, si distingue per i fantastici panorami dal ristorante sul tetto e dalla piscina, oltre che per le camere moderne dal design funzionale.

Qi Palawan $$$ Splendida struttura di categoria elevata sulla remota costa orientale di El Nido, con otto bungalow indipendenti immersi in un giardino lussureggiante.

Cadlao Resort $$$ Una ventina di cottage, ognuno con il proprio portico, disposti in un giardino paesaggistico. Non ha la spiaggia, ma una splendida vista sul tramonto.

Las Cabanas Beach Resort $$$ Un complesso di grandi cottage inseriti in un giardino paesaggistico con una splendida vista sulla zona meridionale della Bacuit Bay. Dista 10 minuti a piedi da Maremegmeg Beach.

Coron Town p366 (cartina p367)

Dayon Hostel $ Subito a est del centro, questo ostello dal fascino contemporaneo presenta pavimenti in cemento spatolato, letti a castello alti e bei bagni separati per uomini e donne.

Corto del Mar Hotel $$ Elegante villa in stile spagnolo con piscina di forma irregolare nel cortile centrale. Le ampie camere moderne hanno un design raffinato, ma alcune sono un po' trascurate.

Funny Lion $$$ Camere tra le più belle della città, arredate con buon gusto in stile isolano, e splendidi panorami dall'area bar al 5° piano, con vasche idromassaggio ad acqua fredda e vista sul tramonto.

Asian Grand View Hotel $$$ Un hotel di lusso tra i più sobri, con giardini lussureggianti e area piscina circondata da basse camere moderne con atmosfera da bungalow.

Busuanga Island p369 (cartina p367)

Cocovana $ Un'esperienza tipo 'resort' per backpacker. Un posto rustico e isolato con piscina, kayak e snorkelling a due passi dalla riva, oltre a splendidi tramonti.

Busuanga Backpackers $ Una struttura rustica poco lontano dalla highway con quattro camere semplici con ventilatore e bagno in comune, una camerata da sei letti e vista sul mare – un bel posto per un drink al tramonto.

Palawan SandCastles $$ Numerosi bungalow dal design creativo situati sull'isolata costa settentrionale. Di proprietà e gestiti dai proprietari di Tribal Adventures, agenzia turistica vivamente consigliata.

Sanctuaria Treehouses $$ Un tranquillo rifugio nella giungla con vista sulle mangrovie e sulle isole vicine. Le tre incantevoli case sull'albero, con pavimento in legno e ventilatore, possono ospitare comodamente quattro persone.

Cashew Grove $$ Sulla costa nord-orientale di Busuanga, con spiaggia privata di sabbia dorata, ampie camere su due livelli intorno alla piscina e cottage sulla spiaggia. Centro immersioni e uso gratuito dei kayak.

La Estancia Busuanga $$$ Questo resort situato su una collina che domina una stretta spiaggia nell'estremo nord di Busuanga è difficile da raggiungere, ma ne vale la pena. Il servizio è eccezionale e si possono esplorare in kayak le vicine mangrovie.

Busuanga Bay Lodge $$$ Lussuoso resort imbiancato in stile caraibico incentrato su un grande padiglione ristorante e una infinity pool affacciata sulla splendida Dipuyai Bay.

Sangat Island Dive Resort $$$ Un'isola privata al largo di Busuanga, perfetta per godersi un totale relax e fare immersioni. I bungalow in stile locale, disposti lungo la spiaggia o immersi nella giungla, sono stati rinnovati e sono interamente alimentati a energia solare.

Port Barton

p375 (cartina p376)

My Green Hostel $$ Boutique hotel spagnolo con camerate in cemento spatolato, letti a castello alti in legno massiccio e splendidi bagni e docce.

Palayan Paradise Huts $$ Per qualcosa di diverso, provate questi capanni in stile isolano dal design semplice, collegati da una passerella e dotati di docce e lavandini all'aperto. Sembra di stare in un safari lodge africano.

Royal Suites Port Barton $$ Camere spaziose e moderne, forse con il miglior rapporto qualità-prezzo nella fascia media; le suite ben arredate costano un po' di più. Personale disponibile e una piccola area piscina con lettini.

Parrots Boutique Resort $$ Resort in stile boho-chic situato all'estremità occidentale del villaggio; ha un design mediterraneo e una bella piscina e area lounge.

Jungle Bar Hut & Cottages $$ Una struttura rustica a gestione francese, immersa nella giungla e difficile da raggiungere, poco a sud di White Beach. Capanni con arredi semplici e cucina buona ma un po' cara.

Thelma & Toby's Island Camping Adventure $$ Offre campeggio di lusso in tende con ventilatore protette da tettoie di paglia su una magnifica spiaggia a nord di Port Barton. Il modo più facile per arrivarci è con una traversata in barca di 20 minuti.

Puerto Princesa

p378 (cartina p379)

Green Turtle Backpackers $ Vicino all'autostazione di Puerto, che è piuttosto difficile da raggiungere, questo ostello accogliente ha camerate da otto letti con bagno privato, materassi spessi e aria condizionata.

Puerto Pension $$ Un'alta struttura in legno e bambù con ampie vedute sulla baia dall'ultimo piano. Le camere presentano un elegante design locale, con pavimenti in legno e molti elementi in rattan.

Floral Villarosa $$ Incantevole hotel con un buon rapporto qualità-prezzo in un quartiere tranquillo. Camere compatte dall'elegante design minimalista disposte intorno a una bella piscina.

Canvas Boutique Hotel $$ Un rifugio elegante e raffinato con camere luminose e vivaci in cemento lucidato con luci e opere d'arte contemporanee, e una divertente area piscina con arredi gonfiabili.

Aziza Paradise $$$ Conquista fin da subito con l'altissima area reception all'aperto che riprende il motivo delle foglie, tema dell'hotel. Ha due ristoranti e una bella piscina.

Sabang

p384

Cafe Sabang $ Accogliente struttura economica a cinque minuti a piedi dal molo verso l'interno. Piccole camere rustiche con servizi in comune, tre accoglienti camerate da cinque letti e un semplice caffè.

Hill Myna Beach Resort $$ Situato nel cuore di Sabang Beach, offre SUP e attrezzature a noleggio. I cottage sono un po' malandati, ma hanno terrazze affacciate sul mare.

Daluyon Resort $$$ Coniuga lusso e sostenibilità in cabanas con tetto in paglia a piani sfalsati e splendide camere in stile contemporaneo. Il ristorante è il migliore di Sabang.

Canvas Boutique Hotel, Puerto Princesa

DA SAPERE

I capitoli di questa sezione trattano gli argomenti più importanti che dovrete conoscere nelle Filippine. Sono ricchi di informazioni pratiche e di spunti preziosi che vi aiuteranno a orientarvi nel paese e a trarre il massimo dal vostro viaggio.

Isole delle Filippine viste dall'aereo

Arrivo

Quasi tutti i viaggiatori entrano nelle Filippine da uno dei tre principali aeroporti internazionali. Il Ninoy Aquino International Airport (NAIA) di Manila è di gran lunga lo scalo più utilizzato e meglio collegato al resto del paese. Clark (a nord di Manila) e Cebu sono gli altri due principali aeroporti. Alcuni voli arrivano a Kalibo (vicino a Boracay), Panglao a Bohol, Iloilo (Panay) e Davao (Mindanao).

Visti

Prima del viaggio bisogna registrarsi sul sistema e-Arrival Card (etravel.gov.ph). All'arrivo i cittadini italiani ottengono un visto gratuito di 30 giorni che si può estendere nei principali centri o negli aeroporti di Manila e Cebu.

Documenti

Per entrare nelle Filippine bisogna esibire il passaporto valido almeno sei mesi dal giorno di arrivo nel paese e un biglietto di proseguimento del viaggio. Tenetelo a portata di mano alla partenza e all'arrivo nelle Filippine.

Bancomat

Tutti i terminal degli aeroporti internazionali dispongono di bancomat dove prelevare pesos filippini, nonché di sportelli di cambio valuta dove cambiare contanti; sono accettate le principali valute.

Cellulari

Negli aeroporti sono disponibili SIM locali. I piani dati offerti dagli operatori filippini, però, sono spesso ingannevoli, quindi è meglio pagare solo per pochi giorni all'inizio e ricaricare di volta in volta.

Trasporti pubblici dall'aeroporto al centro città

	Manila Ninoy Aquino	Clark	Cebu
TAXI	30 min **P325**	1 h 45 min **P1800**	30 min **P280**
AUTOBUS	1 h **P35**	2 h 30 min **P350**	1 h **P50**
NAVETTA	45 min **P300**	N.D.	N.D.

IL CAOS DEI TERMINAL

Muoversi nel Ninoy Aquino International Airport di Manila è un incubo. I quattro terminal sono collegati solo da strade pubbliche molto trafficate e i minibus navetta che li servono sono alquanto inaffidabili, perciò, se avete fretta di andare da un terminal all'altro, è meglio prendere un taxi.

Verificate quale terminal utilizza la vostra compagnia aerea e, se dovete spostarvi in un altro, fate in modo di avere molto tempo tra un volo e l'altro. Quasi tutti i voli internazionali fanno capo al datato Terminal 1, mentre il Terminal 3 è più moderno. Tutti i voli PAL internazionali e alcuni voli PAL interni usano il Terminal 2.

Vecchio e piccolo, il Terminal 4 è usato da AirAsia, Skyjet e Cebgo.

Trasporti locali

COSTI DI VIAGGIO

Autobus
P50-80 all'ora

Traghetti
circa P100 all'ora

Scooter a noleggio
P350-500 al giorno

Corsa in taxi
circa P100 per 3 km

Per spostarvi userete probabilmente un mix di aerei, traghetti, autobus, taxi e tricicli. Quasi ovunque sono disponibili scooter (e spesso biciclette) a noleggio.

Aereo

Varie compagnie aeree collegano numerose destinazioni, per lo più con Manila, Clark e Cebu. Il volo riduce notevolmente i tempi di viaggio verso aree remote come Palawan e Siargao. Prenotate con largo anticipo per viaggiare durante le vacanze di Natale, Capodanno o Pasqua.

Imbarcazioni

Le isole sono collegate da bangka, 'fastcraft', traghetti per auto e grandi navi passeggeri con cuccette e cabine private. La maggior parte dei traghetti e delle navi offre condizioni spartane. Molto popolari sono i tour delle isole in aree come Palawan e le Visayas.

AUTONOLEGGIO

Pochi viaggiatori noleggiano auto a causa della carenza di agenzie e delle condizioni di guida spesso insidiose.

BIGLIETTI E PRENOTAZIONI

I voli nazionali si possono prenotare sui siti web delle compagnie; fatelo con largo anticipo per trovare le tariffe più convenienti. Per le maggiori compagnie di traghetti si può prenotare sui loro siti web, ma nelle zone più remote di solito bisogna andare al porto e pagare in contanti.

Gli autobus si possono prenotare online solo sulle tratte principali; provate pinoytravel.com.ph. Prenotate gli autobus notturni da Manila. Conviene prenotare anche i van sulle rotte più frequentate – in genere dovrete andare all'ufficio della compagnia.

AL VOLANTE

La guida è a destra

Dare precedenza ai veicoli più grandi

.05

Il limite di alcol nel sangue è 0,5 g/l (0,1 g/l per i motociclisti)

Autobus e van

La gamma spazia dai vecchissimi jeepney e scuolabus americani ai moderni mezzi dotati di aria condizionata e wi-fi, con relativi livelli di comfort e affidabilità.

I van assicurano collegamenti più rapidi tra le città principali di quasi tutte le isole, anche se possono essere un po' stipati.

Taxi e triciclo

A Manila, Cebu City e in quasi tutte le città principali sono diffusi i taxi con tassametro, efficienti, relativamente economici e climatizzati. In molte città regionali i tricicli (che ricordano vagamente sgangherati tuk-tuk) operano come taxi: dovrete stabilire il prezzo prima di noleggiarne uno.

Due ruote

Molte isole sono piacevoli da esplorare in scooter o in moto, che si possono noleggiare ovunque (spesso anche tramite il vostro hotel). Di solito bisogna firmare un contratto ed esibire la patente. Le biciclette sono meno disponibili, ma costituiscono un ottimo modo per esplorare le isole più tranquille.

Moneta

VALUTA: **PESO FILIPPINO (P); €1 = P63**

Carte di credito e debito

Quasi tutti gli hotel, ostelli, ristoranti eleganti e negozi a Manila, Cebu City e altre grandi città e località turistiche accettano le principali carte di credito e debito. Portatevi contanti per taxi e spese extra. Nelle aree più remote, sulle transazioni con carta potrebbero addebitarvi un costo del 3-5% .

Bancomat

I bancomat sono molto diffusi. Tuttavia le interruzioni di corrente non sono infrequenti, quindi tenete dei contanti di riserva. Le commissioni sui prelievi sono elevate, spesso P200 per transazione. La maggior parte dei bancomat ha un limite di prelievo compreso tra P10.000 e P15.000 per operazione.

Contanti

Molti esercizi commerciali nelle aree remote non accettano carte di credito. Tenete qualche dollaro per le emergenze. Le altre valute principali sono accettate di rado a parte i cambiavalute.

Mance

La cultura della mancia non è molto diffusa. Più elegante è il ristorante, più alta dovrebbe essere la mancia (10% nei migliori). Nelle località remote lasciare un piccolo extra dopo il pasto è gradito ma non atteso. Date sempre la mancia alle guide.

QUANTO COSTA...

viaggio in autobus
P50 all'ora

ingresso al museo
P30-150

camera in hotel economico
P1000-1500

noleggio taxi per un tour di un giorno
da P1800

COME... spendere meno

Le opzioni locali sono più economiche. I prezzi dei 'fastcraft' spesso sono doppi rispetto ai comuni traghetti. I van climatizzati offrono un'alternativa veloce ai taxi. Un volo nazionale costa sempre di più se prenotato last minute.

Quasi sempre le camere con ventilatore costano meno di quelle climatizzate. Portatevi la bottiglia per l'acqua e riempitela nelle postazioni dedicate.

UN CONSIGLIO

Nelle province vi sentirete dire spesso 'Sorry, no change' ('non ho il resto'). Fate provvista di monete e di banconote da P20, P50 e P100 a ogni occasione.

CONTRATTAZIONI

È meglio contrattare in modo moderato e non estremo, e solo per determinati articoli e servizi. Negoziate nei mercati, soprattutto dove si vendono oggetti di artigianato ai turisti, ma non con i venditori di cibo (i prezzi sono quasi sempre fissi). Contrattate quando noleggiate moto o tricicli, o per le gite in giornata in bangka o taxi. Molti hotel e guesthouse offrono uno sconto nei periodi tranquilli. A volte l'addetto alla reception non è autorizzato a concedere riduzioni, ma lo farà il proprietario o il gestore.

Strutture ricettive

Ostelli

Oggi gli ostelli si trovano in tutto il paese, ma soprattutto nelle aree frequentate dai viaggiatori giovani. Quasi tutti si rivolgono ai backpacker internazionali, ma molti ospitano anche giovani filippini. I migliori sono molto eleganti, con bar e piscine sul tetto, sale TV e arredi alla moda; altri sono più funzionali e spartani. Le camerate possono essere miste o separate.

Evasioni sulle isole

Certo, le Filippine offrono resort di lusso su isole spettacolari dove vivere il sogno tropicale sborsando una bella cifra. Ma anche chi dispone di un budget più modesto tende sempre più a evadere su un'isola in mezzo alla natura: ce ne sono diversi nel nord di Palawan e di splendidi nelle Visayas, tra cui quelli su Pamilacan Island, al largo di Bohol.

Motel

Nelle Filippine i posti che si definiscono 'motel' non si rivolgono agli autisti o a chi è in viaggio on the road. Le camere dei motel sono disponibili a ore, per tre ore o a volte una notte intera. Molte non hanno finestre (poiché gli ospiti in genere non sono interessati alla vista).

Resort

Nelle zone panoramiche, in particolare sulla costa ma anche nelle aree di montagna, sono molto diffusi i resort, in genere dotati di piscina, ristorante e parco paesaggistico. Sappiate però che (soprattutto nei weekend e in occasione delle festività) potreste avere il karaoke a farvi da colonna sonora.

QUANTO COSTA UNA NOTTE IN...

camerata in ostello
P250-550

camera con ventilatore in guesthouse
da P800

hotel in resort di lusso
da P6000

Stagioni e tariffe

Nelle Filippine il turismo e i prezzi degli hotel seguono complicati schemi stagionali. L'alta stagione principale è la stagione secca, all'incirca da metà dicembre ad aprile, quando in genere si paga di più. Molte strutture di fascia media e quasi tutte quelle di fascia alta abbassano le tariffe tra giugno e novembre, in genere dal 20% al 50%. I posti economici di solito non praticano grandi sconti, anche se si può sempre chiedere. Nei periodi di punta (Capodanno, Pasqua) i prezzi possono raddoppiare, triplicare o più, ed è quasi impossibile trovare posto se non si ha prenotato con mesi di anticipo.

In foto: Bohol Beach Club

AGRITURISMI ED ECOLODGE

L'agriturismo è una tendenza in espansione nelle Filippine: il numero degli hotel rurali è in aumento soprattutto a Luzon e nelle Visayas. Alcuni sono splendidi e offrono la possibilità di godersi la campagna e la cucina casalinga. Altri sono meno rilassanti: a Cebu abbiamo pernottato in un ecolodge (che non vi consigliamo) dove gli ospiti erano bombardati dall'alba al tramonto, e oltre, da brani di Roy Orbison a tutto volume.

Viaggio in famiglia

Le Filippine sono un paese fantastico da esplorare se avete dei bambini. I filippini vanno matti per i bambini e sono molto affabili anche con genitori: voi e la vostra prole sarete al centro di molte conversazioni e i vostri figli non mancheranno di avere un'allegra compagnia.

Bisogna tener conto del caldo e dell'umidità costanti e dei problemi igienici e sanitari, ma quasi tutte le famiglie si trovano benissimo.

Escursioni

Nelle Filippine non dovrebbe essere difficile far felici i bambini. Sulla costa si possono fare una miriade di escursioni in barca, in particolare in posti come Bantayan ed El Nido. Quanto alla fauna selvatica, si possono vedere i tarsi a Bohol, avvistare i delfini al largo di Negros e Panglao e osservare le aquile delle Filippine a Mindanao. I più grandi si divertiranno un mondo con le escursioni di snorkelling.

Informazioni pratiche

Quasi tutti i supermercati vendono pannolini usa e getta e latte artificiale, oltre a deliziosa frutta fresca e squisiti snack. Inoltre possono alleviare la calura tropicale essendo climatizzati.

È quasi impossibile trovare un taxi con un seggiolino per bambini. I bambini viaggiano a tariffe scontate sulle compagnie aeree nazionali, sui traghetti e su quasi tutte le linee di autobus.

Pasti in famiglia

In genere la cucina filippina non è troppo piccante e quasi tutti i bambini apprezzano molti piatti locali a base di riso e noodles. I fast food, tra cui pizza e hamburger, sono ovunque, quindi sono sempre un'opzione per i più difficili.

Molti ristoranti possono fornire un seggiolone su richiesta.

Hotel adatti ai bambini

Quasi tutti gli hotel, anche quelli economici, offrono camere per famiglie con più di un letto (è così che viaggiano i filippini) e possono fornire culle su richiesta.

Valutate gli hotel stile resort per nuotare in piscina in sicurezza; molti hanno anche aree gioco.

MIGLIORI ATTRAZIONI PER LE FAMIGLIE

In quanto nazione in via di sviluppo, le Filippine hanno un numero ridotto di attrazioni e parchi a tema all'avanguardia.

Cebu Ocean Park (p271)

L'acquario più grande delle Filippine, con squali, mante e murene.

Mind Museum (p85)

Eccellente museo delle scienze a Manila con postazioni interattive e intento didattico.

Mall of Asia (p76)

Un'offerta vastissima che include cinema IMAX, ruota panoramica, giostre da luna park e planetario.

WaterWorld Cebu (p271)

Grande divertimento con otto spettacolari scivoli acquatici.

MERAVIGLIE SOMMERSE

Alla domanda su quale sia il miglior luogo al mondo per osservare flora e fauna, David Attenborough rispose la barriera corallina, non la foresta pluviale. Le Filippine sono il posto ideale per far scoprire ai bambini questo mondo subacqueo: acque limpide e calde, una ricca vita marina ed eccezionali siti per snorkelling e immersioni. È una grande opportunità per sviluppare le conoscenze e la curiosità dei vostri figli e, a patto che sappiano nuotare bene, non è troppo difficile imparare le basi dello snorkelling fin da piccoli. I corsi di immersione PADI sono consentiti a partire dagli otto anni.

Salute e sicurezza

TIFONI

Le Filippine si trovano nella fascia dei tifoni del Pacifico occidentale, dove si verifica quasi un terzo dei cicloni tropicali del mondo. Ogni anno circa 20 tifoni entrano nell'area delle Filippine, di solito tra giugno e novembre, con agosto come mese peggiore. Circa la metà di questi tifoni tocca terra; le zone più colpite sono North Luzon e le Visayas orientali. I notiziari lanciano l'allerta quando sono previste tempeste.

Sicurezza nelle strade

Le Filippine hanno un tasso di criminalità relativamente alto, ma i turisti vengono coinvolti di rado e la stragrande maggioranza dei visitatori viaggia senza problemi. Nei mercati e negli affollati terminal dei trasporti ci sono però borseggiatori che quasi sempre prendono di mira i cellulari, quindi non teneteli in vista. Le armi sono molto diffuse: se venite minacciati, consegnate gli oggetti di valore e non aspettatevi grande aiuto dalla polizia.

Ghiaccio

Mentre l'acqua del rubinetto è da evitare nelle Filippine, il ghiaccio in genere è sicuro. Ogni città ha una o due fabbriche di ghiaccio dove l'acqua viene purificata prima di essere pompata in enormi blocchi e poi tagliata per la distribuzione.

Da provare l'*halo-halo* (foto in basso), un dessert filippino fatto con ghiaccio tritato, latte condensato (o latte di cocco), frutta a scelta e chicchi vari.

Assistenza sanitaria

In quasi tutte le città più grandi del paese è disponibile un'assistenza sanitaria di buon livello. È invece difficile trovare assistenza medica adeguata nelle zone rurali, anche se ci sarà sempre un ambulatorio o una struttura analoga nei paraggi. Potrebbe essere utile portare un kit di pronto soccorso sterilizzato, soprattutto se si viaggia fuori dai percorsi più battuti. Un'assicurazione di viaggio che copra le spese sanitarie è vivamente consigliata.

Inquinamento

L'inquinamento atmosferico, in particolare le emissioni dei veicoli, è un grande problema nelle maggiori città delle Filippine, soprattutto Manila. Se soffrite di gravi problemi respiratori, consultate il vostro medico prima di recarvi in centri urbani fortemente inquinati. L'inquinamento può anche causare problemi respiratori secondari come sinusite, gola secca e occhi irritati.

VACCINAZIONI

Per l'elenco delle vaccinazioni raccomandate e per consigli e approfondimenti sulla salute in viaggio consultate il sito ilgirodelmondo.it, alla destinazione 'Filippine'.

ZANZARE

Il rischio di contrarre malattie trasmesse dalle zanzare è motivo di preoccupazione quando si viaggia con i bambini. Portatevi una scorta di repellente (anche se è disponibile nelle farmacie filippine) e usatelo giorno e notte. Una misura semplice ma efficace è spruzzare nelle camere d'hotel uno spray ecologico per uccidere le zanzare. Un'altra precauzione valida è viaggiare con una zanzariera (ne esistono di dimensioni adatte ai lettini).

Cibo, bevande e movida

Orari dei pasti

Prima colazione (dalle 7 alle 9) Il piatto più diffuso è il *tapsilog* (manzo essiccato con riso all'aglio e un uovo fritto).

Pranzo (dalle 12 alle 14) Si consuma in un *turu-turò* (v. sotto), in un caffè o a casa.

Meryenda (dalle 15 alle 16) Uno spuntino pomeridiano per ricaricarsi.

Cena (dalle 19 alle 21) In genere un piatto di pesce o carne e verdure consumato a casa.

Dove mangiare

Turu-turò È il locale filippino più semplice (letteralmente 'punto-punto').

Ristoranti A Manila e nelle altre grandi città ci sono decine di ristoranti filippini e internazionali. I migliori non si trovano nei centri commerciali.

Caffè Le catene di caffè locali e internazionali sono sempre più diffuse; servono caffè e pasti leggeri a una clientela composta per lo più da impiegati.

Parchi gastronomici Riscuotono grande successo a Manila e Cebu City e si stanno espandendo nelle province.

Mercati Onnipresenti. Ideali per fare la spesa e a volte per assaggiare le specialità regionali.

Fast food Presenti ovunque.

LEGGERE IL MENU

Adobo Il piatto nazionale: stufato di pollo, maiale o un misto dei due in aceto e aglio.

Arróz caldo Densa zuppa di riso con pollo, aglio, zenzero e cipolla.

Bangus Pesce latte, di solito alla griglia con ripieno di carote, patate, uvetta, pomodori e cipolla.

Lechón Maialino da latte intero cotto allo spiedo e servito con salsa di fegato (ricetta di Manila) o farcito con spezie (ricetta delle Visayas).

Lumpia Involtini primavera ripieni di carne e/o verdure, serviti con salsa di soia o salsa al peperoncino dolce (foto in basso a sinistra).

Menudo Tagli di maiale rosolati con aglio e cipolla e guarniti in genere con fettine di hot dog.

Pata Croccante garretto o stinco di maiale fritto, spesso tagliato a pezzetti.

Pinakbét Verdure miste stufate.

Pochero Stufato di manzo, maiale, salsiccia e verdure, in genere cavolo.

Sinigáng Zuppa acida di verdure con pesce o maiale, spesso servita con riso.

COME... bere con i filippini

L'insolita cultura tradizionale filippina del bere (*tagayan*) si fonda sul riunirsi, fare amicizia e condividere lo stesso bicchiere. Si mostra una bottiglia di birra o liquore, poi si nomina un *tangero* che ha il compito di versare un *tagay* (shot o misurino) in un bicchiere per la persona accanto a lui e poi riempie lo stesso bicchiere per il prossimo della fila. Devono bere tutti, senza eccezioni.

Ovviamente le sessioni di *tagayan* non sono sicure contro il Covid-19 e questa usanza ha subito un calo di popolarità durante la pandemia, ma poi è tornata in auge. Questo rituale di cameratismo e amicizia è più comune nei ristoranti locali, agli angoli delle strade e nelle feste; non lo vedrete nei cocktail bar dei quartieri eleganti di Manila.

Secondo alcuni storici, la tradizione nacque a Bohol con il patto di sangue tra il capo Sikatuna e Miguel López de Legazpi, che condivisero una coppa di liquore mescolato con il loro sangue.

SWEETLEMONS/SHUTTERSTOCK ©

COME... **mangiare frutta e verdura**

Se pensate di non mangiare abbastanza frutta e verdura nelle Filippine (come capita a molti), compratela nei mercati e nelle bancarelle di frutta all'aperto o, nelle città più grandi, nei supermercati. Troverete una varietà incredibile, e tutto ciò che viene coltivato nel paese costa pochissimo. L'unico piatto vegetariano è il *pinakbét*, un mix di zucca, fagiolini, melanzane, gombo e altre verdure insaporito con aglio, cipolla, zenzero, pomodori, pasta di gamberi e, a volte, latte di cocco. Se non mangiate la pasta di gamberi, chiedete che non venga usata.

Esistono ristoranti vegetariani e vegani nelle grandi città e in tutte le località turistiche, anche quelle piccole come San Pedro a Siquijor e Moalboal a Cebu.

In base alla stagione si coltivano frutti tropicali come durian, mangostano, rambutan, jackfruit e longan. I lanzones, piccoli frutti simili ai longan ma più aspri, sono una specialità locale. Il santol è simile all'arancia, ma ha la polpa bianca e la buccia lanuginosa. La zona di Davao è nota per la coltivazione dei migliori frutti tropicali del paese, tra cui i deliziosi mangostani, i maleodoranti durian e i succulenti pomeli.

Le verdure da clima temperato come lattuga, carote e broccoli si coltivano alle altitudini elevate e sono vendute nei mercati di tutto il paese. Ci sono inoltre coltivazioni di *camotes* (patate dolci), *ube* (igname viola), *ampalaya* (una zucca amara) e *sayote* (chayote).

E infine, le Filippine producono i manghi più buoni del mondo, punto.

Mango

Il mango è un frutto molto popolare nelle Filippine. L'isola di Guimaras ospita ogni anno in maggio il Mango Festival. Si coltivano diverse varietà, ma la più diffusa è la carabao (nota anche come mango 'Manila' o 'champagne').

QUANTO COSTA...

- una birra **P50-80**
- uno spuntino di street food **P15-30**
- un espresso e varianti **da P90**
- pranzo in un *turu-turò* **P100-150**
- un pasto a base di *lechón* **da P300**
- un pasto in un buon ristorante filippino **P800-1400**
- una cena di alta cucina con vino **da P2000**

CUCINA REGIONALE FILIPPINA

La cucina filippina ha un ampio ventaglio di varianti regionali. Bicol vanta eccellenti specialità piccanti, mentre la zona di Pampanga a Luzon è considerata la capitale gastronomica del paese.

Nella cucina di Bicol si usano molte varietà di *sili* (peperoncino) e il *gata* (latte di cocco); tutto ciò che si prepara con il *gata* è detto *ginataán*. L'*exprés* è una specialità piccante a base di maiale, *sili*, gamberetti, cipolla, aglio e spezie cucinata nel latte di cocco. Cercate le bancarelle che vendono il *pinangat*: pezzetti di pesce, gamberi e/o maiale avvolti in foglie di *gabi* (taro) verde. Il contorno più diffuso è il *natong* o *laing*, una verdura a foglia verde sminuzzata. Quanto ai dessert, le noci pili, che si dice siano afrodisiache, sono usate per preparare biscotti, pasticcini, marzapane, torte e gelati. La cucina ilocano utilizza molte verdure. La sua versione del *pinakbét*, con melanzane, pomodori, gombo e *ampalaya* (melone amaro) disposti a strati, è probabilmente il piatto più famoso del paese. Nella confinante zona di Pampanga prevalgono piatti dolci e cucinati con lo zucchero fermentato; i crostacei sono spesso fermentati in salsa di riso. Una specialità locale è il *pinaupong manok*, pollo ripieno di verdure cucinato al vapore.

Nel sud, il *lechón* delle Visayas è più piccante grazie all'aggiunta di aglio e citronella nel ripieno, e a Negros è rinomato l'*inasal* (pollo arrosto o alla griglia marinato in citronella, *achiote*, *calamansi* e aglio). Il nord di Mindanao è famoso per il *kinilaw*, profumato con un frutto endemico chiamato *tabon-tabon*.

Viaggio responsabile

Cambiamento climatico e viaggi

È impossibile ignorare l'impatto ambientale dei nostri viaggi e l'importanza di cambiare le cose dove possibile. Lonely Planet esorta tutti i viaggiatori a essere responsabili. Molti siti web mettono a disposizione i 'carbon calculators' (misuratori di anidride carbonica) che consentono di calcolare le emissioni prodotte da un viaggio; provate resurgence.org/resources/carboncalculator.html. Molte compagnie aeree e siti di prenotazione offrono la possibilità di compensare l'impatto delle emissioni di gas serra sostenendo iniziative a difesa del clima in tutto il mondo. Lonely Planet provvede alla compensazione di tutti i viaggi effettuati dal suo staff, pur riconoscendo che si tratta di una riduzione dell'impatto più che di una soluzione.

Interventi di pulizia

La Haribon Foundation (haribon.org.ph), che si occupa di ricerca scientifica ed emancipazione delle comunità, organizza interventi di pulizia delle coste e riforestazione a Luzon.

Stile di vita sostenibile

Vicino a El Nido a Palawan, il Kalye Artisano (kalyeartisano.com) ha caffè e negozi incentrati sulla sostenibilità, tra cui un *sari sari* (negozio di quartiere) e una galleria d'arte ecologici.

Agricoltura biologica

Hope for the Island, un'azienda biologica che produce ortaggi a Siargao, accoglie i visitatori e finanzia borse di studio. La GK Enchanted Farm di Bulacan a Luzon offre ai visitatori alloggio, tour e dimostrazioni di permacultura.

Dispenser d'acqua

Per evitare sprechi e risparmiare, portatevi una bottiglia riutilizzabile e riempitela d'acqua ai dispenser, presenti quasi sempre negli ostelli e anche in molti hotel e ristoranti.

Ecolodge

In tutto il paese c'è un piccolo numero di ecolodge e agriturismi. A Panglao un'azienda agricola biologica dispone di alcuni cottage. La Tao Farm (p363) a Palawan è un altro splendido progetto di permacultura che offre opzioni di alloggio.

Escursioni sostenibili

Invece di prenotare un tour per avvistare le balene in cui la distribuzione del cibo ai cetacei ne altera i flussi migratori, scegliete un incontro naturale nella Sogod Bay a Leyte o a Donsol a Luzon.

VOLONTARIATO PER LA COMUNITÀ

Insegnate inglese o basket ad abitanti svantaggiati a Leyte con Volunteers for the Visayas (visayans.org). Se invece avete doti da muratori, Gawad Kalinga (gklworld.com) è sempre alla ricerca di aiuto per progetti comunitari a favore dei senzatetto e degli indigenti.

GITE IN BARCA

Per le spettacolari isole carsiche di Palawan settentrionale l'opzione migliore sono le gite in barca organizzate da Tao (taophilippines.com), che dà lavoro a oltre 250 isolani e contribuisce a finanziare lo sviluppo della comunità in una regione molto remota.

Mountain bike e non solo

Il Mountain Bikers' Hub a Guimaras è impegnato nel turismo sostenibile e propone splendide escursioni su due ruote nella verde campagna.

A colpi di pagaia

Invece di prenotare un tour in barca a motore, esplorate le mangrovie al largo di Mactan e Olango su Buzz Island con escursioni in kayak o paddleboard. Anche a Bohol sono disponibili splendide uscite sul fiume in SUP.

Trekking nella foresta

La magnifica Masungi Georeserve a Tanay, Rizal, è un'area carsica e forestale protetta che offre fantastici trekking su affioramenti calcarei e nella giungla lungo scale e ponti di corda. Prenotate con largo anticipo.

Ex balenieri

Pamilacan Island Dolphin & Whale Watching Tours ha sede a Bohol e impiega ex balenieri come equipaggio delle imbarcazioni.

Ragazzi di città

La Makabata Guesthouse a Manila è un hotel dal design moderno che offre formazione a giovani disagiati della città.

7%

Nell'ultimo secolo la superficie delle foreste nelle Filippine si è ridotta dal 70% a meno del 20%, di cui solo il 7% è costituito da vera foresta primaria.

SITI UTILI

conservation.org/philippines
(Conservation International)
Protegge gli ecosistemi minacciati.

ph.oceana.org
(Oceana Philippines)
Salvaguarda gli ambienti marini.

philbio.org.ph
(Philippines Biodiversity Conservation Foundation)
Ripristino di habitat naturali e iniziative didattiche.

IN SENSO ORARIO DALL'ALTO A SINISTRA: YURAKRASIL/SHUTTERSTOCK ©, WICHAI PRASOMSRII/SHUTTERSTOCK ©,GOWITHSTOCK/SHUTTERSTOCK ©

Viaggiatori LGBTIQ+

Le Filippine sono una destinazione molto favorevole per i viaggiatori LGBTIQ+. I *bakla* (gay maschi) e le *binalaki* o *tomboy* (lesbiche) sono accettati pressoché ovunque. Le molestie sono molto rare e di solito ci si può mostrare apertamente. I visitatori possono condividere la camera in hotel e tenersi per mano in pubblico senza sentirsi a disagio in gran parte del paese, a eccezione delle aree musulmane conservatrici del profondo sud.

Eventi del Pride

Gli eventi del Pride si svolgono in tutte le Filippine, tra cui due solo nell'area della Greater Manila. Il Metro Manila Pride (mmpride.org; marzo) richiama circa 100.000 persone con un programma che coniuga eventi culturali e proteste. Un altro appuntamento importante è la Quezon City Pride March (dicembre), che include Pride Expo, Pride March e Pride Night. Il White Party (giugno) di Malate a Manila è più una festa di strada con DJ di spicco.

Giugno è il mese del Pride, con eventi provinciali a Cebu City (tutto il mese), Davao, Binan, Baguio, Tacloban, Dumaguete e Cagayan de Oro.

SITUAZIONE LEGALE

Nelle Filippine i rapporti sessuali tra persone dello stesso sesso non sono mai stati illegali e l'età minima del consenso è sempre 16 anni. Tuttavia l'attività sessuale in pubblico è perseguita. Le Filippine sono una nazione molto tollerante, ma né i matrimoni né le unioni civili tra persone dello stesso sesso sono legalmente riconosciuti e le persone transgender non godono di diritti legali.

Quartieri gay-griendly

Il fulcro della vita notturna gay a Manila è sempre stato il quartiere di Malate, in particolare nei pressi dell'incrocio tra J Nakpil St e M Orosa St. Ci sono popolari club e bar anche a uptown Fort ('BGC') e a Quezon City.

TRANS PINOY

Nelle Filippine le persone trans hanno un'esistenza difficile. Da un lato sono ampiamente accettate dalla società e c'è un membro del Congresso apertamente transgender, Geraldine Roman. Ma chi cambia sesso non ha diritti legali e le persone trans sono regolarmente discriminate.

Horse Barbie, eccellente autobiografia della scrittrice, regista e attivista Geena Rocero, è uno straordinario resoconto dell'esperienza trans nelle Filippine.

Media e siti utili

La rivista *Outrage* (outragemag.com) è il primo punto di riferimento per notizie ed eventi relativi alla comunità LGBTIQ+ nelle Filippine. È una risorsa eccellente con commenti e analisi brillanti su questioni relative a gay, lesbiche, bisessuali, trans e genere. Per gli eventi legati a Manila, il sito migliore è thegaypassport.com/gay-manila. Consultate travelgay.com per pianificare le vacanze nelle Filippine.

ANTICA FLUIDITÀ DI GENERE

In epoca precoloniale la fluidità di genere faceva parte della cultura indigena delle Filippine. Gli sciamani o guaritori, chiamati *babaylan* e ritenuti in grado di dialogare con il mondo spirituale, erano per lo più donne ma anche uomini effeminati (chiamati *asog* nelle Visayas) ed erano parte integrante della comunità, anzi, godevano di uno status pari a quello della nobiltà. Il loro prestigio fu notevolmente ridotto con la diffusione del cristianesimo e dell'islam.

Viaggio accessibile

Le Filippine non sono un paese facile per i viaggiatori disabili. Se avete un compagno di viaggio non disabile, non dovreste avere troppi problemi. Con un'attenta pianificazione, i viaggiatori in sedia a rotelle possono esplorare il paese. Non esistono tour operator accessibili.

Trasporti

Salire su qualsiasi mezzo di trasporto pubblico può essere un'impresa. D'altro canto quasi tutti i filippini sono più che disponibili a dare una mano e il costo del noleggio di un taxi per un giorno non è eccessivo.

Aeroporto

Il Ninoy Aquino International Airport di Manila dispone di rampe, ascensori e servizi igienici accessibili alle sedie a rotelle. Ricordate di prenotare l'assistenza speciale tramite la vostra compagnia aerea prima del viaggio.

Strutture ricettive

Gradini per accedere agli hotel, servizi igienici angusti, porte strette e ascensori che non funzionano sono all'ordine del giorno, fatta eccezione per gli hotel da tre stelle in su a Manila, Cebu City e qualche altra grande città di provincia.

Wheelchair Traveller

L'eccellente sito web Wheelchair Traveller (wheelchairtraveller.org) riporta un resoconto dettagliato del viaggio compiuto nelle Filippine nel 2019 dal fondatore Tobias Streitferdt con una partner non disabile, con tappe a Manila, a Bohol e nella regione di Tagaytay.

SITI UTILI

ncda.gov.ph
(National Council on Disability Affairs)
Si impegna per la piena partecipazione e le pari opportunità delle persone con disabilità.

paracor.org/PHILSPADA
(Philippine Sports Association of the Differently Abled)
Potenzia gli impianti sportivi e sostiene gli atleti paralimpici.

pfrd.org.ph
(Philippine Foundation for the Rehabilitation of the Disabled)
Organizzazione no profit impegnata nella riabilitazione.

PARCO SUL LUNGOMARE

Il **lungomare di Legazpi** (p167) a Luzon ha un parco pianeggiante, asfaltato e perfettamente accessibile alle sedie a rotelle. Dal lungomare si possono ammirare splendide vedute di Legazpi, del mare e del vulcano Mayon sullo sfondo.

XIAORUI/SHUTTERSTOCK ©

DA SAPERE

Fauna selvatica

Benché famose per la vita sottomarina, le Filippine non lo sono altrettanto per quanto riguarda gli avvistamenti della fauna terrestre. Ciò è da attribuirsi all'assenza di infrastrutture ecoturistiche e all'elusività degli animali, soprattutto a causa dello sviluppo edilizio in corso. Altri problemi impellenti sono la deforestazione, la perdita di habitat e l'inquinamento ambientale.

Tamarù

Il mammifero terrestre più interessante, e unica specie di bovino selvatico delle Filippine, è il tamarù (in foto), un bufalo d'acqua nano il cui unico rifugio è il Mt Iglit-Baco National Park a Mindoro. Un secolo fa si contavano 10.000 esemplari, oggi ne restano solo 500 circa. Tuttavia la loro sopravvivenza è di per sé un successo, visto che il loro numero è già raddoppiato dal 2014. Il National Tamaraw Conservation Action Plan spera di continuare su questa strada e ampliare il numero di esemplari fuori da Iglit-Baco.

AQUILA DELLE FILIPPINE

L'uccello nazionale è la maestosa aquila delle Filippine, che ha l'apertura alare più grande tra tutte le aquile al mondo (fino a 2,2 m). In natura ne sopravvivono solo poche centinaia, distribuite tra le foreste pluviali di Mindanao, Samar e la Sierra Madre a North Luzon. È più facile vederle al **Philippine Eagle Center** (p344) a Calinan, fuori Davao. L'aquila delle Filippine è detta anche aquila delle scimmie, anche se in realtà prende raramente di mira i macachi nativi, cibandosi per lo più di lemuri volanti, pipistrelli e rettili.

VITA MARINA

Sub e appassionati di snorkelling visitano le Filippine per vedere alcune delle oltre 2500 specie di pesci che popolano le acque dell'arcipelago (oltre a splendidi coralli). I giganteschi squali balena si osservano solitamente a Donsol, a Leyte meridionale o intorno a Puerto Princesa (i tour per avvistare gli squali balena in partenza da Oslob, su Cebu, sono criticati dagli animalisti). Al largo di Malapascua si avvistano gli squali volpe, che si servono dell'enorme coda per radunare le prede. Facendo snorkelling si possono vedere anche le tartarughe marine: un gruppo risiede stabilmente vicino alla spiaggia di Apo Island.

TARSI

Il mammifero più tipico delle Filippine è il tarsio, simpatico primate che sta nel palmo di una mano, diffuso soprattutto a Bohol e facile da osservare al Tarsier Sanctuary. Contrariamente a quanto si pensi, non è il primate più piccolo al mondo – questo titolo spetta al microcebo pigmeo del Madagascar.

Rettili

Il più raro è il coccodrillo delle Filippine, specie a rischio che si può osservare nel Sierra Madre Natural Park. I coccodrilli marini non sono comuni, ma sono presenti in regioni remote del paese, in particolare a Mindanao e Palawan. Vi sono poi 10 specie di draghi volanti, che si spostano tra gli alberi utilizzando come ali dei lembi di pelle presenti sui due lati del corpo. Più difficile da avvistare è il raro idrosauro delle Filippine, che si presenta con una vistosa cresta dorsale. C'è un'ampia varietà di serpenti, velenosi e innocui, tra cui pitoni, serpenti marini (visibili facendo snorkelling) e il cobra delle Filippine, che può sputare il suo veleno a 3 m di distanza (portatevi un ombrello). I gechi sono onnipresenti.

Speroniere di Palawan

I maschi di questo uccello terrestre chiamato *tandikan* hanno una cresta blu metallico, una lunga striscia bianca sopra gli occhi e grandi ocelli blu metallico o viola sulla coda, che aprono a ventaglio durante il corteggiamento. Inoltre presentano speroni su ogni zampa. Specie quasi in pericolo, si trova soltanto nel folto delle foreste di Palawan.

In breve

ORARI DI APERTURA

Uffici e banche sono chiusi nei giorni di festa, mentre negozi e centri commerciali rimangono aperti (tranne il Giovedì e il Venerdì Santo, quando praticamente tutto il paese chiude).

Ambasciate e consolati dalle 9 alle 17 da lunedì a venerdì

Banche dalle 9 alle 16.30 da lunedì a venerdì (quasi tutti i bancomat sono sempre in funzione)

Bar dalle 18 fino a tardi

Centri commerciali dalle 10 alle 21.30

Ristoranti dalle 7 o le 8 alle 22 o le 23

Supermercati dalle 9 alle 19 o le 20

Uffici pubblici dalle 8 alle 17 da lunedì a venerdì

Fumo

Il fumo e le sigarette elettroniche sono ufficialmente vietati in tutti i luoghi e gli spazi pubblici, anche se molti bar non lo rispettano.

Servizi igienici

I servizi igienici vengono comunemente detti 'CR', abbreviazione dell'eufemistica definizione 'comfort room'.

BUONO A SAPERSI

Ora
GMT/UTC +8 h, 7 h avanti rispetto all'Italia

Prefisso del paese
+63
Dall'Italia 0063
Per l'Italia 0039

Numero di emergenza
911

Popolazione
118 milioni

FESTIVITÀ

Capodanno 1° gennaio

People Power Day 25 febbraio

Giovedì Santo Data variabile; marzo o aprile

Venerdì Santo Data variabile

Araw ng Kagitingan (Bataan Day) 9 aprile

Festa del Lavoro 1° maggio

Eid al-Adha (fine del Ramadan) Data variabile; dipende dal calendario islamico

Ninoy Aquino Day 21 agosto

National Heroes Day Ultima domenica di agosto

Ognissanti 1° novembre

Bonifacio Day 30 novembre

Natale 25 dicembre

Rizal Day 30 dicembre

Ultimo dell'anno 31 dicembre

Elettricità 120V/60Hz/220V/50Hz

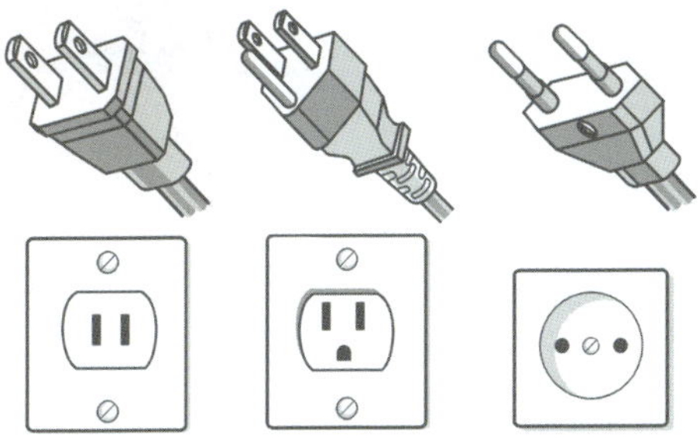

Tipo A 120V/60Hz
Tipo B 120V/60Hz
Tipo C 220V/50Hz

Wi-fi e internet

In teoria wi-fi e internet 4G/5G sono disponibili in gran parte delle Filippine. La connessione è spesso discontinua o lenta, soprattutto nelle province (quella di Palawan è l'emblema del wi-fi mal funzionante). A parte questi enormi limiti, quasi tutti gli hotel, caffè e ristoranti delle zone turistiche e dei maggiori centri provinciali hanno il wi-fi gratuito.

Lingua

Saluti e conversazione di base

Buongiorno. (inf) Magandáng araw.
Arrivederci. (inf) Babay.
Sì. Oo.
No. Hindí.
Grazie. Salamat.
Come ti chiami? Anó ang pangalan mo?
Mi chiamo ... Ang pangalan ko ay ...
Parli inglese? Marunong ka ba ng Inglés?
Non capisco. Hindí ko náiintindihán.

Per strada

Dov'è (il mercato)?
Násaán ang (palengke)?
Qual è l'indirizzo?
Anó ang adrés?
Può scrivermelo, per favore?
Pakísulat mo?
Può mostrarmelo (sulla cartina)?
Maáari bang ipakita mo sa akin (sa mapa)?

Cartelli

BPI – Bank of the Philippine Islands
CBST – Community-Based Sustainable Tourism
CR – Comfort Room (servizi igienici)
MILF – Moro Islamic Liberation Front
MNLF – Moro National Liberation Front
NPA – New People's Army
PNP – Philippine National Police

Ora

Che ora è? Anóng oras na?
Sono le (10). Alás-(diyés).
Sono le (10) e mezza. Kalahating oras makalampás ang (alás-diyés).
mattina ng umaga.
pomeriggio ng tanghalì.
ieri kahapon ng.
oggi sa araw na itó.
domani bukas ng.

Emergenze

Aiuto! Saklolo!
Andate via! Umalís ka!
Sono malato. May sakít akó.
Chiamate ...! Tumawag ka ng ...!
un medico doktór.
la polizia pulís.
Mi sono perso. Nawawalâ akó

Cibo e bevande

Vorrei il menu. Gustó ko ng menú.
Che cosa mi consiglia? Anó ang mairere-komendá mo?
Salute! Tagayan tayo!
Era buonissimo! Masaráp!
Il conto, per favore. Pakidalá ang tsit.

NUMERI

1	**isá**
2	**dalawá**
3	**tatló**
4	**apat**
5	**limá**
6	**anim**
7	**pitó**
8	**waló**
9	**siyám**
10	**sampû**

Bahala na Potrebbe quasi essere definita la 'filosofia nazionale'. Prima dell'avvento del cristianesimo, 'Dio' veniva chiamato *bathala* dai filippini; l'espressione *bahala na* deriva da questa parola ed esprime la fede ('Dio provvederà'), oltre a una sorta di fatalismo ('sarà quel che sarà'), senza sfumature individualistiche: tutto passa e nel frattempo bisogna vivere, preferibilmente in compagnia degli amici e – soprattutto – della famiglia.

TAGALOG, PILIPINO, FILIPINO

Il tagalog riflette la storia politica della lingua franca dell'arcipelago filippino, formato da 7000 isole. Pur non essendo la lingua madre di tutti gli abitanti, il filippino è usato come seconda lingua in tutto il paese (insieme ad altre 165 lingue), ed è la lingua ufficiale utilizzata nelle facoltà universitarie e nella maggior parte delle transazioni legali, commerciali e amministrative (l'altra lingua ufficiale è l'inglese).

Glossario

bagyo – tifone
bahay na bato – casa di pietra
barangay – villaggio, quartiere o comunità, l'unità sociopolitica base delle Filippine
barong – termine generico per indicare la camicia filippina da uomo considerata il 'costume nazionale'; di solito ha elaborati ricami o motivi sul davanti
bayanihan – tradizione filippina secondo cui i vicini aiutano una famiglia che si trasferisce in un'altra località trasportandone letteralmente la casa; più in generale, il termine indica la forte unione e lo spirito di cooperazione che animano la comunità, rendendo possibili imprese apparentemente impossibili
jai alai – veloce gioco con la palla, uno degli sport più popolari nelle Filippine
jeepney – veicolo dai colori vivaci che ha l'aspetto di una grossa jeep, dotato di panche e degli accessori più bizzarri e stracolmo di passeggeri
pinoy – termine usato dai filippini per indicare se stessi
triciclo – risciò filippino, un tempo a pedali ma oggi quasi sempre motorizzato

CHI PARLA LE LINGUE MALESI-POLINESIANE?

Tagalog, pilipino, filipino – i vari nomi degli idiomi possono generare confusione, ma indicano la lingua comune parlata in tutte le Filippine, che appartiene alla famiglia delle lingue malesi-polinesiane ed è parlata da circa 45 milioni di persone in tutto il mondo.

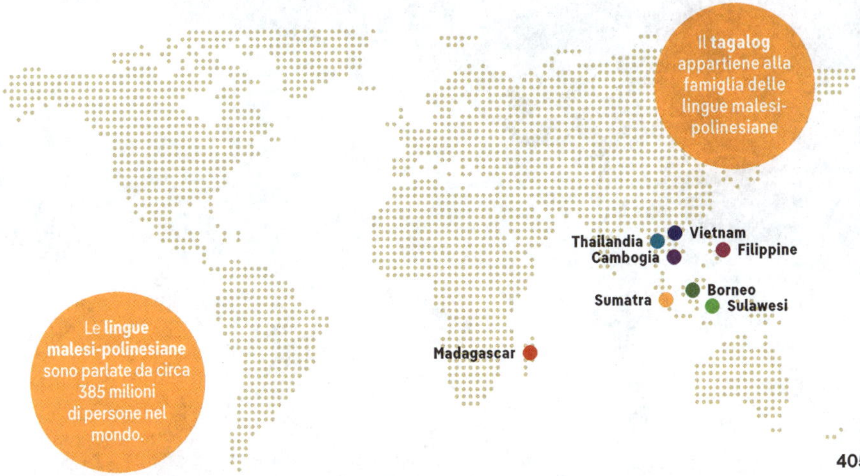

STORIA E SOCIETÀ

I nostri autori approfondiscono i diversi aspetti della vita nelle Filippine

Mt Pinatubo (p110)

STORIA DELLE FILIPPINE IN 15 LUOGHI

In un arcipelago così vasto ed eterogeneo come le Filippine è lecito aspettarsi che il libro di storia sembri un romanzo d'avventura, e in effetti è proprio così. Violente eruzioni vulcaniche, invasioni dall'interno e dall'esterno, guerre e trattati, dittatori e megaprogetti turistici hanno svolto un ruolo fondamentale nel plasmare questo splendido paese. Di Ray Bartlett

LA STORIA DI questa terra e della sua gente va ben oltre le spiagge da cartolina e il mare incredibilmente turchese. In realtà questa regione è stata quasi costantemente in fermento. Gran parte della sua storia più antica non è stata ancora scoperta, ma affascinanti reperti archeologici dimostrano che le Filippine furono una delle prime civiltà del mondo, uomini creativi e inventivi dediti alla caccia e alla raccolta che sfruttarono al meglio le loro isole paradisiache. Ma non erano certo genti pacifiche: i cacciatori di teste resistettero a North Luzon fino al XIX secolo, e ancora oggi i legami tribali - e le ostilità - sono molto forti. Di tanto in tanto si riaccendono tuttora dei dissidi.

Le divergenze tra i nativi non furono l'unico elemento determinante per la popolazione dell'arcipelago. Gli spagnoli, giunti nel XVI secolo, portarono con sé il cattolicesimo, che modificò drasticamente il paese. Una nuova invasione, quella giapponese, si verificò durante la seconda guerra mondiale. Battaglie di tipo diverso continuano ancora oggi. Alcune isole remote sono diventate bersaglio del governo Duterte in politiche antiterrorismo. E le Filippine rimangono comunque fragili a causa dei problemi legati al sovraffollamento turistico e al cambiamento climatico.

1. Mt Pinatubo

UN PAESE DI VULCANI

Paradossalmente, le origini delle Filippine sono riconducibili a eventi odierni: le eruzioni vulcaniche. Le faglie tettoniche che corrono sul fondale del Pacifico hanno causato, nel corso di milioni di anni, la formazione di vulcani diventati alla fine così alti da trasformarsi in isole. Il Mt Pinatubo, che risale a milioni di anni fa, si trova appena fuori dai confini urbani di Manila. Una volta considerato dormiente, nel 1991 è stato protagonista di una delle più violente eruzioni della storia moderna, diffondendo nell'atmosfera una quantità di cenere superiore a qualsiasi vulcano dai tempi del Krakatoa in Indonesia, persino più del Mt St Helens in Oregon. Il fenomeno ha provocato l'abbassamento della temperatura terrestre di diversi gradi per alcuni anni e decine di migliaia di sfollati.

Sul Mt Pinatubo v. p110.

2. Masbate Island

ANTICHI ARTIGIANI

Ceramiche usate per la sepoltura come quella dell'Uomo di Tabon si possono far risalire a millenni fa, ma asce, utensili e altri manufatti rinvenuti a Masbate dimostrano che queste popolazioni erano anche tra i più antichi coloni noti dell'Età del Bronzo. Molte ricerche hanno fatto luce su vari aspetti delle civiltà filippine più antiche, ma nonostante scoperte sempre nuove, alcune domande restano senza risposta. Una di queste, la più importante, è da dove sia venuto il popolo filippino.

Su Masbate v. p177.

3. La comunità alle Batanes

L'ARRIVO DELL'UOMO

Secondo una teoria molto controversa, le Filippine sarebbero state popolate da genti provenienti dal Sud-est asiatico continentale giunte via Taiwan e poi nelle vicine Batanes. Questa catena di isole è unica tra le Filippine, nettamente diversa per geografia e popolazione. Il suo forte senso della comunità e di etica sociale è stato di grande aiuto per la rinascita e la ricostruzione dopo i vari disastri naturali (tifoni, maremoti e terremoti) che hanno colpito il piccolo arcipelago. Le scoperte archeologiche dimostrano che queste isole erano popolate già nel 4000 a.C.

Sulle Batanes v. p150.

4. La Cordillera

INGEGNOSE TECNICHE DI COLTIVAZIONE DEL RISO SUI TERRAZZAMENTI

Per molti viaggiatori, il motivo principale per visitare North Luzon è vedere la straordinaria regione della Cordillera, con le sue montagne scoscese e valli profonde. Le creative e ingegnose tribù di montagna hanno risolto il problema della difficoltà di trovare sufficienti aree arabili coltivando il riso in vaste ed elaborate reti di terrazzamenti costruiti sui fianchi delle montagne stesse. La vista di un'intera montagna ricoperta da file su file di terrazze può lasciare senza fiato. Gli abitanti locali seguono ancora tradizioni rimaste immutate da secoli.

Sulle risaie terrazzate v. p142.

Il Sunken Cemetery di Catarman (p332)

5. I tesori di Butuan

ORO E ALTRE RICCHEZZE

Tra le varie straordinarie scoperte fatte in quello che un tempo era noto come Regno di Butuan vi sono alcune imbarcazioni in grado di affrontare la navigazione nell'oceano risalenti al 1000 d.C. Ciò dimostra (cosa peraltro ovvia) che le isole erano scali fondamentali nelle rotte commerciali del Pacifico. A quell'epoca la città era nota anche per le sue incredibili ricchezze d'oro, diventate motivo di grande richiamo per mercanti e invasori. Nel corso della storia della regione, i numerosi attacchi dei pirati spinsero le popolazioni che un tempo vivevano sulle coste a spostarsi in aree più protette.

Su Butuan v. p336.

6. La morte di Magellano

CEBU, L'ULTIMO SCALO DI MAGELLANO

All'inizio del XVI secolo arrivarono gli spagnoli. Nel 1521 Ferdinando Magellano sbarcò sull'odierna isola di Cebu e rivendicò il territorio per la Corona spagnola. Ne scaturì la battaglia di Mactan, un duro scontro tra gli invasori spagnoli e gli indigeni che miravano a mantenere le loro terre e il loro stile di vita. Fu un errore fatale da parte di Magellano: le sue forze, numericamente inferiori, non riuscirono a ritirarsi prima che Magellano stesso venisse ucciso. Lapu-Lapu, il capo delle forze indigene, fu acclamato come un eroe e la battaglia fu una delle prime, e delle poche, che videro prevalere i nativi. Oggi Cebu è una tranquilla e popolare località turistica, nota in tutto il mondo per le sue splendide spiagge.

Su Cebu v. p256.

7. Il Blood Compact Shrine a Bohol

UN TRATTATO SUGGELLATO CON IL SANGUE

Nonostante l'uccisione di Magellano, gli esploratori spagnoli non si scoraggiarono e continuarono a fare rotta verso le Filippine. Alla fine indigeni e spagnoli firmarono un trattato di pace. Il Blood Compact Shrine a Bohol commemora uno di questi. Il rituale, noto come Sandugo, prevedeva che il trattato fosse letteralmente stipulato con il sangue: i leader di ogni schieramento dovevano farsi un taglio nel braccio, far defluire il sangue in una coppa, mescolarlo e berlo, simboleggiando l'unità tra le parti. Questo luogo segna l'inizio dei tumultuosi anni della colonizzazione spagnola.

Sul santuario v. p295.

8. Vigan e la rivolta del basi

LE PROTESTE CONTRO IL DOMINIO SPAGNOLO

Il dominio spagnolo sulle isole sarebbe continuato per secoli. In questo periodo la splendida architettura, le magnifiche cattedrali e chiese, la religione e persino la lingua cambiarono radicalmente. La cultura indigena, le pratiche e le credenze tradizionali sopravvissute per millenni si estinsero, furono assimilate e cambiarono per sempre. Gli spagnoli disboscarono foreste e giungle, scavarono miniere nelle colline, rubarono antichità inestimabili in nome della Corona spagnola. Nuove malattie decimarono la popolazione. Eppure alcune tradizioni, come la produzione del *basi*, un liquore ricavato dalla canna da zucchero, erano troppo radicate perché gli spagnoli potessero impedirle. Quando ci provarono, nella regione di Ilocos a North Luzon, la gente si ribellò e marciò verso Vigan, rivendicando il diritto di produrre il *basi* nelle proprie case.

Sulla rivolta del basi v. p134.

9. Il Sunken Cemetery di Catarman

CONTINUI SOMMOVIMENTI VULCANICI

Una croce solitaria, arroccata su un isolotto in una baia di Camiguin, indica una città sprofondata nell'oceano a causa dell'eruzione di un vulcano vicino. È uno dei tanti siti dichiarati tesori nazionali delle Filippine e ricorda solennemente il fragile equilibrio tra l'uomo e la natura, tra la vita e la morte, in una terra in cui molto dipende da forze che sfuggono a ogni controllo. I visitatori di questa isoletta, la seconda provincia più piccola di tutte le Filippine, troveranno un gran numero di siti naturali e storici, tra cui altri due tesori nazionali.

Su Camiguin v. p332.

10. Silay, la Parigi di Negros

L'ARCHITETTURA COLONIALE SPAGNOLA

La magnifica Silay, sull'isola di Negros, è una meta imperdibile per gli amanti dell'architettura. Oltre una trentina di edifici sono stati dichiarati monumenti storici nazionali, un traguardo non da poco in un paese con un ricco patrimonio architettonico. Qui potrete passeggiare in quartieri dove, a parte le auto e i cellulari, le strade hanno ancora l'aspetto che avevano nell'Ottocento. La città svolse anche un ruolo importante nella 'rivoluzione incruenta' di Negros e nella seconda guerra mondiale – un monumento in cima alla collina segna la sconfitta finale dei giapponesi e la fine dell'occupazione dell'isola.

Su Silay v. p237.

11. Lo USS Stingray Memorial

UN SOTTOMARINO IN MISSIONE SEGRETA

Grazie alla loro posizione, le Filippine svolsero un ruolo fondamentale nella seconda guerra mondiale e ancora oggi sono un luogo cruciale nella regione del Pacifico. Quando le isole furono occupate dai giapponesi, bande di ribelli filippini lavorarono in segreto – e con grandi rischi – per riconquistare il loro paese con l'aiuto degli Stati Uniti. Lo USS Stingray Memorial, un piccolo monumento sulle coste più settentrionali di North Luzon, commemora lo sbarco segreto di un sottomarino statunitense, il quale riuscì a eludere le decine di navi giapponesi che circondavano il porto e a consegnare cannoni, munizioni e artiglieria alle forze ribelli.

Sul memoriale v. p149.

12. L'attacco a Coron Bay

UN PARADISO PER LE IMMERSIONI SUI RELITTI

Durante la guerra molti attacchi avvennero allo scoperto, con grandi perdite di navi, equipaggiamenti e vite umane. Uno degli attacchi più devastanti contro i giapponesi ebbe un beneficio inaspettato per i sub: decine di relitti giacciono oggi in acque relativamente basse a Coron Bay. Le forze alleate riuscirono a rintracciare in questa baia una flotta giapponese che aveva lasciato Manila Bay proprio per non essere un bersaglio. L'attacco alleato colse i giapponesi di sorpresa. Oggi questi relitti offrono immersioni emozionanti ma riservate ai più esperti.

Sulle immersioni a Coron Bay v. p370.

Vigan

13. La statua di Ninoy Aquino a Manila

IL MOVIMENTO PEOPLE POWER

Nelle Filippine nessun leader politico moderno è stato più influente del dittatore Ferdinand Marcos, al potere dal 1965 al 1986. Il suo regime fu caratterizzato da corruzione, omicidi e politiche brutali. Per gran parte di quel periodo le Filippine furono sottoposte alla legge marziale, che diede a Marcos ancora più potere, nonostante il presidente fosse responsabile del collasso economico nazionale. Uno dei suoi critici più espliciti, Ninoy Aquino, fu assassinato nel 1983, un evento che scatenò reazioni indignate e le manifestazioni del movimento noto come People Power, che infine portò alla caduta di Marcos. A Manila è stata collocata una statua in onore di Aquino. La sua vedova, Corazon Aquino, sconfisse Marcos e divenne l'11° presidente del paese.

Sulla statua v. p87.

14. L'assedio di Marawi

LA DISTRUZIONE DI UNA CITTÀ

In un paese così eterogeneo come le Filippine, non sorprende che ancora oggi si registrino instabilità politica, insurrezioni, rivolte e repressioni. Rodrigo Duterte, presidente dal 2018 al 2022, è stato una figura divisiva, con sostenitori accaniti e detrattori altrettanto accaniti, e i suoi metodi e le sue azioni sono ancora oggetto di un acceso dibattito. Tra queste c'è l'assedio di Marawi, durato cinque mesi. Per sgominare i sospetti jihadisti dell'ISIS (Stato Islamico), le forze di Duterte di fatto rasero al suolo la città, che ancora oggi è in rovina, violando gravemente i diritti umani.

Su Marawi v. p346.

15. La chiusura di Boracay

TURISMO E QUESTIONI AMBIENTALI

Alcuni dei problemi moderni più urgenti delle Filippine, tuttavia, ruotano proprio intorno alle ragioni per cui state leggendo questa guida: il turismo è stato un'arma a doppio taglio, che ha portato alle località turistiche delle fonti di reddito quanto mai necessarie, ma esercitando allo stesso tempo una forte pressione sulle infrastrutture e sull'ambiente. Nel 2018 Duterte ha chiuso per sei mesi una delle zone turistiche più gettonate del paese, Boracay, per consentire il miglioramento delle fogne e del trattamento delle acque in modo da evitare la formazione di alghe e batteri. Mentre visitate questi luoghi incredibili, siate consapevoli che, oltre a godere della loro bellezza, dovete anche preservarli.

Su Boracay v. p206.

CONOSCERE I FILIPPINI

L'amore per il cibo, le feste e la famiglia sono alcuni dei tratti distintivi dei filippini. Kara Santos ci presenta la sua gente.

DAI VILLAGGI REMOTI delle piccole isole alla fitta espansione urbana della capitale Metro Manila, la frase *Kain na tayo* ('andiamo a mangiare') è un saluto di benvenuto in tutte le Filippine. I sorrisi amichevoli e gli inviti a condividere i pasti, per quanto umili, e la tendenza a offrire i bocconi più pregiati agli ospiti riflettono il calore e l'ospitalità del popolo filippino.

Il cibo è un linguaggio d'amore che riecheggia nelle feste, dove determinati ingredienti e specialità cittadine, dal maiale arrosto alle radici e al *bagoong* (pasta di pesce fermentata), vengono celebrati con vivaci sfilate per le strade. Le celebrazioni natalizie iniziano già a settembre, e con migliaia di feste più o meno importanti in tutto il paese i filippini non hanno bisogno di altre scuse per festeggiare. La fine della settimana lavorativa è un motivo sufficiente per andare a scatenarsi in un locale di karaoke.

Con 7641 isole suddivise in tre gruppi principali (Luzon, Visayas e Mindanao), non sorprende che nelle Filippine esistano molte culture e lingue e 110 gruppi indigeni distinti. Nonostante un certo regionalismo, lo spirito *bayanihan* che tiene unite le comunità è evidente nel modo in cui il paese si compatta dopo una calamità naturale.

Siamo fieramente orgogliosi di qualsiasi cosa o persona che abbia un minimo accenno di sangue filippino. Quando si tratta di concorrenti di concorsi di bellezza, atleti e artisti, siamo pronti a portarli sulla scena globale, sostenuti da un esercito di leoni da tastiera. Nelle Filippine 84 milioni di persone, ovvero il 75% della popolazione, trascorrono quasi quattro ore al giorno sui social media (un record mondiale).

La famiglia viene prima di tutto per gran parte dei filippini: 'più siamo, meglio è' ha dettato per decenni le dimensioni della famiglia. I figli sono visti in genere come una benedizione, anche se molti giovani filippini che vivono nelle aree urbane scelgono di avere meno figli. Oltre a doman-

QUANTE SONO LE ISOLE?

Le Filippine sono un arcipelago composto ufficialmente da 7641 isole, che possono variare a seconda delle maree. Di queste, circa 2000 sono abitate. Se si trascorresse un giorno su ogni isola, ci vorrebbero più di 20 anni per visitarle tutte.

In senso orario dall'alto a sinistra: Membro della tribù maranao a Mindanao; Venditrice di frutta filippina; Anziana filippina di una tribù di montagna ifugao; Un filippino a El Nido

VENGO DA TUTTE LE FILIPPINE

Sono nata a Naga, Bicol, dove i miei genitori si erano trasferiti all'apice della legge marziale. Il mio nome, Kara Patria, che significa 'paese amato', scaturisce dal loro attivismo. I miei nonni provengono da famiglie di pescatori e di proprietari terrieri delle Visayas e da città agricole nel nord e nel sud di Luzon, anche se entrambi i miei genitori sono cresciuti nella capitale Manila.

Durante le vacanze partivamo da Naga con un treno sgangherato o un autobus notturno per andare a stare da parenti che ci offrivano pasti al fast food, giri al luna park e shopping nella 'grande città', dove alla fine mi sono trasferita per studiare e lavorare.

Come molti altri filippini, ho pensato di tentare la fortuna all'estero, ma la bellezza unica delle isole mi ha trattenuta. Mi sono innamorata dei viaggi cercando di visitare le 82 province del paese. Ora mi accontento di condividere il mio amore per la sua bellezza e la sua cultura attraverso le parole e le foto.

de indiscrete sulla situazione sentimentale e sulle intenzioni di avere figli, sono culturalmente accettati anche i commenti sull'aumento di peso, che per parenti e conoscenti anziani è un modo di salutare. Prendetelo come un complimento: significa che state avendo successo.

Anche la fede ha plasmato il nostro stile di vita. Circa l'86% del paese è cattolico a causa della dominazione spagnola, durata dal 1565 al 1898. La storia coloniale del paese si può riassumere nel detto '300 anni in convento, 50 anni a Hollywood', con riferimento alla guerra tra Spagna e Stati Uniti. Con la recente mania del K-pop che ci ha travolti, l'influenza occidentale ha mantenuto una salda presa. Per descrivere i filippini si usa spesso il termine 'resilienti'. Abbiamo una straordinaria capacità di riprenderci dalle circostanze avverse con un atteggiamento positivo. Può sembrare che dimentichiamo facilmente, che non impariamo mai o che scegliamo di ignorare la dura realtà, ma per molti la vita quotidiana si concentra sulle piccole vittorie più che sul futuro.

La diaspora filippina è tra le più grandi del mondo: un decimo dei 117 milioni di filippini lavora all'estero. La maggior parte di noi parla correntemente l'inglese insieme alla propria lingua madre, il che ci consente di assorbire le culture e di adattarci facilmente a diversi ambienti. La nostra natura accondiscendente, l'etica di operosità all'estero e la capacità di divertirci ci aiutano a sopravvivere in qualsiasi posto.

Ma ovunque ci porti il destino, desideriamo sempre i piaceri semplici del nostro paese. Le soleggiate spiagge tropicali, l'aria fresca della campagna e i pasti casalinghi a base di *kare-kare* e *adobo* in compagnia dei nostri cari ci aspettano, pronti a darci il benvenuto a casa.

Nelle Filippine c'è sempre una fiesta da qualche parte, ufficiale o non. In tutto il paese i festival ufficialmente noti sono oltre 42.000. In gran parte si svolgono nei villaggi e sono legati al cattolicesimo in quanto feste di santi patroni. Poi ci sono le feste cittadine e altre celebrazioni indigene. Con 7641 isole, ogni giorno dell'anno c'è una festa da qualche parte.

Filippini sulla spiaggia, El Nido

CHRISS73/SHUTTERSTOCK ©

CULTURA DEI TESSUTI

La tradizione secolare della tessitura su telai a mano sta vivendo una rinascita culturale nelle Filippine grazie alla nuova tendenza slow fashion. Di Kara Santos

CON OLTRE 100 gruppi indigeni nelle Filippine, la tessitura tradizionale a telaio è parte integrante dell'identità culturale della nazione. Dall'estrema punta settentrionale di Luzon fino all'isola più meridionale di Mindanao esistono fiorenti culture di tessitura uniche. Questi non sono solo tessuti, ma storie di tradizioni realizzate da abili artigiani che creando intricati disegni svelano il mosaico culturale del paese.

Arte tessile

La cultura della tessitura nelle Filippine risale al XIII secolo e le tecniche sono state tramandate di generazione in generazione. Per tradizione le stoffe venivano realizzate con fibre estratte da cotone, abaca e ananas, tinte con coloranti naturali di origine vegetale e tessute su telai di fattura artigianale.

Ogni disegno rivela la storia di una comunità. Caratteristici motivi rossi, neri e bianchi contraddistinguono i tessuti delle tribù di montagna della Cordillera nelle Filippine settentrionali, con gli *ikat* degli ifugao e le coperte dei bontoc che raffigurano persone, lucertole, montagne, pioggia e fiori.

L'isola di Aklan nelle Visayas è la culla dell'elegante tela di *piña*, una stoffa ricavata dalle foglie di una specie endemica di ananas le cui lunghe fibre vengono estratte a mano e tessute su un telaio manuale. Servono grandi conoscenze e abilità per trasformare i fili in uno squisito tessuto di *piña* sottile e traslucido, che viene poi ricamato e cucito per creare capi formali, abiti per i matrimoni e costumi nazionali come il *barong* tagalog e il *baro't saya*.

Non a caso l'UNESCO ha recentemente inserito la tessitura su telai a mano della *piña* di Aklan nella lista del Patrimonio Culturale Immateriale, la prima dell'artigianato tradizionale riconosciuta nel paese.

I tessuti degli indigeni yakan di Basilan a Mindanao si distinguono per i colori vivaci e la simmetria, i grandi motivi geometrici e i disegni ispirati alla natura come fiori, pesci e serpenti. A causa del conflitto armato a Basilan, gran parte degli yakan si è trasferita a Zamboanga e continua a produrre i suoi elaborati tessuti in un villaggio locale.

Attualmente a Luzon, nelle Visayas e a Mindanao operano circa 450 collettivi di tessitori con circa 5000 artigiani che nel complesso generano un reddito pari all'incirca a 150 milioni di pesos.

Un intreccio di fede, cultura e storia

Ogni tessuto narra la vita, la fede, la storia e la cultura di chi lo ha creato, con alcuni motivi o colori riservati a una particolare cerimonia o festa. I motivi delle coperte dei bontoc rappresentano il rango sociale o la fase della vita; i colori simboleggiano il cielo, la terra, le montagne, la ricchezza, la crescita e la fertilità. I disegni rivelano il modo in cui le popolazioni indigene si relazionano con gli altri, oltre a concetti come coerenza, ordine ed equilibrio. Il tessuto *t'nalak* dei t'boli del Lake Sebu, a Mindanao, riporta nei suoi ricami le narrazioni popolari e rende omaggio ai principali eventi della vita all'interno della comunità, come la nascita, il matrimonio o la morte.

La tessitura riflette anche la laboriosità e la perseveranza degli artigiani, che a volte impiegano una settimana per realiz-

zare un metro di stoffa. L'uso di materiali endemici della zona riflette l'ingegnosità e il rapporto della comunità con la natura.

Modern Filipiniana

La tessitura artigianale aveva corso il rischio di estinguersi, con il numero di artigiani in diminuzione in tutto il paese. Anni di modernizzazione, nuove tecnologie e migliori opportunità di carriera avevano intaccato le abilità dei giovani nelle comunità di tessitori. La domanda di stoffe tradizionali era calata a causa di alternative più convenienti e delle tendenze moderne. Il facile accesso a tessuti industriali più economici aveva fatto sì che la tessitura artigianale passasse di moda.

Negli ultimi anni un movimento di ritorno alle origini ha favorito un significativo revival dei tessuti tradizionali. La slow fashion, che promuove la giustizia ambientale e sociale nella moda, sta dando impulso ai tessitori nativi.

NEGLI ULTIMI ANNI UN MOVIMENTO DI RITORNO ALLE ORIGINI HA FAVORITO UN SIGNIFICATIVO REVIVAL DEI TESSUTI TRADIZIONALI. LA SLOW FASHION, CHE PROMUOVE LA GIUSTIZIA AMBIENTALE E SOCIALE NELLA MODA, STA DANDO IMPULSO AI TESSITORI NATIVI.

Lo stile chiamato 'Modern Filipiniana', che inserisce i tessuti tradizionali nell'abbigliamento moderno, è diventato di tendenza nel panorama della moda locale per gli eventi sociali importanti. Sono sempre più numerosi gli stilisti che utilizzano nelle proprie creazioni stoffe di fattura artigianale. Gli abitanti delle città indossano spesso abiti da ufficio e casual realizzati in tessuti indigeni impreziositi da ricami fatti a mano.

Dal 2010 la fiera dell'artigianato nota come Likhang Habi (Tessuti Creativi), organizzata dal Philippine Textile Council, presenta articoli tessuti e lavorati a mano da gruppi etnici del paese, tra cui stoffe, abiti, borse, scarpe e accessori per la casa in *piña*, abaca e cotone.

Un marchio locale, Balik Batik ('Ritorno al batik'), lavora con comunità indigene di tessitori, artigiani e stilisti di tutte le Filippine, tra cui itneg, kalinga, t'boli, panay-bukidnon, maranao, tausug, yakan, manobo e mangyan. Il marchio mira a promuovere i tessuti tradizionali filippini in modo che siano maggiormente apprezzati dalla gente e che indossare questi capi diventi abituale, preservando così la cultura indigena della nazione.

Un altro marchio è la collezione AlterNATIVE di Kultura, che coniuga tessuti locali e abiti tradizionali delle comunità culturali con uno stile moderno e linee contemporanee e li rende ampiamente disponibili nei moderni centri commerciali.

Al culmine della pandemia di Covid-19, le mascherine fatte con ritagli di stoffe artigianali ricamate delle varie regioni erano molto richieste come souvenir e come accessori di moda durante gli incontri sociali.

Nello Yakan Weaving Village a Zamboanga City, oggetti pratici come borse convertibili, portafogli e scarpe con dettagli tessuti a mano sono una delle principali attrazioni per i turisti. Il *langkit* di Maranao, un tessuto a trama fitta usato di solito per decorare gonne di seta, è stato rinnovato e utilizzato in cinghie alla moda per borse a tracolla, cinture, fasce per macchine fotografiche, cordini e persino medaglie per eventi sportivi.

Nonostante il pericolo di appropriazione culturale, gli esperti del patrimonio tradizionale ritengono che l'impiego di tessili realizzati a mano nel design moderno possa essere fatto in modo rispettoso e con spirito di collaborazione, se affrontato con consapevolezza e l'impegno ad adottare pratiche eque. Riconoscere le origini dei tessuti e impegnarsi in partnership significative può contribuire a un uso più inclusivo e culturalmente sensibile.

Dare nuova vita a tradizioni secolari come la tessitura può contribuire a preservare il patrimonio culturale. Modernizzarne l'uso fa sì che queste forme d'artigianato tradizionali continuino a essere apprezzate e tramandate alle generazioni future. I tessuti autentici possono anche aiutare i filippini a ristabilire un legame con le proprie radici e a rinnovare il senso di orgoglio nazionale, oltre a fungere da simbolo di identità.

Tessitrice di t'nalak al Lake Sebu

LISYL/SHUTTERSTOCK ©

MODERNIZZARE MANILA

Mentre molti edifici storici di Manila vengono demoliti per far posto a nuove costruzioni, il riuso adattivo alimenta nuove speranze per la conservazione del patrimonio architettonico. Di Kara Santos

L'ARCHITETTURA DI MANILA riflette la ricca storia e le influenze culturali della città, soprattutto quelle delle occupazioni spagnola e americana. Numerosi edifici storici furono distrutti durante la seconda guerra mondiale, ma vennero ricostruiti dopo il conflitto ripristinando il loro stile neoclassico originale. Molti sono però andati persi negli ultimi anni a causa di incendi, sono stati riconvertiti o rischiano la demolizione a scopo di modernizzazione.

Un tempo considerato il più bell'edificio art déco dell'Asia, il Jai Alai Building fu demolito nel 2000 su ordine del sindaco per far posto a una nuova Hall of Justice, mai realizzata. La distruzione dell'edificio fu un campanello d'allarme che portò nel 2009 all'approvazione della legge sul patrimonio architettonico nazionale.

Ma benché la legge tuteli tutti gli edifici vecchi di 50 anni e richieda un'autorizzazione speciale da parte della Commis-

Esterno del First United Building (p69)

sione nazionale per la cultura e le arti per qualsiasi ristrutturazione o demolizione, la distruzione del patrimonio architettonico non si ferma.

'Fuori il vecchio, dentro il nuovo' è un concetto comune nello sviluppo immobiliare, soprattutto nelle città affollate. Invece di essere conservati, gli edifici storici spesso cadono in declino o sono demoliti e sostituiti da grattacieli, centri commerciali e parcheggi.

Dopo tutto, in genere è più costoso preservare i vecchi edifici che costruirne di nuovi. Gli enti governativi sono spesso responsabili dei permessi di demolizione degli edifici nell'ottica della modernizzazione.

Ivan Man Dy, fondatore di Old Manila Walks, che organizza tour a piedi in città, fa notare che gli edifici storici sono a rischio se non sono sotto gli occhi di tutti. Come membro del gruppo di volontari Heritage Conservation Society, Dy sottolinea che "conservare un edificio storico può farlo diventare un'attrazione turistica e valorizzare il quartiere. Dovrebbe essere una risorsa, non una limitazione".

Per fortuna il crescente apprezzamento per il riuso adattivo sta alimentando nuove speranze per la conservazione del patrimonio architettonico. Dopo anni di abbandono, alcuni vecchi edifici di Manila stanno tornando in vita per usi moderni.

Scale, First United Building

GREG BLOOM/LONELY PLANET ©; ESTREMA SINISTRA: PATRICKROQUE01/WIKIMEDIA/CC BY-SA 4.0 ©

Il First United Building, un palazzo art déco completato nel 1928, è al centro della recente rinascita di Escolta, una delle vie più antiche di Manila. Nell'ultimo decennio giovani creativi e paladini del patrimonio hanno promosso questo obiettivo, con un piccolo sostegno da parte dei fondi governativi e delle esenzioni fiscali sugli immobili.

L'edificio conserva molti elementi originali: porte in ferro battuto, una scala a spirale, alti soffitti e dettagli architettonici e decorativi d'epoca. Oltre a una banca al piano terra, ospita lo studio di un collettivo di artisti, un raffinato caffè, una birreria artigianale, un bazar, uno spazio di coworking e un museo della comunità.

Vicino a Escolta St, i turisti possono cenare al Grand Cafe 1919, un moderno ristorante raffinato ricavato dal palazzo che ospitava la banca estera più antica del paese. Costruito nel 1922, l'edificio fu abbandonato dopo il trasferimento della sede della banca in un moderno quartiere commerciale.

Inaugurato nel 2018, il Grand Cafe 1919 presenta interni moderni in stile industriale e arredi contemporanei, pur mantenendo l'elegante aspetto originale della banca, con il soffitto alto 7 m, le elaborate finestre a griglia e le colonne corinzie. Ingrandimenti di foto d'epoca della vecchia Manila ricordano ai visitatori la storia dell'edificio. Mentre il ristorante riutilizza in parte la struttura dell'edificio al piano terra, gli altri piani offrono moderni spazi per uffici in affitto.

Nel dicembre 2023 tutta Escolta St si è rianimata con la festa di quartiere Hola Escolta (rinata dopo la pandemia). Tra le attività, visite guidate, laboratori, conferenze sul patrimonio storico, mercati, mostre e spettacoli della comunità creativa della via.

Il riuso adattivo dei vecchi edifici di Escolta dimostra che il patrimonio architettonico può valorizzare un quartiere e contribuire a rendere il paesaggio urbano più dinamico. L'auspicio è che attività come questa incoraggino altri proprietari di edifici ed enti governativi a preservare la storia architettonica, pur adattandola alle esigenze della società moderna.

IL BASKET
NELLE FILIPPINE

Insieme ai concorsi di bellezza, alle fiestas e al karaoke, la pallacanestro è un pilastro della cultura filippina. Sono tutte forme di aggregazione delle comunità espresse in modi tipicamente filippini, ma questo sport è forse la più importante.
Di Michael Grosberg

SULLE ISOLE REMOTE o in qualsiasi luogo rurale, si trovano i cosiddetti 'jungle courts', campi da basket sulla sabbia con un tabellone inchiodato a una palma da cocco e un tondino di ferro modellato a cerchio che ondeggiano a ogni tiro. Una delle prime cose che fa un capo di un barangay, un sindaco o un altro politico locale appena eletto è costruire un nuovo campo da basket, se non ce n'è già uno. Spesso funge da luogo di ritrovo della comunità e sala riunioni, e ospita i concorsi di bellezza e le fiestas.

Le partite sono scandite da layup apparentemente in contropiede e cambi di mano dietro la schiena apparentemente superflui. Ma quando l'altezza media dei

In senso orario dall'alto a sinistra: Araneta Coliseum, Manila (p95); Assortimento di maglie da basket in vendita; Campo da basket di strada, Manila; Il cestista filippino Kai Sotto

filippini, a prescindere dalle loro capacità di salto, rende irraggiungibili il gioco sopra il cerchio e le schiacciate, è in queste contorsioni a mezz'aria che si vedono maestria e creatività. Le partite sono intense e giocate a pieno ritmo, senza cedimenti. Eppure, nonostante involontarie gomitate e spintoni, non c'è l'ostilità che si nota per esempio nelle partite giocate a New York.

I filippini sono scatenati nel tifo come nel gioco. Se seguite l'NBA e temete di perdervi delle partite durante un viaggio nelle Filippine, non preoccupatevi. Anzi, probabilmente vedrete più partite in televisione corredate da una mole di commenti che in altri posti. Ovunque si vedono ritratti di giocatori ispirati agli anime e loghi delle squadre dipinti sulle fiancate dei jeepney e sulle insegne dei negozi. Dopo gli Stati Uniti e la Cina, le Filippine sono il paese con il maggior numero di spettatori dell'NBA. Non per niente i giocatori più famosi fanno tour promozionali a Manila fuori stagione.

OVUNQUE SI VEDONO RITRATTI DI GIOCATORI ISPIRATI AGLI ANIME E LOGHI DELLE SQUADRE DIPINTI SULLE FIANCATE DEI JEEPNEY E SULLE INSEGNE DEI NEGOZI. DOPO GLI STATI UNITI E LA CINA, LE FILIPPINE SONO IL PAESE CON IL MAGGIOR NUMERO DI SPETTATORI DELL'NBA. NON PER NIENTE I GIOCATORI PIÙ FAMOSI FANNO TOUR PROMOZIONALI A MANILA FUORI STAGIONE.

Volete fare una partita? Non servono scarpe e magliette. Anche sull'asfalto, non è raro vedere ragazzi giocare scalzi o con infradito leggeri, senza curarsi di infortuni alle caviglie. Le onnipresenti maglie della Philippines Basketball Association (PBA) e le imitazioni di quelle dell'NBA sono di gran moda. I caseggiati popolari e le baraccopoli di Manila sono un terreno particolarmente fertile di giocatori di basket. I vicoli affollati vengono facilmente trasformati in mezzi campi da gioco. 'The Tenement', in pratica un campo nel bel mezzo di un palazzone popolare, è diventato famoso quando l'edificio e il campo sono stati salvati dalla demolizione grazie al sostegno e alla visita di LeBron James nel 2010.

Le origini della popolarità del gioco sono spesso spiegate come un risultato della storia coloniale. Dopo che gli Stati Uniti acquistarono le Filippine dalla Spagna per 22 milioni di dollari nel 1898 (non molto tempo dopo l'invenzione del basket), le autorità coloniali statunitensi inserirono l'insegnamento del gioco nei programmi di educazione fisica delle scuole del paese. Il basket fu rapidamente adottato da uomini e donne e le squadre nazionali filippine ottennero grandi successi dagli anni '30 agli anni '60. *Come il basket può salvare il mondo* di David Hollander (2023) racconta i modelli sociali connaturati al gioco e l'evoluzione del basket nelle Filippine.

Le squadre della PBA, la principale lega professionistica, non sono basate sulla geografia, ma sulle sponsorizzazioni. Quasi tutte le squadre hanno sede a Manila, per cui la tifoseria può apparire solo come l'entusiasmo per un prodotto, come una marca di vernice o un servizio di messaggistica o un'etichetta di gin. L'Araneta Coliseum di Quezon City a Manila è la mecca del basket. Se potete, andate ad assistere a una partita. I posti non si prenotano, per cui la gente si affretta ad accaparrarsi i migliori disponibili appena aperti i cancelli.

Invece delle stagioni ci sono tre 'conferenze', ovvero tornei, che si giocano ogni anno. Ogni 'conferenza' ha il suo campione. La squadra che vince tutte e tre in un anno conquista il 'Grande Slam'.

A differenza dell'NBA, dove le regole possono essere modificate solo dopo lunghe trattative, le regole della PBA possono cambiare da un giorno all'altro. Le squadre possono avere solo un certo numero di giocatori filippini-americani e di 'import', giocatori nati all'estero di una certa altezza. Per esempio, ora c'è un limite di altezza di 2,06 m per l'unico 'import' ammesso nella Commissioner's Cup. Nel 2002 erano ammessi due 'import' per un totale di 3,66 m; nel 2011 l'altezza massima era fissata a 1,93 m; l'anno successivo, nessun limite di altezza; e nel 2017 era 2,08 m.

Nonostante la passione sfegatata della nazione per il gioco, nessun filippino nato nel paese è mai entrato nell'NBA. Negli ultimi anni l'occasione migliore è stato l'atletico pivot Kai Sotto (22 anni, 2,18 m). La nazione fa ancora il tifo per lui.

DONNE ALL'OPPOSIZIONE

Da Gabriela Silang a Leni Robredo, le donne filippine si battono da tempo contro il potere, malgrado leggi retrograde e stereotipi.
Di Sarah Gillespie

NEL 2021 LA GIORNALISTA Maria Ressa era impegnata su Zoom quando venne a sapere di essere appena diventata la prima filippina a vincere il Nobel per la pace.

Il premio, condiviso con il giornalista russo Dmitrij Muratov, le è stato assegnato per il lavoro svolto nel sito di notizie Rappler, da lei cofondato nel 2012. Durante i sei anni di mandato dell'ex presidente Rodrigo Duterte, Rappler aveva denunciato numerosi abusi di potere, con particolare attenzione alla campagna antidroga del regime. Le Filippine hanno una lunga storia di donne che combattono l'autoritarismo, a partire da Gabriela Silang durante il periodo coloniale spagnolo. Nel 1762 Silang e suo marito Diego guidarono una lotta armata per cacciare gli spagnoli da Vigan e Diego divenne governatore. Dopo l'assassinio di Diego da parte di due traditori filippini, Gabriela fuggì e organizzò un esercito di guerrieri indigeni di montagna tinguian per riconquistare la città. Il tentativo fallì e Silang fu catturata e giustiziata nel 1763. Nel 1995 è stata una delle nove figure storiche dichiarate eroi na-

Maria Ressa

zionali ufficiali delle Filippine. Le donne svolsero un ruolo fondamentale nella rivoluzione filippina del 1896-98, fornendo risorse ai ribelli con grandi rischi personali. Nel periodo precedente la guerra la ricca proprietaria terriera Gliceria Marella de Villavicencio donò gran parte della sua fortuna al movimento rivoluzionario Katipunan, inclusa la nave di famiglia, la *Bulusan*.

La contadina Melchora Aquino, altra eroina nazionale, aveva 80 anni quando si unì ai Katipunan. Le riunioni si tenevano a casa sua, mentre lei forniva cibo e provviste. Alla fine fu catturata e imprigionata dalla polizia spagnola, ma rifiutò di fornire informazioni, anche sotto tortura.

"SI È VISTO QUANTO IL NOSTRO POPOLO SIA INTOLLERANTE VERSO I DIFETTI DELLE DONNE CHE FANNO POLITICA, MA MOLTO TOLLERANTE VERSO QUELLI DELLE NOSTRE CONTROPARTI MASCHILI". ROBREDO, 2017

Leni Robredo

TED ALJIBE/AFP VIA GETTY IMAGES ©

In tempi moderni, le eroine filippine sono in genere figure politiche – in particolare Corazon Aquino, che nel 1986 divenne la prima presidente donna dell'Asia. Per gran parte del regime di Ferdinand Marcos, 'Tita Cory' fu una casalinga e si occupò dei figli avuti da Benigno 'Ninoy' Aquino, importante rappresentante dell'opposizione. Quando Ninoy fu assassinato sulla pista dell'aeroporto di Manila nel 1983, i suoi sostenitori si raccolsero attorno a Cory, rendendola di fatto la portabandiera dell'opposizione. Nonostante l'evidente popolarità di Cory, Marcos 'vinse' le elezioni del 1986 grazie a diffusi brogli elettorali. Per tutta risposta, milioni di filippini scesero in piazza a Manila in una rivolta pacifica nota oggi come People Power Revolution. Diversi ufficiali militari di alto rango cambiarono schieramento e Marcos fuggì dal Malacañang in elicottero.

Dopo Aquino, le Filippine hanno avuto un altro presidente donna (Gloria Macapagal Arroyo) e diverse figure politiche di spicco, tra cui le senatrici Risa Hontiveros e Miriam Defensor Santiago, e l'ex vicepresidente Leni Robredo.

Nel complesso le donne nelle Filippine hanno uno status più elevato rispetto agli altri paesi asiatici. Il Global Gender Gap Report (GGGR) 2023 del World Economic Forum ha misurato la parità di genere su una serie di fattori e ha classificato le Filippine al primo posto in Asia e al 16° nel mondo su 146 paesi. Le donne occupano il 51% delle posizioni manageriali e il 27% dei seggi in parlamento, ben al di sopra della media dell'Asia e del Pacifico (20%) e paragonabile a democrazie occidentali come gli Stati Uniti (29%) e il Canada (30%).

La parità, tuttavia, non è sinonimo di uguaglianza. La GGGR ignora due cruciali barriere legislative alla libertà delle donne, entrambe radicate nel conservatorismo cattolico. L'aborto è ancora completamente vietato e le Filippine sono ora l'unico paese, oltre al Vaticano, in cui il divorzio è illegale. Per porre fine a questa situazione la senatrice Hontiveros ha presentato una proposta di legge sul divorzio che attende l'approvazione del Senato.

Persistono inoltre atteggiamenti sociali retrogradi, soprattutto in politica. L'ex presidente Duterte era noto per le sue battute misogine; nella sua infruttuosa campagna per succedergli nel 2022, Leni Robredo è stata bersagliata da attacchi di genere online. Secondo uno studio condotto da Rappler, questi includevano attacchi di natura sessuale e la citazione di frasi fuori contesto per mettere in dubbio la sua intelligenza. In un'intervista rilasciata nel 2017 a Maria Ressa, Robredo ha dichiarato: "Si è visto quanto il nostro popolo sia intollerante verso i difetti delle donne che fanno politica, ma molto tollerante verso quelli delle nostre controparti maschili".

Mentre Ressa, Robredo e altre filippine continuano a combattere le fake news, l'auspicio è che la situazione cambi presto.

HENNING KAISER/PICTURE ALLIANCE VIA GETTY IMAGES ©

INDICE

Cartine **000**

E

Cartine **000**

F

G

H

I

Cartine **000**

Q

R

S

Finito di stampare presso Stampatre, Torino
nel mese di Luglio 2024

Ristampa

0 1 2 3 4 5 6

Anno

2024 25 26 27 28

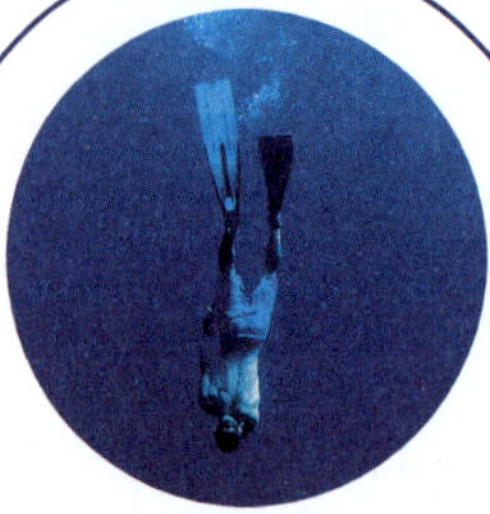

"Quella volta ho imparato a immergermi in apnea a Moalboal (p278), cauto ma fiducioso: solo io e l'immensità dell'oceano".

IAIN STEWART

"Vorrei che la cultura delle Batanes (p150) si diffondesse nel resto del mondo: il principio di aiutarsi gli uni con gli altri, al di là delle differenze".

RAY BARTLETT

A SINISTRA: WONDERFUL NATURE/SHUTTERSTOCK ©, A DESTRA: KYTAN/SHUTTERSTOCK ©

QUESTA GUIDA

Traduzione
Patrizia Maschio

Responsabile redazione guide
Silvia Castelli

Coordinamento generale
Angelica Taglia

Coordinamento guida
Cristina Boglione

Aggiornamenti e adattamenti
Luciana Defedele

Editing
Laura Zarri

Impaginazione
Anna Dellacà

Rielaborazione grafica cartine
Guido Mittiga

Rielaborazione copertina
Sara Gasparini
supervisione
Sara Viola Cabras

Produzione
Alberto Capano

Filippine
5ª edizione italiana – Luglio 2024
Tradotto dall'edizione originale inglese:
Philippines (15th edition, July 2024)

ISBN 978-88-5929-084-1

Tradotto e pubblicato da EDT srl su licenza esclusiva di Lonely Planet Global Limited.
Per informazioni relative al contenuto di questa pubblicazione contattare EDT srl.

EDT srl
17 via Pianezza, 10149 Torino, Italia
☎ (39) 011 5591 811 – fax (39) 011 2307 034
edt@edt.it, lonelyplanetitalia.it

Stampato da Stampatre, Torino (Italia)